東アジアのアクティブ・エイジング

サードエイジを生きる

櫻井義秀・清水香基 編著

北海道大学出版会

はしがき

ＷＨＯが一九九〇年代に高齢者の自立・参加・尊厳・ケア・自己実現を包摂するアクティブ・エイジングの概念を提示して以来、①高年齢者の積極的労働参加を促す施策がＥＵや日本でもめざされ、②年金と医療保障を前提とした健康・余暇・地域参加に着目した社会老年学を中心とするウェルビーイング研究が進められてきた。

日本のウェルビーイング研究が明らかにしてきたことを箇条書きにしてみよう。

① 日本は東アジアで最も充実した医療・社会保障を有するものの、ＯＥＣＤのBetter Life Initiativeやコロンビア大学他の幸福度調査によれば健康認知度と主観的幸福感がＯＥＣＤの中では極めて低く、タイや台湾よりも低い。

② 日本人の主観的幸福感は、若者世代で高く中年期にかけて下降し、高年齢期や高齢期になっても上昇しない。これは、欧米の高齢者と好対照をなす。世界有数の長寿国であり、高齢者への医療や介護、年金などの社会保障もそれなりに充実している日本において、高齢世代の幸福感の低さをどのように説明できるのだろうか。

③ 日本においてウェルビーイング研究は、医療・地域福祉・社会保障の実務や政策担当者が携わることが多く、宗教意識や文化的嗜好・趣味、世代ごとの価値意識といった文化の面から考察され、分析されることがほとんどなかった。これでは、欧米や他のアジア諸国において宗教意識や信仰、宗教団体・祭礼への参加が主観的幸福感を上げるといった研究と比較すること自体できなかった。本書ではその欠落部分をある程度は埋めることができた。

これらの知見に基づいてその後も研究が進められ、社会全体でウェルビーイングを高めようという機運が、企業風土や企業の社会貢献活動としてアピールされるようになっている。しかしながら、高年齢者と高齢者のウェルビーイングをどのようにして高めていくのか、ウェルビーイングと価値意識との関連を日本においてどのように明らかにしていくのかについては、櫻井による宗教とウェルビーイングとの関係を明らかにする研究を除けば、ほとんど進展がない。そのために、日本は超高齢化・長寿化社会のフロンティアでありながら、世界において高齢者のあり方や高齢社会のあり方についてモデルを示すことができないのである。むしろ、老いていく社会ということで経済の沈滞やイノベーションの枯渇の背景として、日本の高齢化社会が参照されるにとどまっている。これで良いのだろうか。

ところで、高齢者や高齢期をどう定義するかについては法令や制度、当事者の健康や社会意識の観点からも、六五歳以上を一律に高齢者とくくることは実態に即していないように思われる。高齢者に似た言葉に高年齢者があるが、「高年齢者等の雇用の安定等に関する法律」では五五歳以上を高年齢者としている。医療制度では、六五歳から七四歳までを前期高齢者、七五歳以上を長寿（後期高齢者）と区分している。令和四年の労働力人口比率を見ると、六五―六九歳では五二％、七〇―七四歳では三四％の高年齢者が働いている現状を見れば（『令和五年度高齢社会白書』）、かつての高齢者イメージに合致するのは七五歳以上の後期高齢者ではないのか。そこで本書では、高齢期や高齢者を割合で示す場合は従来の六五歳以上とし、個人や世代で言及する場合に六五歳から七四歳までを高年齢者、七五歳以上を高齢者としたうえで、高年齢者に相当する時期をサードエイジや林住期として定義したい。

サードエイジは、歴史人口学者であるピーター・ラスレットの唱えるライフコースの四区分において家族への依存から自立し、自身の家族を形成して仕事も全うし、人生を完成させる時期とされる。再び家族や社会に依存する第四の時期が高齢期である。林住期は、古代インドにおける「学生《がくしょう》期」「家住《かじゅう》期」「林住《りんじゅう》期」「遊行《ゆぎょう》期」という四住期の三段階目であり、家族を養った後に出家し、人生の目的を覚って死への旅路に向かう時期とされる。

西欧において近代家族が完成し、長寿化することで労働と家族の世話で人生を終えていた人々に余生が生じ、サードエイジという概念がようやく生まれたことを考えると、平均寿命が三〇歳にも満たなかった二千数百年も前に人生の四段階を唱えたインドの聖者たちはまさに知恵者であった。日本ではサードエイジよりも林住期の方が人口に膾炙している概念だろうと思われるが、本書ではあまりインド思想や仏教に入り込まず、人口学や家族社会学で用いられるサードエイジ期を主として用いることにしたい。

さて、本書の構成には、総論、第1部、第2部（調査票は巻末）、特論を配している。

総論「サードエイジャーのウェルビーイング」では、編者の櫻井が日本の超高齢化の現状をまとめたうえで、サードエイジ期にある高年齢者が直面する生活課題や人生の課題について展望する。現役を退き人生の完成期にある高年齢者（サードエイジャー）が、生き生きとアクティブに過ごせることは、超高齢社会の日本にとって極めて重要である。そのためのヒントを北欧の福祉先進国ではなく、宗教文化や社会構造が日本に近い東アジア諸国のサードエイジャーの在り方に学ぶことで、国民の主観的幸福感の向上に貢献できるのではないか。

高齢化する地域社会において家庭医やケアマネージャー、病院が連携して地域包括ケアを実施しているが、公的制度だけで「拠り所」や「いのちの見守り」を用意するには財政的負担が大きすぎる。地域住民の主体性とポテンシャルを生かして居場所を作り、健康と幸福感を増し、社会保障の不足を補うやり方を、逆説的になるが、社会福祉の整備が遅れた韓国、中国、香港から学べることもあるのではないか。

第1部は、この大邱市、北京市、香港に加えて、旭川市とオーストラリアの事例をさらに参照項として加える。第1章では、三田絵里加が日本の豪雪地帯である旭川市における除雪支援活動を通じた高齢者のウェルビーイングを紹介し、第2章では金昌震が、急激に都市化が進んだ韓国大邱市において高年齢者が地域の高齢者福祉センターにおいて生涯学習活動に参加しながら社会関係資本の再獲得をめざす姿を活写する。第3章は、郭莉莉が、中国の都市部における公園の見慣れた風景となっている広場舞を解説する。そして、ダンス・グループに新入りとして参与観察しながら、離郷して孫育てで子ども家族を支える高齢女性の姿や、広場舞を通じて生きがいや人間関係を構築する都市高齢者の像に迫る。第4章では、伍嘉誠が中国の香港特別行政区における近年の社会運動参加者を事例に、民主化や市民活動のスペースを確保しようとする中高年世代の社会意識やウェルビーイングのあり方を展望する。

第5章において、モンゴル出身で日本において学位を取得し、オーストラリアの大学で働くダライブヤン・ビャンバジャワが、「男の小屋」運動を通じた高年齢男性のウェルビーイングを紹介する。「女性は口で会話するが、男は肩で会話する」と自嘲するマッチョな男性高年齢者たちは、カフェでのおしゃべりが苦手であり、大工仕事や外仕事の技能を教え合って自宅や社会でなお役立てる男になろうとする。

役割なき役割（Roleless role）を社会からあてがわれたときに、社会的役割にアイデンティティを同化させていた男性は、女性以上に定年退職後の人生が課題になってくる。普通に生活するだけで家族や親族、近隣の人たちや友人たちと関係を取り結んできた女性と比べれば、社会関係資本は脆弱だし共感力も低いと言わざるを得ない。アクティブ・エイジングにとってジェンダー差への着目も必要である。同時に、どれか一つの領域だけでアイデンティティを得ようとすること自体がリスクになる。

東アジアのアクティブな高年齢者を分析するには、働く（稼ぐというより必要とされることをなすこと）、居る（気心の知れた人と交歓する）、遊ぶ（日常生活を離れることであり、宗教文化もその一つ）のバランスに着目することが必要である。

〈働く・居る〉はウェルビーイング研究や老年学研究において健康とポジティブな感情、安心を与えるとされる。この二つに高齢者が日常を離れた空間で役割を担い、ソーシャル・キャピタルを活性化させ、充足感を味わう〈遊ぶ〉時空間を加えることの重要性が東アジアの文化研究から明らかになるだろう。

定年退職後の社会的役割縮小期にいかにポジティブに生き、社会作りに参画するかはアクティブ・エイジングの最重要課題である。この世代のポテンシャルを生かさない法はないし、生かさなければ労働力が不足する日本では働き手を見つけることができないだろう。老後の不安に苛まれがちな日本人のサードエイジ期を転換しなければ、日本人のウェルビーイングは超高齢化社会の進行と共にますます諸外国に比して低落の一途をたどるだけである。人生の最終段階へ至る前の十数年こそが、最終段階における医療のあり方、ウェルビーイングの質を決定する。

本書第2部では、二〇二一年に全国の六〇歳から七九歳までの男女を対象に実施した「サードエイジャーのセカンドライフに関する生活意識調査」を中心にまとめている。主な調査項目は、①セカンドライフの実態。退職後のキャリアと地域活動・社会活動。健康意識や政治意識。②趣味の有無とそれを通しての人間関係の構築。社会参加の機会と生活満足度や健康、精神的安定の関連。③終活。葬儀・法要、墓、寺との関係の持ち方。宗教や仏教に期待することである。

第6章では、清水香基と櫻井義秀が調査概要を説明した後、主要な知見を要約的に記述する。第7章は、工藤遙が高年齢期におけるウェルビーイングのジェンダー差がなぜ生じてくるのかを考察し、第8章では、遠山景広が、高年齢者は地方在住者か都市在住者かの違いで社会的ネットワークに差異があるのかという議論を展開する。第9章では、坂無淳がサードエイジ期と俸給生活者の定年をどう関連付けられるのか、文化やジェンダーの観点から考察する。そして、第10章では、清水香基が高年齢者や高齢者のウェルビーイングを高めることに宗教文化がどう関わっているのかを分析する。

高年齢期には親の看取りを済ませることが多いだろうし、高齢期に至れば自身の老いをいやがおうでも実感させられる。葬儀や墓の段取りといった終活は入り口であり、人生の最終段階における医療行為について家族と話しておいたり（人生会議）、行政や民間サービスによる後見制度を活用して死んだ後の対応を準備したりするようなことも必要になる。

死への旅路は人それぞれであり、実質的な対応は年齢や家族構成、生活の諸条件によって異なるだろう。しかし、死は誰にでも平等におとずれ、しかも、誰もが初心者として死に臨み、経験していかなければいけない。宗教は死への不安を和らげることできるのだろうか。

これらの調査結果から高年齢期における〈働く・居る・遊ぶ〉を実現するために、日本社会においてどのような資源が利用可能であり、また期待されているのかといった提言を出そうと思う。そのうえで、特論として櫻井が、二〇二〇年から二二年にかけて日本のみならず世界の多くの国々で人々の生活を一変させたコロナ禍とウェルビーイングの関係を論じる。

新型コロナウイルスの感染症の経路を遮断するためにソーシャル・ディスタンス（社会的距離）が日常空間に強制的に設けられた。電子的なネットワークでつながり、コミュニケーションすることは可能だったが、対面的な関係が喪失することで社会の諸領域において人々の社会関係やマインドセットが変化した。その後遺症は、幼児期に経験した子どもたちにおいて感情を相手に伝えることが不得手な荒れる小学生になってしまったり、オンライン授業を二年間経験した学生たちは突然の対面的世界に戻った就活場面で相当な苦労を強いられたりもした。高齢者のなかには、病院や施設において家族からの見守りや看取りが叶わなかった人たちも相当にいたはずである。コロナ禍を理由として葬儀は家族だけで密やかに行うことが定着した。人間関係の質や社会関係の広がりは人々のウェルビーイングと大きく関わっている。コロナ禍とは何だったのかを振り返りつつ、サードエイジ期の人々に与えた影響を分析する。

本書の第1部「東アジアのアクティブ・エイジング」と第2部「日本のサードエイジャーにおける生きがいと生活」は、いずれの章もオリジナルな書き下ろしの調査研究である。サードエイジ期・林住期にいる高年齢者やその後の世代に関わる医療者や社会福祉の担当者、家族社会学、地域福祉の研究者にとって有益な情報が含まれるものと考えている。付録の調査票基礎集計も活用していただきたい。もちろん、サードエイジャーにとっても人生を完成させる時期なのだから、考えるヒントはいくつも得られるのではないかと考えている。

二〇二五年一月一五日

櫻井　義秀

目次

はしがき……櫻井義秀 i
総論 サードエイジャーのウェルビーイング……櫻井義秀 一
一 ウェルビーイングとサードエイジ 一
1 ウェルビーイング研究の課題 一
2 死の臨床は死の直前期から長い介護・看護期に延びている 三
3 サードエイジとアクティブ・エイジング 五
4 東アジアに学ぶサードエイジの生き方 七
5 サードエイジ期と世代 八
6 仕事・居場所・遊び 一〇
二 高齢期を再定義する 一三
1 人口ビジョン二一〇〇 一三
2 高齢者の再定義 七五歳 一五
3 人生百年時代の衝撃 一八

4 未来世代のために 一九

第1部 東アジアのアクティブ・エイジング

第1章 旭川市 除雪支援を通じた高齢者のウェルビーイング……三田絵里加 二五
一 高齢化による除雪困難者の増加と除雪支援 二五
二 旭川市の概要 二六
三 旭川市社会福祉協議会による除雪支援 二七
1 除雪支援の概要 二七
2 支援者に関するインタビュー調査結果 二八
四 町内会有志による除雪支援 三一
1 除雪支援の概要 三一
2 支援者及び被支援者に関するインタビュー調査結果 三一
五 除雪支援を通じたウェルビーイング 三四
1 支援者と被支援者の関係性 三四
2 支援者と被支援者のウェルビーイング 三五
六 まとめと今後の除雪支援の課題 三六

第2章　大邱市　アクティブ・エイジングとソーシャル・キャピタル…………金　昌震　三九
はじめに　三九
一　社会関係資本と調査分析の枠組み　四〇
二　調査地と調査施設の概要　四二
1　大邱広域市の高齢者支援策と高齢者福祉施設　四二
2　調査概要と調査施設　四四
三　調査分析　四六
四　分析結果　四九
1　「ネットワーク」　五一
2　「信　頼」　五三
3　「社会参加」　五四
おわりに　五六

第3章　北京市　広場舞を通じた高齢者のウェルビーイング……………………郭　莉莉　六一
はじめに　六一
一　中国の広場舞の概要　六三
1　広場舞の発展の歴史　六三
2　広場舞が流行する原因　六四

二　事例調査　六六
1　調査概要　六六
2　調査対象者　六七
三　調査結果から見る中国の広場舞の現状　六七
1　広場舞の特徴　六七
2　広場舞集団における人と人のつながり方　六九
3　広場舞が高齢者に与える影響　七一
4　社区との関係　七三
四　まとめと考察　七三

第4章　香港　社会運動参加と中高年者のウェルビーイング……………………伍　嘉誠　七九
はじめに　七九
一　二〇一九年香港デモの経緯　八〇
二　社会運動における中高年者の姿　八一
三　「子どもを守ろう」　八六
四　なぜ中高年者が社会運動に参加するのか　八七
1　社会運動において中高年者が発揮する特有の役割　八八
2　社会運動に欠席していたことによる「罪悪感」の償還　九一

3　社会運動への参加がウェルビーイングに与える影響の一考察　九三
五　ま と め　九四

第5章　オーストラリア「男の小屋」を通じた高齢男性のウェルビーイング
……ダライブヤン・ビャムバジャワ　一〇一
（櫻井義秀訳）
はじめに　一〇一
一　高齢男性における社会的孤立とその健康と福祉への影響　一〇三
二　「男の小屋」運動の起源と発展　一〇五
三　「男の小屋」運動への批判的視点　一〇九
四　結 論　一一一

第2部　日本のサードエイジャーにおける生きがいと生活

第6章　調査の概要と主な知見……清水香基・櫻井義秀　一一九
一　調査の概要　一一九
1　調査の趣旨　一一九
2　調 査 方 法　一二三
二　サードエイジャーのウェルビーイング　一二七

1　定年以後の就労をめぐるライフコース　一二七
2　定年後の働き方とウェルビーイング　一三四
3　サードエイジ期における価値意識　一三七
4　社会関係と余暇活動　一四〇
5　幸福感への寄与　一四二
第7章　高齢者の社会参加・余暇活動の個人化と主観的幸福感……………………工藤　遥　一四五
一　高齢者の生活の多様化と社会参加　一四五
二　高齢者の社会参加・余暇活動のジェンダー差と主観的幸福感　一四六
三　検討課題　一四七
四　分析結果　一四八
1　回答者の基本属性　一四八
2　社会参加―所属と活動　一四九
3　余暇活動　一五〇
4　基本属性と社会参加・余暇活動の関連　一五二
5　主観的幸福感との関連　一五六
五　まとめと考察　一五九

第8章　サードエイジ期における高齢者の中間集団ネットワーク……………遠山景広　一六五
一　背　景――サードエイジ期を迎える高齢者と子どもの育ちの交点と課題　一六五
二　先行研究――高齢者を取り巻く社会的ネットワークとその影響　一六八
三　分析の概要・対象　一七一
四　分析結果　一七六
1　対応分析の結果（変数ごとの傾向）　一七九
2　地域別の傾向について　一八二
五　考察と課題　一八八

第9章　定年期以降の人間関係――ジェンダー差と社会化の観点から……………坂無　淳　一九五
一　雑誌からみる定年期の課題の男女差と社会化の機会としての定年期　一九五
二　定年期以降の人間関係――年齢とジェンダーに着目して　一九九
1　人間関係の満足度　二〇〇
2　近隣関係　二〇三
3　相談相手　二〇六
三　考察とまとめ――後期第二次社会化の機会としての定年期　二〇九

第10章　宗教意識とウェルビーイング……………………………清水香基　二一七

はじめに　二一七
一　日本人の宗教意識　二一八
1　「無宗教」を自認する人々の宗教意識　二一八
2　宗教的な行動・信心の構造　二二三
二　宗教意識とウェルビーイングの関連　二二六
1　日本人の宗教意識がウェルビーイングを高める要因　二二六
2　ウェルビーイング諸指標との相関　二二七
3　主観的なウェルビーイングへの寄与　二二九
三　考察と課題　二三三

特　論　コロナ禍とウェルビーイング……………………………………櫻井義秀　二三七
はじめに　二三七
一　日本のコロナ対応　二三九
1　感染拡大の経緯　二三九
2　政策的対応の五つの特徴　二四三
二　社会的領域の縮小と課題　二四九
1　生活構造への影響　二四九
2　教育への影響　二五一

3 社　交　二五四
4 文化・宗教　二五七
三　むすびにかえて　二六〇
1 コロナ禍で顕在化してきた社会問題　二六〇
2 なぜ日本の危機対応が遅いのか　二六二
四　補論　コロナ禍とウェルビーイング　二六四
1 新型コロナウイルス感染症対応の収束　二六四
2 コロナ禍は市民のウェルビーイングを変えたか　二六八
おわりに　二七三

あとがき……………………………………………櫻井　義秀　二七九
付録　サードエイジャーのセカンドライフに関する生活意識調査　調査票と単純集計　*8*
索　　引　*3*
編者・執筆者紹介　*1*

総論　サードエイジャーのウェルビーイング

櫻井義秀

一　ウェルビーイングとサードエイジ

1　ウェルビーイング研究の課題

ウェルビーイング研究は、海外では三つの領域から進められてきた。

① OECDの Better Life Index やブータンのGNH、内閣府経済社会総合研究所の「幸福度指標試案」など国際比較と独自指標の策定による幸福度増進の施策研究。

② ポジティブ心理学、社会疫学、経済学・社会学による幸福感を高める一般的な要因を分析する学術的総合調査。

③ 子ども・高齢者・病者・貧困世帯など社会的排除を受けやすい人々へのケアという医療・福祉的臨床的研究。

こうした海外の研究が日本でも紹介され、参照されてはいるが、ウェルビーイングの国際比較を踏まえた上で日本の特性を見ておかなければ、社会や文化、歴史の差を無視して、他国のいい部分だけを取り入れようとする木に竹を接ぐ議論になってしまう。

いま、日本の研究者が取り組むべき課題は何か。一定の社会保障や手厚い医療、相対的に高い所得水準にもかかわらず、日本人の主観的幸福感と健康認知はOECD諸国の中で最低に位置しているのはなぜかという単純な事実に対する説明が求められる。しかも、近年、社会の経済格差や人々の孤立感・不安が幸福感を押し下げている。他方で、日本の財政は、世界一の超高齢社会であることから市民の満足感が上がりにくい医療や社会保障費に多額の税をつぎ込まざるをえない。その分の社会保険料の値上げや増税ができないままに、日本は累積債務を増やすフェイズからなかなか抜け出せないままである。

中程度の社会保障や福祉政策では、多くの人々を満足させる収入や健康を提供できない。そこで巨額の財政支出を要せずに、人々の幸福感を増すことが学問的にも経験的にも確認されている人間関係や社会関係の維持と強化に政策的関心が集まるのである。

従来、社会厚生指標を高めるソーシャル・キャピタルの効果が注目されてきたが、ソーシャル・キャピタルの維持・醸成の仕組みをどう構築するかが長年の課題だった（小塩隆士 二〇一四、辻・佐藤 二〇一四、櫻井 二〇一四）。筆者は、寺社や教会といった地域の宗教施設が、そこに集う人々のソーシャル・キャピタルを高め、主観的幸福感の増加にも寄与すると論じ、同様の指摘が財政学・社会保障論、経済学の専門家からもなされてきた（広井 二〇一三、櫻井他 二〇一六、大竹 二〇一七）。

しかし、人口減少社会・高齢多死社会という日本の現状に鑑みれば、過疎地域の高齢者世帯や老病死に直面する中高年世代のウェルビーイングを高める視点や工夫がより強く求められる。もっとも、稼働世代が回答者の多数派であった総合的社会調査では、社会階層に連動する「生活満足度」や「充実した生」の能動的局面が着目され、八〇歳以上の高齢者や病者は調査から漏れがちだった。そのために、この世代には身体的なウェルネスを重視する医療者からのウェルビーイングの提案が強いきらいがあった。

しかも、現代の長寿社会には、長い老後をどう過ごすのかという課題が出来している。大半の人々が人生の最終段階に至る前の時期に、老いと病に十数年間向き合うことになる。高齢者や病者、介護や看護する人々にとって、ウェルビーイングは失われた若さや健康そのものではなく、死をも含めた特有の時間感覚やスピリチュアリティを伴うものであり、この人生の画期をどう方向付け、価値づけるのかという課題も生まれる（櫻井 二〇一七）。よき生（well-being）は、よき死（well-dying）に接続されるべきであり（Byock 1997）、ウェルビーイング研究の碩学であるルート・ヴェーンホヴェンは、幸せの最も重要な指標は「人生をふり返ったときにどのくらい幸せだと感じるか」だと述べる（Veenhoven 2007）。七〇歳代以上の生活において人々の価値意識や生活態度は、身体的健康と同じか、それ以上に意味を持つものとなっているが、ここに踏み込む研究が、ようやく医療者のみならず、介護・看護、ソーシャルワークの職種や、宗教者・当事者からなされるようになってきている。

2　死の臨床は死の直前期から長い介護・看護期に延びている

現在、国内外において終末期医療における緩和ケア、施設・在宅ホスピス、尊厳死や平穏死をめぐって専門職や市民の関心が高い。終末期の緩和ケア医療や死生学で注目されている患者へのスピリチュアルケアや遺族へのグリーフケアの実践は、ウェルビーイング研究と接続されることで包括的な生と死に対するケアとなる。

筆者は十年近く死の臨床研究会に所属し、緩和ケアに取り組む医療・福祉関係者の層の厚さと市民の熱意を感じながらアジア地域の死生観や終末期医療の事例紹介をしてきた。二〇一六年の第四〇回日本死の臨床研究会年次大会（札幌）では、実行委員他「おひとり様化する死の諸相―無縁社会から有縁社会」のテーマセッションを担当し、二〇一八年の第一一回スピリチュアルケア学会大会（札幌）でも、実行委員他「科学、アート、スピリチュアリティ」のシンポジウムを企画するなど、医療福祉側と宗教研究・宗教者側のインターフェース的活動に従事してきた。

そこでは、宗教界でも公共性を意識し、公共空間で布教をしないケアや貢献を目指す臨床宗教師や臨床仏教師、スピリチュアルケア師などの運動が起きていた。近年は医療や福祉とスピリチュアリティとの関連を視野に収める研究が増えてきている（Canda et al. 2009）。終末期医療のあり方や尊厳死・平穏死の市民的理解、推進運動は国、地域によってかなり異なり、そこには宗教文化が深く介在している（Green 2012）。その点を死生観の比較宗教論を含めて深く探求していく必要性はある。

ところが、気になることもある。筆者は宗教とウェルビーイング研究の展開として、近年、尊厳死や終活に関心を寄せる高齢者、終末期におけるスピリチュアルケアや死後のグリーフと追悼儀礼を調査してきた。そうした調査を通して、自律性を重視するあまり尊厳死を望み、自分らしさを葬儀・墓で表出しようとする自然葬・樹木葬を志向する現代人のメンタリティに孤立と不安、強い自律性規範を確認している（櫻井 二〇一九）。

自分で自分の面倒を見すぎではないのか、子どもや行政に頼るところがあってもいいのではないか、と思ってしまう。家族に見守られて死にたいという当人の希望があり、医療者や厚労省側から在宅ケアの勧めをなされているが、現実は厳しいということなのだろう。医療や福祉はミニマムの介護や扶養に限定され、家族によるケアの手厚さを自明視する規範意識がまだ強いが、もう時代にそぐわない。寝込んで数ヶ月で逝った二世代前の時代であれば、多数の兄弟姉妹で最後の介護や看取りを分担もできただろう。現在、その期間は数年から十数年に延び、親世代よりも子世代の方が少なくなっており、仕事をしながら遠距離の介護ができない家族が一般的である。介護離職すれば、介護に従事した子世代の老後に困難が生じる。そうした苦労を子どもにもさせたくないし、配偶者にも何年も苦労させたくないというところで、尊厳死や終活が高年齢者の脳裏に常にちらつくのだろう。

しかしながら、ここまで心配する高年齢者が、自分の望む医療や介護のあり方を家族とじっくり話し合っておく人生会議（アドバンス・ケア・プランニング）は、医療者が推進する割に定着しているとは言いがたく、独居高齢者が身体のフレイルや認知症の発症に備えて成年後見制度の活用を早めに計画する人も少ない。それは日本社会において子どもに頼れた世代と頼れない世代が交錯している現在の八〇歳代の過渡的な現象と言えなくもないが、長寿化のエンディングについて高齢者自身が準備を求められる時代に入ったという意識がまだ不足しているのである。

臨床宗教師として人々の悩みや苦しみに寄り添う僧侶は、人生の最終段階におけるベッドサイドで傾聴するのみならず、その数年前の葛藤をもらす高齢者への相談にものっている。医療者と福祉の担当者、後見人となった弁護士や税理士、葬儀や法要を依頼されている宗教者の連携によって、安心できる数年間へ移行できるのだが、死の臨床の射程はまだそこまで伸びていない。医療よりも福祉が力を発揮するこの時期についての調査研究は今後の課題でもある。この段階に至る前の十数年がサードエイジ期と言われる時代であり、本書のテーマにかかわるので説明に入ろう。

3　サードエイジとアクティブ・エイジング

サードエイジとは、イギリスの人口学者であるピーター・ラスレットがフランス語に初出を見て、その後英語での概念として用いたものである。①ファーストエイジ（幼児期から青年期に至る教育期であり、親に扶養される）、②セカンドエイジ（稼得期であり、仕事を持ち自立している時期）、③サードエイジ（退職後、まだ健康を保ち自己実現に充てられる期間）、④フォースエイジ（肉体的な老化・衰弱・病いなどにより人生の最期まで）の第三段階だが、この期間が生じるのは被雇用者という職種の増加と長寿化によるものであり、国により、また、退職年齢や平均寿命の進展により後ろ倒しに時期がずれ、また、職種や人によって客観的な時期が異なるとされる（Laslett 1991）。

人生の四段階説は、一見すると古代インドの四住期に似ている。①学生期《がくしょう》（聖典を学ぶ時期）、②家住期《かじゅう》（家族を持ち祭式を主宰する時期）、③林住期《りんじゅう》（世俗を離れ、修行する時期）、④遊行期《ゆぎょう》（死まで乞食遊行する時期）である。

ラスレットの人生区分はアラビア数字の区分だが、四住期同様に学習の時期と自身の家族形成の時期という質的変化を示している。③のサードエイジ期は現代に登場したリタイア後の余生だが、林住期は隠棲して宗教生活に入るという明確な生活の規律がある。

現代において、定年退職後の社会的役割縮小期にいかにポジティブに生き、社会作りに参画するかはアクティブ・エイジングの課題とされる。しかし、現実には年金だけでは暮らせない高年齢者は六〇代後半でも約半数が仕事を継続し、七〇代前半でも三割が仕事をしている。他方で、年金収入はあるもののサードエイジ期にふさわしい自己実現が見いだせないままの男性が少なくない。その点で女性は専業主婦であれ、仕事を定年退職した人であれ、家庭と地域に確固とした居場所と人間関係を形成しているようである。逆に言えば、家庭と親族や近隣関係を全く結ばない働き方をできない女性が多かったということでもある。

役割縮小期特有の不安に苛まれる日本人のサードエイジ期を転換しなければ、日本人のウェルビーイングは超高齢化社会の進行と共にますます諸外国に比して低落の一途をたどるだけである。人生の最終段階へ至る前の十数年こそが、最終段階における医療のあり方、ウェルビーイングの質を決定する。

筆者は、サードエイジャー期のＱＯＬの調査と指標化をめざした小田（二〇〇四）の研究を基礎に、セカンド・ライフへの移行を就業機会と人的資源から考察した前田（二〇〇六）からアクティブ・エイジングへの移行プロセスの発想を得た。そして、北海道大学で三〇年にわたり少子高齢化社会論に取り組んだ金子勇から、ＱＯＬに加えてＱＯＳ（地域社会のソーシャル・キャピタル指標と行政・医療・家族のケア環境）に立脚したアクティブ・エイジングを事例提示することで各人が想像力を働かせてセルフ・プランニングする施策提言を学んでいる（金子 二〇一四）。

4　東アジアに学ぶサードエイジの生き方

ＷＨＯが一九九〇年代に高齢者の自立・参加・尊厳・ケア・自己実現を包摂するアクティブ・エイジングの概念を提示して以来、①高年齢者の積極的労働参加を促す施策がＥＵや日本でもめざされ、②年金と医療保障を前提とした健康・余暇・地域参加に着目した社会老年学を中心とするウェルビーイング研究が進められてきた。

現役を退き人生の完成期にある高齢者（サードエイジャー）が、生き生きとアクティブに過ごせることは、超高齢化社会日本にとって極めて重要である。そのためのヒントを北欧の福祉先進国ではなく、宗教文化や社会構造が日本に近い東アジア諸国のサードエイジャーの在り方に学ぶことが重要ではないかと考えている。

福祉レジームにしても家族の扶養関係や地域コミュニティのあり方にしても、東アジア諸国は家族と近隣関係による自助・互助に依拠しており、行政の福祉サービスによる公助や民間のチャリティ団体や宗教団体による共助が北欧諸国ほど手厚くない。商業的サービスへのアクセスは、高齢者層ほど稼得者層よりも資産格差があるために手の届かない人が多い（落合 二〇一三）。

公助を増やそうとすれば、社会保障関連経費の増大を増税で補わざるを得ず、消費税一〇％を維持することすら選挙の争点になる日本において、消費税二〇％に加えて所得税も日本以上に負担することを是とする北欧諸国に習うのは非現実的と言わざるを得ない。人口規模が一千万人規模でキリスト教文化圏という同質性が高く、国家や政治家に対する社会的信頼性の高い国だからこそ、公助・共助の仕組みが可能なのである。それに対して、人口規模が数千万人から十数億人と大きく、民族や社会集団の多様性が高いために、社会的信頼性が国家よりも同質性の高い社会集団に置かれる東アジアにおいては、中程度の公助・共助と自助・互助をどう組み合わせていくのかが課題となる。

もちろん、東アジア諸国においても都市部を中心に急速に出生率が下がり、高齢化が進行しているために自助・

互助の対応能力を減じている。残念ながら、公助・共助を進展させる前に社会保障の充実を図る財政力を失っているのが東アジア諸国の現状である。日本以上に、韓国や中国は厳しい。それを補っているのが、富裕層から中間層に向けた医療・介護のサービス産業である。こうした事情はあっても、東アジアの高年齢者たちは、子育てや親の介護に持てる資力を出し惜しみせずに尽くしてきた。その結果として、サンドイッチ世代特有の苦境を抱えている。この問題状況を共有しながら、知恵や情報を共有し得ないかと思う。

日本では、高齢化する地域社会において家庭医やケアマネージャー、病院が連携して地域包括ケアを実施しているが、公的制度だけで「拠り所」や「いのちの見守り」を用意するには財政的負担が大きすぎる。地域住民の主体性とポテンシャルを生かして居場所を作り、健康と幸福感を増し、社会保障の不足を補うやり方を日本は他の東アジア諸国から学べるのではないか。

5　サードエイジ期と世代

退職後に死期直前の数年間の間にあるサードエイジ期を享受するためには二つの条件が必要である。一つは年金や医療などの社会保障が充実しており、稼得の必要がないことである。自己実現のための資力がなくては自由な十数年を楽しむことはできない。もう一つは、扶養や介護に関わる家族ケアの負担を軽減してくれる公的・私的なサービスが充実していることである。これがなければ、サードエイジ期となる十数年の前半部分は長寿化した親世代の介護に充てられることになるだろう。この二つの条件を満たせた稀有な時代が日本に出現したが、一世代半しか続かなかった。この事実をおさえずに、近現代特有のサードエイジ期の設定をした議論はできない。

昭和初期から戦前までに幼少年期を経験し、高度経済成長期や安定期において職業生活と十分な年金を手にした世代がその人たちである。戦後にベビーブームを迎えた団塊の世代もそれに続いていく。この世代は兄弟姉妹の数が多いので、親の介護にあたった人たちはもちろん苦労したのだが、そうではなかった人たちが多かった。また、地方において安定した雇用に恵まれたり、子どもへの教育投資が盛んではなかったりしたこともあって、退職後に体力と資力を温存できた。そのうえで自由な時間を享受できた世代が残した言葉として、「悠々自適の老後」がある。西欧においてサードエイジ期が論議されたのが、一九七〇年代後半から九〇年代にかけてであり、小田のサードエイジ論が出現したのも二〇〇〇年代であった。まさに、サードエイジャーが生まれた時代である。

ところが、一九六〇年代以降に生まれ、職業生活の最初にバブル経済を迎えた世代においては、職業生活の中盤から後半にかけて転職や給与の減少を経験した。十数年下の世代はロスジェネと呼ばれ、二〇〇〇年代のＩＴ不況期やリーマンショックに就職期を迎え、非正規のまま職業生活を継続している層が多い。この一世代半は、子世代への教育投資と親の介護の二重負担にあえぐサンドイッチ世代だが、負担に耐えきれない人たちも少なくない。親世代が生活扶助を受けて生活したり、自分たちの老後のめども十分立っていなかったりするために、六〇代の後半や七〇代前半にかけても働き続けなければいけない世代である。これ以下の若い世代において、家族によるケアは期待されていないし、できるとも思っていないだろう。むしろ、結婚による家族形成を自明視していないので、未婚率が上昇している世代でもある。

わずか数十年の間に異なる経済状況や家族環境を経験した世代が混在しているのが、日本の若年者から高年齢者までの社会である。そのために、二〇〇〇年代のサードエイジャー論は、二〇二〇年代以降の世代にそのまま適用するわけにはいかない。六〇代後半からの世代に対して、自己実現のために生涯学習やＮＰＯ活動などの地域・社会参加を推奨するというのでは、いささか脳天気な紋切り型のサードエイジ論になってしまう。

日本以外の東アジア諸国では、日本の一九六〇年代以降の世代に相当する人々が高度経済成長と家族の縮小を同時に迎えているため、日本のような社会の多数の人々に訪れたサードエイジ期は生じておらず、むしろ、日本の現

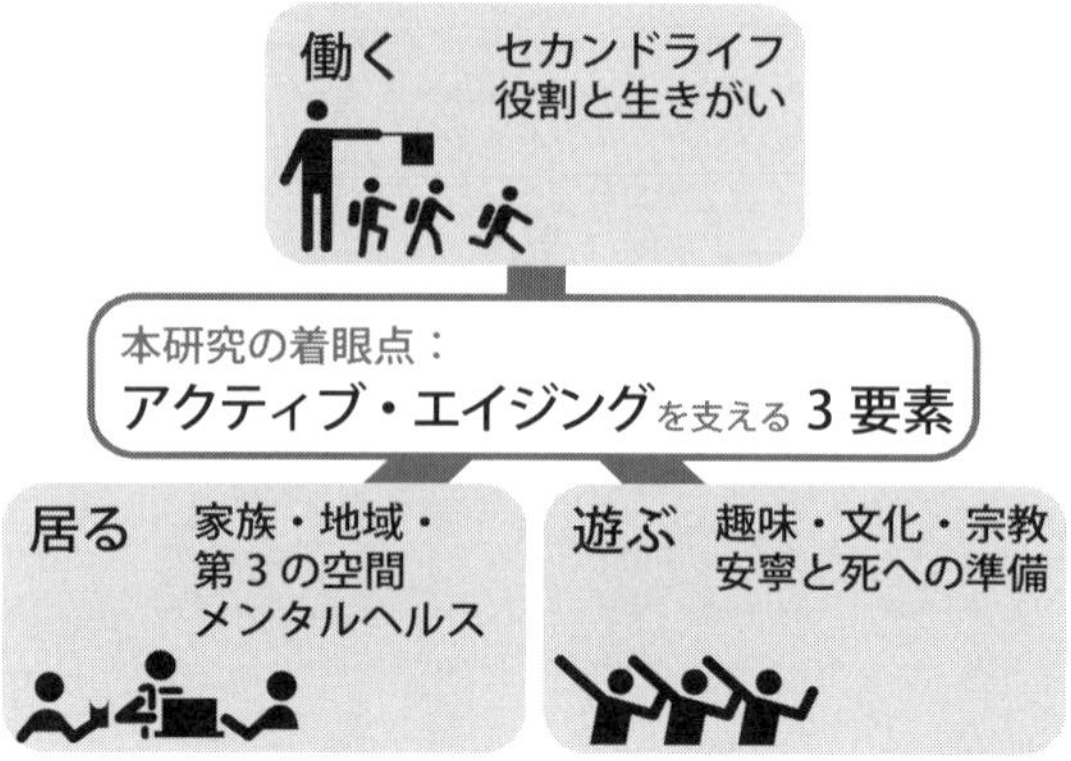

在世代のようなサードエイジ期を一緒に経験している。幸福なサードエイジ期に従前の家族と地域コミュニティによる扶養の仕組みを公助に一気に委ねてしまった日本とは対照的に、中国・韓国では老親の扶養を家族で支えているし、台湾や香港では東南アジアからの外国人の介護労働者に委ねる選択をなした。だからこそ、公助を手厚くすることが容易ならざる日本においては、むしろ東アジアに学ぶところがあるのではないかと考える。そこでポイントとなるのは、働く要素をゼロにしないことではないか。

6　仕事・居場所・遊び

東アジアのアクティブな高齢者を分析するには、働く（稼ぐというより必要とされることをなすこと）、居る（気心の知れた人と交歓する）、遊ぶ（日常生活を離れることであり、宗教文化もその一つ）のバランスに着目することが必要である。

〈働く・居る〉はウェルビーイング研究や老年学研究において健康とポジティブな感情、安心を与えるとされる。この二つに高齢者が日常を離れた空間で役割を担い、ソーシャル・キャピタルを活性化させ、充足感を味わう〈遊ぶ〉時空間を加えた要素の重要性を東アジアから学べるのではないかと考えている。

日本では、二〇二一年における六五歳から六九歳の労働力率が五〇・八％

（非正規雇用率は約六七％）、七〇歳から七四歳では約三四％（同七五％）であり、年々上昇している。農林漁業や自営業などでは身体が動く限り仕事をするのが一般的だったが、被雇用者の働き方においても非正規雇用が多いものの働く人たちが増えている。七〇歳までの高年齢者就業確保措置を実施している企業は約二八％に達している（内閣府『令和五年度高齢社会白書』）。

六五歳以降の就業継続が難しい職種は、定年制の厳格な公務員や大手企業であり、六〇歳で定年とした後、六五歳まで再雇用としている事業所が多い。中小企業や現業が主たる職場では既に働ける限りの雇用である。

高年齢者の就業は、ＥＵ諸国（数％程度）、北米（一〇％程度）では概して低く、東アジアでは韓国が日本より一〇％以上高いが、両国とも労働者不足が顕著であり、就業年齢は高くなっている。しかも、東アジア諸国の場合、生活のために就業を継続する割合が生活を充実させるために働く割合よりも高いということである。

このような数値が示すことは、日本や韓国においてサードエイジの前半において就業の継続はかなりの程度生活のためであり、その後に退職後の生活を数年から十年近く送れるかどうかということだろう。サードエイジ期の仕事については、役割と生きがいといった自己実現の要素に、かなりの程度経済生活上の必要性を追加すべきと考える。

次に居場所である。一般的には、家庭、近隣の人間関係、およびサードプレイスや第三の空間となる。日本や韓国において国内外の転勤を定年まで継続してきた労働者の場合、居場所を新たに確保するために苦労している。地域密着型の仕事をしてきた労働者は、収入や社会的評価で高賃金の労働者に遅れを取ったかもしれないが、サードエイジにおいては就業の継続や居場所の確保において有利な位置にある。女性の就業者も同じである。

第三の要素が、遊びや文化的な活動である。もちろん、金銭的な余裕が遊びや文化的な活動を支えているが、地域で役割を担うことや宗教的活動などは相応の負担で行うことが可能である。また、リラクゼーションや行楽は、仕事をしているときだからこその楽しみだが、それだけやっていては楽しくなくなるだろう。ということで、仕事と居場所、遊びのバランスが重要である。

ここで、この三要素を部分的に重ねている遊びについて紹介しておきたい。シリアス・レジャーという概念である。具体的には、①一生ものの趣味、熟練や鍛錬を必要とする武道、芸術や稽古ものであり、先生になれば社会的評価や収益も得られる、②ボランティアや地域活動であり、社会的評価や相手から得られる喜びがある、③バンド活動やスポーツなど、セミプロ的な水準でやる、という本気の遊びである（宮入・杉山 二〇二一）。

遊びや趣味を暇つぶしとして、気分転換に行うといった域を超えて、学業や仕事よりも重要な生きがいを感じられる瞬間として楽しめるほどの趣味がある。こうしたシリアス・レジャーでは、同士的な人間関係も生まれるし、団体や会派を結成したうえでサードエイジ期を含めて社会的栄達や熟練を目指すことも可能である。趣味縁が作る社会的ネットワークの議論も、都市型コミュニティや地域社会型コミュニティの形成と関連させて考察されてきた（浅野 二〇一一、秋谷・團・松井 二〇二一）。現代社会は、地域に属しているということだけで、あるいは、特定の業界や業種に属しているだけで一体性を感じるほどまとまった社会ではない。その意味で、趣味縁や文化活動に関わるネットワークに属することの意味は大きい。

次に、サードエイジ期を高齢期と明確に区別するために、高齢者年齢を六五歳とする現行の制度を再検討しようと思う。それは、単に人生一〇〇年時代に入ったから先に述べた人生の四段階としてサードエイジ期を画期とするのではなく、人口減少社会となる日本を維持するために必要な提言としてなすものである。

二　高齢期を再定義する

1　人口ビジョン二一〇〇

少子高齢化による人口減少社会のリスクは、災害時や復興過程で顕わになる。縮小する日本を変えなければと、民間有識者の人口戦略会議が「人口ビジョン二一〇〇」を公表した。

日本の人口は現在の出生率（一・三四）のままだと、二一〇〇年に約六二〇〇万人と半減し、高齢化率は二〇四〇年頃から約四〇％のまま推移する。労働力不足・社会保障費の負担で日本の国力が大幅に減退し、地方消滅が現実化する。八千万人の人口規模で日本を維持しようというのが、このビジョンである。

方策は三つある。①人口の定常化のために出生率二・〇七を目指して若者の労働環境・女性の育児環境においてあらゆる改善を試みる。②経済の強靱化のために人材に投資し、産業の生産性をあげる。③高技能を所持する永住外国人を受け入れる。

三村明夫と人口戦略会議による緊急提言が掲載された『中央公論』二〇二四年二月号および関連記事を読んだが、机上の提言に落胆した。この論文を女子大学の社会学受講者に読んでもらったところ、日本社会が縮小していくことの危機感は分かったものの、だからと言って自分たちが日本のために出産行動をしなければならないとは全く考えないと異口同音の返答があった。

さらに言えば、人口戦略会議のメンバーである増田寛也が二〇一四年に提言した『地方消滅―東京一極集中が招く人口急減』が与えたショックは、地方自治体やそこで働く自治体職員の問題であって、若者の問題ではないのである。若い女性を地域にとどめなければならないというが、若い女性たちは教育機会や就職先がなければ、それがある都市に移動して生活するだけの話である。長男ですら地域に残る親や家のために地元に留まったり、Ｕターンしたりする時代が過ぎてしまったのに、留まる理由が全くない女性たちをつなぎとめるべく地域創生や子育て支援策を競い、地方同士で若年人口を奪い合っても仕方がない時代に入っているのではないか。

出生率二・〇七を目指してと言うが、出産行動をなすのは若い女性である。昨今の未婚化・晩婚化傾向からしても、女性の結婚しない、子を持たないという選択をも尊重するのであれば、子育て世帯に三人の出産をお願いしなくてはこの出生率にならない。日本の育児期に該当する約十数％の世帯に子ども一人あたり年間百万円くらいを二〇年間育児手当として配分すれば、高等教育までの教育費用負担を代替する策といえる。子ども一人を自宅外で私立大学に通わせるだけでも四年間で約一千万円必要であり、塾代や習い事を含めて小中高校を私学に通う選択肢を入れれば、一人あたり二千万円くらいの給付がなくては、子育て負担はゼロにはならないだろう。

現行では、所得制限のある児童手当が、第一子と二子で月額一万五千円、第三子が三万円程度と雀の涙である。共働き・共育ての推進や育児相談、大学における授業料の無償化を進めてみても、教育経費の額は変わらない。そうした一連の子育て支援策の経費ですら、国民で税負担する合意が得られないのが現状である。岸田政権では「子ども・子育て拠出金」を厚生年金保険料とともに徴収することを計画していた。

安定的な財源を確保せずに、また、社会保障経費の増大に対応するべく増税による負担を国民に説得することなく、口当たりの良い給付・支援の拡充のみを政策として推し進めれば、よくて税源不足による頓挫、継続すればするほど財政赤字が拡大して社会保障の制度自体を揺るがすことになるだろう。

人口戦略会議が策定した第一の出生率回復のための子育て支援策だけでも難題であるのに、第二の人的投資と産業界のイノベーションもまったく難題と言わざるを得ない。まだ企業にも国家にも経済的に余裕のあった過去三〇年ですら難しかったイノベーションが、今後可能かどうか。領域を特定した重点投資以外に方策はないだろう。一例に、文部科学省が補助金で進めている日本の大学の文系学部から理系学部への転換とＤＸ人材養成がある。

ＡＩやＩＴ技術を元にした社会変革的なイノベーションが生まれれば結構なことだが、現時点では投資額を回収できるほどの社会変化は生じていない。むしろ、地域社会において衣食住のベーシックなニーズを満たす業種や職種に従事している人たちの労働力不足が深刻であり、ここへの人材供給への見通しが立っていない。そこで、第三の外国人労働者を呼び込むという政策が出てくるわけだが、まずは最低賃金を時給二千円程度に上げて他の先進国並にするのが先決である。

岸田首相は二〇二三年八月三一日に開催された新しい資本主義実現会議の冒頭挨拶において、二〇三〇年代半ばまでに最低賃金額が全国加重平均で一五〇〇円になることを目指すと述べたが、おそらくその頃には東アジアにおいて最低の賃金水準になるだろう。途上国並みの賃金と物価で安い労働力を維持して輸出産業を支援し、インバウンド頼みで経済を回すというのは、中進国の経済政策である。こういう国が外国人労働者を迎えられるわけはなく、現在は研究者や技術者、及び若い世代で日本人の海外流出が始まっている。

以上の理由から、「人口ビジョン二一〇〇」に示された出生率二・〇七を目指す政策は画餅であり、二〇六〇年には日本人口は八六七三万人(二〇二四年人口の約七二％に減少し、高齢化率は約四〇％)(国立社会保障・人口問題研究所「日本の将来推計人口(平成二四年一月推計)」)となることを受け入れざるを得ない。これでは、日本は経済成長の一番のポテンシャルである稼得人口を欠いた文字通りの中進国となってしまうのではないかという懸念に対して、全く新しい角度から考察をしてみたい。

2　高齢者の再定義　七五歳

二〇一七年日本老年学会と日本老年医学会が合同で高齢者の定義を見直す提言を行った。高齢者の定義を六五歳から七五歳以上とし、六五歳から七四歳までは准高齢者、九〇歳以上を超高齢者とした。この提言では、准高齢者は健康状態として自立可能であると述べるだけで、社会保障制度とも働き方とも連動させた議論にはしていない。

また、二〇一九年に内閣府は、高齢社会対策大綱を閣議決定し、エイジレス社会を目指すとした上で高年齢者雇用安定法を改正して七〇歳までの雇用確保について企業に努力義務を課した。実際、七〇歳までの就業確保措置を実施済みの企業は中小企業が大企業よりも多く、全体で約三〇％が実施済みである（厚生労働省「高年齢者雇用状況等報告二〇二三」）。実際、二〇二二年、六五歳から六九歳の就業率は五〇・八％、七〇歳から七四歳は三三・五％に達している。

体力が許し希望すれば誰でもそれなりに働き、最低賃金を得て、年金支給開始を繰り上げ（割増額を受給することでマクロ経済スライドによる減少分を補填）、医療費負担も現役並みにすれば（社会保障関連経費にかかる財政支出を抑制）、高齢社会の問題はかなりの程度解消する。農家や漁師、職人や士業、介護の人たちは既にやっている。健康寿命も延びよう。二〇二二年時点で男性は健康寿命が約七三歳、女性は約七五歳である。

とはいえ、高年齢者や高齢者の健康度合いや体力には個人差が大きく、仕事を継続するか年金生活を送るか、仕事をやるにしても職種などの選択は個人の意思や選択が重視される。

現在から三五年後に全人口に占める稼得人口の割合が五四％から約四七％に下がり、若年者と高齢者を合わせた被扶養人口が五三％に達するのでは、日本において最も経済力があった一九九〇年の割合（稼得人口六一％、被扶養人口三九％）とあまりに落差がある。だから、人口戦略会議は出生率を二・〇七に回復させて、希望人口推計として高齢化率を三三％に押し下げ、稼得人口を四六％で保ったまま、若年人口を二〇％と大幅に増加させて二一〇〇年代に希望をつなごうとしたのである。

私はここで高齢者を七五歳と定義し直せば、出生率が現在のまま推移するという中位推計であっても、七五歳以上の高齢者人口が約二七％、六五歳から七四歳までの高年齢者人口が約一三％、稼得人口が約四七％、若年人口が約一三％のままで、高年齢者人口を稼得人口に組み入れることで、一九九〇年の割合に匹敵する稼得人口約六〇％、被扶養人口四〇％を実現できると考える。

前節で述べたように、日本人は六〇代の後半において約半数が就労を継続し、七〇代前半においても約三割が就労している実態がある。そこで得ている労働賃金は、パートタイム雇用が多いために稼得期の世代に比べれば三分の一にも満たないかもしれない。低い年金収入の補填として働いている人であれば年収一〇〇万円に満たないであろう。しかし、この世代は自宅を確保し、子育て期を終えている人が大半であり、稼得期ほどの経済収入はいらないであろう。

問題は年金と医療からなる社会保障である。厚生年金は掛けた人に対して掛けた分しか出ないので問題は少ないが、基礎年金は二分の一が国庫負担であるために、六五歳支給年齢を七五歳支給年齢に引き上げれば、年金の保険料不足の問題は解消するが、これでは生活ができないという人が多いだろう。医療においても七〇歳から七四歳までの二割負担、七五歳からの一割負担の原則を、原則三割にしたうえで高額医療費制度を運用して負担を軽減するようなやり方が可能かどうか検討することもありえるのではないか。病院での受診控えが起こる可能性が懸念されるが、複数の診療科において重複した薬を処方されている高齢者が少なくない。高度医療と高額薬剤、医療従事者のモチベーションを削がない待遇を確保するためには、高年齢者と高齢者が負担割合を増やすしかないのではないか。

とはいえ、それができるならとっくにやっているという話かもしれない。六五歳から七四歳までの高年齢者を準稼得人口と位置づけるのはおおよそ実態にあっていても、年金と医療については簡単な答えはない。高齢社会のあり方は社会保障にかかわる課題だが、個人のライフコースで言えば長寿化こそ課題となる。長寿に見合うだけの資産の蓄積、年金の受給、および医療や介護を受け続けられるのかという不安は、八〇代以上の高齢者よりも六〇代から七〇代の高年齢者に強いだろう。

3　人生百年時代の衝撃

英国のリンダ・グラットンとアンドリュー・スコットの著書『LIFE SHIFT（ライフ・シフト）―人生一〇〇年時代の人生戦略』（東洋経済新報社、二〇一六）によれば、二〇〇七年に日本で生まれた子供の半数が一〇七歳より長く生きると推計されており、日本が世界一の長寿社会になるとされる。日本だけでなく、先進国では人生が百歳を超える人たちが続出するので、教育―仕事・家庭―老後の直線的なライフプランニングから複線的な生涯学習や転職、資産運用など含めて準備しておかなければいけないという。この本はベストセラーになり、故安倍晋三首相と大臣・有識者で構成された人生一〇〇年時代構想会議から、二〇一八年に「人づくり革命 基本構想」が発表された。その中身は、幼児教育から大学教育、リカレント教育までの教育改革と高齢者雇用の促進という文部科学省から厚生労働省の懸案事項が、人生百年時代にことよせながらこの際流れを作っておこうというものだった。

それはともかく、「人生百年時代」という言葉は、老年学や医療、市民講座やメディアでも使われるようになったが、長寿を愛でる声はそれほど聞かれなかったと思う。充分な資産や年金がなければ、それは困る人の方が多いのではないか。

九〇代高齢者の約六割が認知症となり（認知症施策推進のための有識者会議資料「認知症年齢別有病率の推移等について」二〇一九）、グループホームなどの入居施設であっても月額一五万円相当の費用がかかる。六〇代の子どもが介護するか、施設費を負担するかという状況にある人も多いのではないか。そして、子世代は自分の子どもに負担は期待しない、できないと思っているし、そもそも子世代への教育投資他で老後資金も貯められていない人たちが少なくない。デフレ下の日本経済が三〇年続き、親世代や一回り上の世代のように賃金のベースアップや定年まで勤め上げることもできなかった世代である。いささか手遅れ感がある世代の下にいる中年世代に向けて、「介護いらずの身体を作る！　現役時代から資産形成する」といったアドバイスを金融・保険関連の企業が行う時代である。

現在の六〇代は七〇代ほど経済的には恵まれず、団塊の世代ほどキョウダイ数が多くないために老親の介護にあたる人たちが多い。そのために、本書では高年齢層、サードエイジャーとしてひとくくりにしているが、一〇年違っても経済状況や家族の状況は異なり、また、個々人の生活環境もさまざまであることに注意しておきたい。そのうえで、この世代が長寿や高齢社会をどう乗り切っていくかを考えるうえで未来世代のことを最後に記したい。

4　未来世代のために

高齢者世代、高年齢世代は、未来世代のために限りある資源を残しておく必要がある。このことを一般論として言えば誰も反対はしない。資源を地球環境と言っても分かってもらえるだろうし、孫子のためにと言っても頷いてもらえるだろう。ただし、これが社会の持続可能性や日本社会の存続のためとなった場合に、私くらいやらなくともというフリーライダー的な発想や、他ならぬどうして私がやらなければというわりを食ってしまった感が出てくるのではないだろうか。

年金や医療保険についても、六五歳で受給できたり、七〇歳以上の低い受診料で済んでいたりした出費が、どうして私の時代からということになる。前の世代が享受できたことを後の世代が我慢しなければいけないというのは腹立たしくなるかもしれない。

しかし、この世代は現在の日本社会を作ってきたという自負心はよいとして、少子高齢社会をも作ってきたのである。そのつけを自分たちの世代で払わずに、未来世代に先送りするというのは、未来世代からしてみれば自分たちの与かり知らぬところで負担だけ負わせられるという、さらにわりをくった感情を抱いてしまうのではないだろうか。

日本の社会保障制度は一九六〇年代の高度経済成長の時代に作られた。人口増加や経済成長が自明の前提とされていたのである。ところが、二〇〇〇年代から経済や技術革新のイノベーションが低下し、既得権益を譲らない業界やそういう領域に推された政治によって日本社会の経済生活は東アジアの諸国に追いつかれ、追い越され始めている。この現実を直視しながら、財政の現実に見合った社会保障制度の再構築や社会認識の変更を促していかざるを得ないのではないか。

そのためには、社会保障において負担なしの給付はありえないということや、市民が国家や自治体に安全保障や生活保障を委ねきる発想をやめて、社会の活力を自ら生かしていく発想と方法を考案していくしかないだろう。

本書では、サードエイジ期にある高年齢者が従前の高齢者像を自ら打破し、被扶養者やケアされる存在としての高齢者のあり方をも変えていく手がかりを見いだそうと試みている。このような視点には、国家が本来負うべき責任を市民に負わせ、力の及ばない人たちにも自立を強いる議論につながるのではないかという批判が当然出てくるものと考えている。しかし、現代の日本において国家に国民生活を任せきる時代ではないし、国家にその能力もないことはもはや自明ではないだろうか。

一部の政治家や財界人たち、あるいは高齢世代が、往時の経済と技術革新の輝かしい時代を懐かしむかもしれない。その時代を取り戻すという新しい資本主義的な発想、そのために日本精神の回復が必要ではないかというナショナリスティックな傾向なども散見される。こういう時こそ、社会学による冷静な眼差しと地道な取り組みの処方箋が必要とされているのではないかと考える。

文　献

秋谷直矩・團康晃・松井広志、二〇二一、『楽しみの技法―趣味実践の社会学』ナカニシヤ出版。

浅野智彦、二〇一一、『若者の気分―趣味縁からはじまる社会参加』岩波書店。

大竹文夫、二〇一七、「利他性と互恵性の経済学」盛和スカラーズソサエティ会報二一、六―一一。

小田利勝、二〇〇四、『サクセスフル・エイジングの研究』学文社。

落合恵美子、二〇一三、『親密圏と公共圏の再編成』京都大学学術出版会。

金子勇、二〇一四、『日本のアクティブ・エイジング―少子化する高齢社会の新しい生き方』北海道大学出版会。

小塩隆士、二〇一四、『「幸せ」の決まり方―主観的厚生の経済学』日本経済新聞出版社。

櫻井義秀、二〇一四、「人口減少社会日本における希望ときずな―しあわせとソーシャル・キャピタル」『宗教研究』八八（二）、七七―一〇四頁。

櫻井義秀・川又俊則編、二〇一六、『人口減少社会と寺院―ソーシャル・キャピタルの視座から』法藏館。

櫻井義秀、二〇一七、『人口減少時代の宗教文化論―宗教は人を幸せにするか』北海道大学出版会。

櫻井義秀編、二〇一八、『しあわせの宗教学―ウェルビーイング研究の視座から』法藏館。

櫻井義秀編、二〇一九、『宗教とウェルビーイング―しあわせの宗教社会学』北海道大学出版会。

櫻井義秀、二〇二〇、『人生百年の生老病死―これからの仏教、葬儀レス社会』興山舎。

辻竜平・佐藤嘉倫、二〇一四、『ソーシャル・キャピタルと格差社会―幸福の計量社会学』東京大学出版会。

広井良典、二〇一三、『人口減少社会という希望』朝日新聞出版。

前田信彦、二〇〇六、『アクティブ・エイジングの社会学―高齢者・仕事・ネットワーク』ミネルヴァ書房。

宮入恭平・杉山昂平編、二〇二一、『「趣味に生きる」の文化論―シリアスレジャーから考える』ナカニシヤ出版。

Byock, Ira, 1997, *Dying Well*, Riverhead Books.

Canda, Edward and Furman, L.D., 2009, *Spiritual Diversity in Social Work Practice: The Heart of Helping*, Oxford Univ. Press.

Green, James W., 2012, *Beyond the Good Death: The Anthropology of Modern Dying*, University of Pennsylvania Press.

Laslett, Peter, 1991, *A Fresh Map of Life: The Emergence of the Third Age*, Harvard University Press.

Veenhoven, Ruut, 2007, "Subjective Measures of Well-being," Mark McGillivray (ed.), *Human Well-being, Concept and Measurement*, Palgrave McMillan, Houndmills, New Hampshire, USA, pp. 214–239.

第1部

東アジアのアクティブ・エイジング

第1章　旭川市　除雪支援を通じた高齢者のウェルビーイング

三田絵里加

一　高齢化による除雪困難者の増加と除雪支援

冬の北海道での生活に除雪は付き物であるが、いわゆる「ドカ雪」といった大雪に見舞われ、住民の日常生活に支障をきたすこともある。特に、手作業による除雪は、ある種全身運動ともいえるほど足腰を使い体力を要するため、高齢者には負担が大きい。高齢となり自力で除雪することができなくなっても、かつては同居している家族や近隣住民との助け合いによって除雪が行われてきた。しかし、近年は核家族化が進み、配偶者の離死別、親族や子どもが遠方に暮らしている等の理由で単身高齢者や高齢夫婦のみの世帯が増えているほか、住民同士のつながりも希薄化し、自力でも周囲に頼むこともできず除雪が困難な住民が増えている。無理な除雪はケガや事故につながり、除雪できないとなるとやむを得ず高齢者施設に入居するか、家族の元に引っ越すこととなる。自宅を離れることで雪の心配からは解放されるが、高齢者にとっては長年住み続けた自宅に可能な限りずっと住み続けたい気持ちは強いだろう。最近では、民間事業者に除雪を依頼するケースも徐々に増えてきているようだが、人件費や燃料費の高騰により一回につき数千円、一シーズンだと数万円程度の費用がかかり、誰もが手軽に依頼できるわけではない。

こうした中、行政等の公的機関や町内会有志による除雪支援が各地で行われており、中にはアクティブな高齢者が除雪支援を担っているケースもある。除雪支援に関する先行研究では、北海道や東北地方を中心に住民有志や大学生による除雪支援が事例として取り上げられているが、除雪支援における支援者と被支援者の関係性や、支援者と被支援者の内面の変化に着目したものは少ない。

本章では、筆者が二〇二一年から二〇二二年にかけて調査した北海道旭川市における社会福祉協議会及び町内会有志の除雪支援を事例に、ウェルビーイングの観点から支援者と被支援者の関係性の変化や、除雪支援を通じて支援者と被支援者にとってどのような効果がみられるか考察する。

二　旭川市の概要

旭川市は、北海道の上川地方のほぼ中央に位置し面積は七四七・六㎢を有しており、雄大な大雪山連峰に囲まれ、肥沃な盆地が広がっている。気候は、年間の寒暖差や昼夜の寒暖差がともに大きいのが特徴で、一九〇二年には日本の最低気温として氷点下四一・〇度を記録している。また、降雪の深さの平均（一九九一〜二〇二〇年）は五五七㎝で、道内の中でも降雪量が多い地域である。二〇二〇年度国勢調査によると、人口は三二万九三〇六人で、札幌市に次ぐ道内第二位の都市である。また、高齢化率は三四・六％で、二〇一五年度国勢調査時の三一・八％から二・八ポイント上昇しており、道内第二位の人口を有する地方中核都市においても高齢化が深刻である。

旭川市では、効率的かつ効果的な除排雪と市民協働による除雪を推進すべく、一九八八年に「旭川市融消雪対策基本計画（あさひかわ冬プラン）」を策定して以降、一九九五年に「旭川市総合雪対策基本計画」、二〇〇五年に「旭川市新総合雪対策基本計画」を策定し、それぞれの計画に基づいて雪対策を実施してきた。二〇一五年からは「旭川市雪対策基本計画」を策定し、「将来的に安定した除排雪体制の確保」、「暴風雪や豪雪への対応強化」、「地域除雪活動（市民協働）の推進」、「除雪弱者への支援体制の推進」、「情報共有体制」を重点目標に、市民にも分かりやすく除雪の出動水準や除雪管理水準を設定して市道の除排雪を行い、市内を九地域に分けて除雪センターを設置し道路状況を把握しながら、車道や歩道の除雪、排雪作業等の除雪業務全般を迅速かつ効率的に行う「地域総合除雪体制」を推進している。

また、二〇二一年からの現市長は除排雪先進都市を公約に掲げており、二〇二四年度の除排雪に関する当初予算は過去最大の約三六億二千万円を計上している。また、二〇二二年には雪対策の財源に充てるための雪対策基金を創設したほか、ＩＣＴを活用した除雪ＤＸの推進、二〇二三年には雪対策に関する市の責務や市民、民間事業者の役割を明らかにし、雪対策に関する施策の基本となる事項を定めて雪処理のルールの遵守とマナー意識を高めることを目的とした「旭川市雪対策基本条例」を制定するなど、現旭川市政では積極的な除排雪対策を進めている。ただし、雪対策基本条例にもあるように、除排雪に関する市の役割は、雪対策の基本的な計画を策定した上で道路の除排雪が中心であり、自宅等の敷地内の雪は住民が自己責任あるいは住民同士の助け合いで処理するよう役割分担を明確化しており、市は小型除雪機の貸出など除雪活動の各種支援制度を用意し、住民に対して住民同士による除雪活動への積極的な参加を呼びかけている。

三　旭川市社会福祉協議会による除雪支援

1　除雪支援の概要

旭川市社会福祉協議会では、旭川市からの委託を受け二〇〇三年度から福祉除雪サービス事業を実施しており、一戸建てに住む七五歳以上の高齢者や重度身体障害者、母子世帯を対象に、自宅玄関から間口までの除雪を支援している。費用は三〇分まで五〇〇円、以降三〇分ごとに五〇〇円の追加料金が発生するほか、交通費をそれぞれ被支援者が支援者に直接支払うこととなっている。

図1-1では、二〇一六年度から二〇二〇年度までの五年間の支援者数と被支援者数の推移を示しているが、支援者数については、二〇一六年度から二〇一七年度までは約四〇〇人だったが、その後減少傾向に転じ、二〇二〇年度は約二〇〇人まで減少している。一方、被支援者数については、二〇一六年度は約三〇〇人であったが、二〇一七年度以降は三五〇～四〇〇人近くまで増加している。二〇一六年度から二〇一七年度までは支援者数が被支援者数を上回っていたが、二〇一八年度は支援者数と被支援者数がほぼ同じとなり、二〇一九年度以降は被支援者数が支援者数を上回っており、二〇二〇年度は被支援者数が支援者数を大幅に上回っている状況である。

支援者は六五歳以上の男性や福祉関係の職場に勤務している者、地縁組織で活動している者が多く、社会福祉協議会の広報紙やホームページ、旭川市広報紙等を通じて支援者を募集している。また、社会福祉協議会では市民を対象としたボランティア養成講座を実施しており、講座参加者が支援者となるケースも多い。支援者は個人の登録が多いが、市内の高校二校と障害者就労支援施設四五か所(二〇二一年九月時点)も団体で登録している。また、被支援者の特徴としては高齢の女性や障害者、家族や近隣住民との関係が薄い者が多いとのことだった。

2　支援者に関するインタビュー調査結果

筆者は、福祉除雪サービス事業の支援者五名(S1、S2、S3、S4、S5とする)に対してインタビュー調査を行った。インタビューを行った支援者の年齢や性別等の基本属性は、表1-1のとおりである。

S5以外の四名は三年以上前から福祉除雪サービス事業に参加しており、社会福祉協議会のボランティア養成講座で紹介されたのをきっかけに参加している者が多かったが、すでに福祉除雪サービス事業に参加している知人か

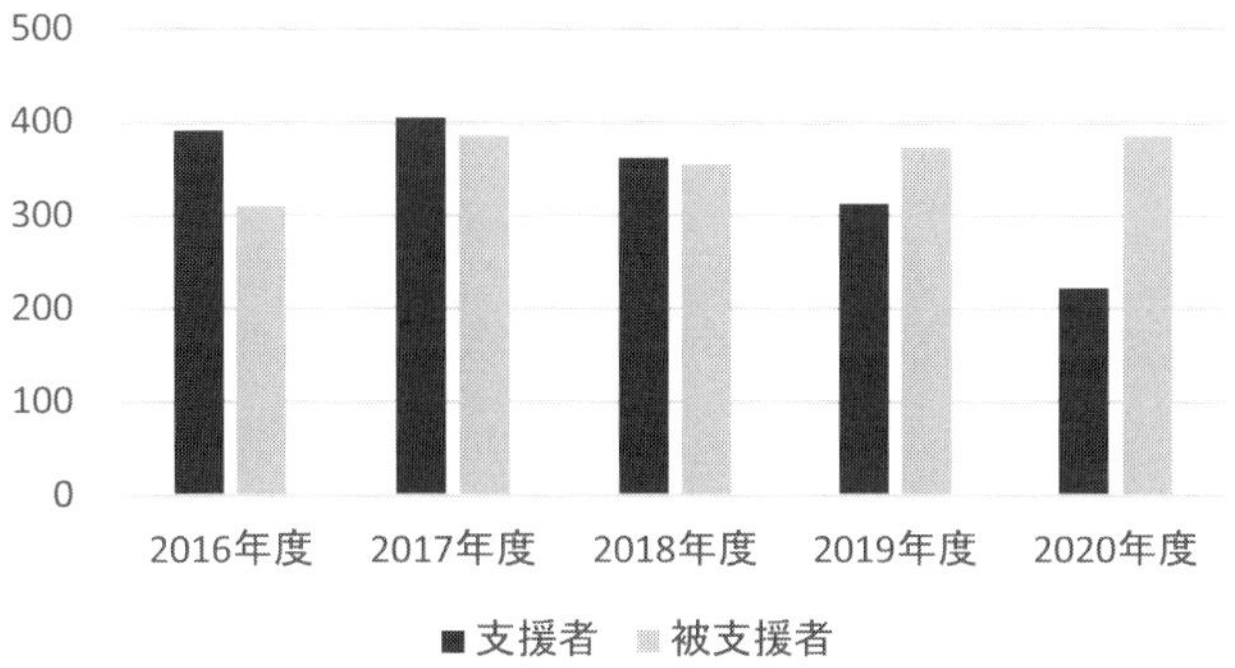

図1-1　福祉除雪サービス事業における支援者数及び被支援者数の推移

出典：旭川市社会福祉協議会から入手した資料をもとに筆者作成。

らも紹介を受けた者や健康維持のために参加している者もいた。また、担当世帯数は平均二～三世帯で、多い時で五世帯担当していた者もいた。

被支援者との交流状況については、被支援者から飲食物をもらったり、挨拶や話をしたりするなどの交流がみられ、中には支援者が自分の子どもを除雪作業の現場に連れて行き、子どもと被支援者が交流しているケースもみられた。また、S_3とS_4が担当する被支援者は一人暮らしの高齢女性で、話し相手を求めているように感じたという。社会福祉協議会によると、実際被支援者から「冬期間の暮らしの不安が解消された」、「話し相手ができた」等の感想が寄せられているほか、冬期間の除雪だけではなく、雪が解けた後も支援者が被支援者の様子を見に行ったり、草むしりを手伝ったり、支援者が被支援者に認知症の疑いがあるとして通報したケースもあるという話があった。このように、福祉除雪サービス事業はただ除雪を手伝うだけではなく、支援者と被支援者間の交流により信頼関係が生まれ、被支援者にとっては孤立防止や見守りにつながっているといえる。

また、支援者と被支援者との交流は社会教育の面からもメリットがあると考える。インタビューした支援者のうち、S_1、S_3、S_5は自分の子どもや孫を除雪作業の現場に連れて行っていた。S_1の孫は人付き合いが苦手なため、S_1は人との関わりに慣れさせるのに孫を除雪支援に参

表1-1　福祉除雪サービス事業における支援者の基本属性

	年齢	性別	職業	世帯人数（自身も含む）	世帯構成	居住年数
s_1	70代	男性	無職	3人	夫婦と孫	16年以上
s_2	70代	男性	無職	2人	夫婦	16年以上
s_3	40代	女性	パート	6人以上	親と子	1年〜5年
s_4	50代	女性	パート	1人	—	1年〜5年
s_5	40代	男性	団体職員	4人	親と子	6年〜10年

加させている。また、s_3は小学生と高校生の子どもを除雪の現場に連れて行ったところ、除雪の手伝いや被支援者との交流を通じて子どもたちが楽しそうにしていたという。こうした経験からs_3は「子どもの時から支援活動に参加していると、人助けの気持ちが芽生えるのではないか」と話しており、支援の体験や世代間交流の観点から、子どもを除雪支援に参加させる意義があると考える。

そして、除雪支援に参加して良かったことについて、被支援者から感謝の言葉をかけてもらうことや、近隣住民との交流の広がり等が挙げられた。s_1は現在住んでいる地域が元々地元ではなく、初めは知り合いが誰もいなかったが、除雪支援に参加するようになって近隣住民から声をかけられたり、挨拶を交わすことが増えたという。s_1は「除雪支援を通じて、同じ町内会の住民とのつながりができたと感じており、周りの住民が自分の行いをみてくれていると感じる」と話しており、被支援者だけではなく、支援者にとっても近隣住民との交流というプラスの効果があると考えられる。社会福祉協議会によると、その他の支援者からの感想として「地域や人のために貢献できて自己肯定感が上がった」、「除雪で体を使って体力がついた」などがあるという。このように、支援者は除雪支援を通じて、やりがいや自己肯定感の向上、近隣住民との交流、健康の維持といった効果が得られている。

四　町内会有志による除雪支援

1　除雪支援の概要

旭川市では、社会福祉協議会が実施する除雪支援のほか、町内会有志が行う除雪支援がある。ここでは、末広八親町内会が行っている「お助けはっしん隊」を一つの事例として挙げたい。

末広八親町内会は、旭川市内中心部からみて北東部に位置する末広地区にあり、二〇二二年一〇月一日現在の人口(町内会加入世帯のみ)は約一五〇〇人、世帯数は六二九世帯で、高齢化率は四五%とかなり高い。

「冬場は雪で買い物や通院が大変」、「除雪に困っている」という住民からの声を受け、二〇一八年度の冬から、町内会の有志一〇名が一人暮らし高齢者や体が不自由な人など除雪困難世帯の玄関先の除雪を実施するため除雪チームを創設し、八世帯の除雪をした。その後、同町内会は社会福祉協議会と地域包括支援センターからの紹介で「旭川市地域まちづくり推進事業負担金」という市の補助事業を活用して二〇一九年に、①高齢化が進んでも安心して暮らし続けられる地域づくりを目指し、近隣住民による助け合い運動の立案・実施、②一人暮らし世帯など孤立しやすい世帯へ重点を置き、困り事の早期発見や住民同士が「お互い様」の精神で支え合う仕組みづくりを目的に、「お助けはっしん隊」を立ち上げた。お助けはっしん隊の立ち上げ後は、除雪支援のほかにゴミ捨てや見守り、庭の草取り、買い物代行を支援項目に追加した。なお、「お助けはっしん隊」の名前の由来は、高齢者の「お助け」、「はっしん」は末広八親町内会の「八親」と情報やつながりの「発信」をかけたものである。

除雪支援の対象者は、町内会への加入状況に関わらず七五歳以上の一人暮らし高齢者や体が不自由な人、体調に不安のある人など自力での除雪が困難な者を対象にしている。除雪支援の費用は三〇分につき三〇〇円で、約一五cm以上の降雪時に自宅玄関から間口までの除雪を行っている。

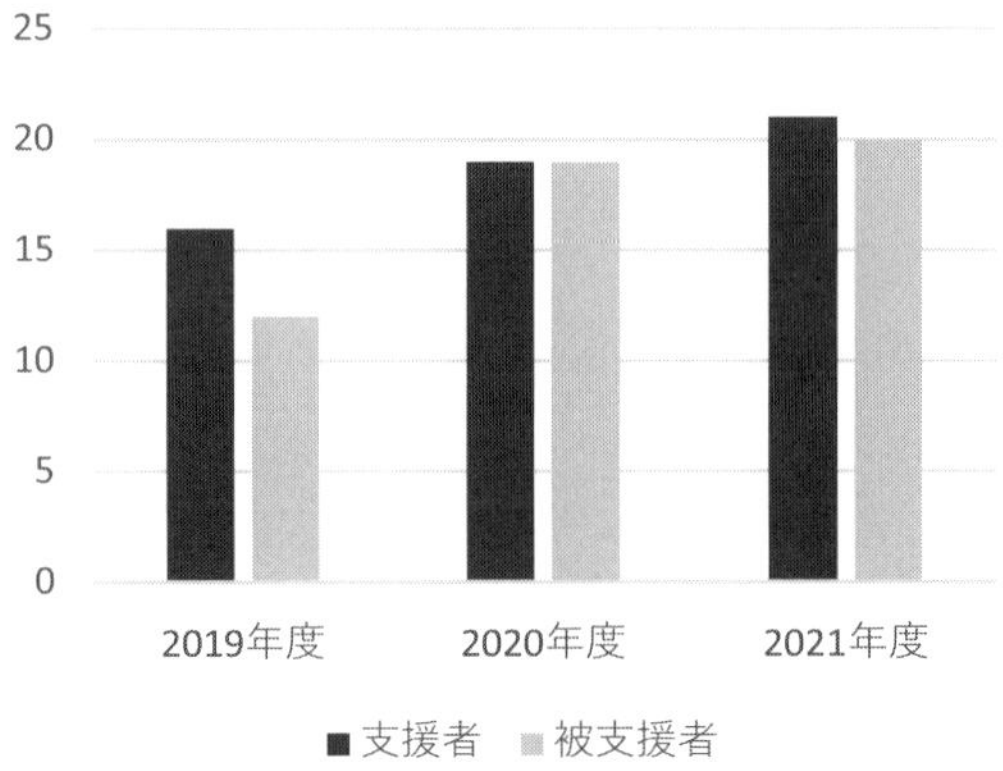

図1-2　お助けはっしん隊の支援者数、被支援者数の推移

出典：お助けはっしん隊から入手した資料をもとに筆者作成。

二〇一九年度から二〇二一年度までの支援者数と被支援者（世帯）数の推移については、図1-2のとおりである。支援者数は二〇人前後で、平均年齢は六九・八歳、男女比は男性の割合が六五％で女性の割合が三五％、支援者の半数は町内会の役員である。町内会の回覧で、お助けはっしん隊の活動を周知するとともにメンバーの募集を行っている。被支援者数については、二〇一九年度は一二世帯だったが、二〇二〇年度、二〇二一年度は二〇世帯前後で推移しており、一人暮らしの高齢女性が多く、被支援者の中には外出不可能な状態の者もいる。

2　支援者及び被支援者に関するインタビュー調査結果

筆者は、お助けはっしん隊の発起人A氏（男性）とB氏（女性）、支援者四名（x_1、x_2、x_3、x_4とする）、被支援者四名（y_1、y_2、y_3、y_4とする）の計一〇名に対してインタビュー調査を行った。インタビューを行ったx_1～x_4、y_1～y_4の年齢や性別等の基本属性は、表1-2のとおりである。支援者は六〇代～七〇代、被支援者は全員八〇代以上で、支援者、被支援者ともに居住年数が一六年以上と長いのが特徴である。末広八親町内会の区域はアパートやマンションが少なく戸建て住宅が多いため、長く定住している住民

表1-2　お助けはっしん隊における支援者及び被支援者の基本属性

		年齢	性別	職業	世帯人数（自身も含む）	世帯構成	居住年数
支援者	x_1	60代	女性	専業主婦	3人	その他	16年以上
	x_2	70代	女性	専業主婦	2人	夫婦	16年以上
	x_3	70代	男性	アルバイト	2人	夫婦	16年以上
	x_4	70代	男性	無職	2人	夫婦	16年以上
被支援者	y_1	80代以上	男性	無職	2人	夫婦	16年以上
	y_2	80代以上	女性	専業主婦	2人	夫婦	16年以上
	y_3	80代以上	女性	専業主婦	2人	夫婦	16年以上
	y_4	80代以上	女性	専業主婦	1人	―	16年以上

が多い地区である。なお、被支援者y_1とy_2は夫婦である。

まず、支援者については支援当初（二〇一九年）から参加している支援者が二名で、二〇二〇年からの参加が一名、二〇二一年からの参加が一名だった。四名全員がお助けはっしん隊のメンバーから声をかけられたのをきっかけに除雪支援に参加しており、担当世帯数は多い人で三世帯、平均一・八世帯を担当している。被支援者との交流状況については、除雪支援をきっかけに被支援者と挨拶を交わすようになった者（x_3、x_4）や様々な話をするようになった者（x_2）がみられた。除雪支援に参加して良かったことについては、除雪を支援することで誰かの役に立っているというやりがいや充実感、体力づくりといった健康維持に関する意見が挙げられた。住民同士の交流に関する意見は特段挙がらなかったが、居住年数が長い住民が多く、元々住民同士の交流が一定程度あるためだと推測する。

次に、被支援者については、支援開始当初から利用している者が三名、その翌年から利用している者が一名で、高齢で足腰が悪くなり自力での除雪が困難となったため除雪支援を利用するようになった者がほとんどであった。支援者との交流状況については、除雪以外の生活面でも手助けしてもらっている者（y_1、y_2）や、除雪支援を通じて支援者に親しみを持てるようになった者（y_4）がみられる一方で、元々支援者との交流があり除雪支援を利用する前後で支援者との交流に変化がない者（y_3）もいた。また、y_4は「定期的に訪問してくれるB氏は、同じ女性なので悩み事を相談しやすい」と話していた。

除雪支援を利用して参加して良かったことについて、「お助けはっしん隊のメンバーと話すことでストレスが解消される」（y4）や「地域に見守られていると感じる」（y3）といった意見があった。お助けはっしん隊発起人のA氏は「お助けはっしん隊の活動を通じて、地域住民同士のコミュニケーションが増え、それが見守りにもつながっていると感じている」と話しているほか、B氏も「誰かと話すことで孤独にならずに済む」と述べており、除雪以外にも住民同士による見守りの効果があるといえる。

五　除雪支援を通じたウェルビーイング

1　支援者と被支援者の関係性

これまで述べてきた二つの除雪支援について、まず支援者と被支援者の関係性について考察したい。社会福祉協議会の福祉除雪サービス事業では、支援者と被支援者は、すぐ除雪に駆けつけられる点から同じ町内会に居住しているケースがほとんどであるが、必ずしも除雪支援で関わる前から付き合いがあるわけではない。今回の調査の結果、支援者と被支援者が除雪支援を通じて交流を深めており、支援者の中には夏に被支援者宅を訪れて様子を確認したり、草刈りを手伝ったりするなど、除雪支援にとどまらず関係を構築しているケースもみられた。また、支援者と被支援者間の交流だけではなく、除雪作業中に同じく除雪をしている近隣住民と支援者が挨拶を交わし、立ち話をするなど、除雪をきっかけに地域住民同士の交流の広がりも垣間見えた。一方、末広八親町内会のお助けはっしん隊については、支援者、被支援者ともに高齢者で居住歴が長く顔見知りの間柄であり、福祉除雪サービス事業と比較して除雪支援を通じた関係性の大きな変化はみられなかったが、除雪をきっかけに世間話をしたりお互いに親しみを持つようになったケースがみられた。

2　支援者と被支援者のウェルビーイング

次に、除雪支援を通じて支援者と被支援者にとってどのような効果がみられただろうか。支援者への効果については、二つの除雪支援に共通してみられるが、除雪支援を通じて人助けしていることにやりがいを感じており、自身の体力向上や健康維持にもつながっていると、除雪支援が身体的健康と精神的健康に寄与しているようであった。末広八親町内会のお助けはっしん隊の場合、高齢者は一方的に除雪の手助けを受ける立場に留まっておらず、平均年齢七〇歳の高齢者が、自身の健康や人助けのために除雪支援に参加していた。小田利勝は、WHOの定義に基づき、アクティブ・エイジングを「①単に身体的に活動的ということではない、②社会的、経済的、精神的、文化的、政治的な事柄に継続的に参加・関与することを通じて、家族、友人、地域、社会に貢献、③自立、参加、尊厳、優しさ、自己充実を原則、④世話される対象から権利の対象へ」(小田 二〇〇四：九)と整理しているが、まさにお助けはっしん隊の支援者もこのアクティブ・エイジングに当てはまるといえる。

また、福祉除雪サービス事業では、子どもが親(支援者)の除雪作業に付いて行き、支援の体験や世代の離れた被支援者と交流することで社会教育的な効果もあると考える。

一方、被支援者への効果については、除雪支援を受けることによって自宅が雪で埋まらず外出できないという心配が解消されるという物理的なサポートだけではなく、時には支援者に生活面の相談をすることで情報的なサポートを得ていることもあれば、挨拶や会話をすることで見守られている安心感という心理的サポートを得ていると考える。

これらについて、ウェルビーイングの観点から整理してみたい。R・ヴェーンホヴェンは、ウェルビーイングの

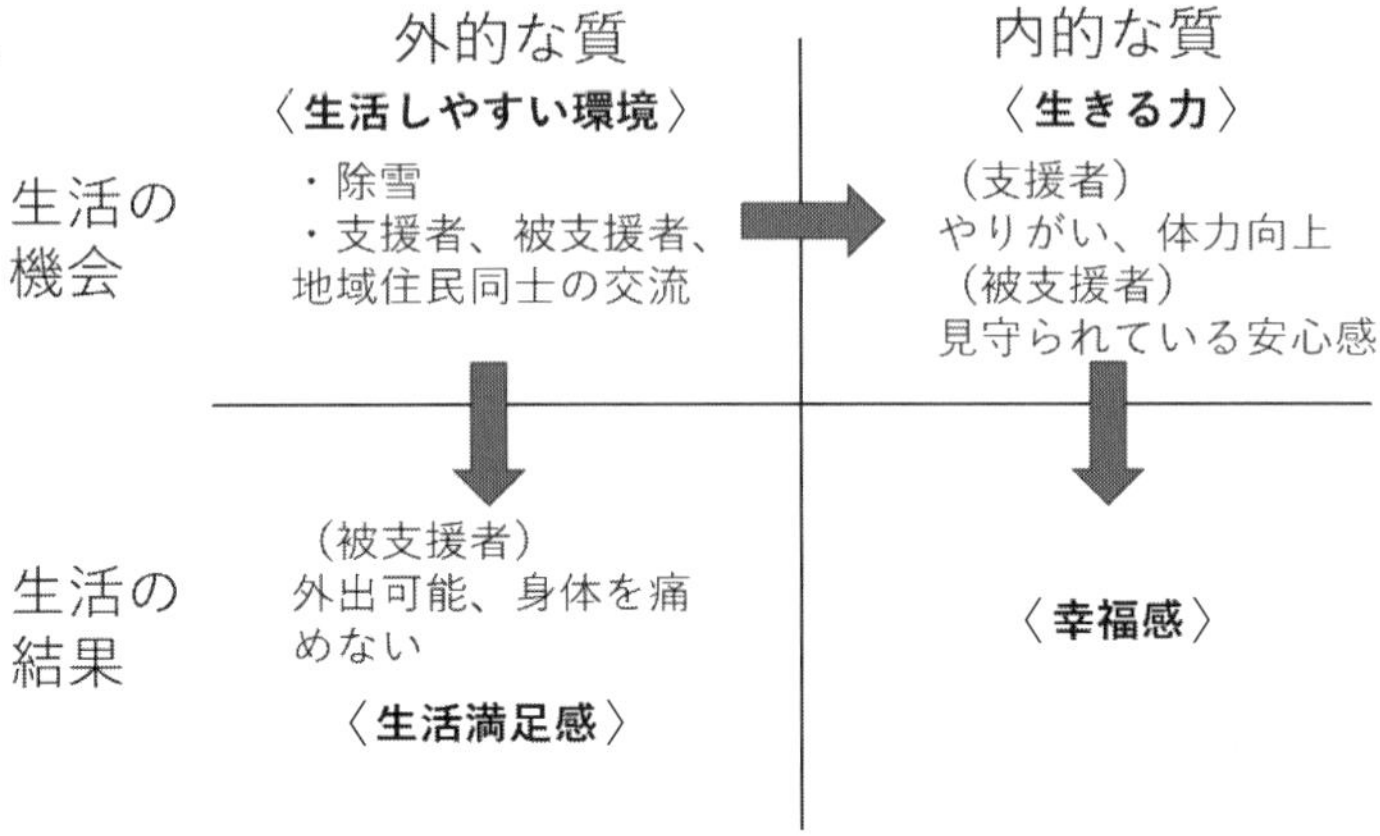

図1-3　クオリティオブライフの4類型と除雪支援

出典：櫻井(2018：21)を改変し、筆者作成。

概念を生活の機会と結果、そしてクオリティオブライフを社会的条件と個人的条件とに分けて、ウェルビーイングを四類型で整理することを考案した(Veenhoven 2000)。

図1-3は、今回の除雪支援の事例を四類型に当てはめてみたのだが、被支援者は除雪支援を受け生活環境が整えられることにより、重労働の除雪によって身体を痛めることなく外出が可能となり満足感を得ているだけではなく、支援者との交流を通じて見守られている安心感も得ている。また、支援者についても、日々の除雪作業で体力が向上するとともに、被支援者や近隣住民との交流を通じてやりがいを感じている。

六　まとめと今後の除雪支援の課題

今回の旭川市の二つの除雪支援の事例から、除雪支援を通じて住民同士のつながりが新たに構築あるいは維持されており、被支援者にとっては孤立防止や見守りにつながり、除雪支援がソーシャルサポートのうち特に心理的サポートの役割を果たしていた。また、支援者も除雪支援に参加することで、人助けをして地域に貢献しているというやりがいや体力の向上につながっていると感じており、除雪支援が支援者の身体的・精神的健康に寄与している。つまり、除雪支援がただの作業にとどまらず、支援者、被支援者双方のウェルビーイングに寄与しているといえるのではないだろうか。そして、高齢者は除雪の支援を受けるばかりではなく、自身の健康や人助けのために除雪支援の担い手となっているケースもみられ、除雪支援がアクティブ・エイジングの場にもなっているといえる。

　健康で元気な高齢者にとって冬期の除雪支援がウェルビーイングの向上に寄与することは良い面とも捉えることができる。しかし、その一方で高齢化が進み、自力での除雪が困難で周りにも除雪をお願いすることができない者が増加し除雪支援のニーズが高まっており、そうしたニーズに追いつかず支援者が不足している。また、支援者は全体的に高齢者が多く、高齢者が高齢者の除雪を支援しているのが現状で、今回の旭川市の事例も例に漏れない。今後も人口減少と高齢化が進めば、除雪支援のニーズはさらに増加することが想定され、支援者の確保が課題となる。しかし、支援者が除雪支援に参加することを負担に感じれば、逆にウェルビーイングを低下させてしまう可能性がある。行政は、除雪に関する各種支援制度を整備するものの、実働は地域住民同士による助け合いの除雪に任せており、そこに少々期待を寄せ過ぎている印象がある。そして、地域住民の方も、自分達の手に負えないことは全て行政に何とかしてもらいたいとなれば、助け合い除雪どころか除雪の押し付け合いになりかねない。除雪の問題は積雪寒冷地に住んでいれば避けられず、行政と地域住民の両者が協力して向き合う必要がある。高齢化や人手不足、加えて異常気象が、これまでの除雪支援のやり方を難しくしており、こうした状況の変化に合わせて除雪支援の仕組みを見直す段階に来ていると考える。

文　献

旭川市、二〇二一、「旭川市の位置・面積」、旭川市ホームページ、（2024年7月17日取得、https://www.city.asahikawa.ho

kkaido.jp/700/701/summary/d059885.html)。

――――、二〇二三、『旭川市雪対策基本計画(平成二七年度〜令和九年度)』、旭川市ホームページ、(2024年7月17日取得、https://www.city.asahikawa.hokkaido.jp/kurashi/440/448/449/d074859_d/fil/web_YUKItaisaku.pdf)。

――――、二〇二四、『令和六年度市政方針』、旭川市ホームページ、(2024年7月17日取得、https://www.city.asahikawa.hokkaido.jp/1401/news/d074828.html)。

小田利勝、二〇〇四、「少子高齢社会におけるサードエイジとアクティブ・エイジング」『神戸大学発達科学部研究紀要』一〇(四)、一―二三。

気象庁、二〇二四、「過去の気象データ検索」、気象庁ホームページ、(2024年7月17日取得、https://www.data.jma.go.jp/obd/stats/etrn/view/nml_sfc_ym.php?prec_no=12&block_no=47407&year=&month=&day=&view=a4)。

櫻井義秀、二〇一八、「日本人の幸福感と宗教」櫻井義秀編『しあわせの宗教学―ウェルビーイング研究の視座から』法藏館、一三―四四。

北海道、二〇二一、「令和二年国勢調査結果　統計表」、北海道ホームページ、(2025年2月28日取得、https://www.pref.hokkaido.lg.jp/ss/tuk/001ppc/20pw_table1.html)。

Veenhoven, R., 2000, “The Four Qualities of Life: Ordering Concepts and Measures of the Good Life,” *Journal of Happiness Studies*, 1: 1-39.

第2章　大邱市　アクティブ・エイジングとソーシャル・キャピタル

金　昌震

はじめに

韓国の高齢化率は、統計調査が本格的に始まった一九七〇年には三・一％であったが、二〇〇〇年には七・二％に、二〇一六年には一三・五％に上昇し、二〇二三年（九月）には一八・七％に達した。今後も高齢化は進行し、二〇三〇年には二四・三％、二〇六〇年には四〇・一％水準まで上昇する見通しである。ただし、高齢化率の全国平均だけでは、都市部と農村部の高齢化率の格差が明確に捉えることができないため、地域別の高齢化率を見る必要がある。

韓国の地域別高齢化率は都市部より農村部の方が高く、この傾向は日本と同様である。農村部の中でも高齢化率が最も高い地域は全羅南道（二五・二％）である。次は慶尚北道（二四・四％）、以下、全羅北道（二三・九％）、江原特別自治道（二三・七％）、釜山広域市（二二・三％）、忠清南道（二一・一％）、忠清北道（二〇・六％）、慶尚南道（二〇・三％）と続く。これより、高齢化率が二〇％を超える地域は農村部に集中しており、超高齢社会の進展が見受けられる（行政安全部「住民登録地域別高齢人口の現状」二〇二三）。

韓国における高齢化は、地域の視点からみると、離島と農山漁村から始まり、次第に都市へと広がり、二〇〇〇年代には「都市高齢化」という現象が浮かび上がった。「都市高齢化」は、人口構造や少子化の状況を考慮すると、少子化・高齢化・人口減少という三つの要素が同時に進行する「三位一体の人口変化」（金子 二〇〇六）に達している。これは一部都市に限らず、韓国社会全体が直面する変化として捉えられる。

このような変化に伴う高齢者の扶養・介護の問題は、地域においてますます顕在化している。大都市の高齢者は職場を離れたことなどで、社会的にも家庭的にも役割が喪失され、長期にわたる退職後の生活について悩むことが増えている。これらの課題に対処するために、社会システムの整備と取り組みが喫緊の課題であり、都市部の高齢者福祉施設に対する役割が高まっている。

本章では、都市部における少子化、高齢化、人口減少の進行と、それに伴う高齢者生活の実態と支援の取り組みを把握する。また、高齢者福祉施設内で形成される社会関係資本の類型と、施設内で結ばれる人々のネットワークが果たす役割と機能を分析する。最終的に、この研究から得られる知見を通じて、地域の高齢者ケアと支援の向上に向けた政策提言を行うことが本研究の主要な目的である。

一　社会関係資本と調査分析の枠組み

本研究の分析の枠組みとして使用されるいくつかの社会関係資本の種類とその特徴について説明する。社会関係資本の分類には多くの研究者がさまざまなアプローチを提唱しているが、ここでは、Putnam(2001)による結束型社会関係資本(bonding social capital)と橋渡し型社会関係資本(bridging social capital)の分類に着目する。これらの分類には社会関係資本の性質や機能に基づき、社会ネットワークの形状の違いを反映している。

結束型社会関係資本は、密接な社会ネットワーク(strong tie)を持つ行為者から構成されており、通常は同じ特性を共有している。結束型の紐帯は現在所属している集団(親族、学校、職場、組合等)に多く、関係の安定性や強い信頼が特徴であり、通常は生活基盤や心理的安定に寄与する(櫻井他 二〇一二、三〇—三一)。

一方、橋渡し型社会関係資本は、異なる特性を持つ行為者からなる比較的に弱い社会ネットワーク（weak tie）に基づいている。橋渡し型社会関係資本の議論には、Granovetter（1973＝2006）の「弱い紐帯の強さ」という理論があり、また、社会関係資本の形成原理として仲介者（broker）の役割を強調したBurt（2001）の「構造的隙間論」（structural holes）も関連している。

Granovetterの議論によれば、「ネットワーク内の二点（tie）の間をつなぐ唯一の経路（path）」が社会関係資本の形成に寄与する。Burtの「構造的隙間論」（structural holes）では、関係の隙間（つながりを持っていない）や関係の接点が存在しない箇所に仲介者（broker）が介入し、二つの関係を結ぶことにより社会関係資本が形成されると論じている。このような、橋渡し型社会関係資本の特徴は、多方面の人間関係のつながり（同窓・趣味・市民活動などを通した友人・知人）を基盤とし、情報収集や自分の所属集団を超えた団体や社会関係へのアクセスを可能とする（櫻井他　二〇一二）。本章では、社会関係資本論を参考にし、事例の分析と考察を試みる。そのために、以下の二つの論点を提示する。

第一に、高齢化社会における高齢者福祉施設が生み出す社会関係資本は、結束型の紐帯なのか、橋渡し型の紐帯なのかという論点である。多くの集団は、社会的な次元から見ると内部で結束し、同時に外部との橋渡しも行っている。Putnam（2001）は、この分析上の問題について、「どちらか一方に社会ネットワークがきれいに分けられるといったカテゴリではなく、社会関係資本のさまざまな形態を比較するときに使える、『よりその傾向が大きい、小さい』という次元で論じるものである」と説明している。つまり、信頼でき、包括的で、全国レベルの社会関係資本の指標を見つけることができない研究上の限界を認め、社会関係資本の分析のための現実的な方法論を提案している。

第二に、社会関係資本の概念を活かした分析の指標をどのように設定するかという論点である。Putnam（2001）

表2-1　社会関係資本の測定指標と分析の項目

区分	指標	分析項目
ネットワーク	つきあい・交流 ・近隣とのつきあい ・社会的な交流	－家族・親戚とのつきあい －友達・知人とのつきあい －近所とのつきあい －趣味（スポーツ）・娯楽への参加 →数と頻度【強い・弱い紐帯に分類】
信頼	信頼 ・一般的な信頼 ・相互信頼	－家族・親戚への信頼 －友達・知人への信頼 －近所の人々への信頼 －福祉制度への信頼 →高い・低い【信頼の程度に分類】
互酬性の規範	社会参加 ・社会活動への参加	－地縁的な活動への参加 －ボランティア活動 →閉鎖性・開放性 【結束型・橋渡し型に分類】

出典：Putnam（2001）；Granovetter（2006）；内閣府（2003）より作成。

によって示唆された「ネットワーク」「信頼」「互酬性の規範」の要素に、Granovetter（2006）による「強い紐帯」「弱い紐帯」という分析の議論を取り入れる。さらに、内閣府国民生活局（二〇〇三）による「ソーシャル・キャピタル―豊かな人間関係と市民活動の好循環を求めて」の調査項目を参考にし、社会関係資本の測定指標と分析項目を設定する。

二　調査地と調査施設の概要

1　大邱広域市の高齢者支援策と高齢者福祉施設

調査地域である大邱広域市（以下、大邱市）は、韓国の三大都市の一つで、ソウル市、釜山市と並んでいる。韓国では近代化に伴う産業化・都市化により、農村部の多くの若者が都市部に移動し、都市部の人口は急激に増加してきた。しかし、近年では農村部の少子高齢化の進展によって若者の都市部への流入が減少し、大邱市等の大都市においても人口の高齢化は進行しつつある。

大邱市の人口は、二〇〇三年に約二五四万人に達し、その時の高齢化率は六・九％であった。しかし、翌年の二〇〇四年から人口は減少傾向に転じ、高齢化率が七・三％に上昇し、高齢社会に突入した。二〇一七年には人口は約二四七万人に減り、高齢化率は一四・二%に達し、高齢社会となり、二〇二三年には人口が約二三七万人に減少し、高齢化率は一九・四%まで上昇し、超高齢社会の直前に位置することとなった(「大邱基本統計」二〇二三)。

大邱市は、国の施策を補完する高齢者福祉支援策を幅広く展開してる。地域の高齢者をサポートするために、要支援・要介護が必要な高齢者には「老人生活施設」[1]「老人トルボムセンター」[2]「老人保護専門機関」[3]「軽症認知症老人記憶学校」[4]などの施設を提供している。また、比較的に健康な高齢者には「老人余暇福祉施設」として「老人福祉館」と「敬老堂」などの施設を支援している。とりわけ、高齢者のコミュニティ形成と交流の場として全国各地で展開されている「老人福祉館」と「敬老堂」についてその役割への期待が高まっている。

「老人福祉館」(六〇歳以上の利用)は、高齢者余暇福祉施設として老人福祉法上で規定されているが、実際にはその枠を超えて幅広い福祉サービスを提供している。この施設では利用者に教養、趣味、社会参加活動に関する情報などを提供し、健康増進、病気予防、所得保障、在宅福祉など、高齢者の福祉向上に必要なさまざまなサービスを提供している(老人福祉法第三六条に基づく)。大邱市には二一カ所の老人福祉館があり、そのほとんどは社会福祉法人に委託されて運営されており、地域に密着した多彩なプログラムを提供する大規模で多機能な施設である。

「敬老堂」(六五歳以上の利用)は地域の高齢者にとって最も身近な場所であり、大邱市には二〇二三年時点で一七七八カ所が存在している(大邱市基本統計 二〇二三)。これらの施設は、独自の建物を持つ場合もあれば、一部は「老人福祉館」や「社会福祉館」などの施設内に設けられている。敬老堂は、地域の高齢者が趣味活動や余暇活動を楽しむための場所であり、共同作業場を運営するところもある。高齢者同士が親睦を深め、介護予防などの活動の拠点として活用される小規模・小機能の施設である。

2　調査概要と調査施設

本章では、「G老人福祉館」と「H敬老堂」において半構造化インタビューと参与観察を行い、質的データを収集した。主要な調査項目は以下の通りである。⑴施設の利用に関する質問、具体的に利用頻度や利用動機などについて、⑵高齢者のサポートと支援状況を理解するため、家族からの経済的支援（自助）、地域コミュニティ参加、近隣との付き合いや助け合いの経験（共助・互助）、高齢者支援サービスの利用経験（公助）、民間会社でのサービスの利用経験とサービス内容（商助）などについて調査を行った。個人属性に関しては、性別、年齢、出身地、住居形態（賃貸または持家）、同居家族、近居家族、健康状態、職業、最終学歴、年間世帯収入（仕送りなど）などのデータを収集した。調査の対象者は、高齢者福祉施設を利用する六五歳以上の高齢者七人（男二・女五）である。調査施設についいては次のように簡潔に紹介する。

「G老人福祉館」は、大邱市（寿城区）の東南部に位置し、二〇一四年六月一日にオープンした。施設は「ジンミョン福祉財団」という社会福祉法人が大邱市から運営委託を受けている。周辺環境は、高層マンションが建ち並び、モノレール駅やバス停が近隣にあり、徒歩で約五分の距離に位置している。この施設は六〇歳以上の住民を対象にしており、利用料金が手頃で、生活保護を受けている人々は無料で利用できる。建物の地下には多目的室と相談室などがあり、一階には事務室、相談室、そして敬老食堂などが設けられている。二階は趣味教室などがあり、書道室、ビリヤード場、卓球場なども利用できる。三階にはリハビリ室（統合健康管理室）、将棋・囲碁室、そして大ホールが備えられており、最上階には屋上ガーデンと太陽パネルが設置されている。

老人福祉館の高齢者会員数は五一七七人で、女性が男性よりも多い傾向にある。年齢別に見ると、最も多いのは「七〇～七四歳」の利用者で、次いで「七五～七九歳」、そして「六五～六九歳」が続く。これに続く順位は、「八一～八四歳」、「六〇～六四歳」、「八五～九〇歳」、「九一歳以上」となっている。職員は一四人が配置されており、社会福祉士が四人、リハビリ担当が一人、栄養士・調理師が二人となっている。管理組織は館長、課長、相談室長から成り、教育福祉チームと運営企画チームに分かれている。主要な事業目的は、高齢者の健康な老後を実現し、予防とケアの基盤を築き、拡充することである。また、活動的な老後の促進と社会参加の基盤を支援し、安定的な老後のための所得保障を充実させることも重要な目的である。これらの目標を達成するために、健康維持・増進、老化予防、社会参加を促進するプログラムが提供されている。

一方、「H敬老堂」は、会員が約三〇名で、敬老堂まで歩いて来られる距離で住む人が多い施設である。利用者は七五歳から九二歳までで、最も利用が多い年齢は七九歳、八〇歳の高齢者である。敬老堂の利用には、会員の資格が必要であり、入会時に二万ウォンの入会費と毎月二千ウォンの会費が支払われる。会員資格は、他の地域に引越した場合に自動的に喪失する。敬老堂の運営費には、会員の会費、市・区からの補助金、地域有志の後援金・寄付金、関連公共機関からの賛助金などが充てられている。

利用時間は、午前一〇時から午後五時三〇分までで、多くの高齢者が毎日利用している。活動内容には、ＴＶ視聴、無料昼食提供、花札、おしゃべり、睡眠などがあり、高齢者福祉機関から派遣された講師や看護師による体操やヨガ、健康診断などが行われる。施設には広い部屋を中心に台所、トイレ、洗面場、小さな倉庫が備えられており、設備としてはガスコンロ、冷蔵庫、キムチ冷蔵庫、洗濯機、掃除機などが用意されている。ほとんどの設備は市・区、関連公共機関からの支援を受けている。他の敬老堂と同様に、「H敬老堂」も国や自治体からの現金給付・現物給付を受けている。会員数に応じた運営費や暖房代、冷房代が設定されており、猛暑や厳寒期には追加的な支援が提供されている。また、無料昼食をサポートするために、お米が年間一二〇kgまで支援されている。

三　調査分析

【G1さんのインタビュー内容の概略（G1　男、六八歳、元自営業）】

G1さんは大邱市出身で、妻（六六歳）と二人であり、六八年間大邱市に住んでいる。彼は健康で、若いころは射撃選手として国家代表にも選ばれた経験があり、最終学歴は大学院修士課程を修了した。現在、韓国で実施されている高齢者就労支援事業「老人イルザリ及び社会活動支援事業」に参加し、老人福祉館で週三回三時間、敬老食堂で配膳や片付け係として働いており、給料は月に二七万ウォンもらっている。

G1さんは以前自営業として鉄鋼流通業を経営していたが、現在は引退しており、子供たちも安定的な職に就いているため、特に経済的には困っていない。彼はマンションを所有し、国民年金を受給しており、経済的な余裕があるため、年金は友達との交際費用として考えている。G1さんは妻と共に夫婦世帯で暮らしており、基礎年金(5)を受けている。子どもは息子二人（四一歳・三八歳）で結婚している。

彼の悩みを相談する相手は老人福祉館にはいないようで、高校時代の親友が何人かおり、彼らと話すことができると述べている。G1さんはこの町で最期を迎えることを希望し、子供たちに迷惑をかけずに老後の問題を自力で解決しようと考えている。将来介護が必要になった場合は、療養施設（病院）への入居を希望している。

【G2さんのインタビュー内容の概略（G2　女、八三歳）】

G2さんは、ソウル出身で結婚して以来ずっと大邱市に住んでおり、二人の息子（五七歳・五四歳）と一人の娘（五八歳）がいる。子供たちは大邱市およびソウルに住んでおり、彼女の夫が朝鮮戦争の参戦勇士で亡くなって以来、一人暮らしをしている。彼女は積み立て方式の国民年金の対象ではないが、賦課方式の基礎年金の対象となり、毎月二六万ウォンを受け取っている。また、娘や次男からの支援も受けており、長男からは生活費ももらっている。

G2さんは健康で、自宅からバスで一〇～一五分の距離にある老人福祉館を二〇一四年から利用している。この施設は安い昼食や利用料金、優れた教師陣を提供しており、彼女は自身の友達や知人にも施設を紹介している。利用の主な目的は健康を維持することで、足腰の問題があるため無理せずに楽しんでいる。G2さんの性格は外向的で穏やかで、近隣の人々や友人たちからの信頼も高いという。将来の子供との同居については、彼女は子供たちからの誘いに応じる意向を示しているが、互いに不便が生じる可能性もあると考えている。

【G3さんのインタビュー内容の概略（G3　男、七八歳）】

G3さんは妻を亡くし、一人暮らしをしている。長男（五六歳）は近くに住んでおり、娘（五四歳）は釜山に住んでいる。次男（五一歳）は製造業を経営し、成功して家族と共に大邱市に戻る予定である。G3さんは以前、射出プレス業界で勤務し、事故により会社を退職し、産業災害保険の給付金と国民年金を受けている。

G3さんは二〇一四年から老人福祉館を利用しており、卓球教室のリーダーとして活動し、ボランティア活動にも参加している。また、敬老堂も時折利用し、同じ高齢者と将棋や花札を楽しんでいる。彼は朝鮮戦争時に釜山に避難し、家族の支えで学校に通った。政治にも高い関心を持ち、洞代表などの公職を務めた経験がある。G3さんは家族との関係が大切で、孫や曾孫の成長を喜んでいる。将来の介護が必要になった場合は、民間の介護施設を利用し、家族の近くで過ごすことを望んでいる。

【G4さんのインタビュー内容の概略（G4　女、七五歳）】

G4さんは、夫婦二人暮らしで、夫は大邱市出身の七九歳。彼らは約五〇年間、大邱市に住んでいる。三人の娘がおり、それぞれ富裕層が多く住む地域で住んでいる。G4さん夫婦は公的年金の対象外で受給しておらず、しかし夫は元銀行支店長であり、経済的に安定している。健康状態が良く、老人福祉館のプログラムに参加して健康を維持している。

老人福祉館はG4さんにとって非常に重要で、将来も大邱市に住み続けることを希望している。介護が必要になった場合、養老施設に入居することを考えている。彼らは高齢者向けの支援施設の必要性を認識し、自身の財産管理や通院などのサポートを提供する国の支援を求めている。

G4さんは朝鮮戦争の苦難を経験し、無学であることを内緒にしている。老人福祉館で友達を作ったものの、本音を話せる友達ではないのを少し残念に思っており、他人に弱みを握られることを恐れている。

【H5さんのインタビュー内容の概略(H5　女、七九歳)】

H5さんはH敬老堂の会長を務めており、夫と一緒に四〇年間もこの町で生活している。夫と共に長男(五三歳)と三世代で同居しており、次男は事故で亡くなり、三男(四三歳)は京畿道に住んでいる。彼女は学校に通う機会がなかったという植民地時代と朝鮮戦争の時代を経験し、無学のまま成長した。H5さんは現在、公的年金(基礎年金)を受け取っており、毎日敬老堂を利用している。敬老堂では、無料の昼食提供が高齢者の日常的な交流の機会となり、そこで顔を合わせることが楽しみな重要な日課として根付いている。

【H6さんのインタビュー内容の概略(H6　女、八〇歳)】

H6さんは敬老堂の会員で、夫と二人で生活しており、子供たちは別の地域に住んでいる。彼女は八〇歳を超えた今も、朝鮮戦争の混乱のため学校に通う機会を持てなかったことを後悔している。彼女は公的年金を受け取っており、これが生活の大きな支えとなっている。

昨年と一昨年に、H6さんは「老人イルザリ事業」(6)に応募したが、年齢的な要因から選ばれなかったことがある。介護が必要になった場合、彼女は子供たちの家や療養施設に入ることを考えていない。その代わりに、自分の便宜を重視し、一人での生活を選択している。また、経済的な余裕がないため、療養施設での生活は現実的な選択ではないと考えている。

【H7さんのインタビュー内容の概略（H7　女、七七歳）】

H7さんは江原道出身で、四〇年前に夫と結婚して大邱市に移住してきた。この町に住むようになったのは一〇年前で、それ以来、H敬老堂を日常的に利用している。彼女はここでは比較的に若い方である。ほとんどの若い高齢者は敬老堂以外の住民自治センターや老人福祉館で活動する傾向があり、そのため敬老堂の利用者数が減少していると語った。彼女は敬老堂が高齢者にとって息抜きの場所として提供されるべきであると主張しており、特別な支援は必要ないと考えている。子供がいないことから、老後の生活について心配している。

四　分析結果

ここでは、収集したデータから都市部の高齢者福祉施設の役割について社会関係資本の観点から分析する。対象者のインタビューから意味がある答え（significant statement）を抽出し、それらの答えを基に社会関係資本のカテゴリに整理する。社会関係資本は、構成要素に関してさまざまな議論があるが、ここではPutnam（2001）による「ネットワーク」、「信頼」、および「互酬性の規範」の三つの側面を使用して分析を試みる。

具体的には、「ネットワーク」と「信頼」の観点から、対象者が家族・親戚や近隣住民とどのように交流し、他の個人との日常的な関係をどのように構築しているかを分析し、これらの関係が彼らの信頼関係や公的サービスに対する信頼度にどのように影響を与えているかを明らかにする。また、「互酬性の規範」の観点からは、ボランティア活動、NPOへの参加、市民活動などを通じて対象者がどのように「社会参加」を実践しているかを検討する。この分析を通じて、高齢者福祉施設と高齢者の社会関係資本全体の意義や役割を包括的に考察する。

表2-2　高齢者福祉施設利用者の社会関係資本

①「ネットワーク」
－歳をとるほど家族関係がさらに大切になるけど、どこか物足りなさがある。(福祉館) －打ち解けて話すことができる親友のみ会うようになる。(福祉館) －定年後、みすぼらしい姿を見せたくなくて職場の人との出会いは疎遠になる。(福祉館) －新しく参加した集まりには、経済的負担も少なく、人間関係の葛藤も少ないのでよい。(福祉館) －新しく形成された集まりでは高い役割期待がないため、気軽さを感じる。(福祉館) －老人福祉館利用で老人イルザリやボランティア活動への社会参加の機会を得て、生産的な活動が可能になった。 －社会参加をしながら周囲の友達にその活動を紹介する。(福祉館) －子どもは自分の生計で大変だし、頼ることが難しい。(福祉館・敬老堂) －経済的に余裕がないので家族や友達と疎遠になる。(敬老堂) －敬老堂には友達がいるし、来るのが楽しい。 －老人福祉館から余暇講師が派遣され、体操などを行う。(敬老堂)
②「信頼」
－ともに通っている人に悩みを話しても無駄だ。(福祉館) －定年後、家族以外は信頼する人は少ない。(福祉館) －私にプラスになる人を信頼する。(福祉館・敬老堂) －「遠くの親戚より近くの他人」と言われ、お互い助け合う。(敬老堂) －日常的に利用し、皆が知り合いである。(敬老堂) －敬老堂の利用者はすべて知り合いで家族(兄弟・姉妹)のような存在である。(敬老堂) －基礎年金は息子より頼りにできる。(敬老堂) －サービスが公平ではない制度は信頼できない。(敬老堂) －直接に恩恵を受けた、社会制度を高く信頼する。(敬老堂)
③「社会参加」
－お金の稼ぎより、社会参加をしたい。 －現役時代の社会活動と経済的な役割をある程度維持したい。 －経歴を活かした市民団体の活動への参加を希望する。 －ボランティア活動を通じて社会的弱者に対する関心と社会的な問題意識が生じた。 －初めての社会参加が新たな社会参加のきっかけになる。 －生産的活動で満足感がある。 －楽しさを与えてくれる活動に参加したい。 －社会参加を通じてやりがいと喜びを感じる。 －老人イルザリ事業に参加したいが、高齢のため参加機会が回ってこない。

1 「ネットワーク」

老年期は、家族や親族などの結束型ネットワーク（bonding network）と友人や同僚などの橋渡し型ネットワーク（bridging network）が弱まる時期であり、子どもが結婚し夫婦で過ごす時間が増えることが一般的である。しかし、この時期においては、家族間のコミュニケーションや関心が減少し、高齢者は孤立感や寂しさを感じることがある。特に低所得の高齢者にとって、家族が第一次的なセーフティネットとして機能しない場合もあり、H6のように子供からの経済的な援助が難しい状況が存在し、家族による「自助」が弱くなっていることがうかがわれる。

「子どもたちは結婚してそれぞれ暮らしています。子どもたちも自分の生計を立てることに精一杯だし、私まで助ける余裕がありません。なので一人で暮らすのが一番楽だと思います。（H6）」

野辺（一九九九・二〇〇六）によれば、男性高齢者は退職後に社会的ネットワークを縮小させる傾向があり、その一方で女性高齢者は高齢期にも多方面でより柔軟な社会的ネットワークを維持しやすいと述べている。男性が現役時代に主に仕事中心のライフスタイルを送ったことに対し、女性は家族や親族中心の関係を持ちがちなライフスタイルを送ることが多く、その結果、女性が高齢期においても家族や親族をはじめ、近隣関係など多くの社会的ネットワークにアクセスしやすいとされている。

また、「職業と家庭生活に関する全国調査」（日本労働研究機構　一九九五）によると、女性の方が大きなネットワークを持ち、特に親族、近隣、友人といった職場以外の生活に密着したネットワークのサイズが大きいことが特徴的である。これに対して男性では、職場ネットワークは女性より大きいが、全体では女性に比べネットワークのサイズは小さく、特に生活に密着したネットワークは小さいのが特徴である。

「男は家庭で権威を失い、家族間の愛も成し遂げないと、いくら自分が偉くて金持ちになってもその人生は失敗です。豊かであろうが貧乏であろうが家族に愛されることや愛する家族の存在がいなければなりませんね。歳をとると話す話題もなくなり、寂しくなります。家族関係はさっき話したように家内が、私に無関心であることがちょっとさびしいです。私が克服しなきゃ…。克服するために旅行も行ったり、腹が立つことがあってもできるかぎり我慢したりします。ハハハ…（G1）」

高齢期において、私的ネットワークとしての家族や親族の役割が他の時期よりも重要になるが、同時にこの私的ネットワークが逆に減少することは大きな課題である（G1）。老年期における私的ネットワークの弱化は、高齢者に対して寂しさや孤独感をもたらす可能性がある。そのため、高齢者は、家族（特に配偶者）や親族から得られない支えや関係性を友人や近隣の人々に求める傾向が見られる。例えば、家族には話せない悩みなどを共有できる友人との交流があり、高齢者は子どもよりも近隣の住民を頼りにできる存在と捉えている（G3・H6）。友人関係を「互助」、近隣の関係を「共助」と見なすと、高齢者にとって互いに支え合う友人や近隣住民との協力が一層重要になることが予想される。

「友達はたくさんいるよ。その中で一人か二人くらいには本当に私の個人事情、たとえ家内にも言えないことも言えるよ。その友達とは週一回くらい会って、互いの困ったことの話しや悩みを話し合います。だから、あの親友の話であれば小豆で麹をつくるといっても真にうけるのよ。このような友達を持っていることがどれだけ幸せなのか知ってます？（G3）」

「『遠くの親戚より近くの他人』と言われ、常に近所（敬老堂）の方には日常的なことや急を要するときなど、お互いにお世話になることが多いです。（H6）」

高齢者の家族ネットワークが弱まるなかで、高齢者は自立した生活を追求するため、「老人イルザリ事業」やボランティア活動などの社会参加に取り組んでいる。イソジョン他（二〇一一、四―七）によれば、「老人イルザリ事業」に参加した高齢者は、社会的ネットワークが増加し、非公式の社会関係に比べて公式の関係が強化される傾向がある。言い換えれば、「老人イルザリ事業」への積極的な参加が高齢者の社会的ネットワークを量的・質的に向上させる効果があることが示唆されている。

韓国は二〇二五年に超高齢社会に突入し、高齢者の一人暮らしの増加が予想されている。高齢者の社会的孤立やネットワークの減少に対処する必要性が高まっており、老人福祉館などが提供する社会参加の機会が、高齢者にとって非常に重要であると考えられる。これらの機会は、高齢者が変化する社会に適応し、社会的ネットワークを維持および拡充するための生活拡充行動として大きな意義があると考えられる。

2 「信　頼」

敬老堂を利用する高齢者は、家庭の貧困により家族や友人などの親しい人々から無視や差別を受けたことがある人も多い。その結果、家族や周囲の不特定多数に対する一般的な信頼は低い傾向がみられる。しかし、高齢者たちは自分の生活に直接的に支援を提供する人や恩恵を受けている福祉制度には高い信頼を寄せている。具体的に、家族からの支援が得にくい貧困層の高齢者は、国から支給される公的年金（基礎年金）に対する信頼が高く、家族よりも頼りになると考えている（H6）。

「毎月二〇万ウォンが送金されてくるのです。息子よりもましです。息子は生計を立てるのが難しいので（仕送りが）できないでしょう。（H6）」

ただし、一部の高齢者は国や自治体が提供する就労支援や受給者選定に対して不信感を抱いている。この背後には、選定が公平で透明でないという認識があり、選定基準から外れた人々が福祉制度の恩恵を受けていることに反感を覚えていることが挙げられる（H6）。要するに、高齢者たちの公的支援に対する信頼は、福祉政策ごとに異なる傾向がある。例えば、「基礎年金」などの一律で直接的な恩恵を受ける福祉制度に対する信頼は高い一方で、「老人イルザリ事業」のように選定に関して公平性と透明性が欠如している場合、信頼が低く、不信感が生じていることがある。

「老人イルザリ事業に問題があるのです。生計に余裕のある人たちが、こっそり仕事をしており、高齢で貧しい私のような人には恩恵が行き渡っていません。(食べるために)やらなければならない人たちに支援が提供されないのです。信用できないのです。(H6)」

敬老堂は高齢者にとって経済的負担が少なく、高い出費を必要とせずに余暇生活や昼食を楽しめる便利な施設である。特に低所得層の女性高齢者にとって、敬老堂は近隣の家のように感じられ、閉じこもることなく日常的な場所として利用されている。ここでは、近隣住民同士の信頼も高い。

一方、老人福祉館では卓球やビリヤードなどのスポーツ活動プログラムや、書道、パソコン、囲碁・将棋などの趣味活動プログラムなどのさまざまな生涯教育プログラムが提供されている。

「ここ(福祉館)の人々はここでだけ会い、その他の時間はあまり交流しません。関係が良いときは良いですが、悪化すると問題が生じるため、他人に弱みを握られることについて話すことはありません。(G4)」

ただし、G4さんのインタビュー内容で分かるように、ここでの特徴は、利用者同士がある程度距離を置く傾向があり、親睦を深めるよりも健康促進や趣味を楽しむことが主要な目的である。これらの特徴により、老人福祉館を利用する高齢者は気軽に利用できるため、女性高齢者の利用が多い敬老堂より男性高齢者の利用率が高い。

3 「社会参加」

老人福祉館は、異なる属性を持つ人々が交流し、高齢者の社会参加を奨励する役割を果たしている。この施設は橋渡し型社会関係資本を通じて、高齢者が社会に積極的に関与するための情報や機会を提供している。

「昨年の夏ごろに、老人福祉館の職員さんが老人イルザリ事業について紹介してくれました。老人イルザリ事業の期間が終わってもボランティアとして活動しています。（G1）」

要するに、G1は老人福祉館の職員から老人イルザリ事業に関する情報を得て、それが社会参加への機会に繋がったのである。また、有給の老人イルザリ事業が終了しても無報酬でその活動を続けている。こうした例から、職員からの社会参加への紹介が新しい社会参加へのスタートとなり、最初の社会参加が新たな社会参加への起点となっていることがわかる。

このような結果は、高齢者の「老人イルザリ事業」への参加が、高齢者の社会的関係を量的・質的に改善し、その経験を通じて自己満足感と達成感を与える効果があると考えられる（韓国保健社会研究院老人実態調査 二〇一四）。ただし、高齢者たちが希望する社会活動は、彼らの過去の経験（職歴）や興味に関連しており、それに関連した活動に参加すると満足感が高いと思われる。G3さんのように、彼が過去に培ってきた生活のスタイルを一部保ち続けることは、精神的な健康に寄与すると考えらる。

「家にいると暇になり、退屈になりがちでうつ病になりそうです。だから私は家を出て活動しています。（G3）」

また、高齢者たちは本格的な経済的な活動よりも最低限の経済的サポートを確保し、家庭内外で自分自身の役割と地位を維持しようとしている（G1・G3）。

「今の年齢になるとお金のために一生懸命働く必要もないし、ボランティア活動や社会参加などに積極的に参加したいです。（G1）」

「社会活動をすることはむしろ楽しいです。家庭内でお金を要求する必要もなく、私が稼いだお金で友人と過ごしたり、時には家族にお小遣いを渡したりすることができ、ちょっとした仕事をすることが逆に楽しいです。（G3）」

さらに、女性高齢者は、周囲の人々に自身の社会参加活動を積極的に紹介し、誘導することが多い。女性高齢者のこのような人間関係に焦点を当てたアプローチは、高齢者の社会参加を奨励する上で貴重なリソースとなると考えられる。

これらのデータ分析から、社会関係資本と高齢者の社会参加は相互に影響し合い、互いに高める関係にあることが示唆される。また、高齢者福祉施設はコミュニケーションの場として機能し、社会関係資本の基盤となり得る可能性がある。このような場において、積極的に社会参加を行っている高齢者は他人を信頼し、社交と交流に肯定的な傾向が相対的に高いことがいえる。

おわりに

韓国の「老人福祉館」は、以下の特徴を備えている。第一に、高齢者福祉支援の拠点としての役割を果たす公共施設である。第二に、多様な高齢者のニーズに対応する柔軟性を持ち、その多様性に合わせてプログラムを提供している。第三に、地域福祉資源の伝達拠点として、地域社会における福祉リソースの分配を促進している。老人福祉館を利用する高齢者は、現役時代に異なる業界で働き、定年前の社会的地位も異なる。また、居住地域も異なるため、多様な社会階層の高齢者が利用している。その結果、利用者の間には、同質性ではなく異質性が際立っている。

Bourdieu(1986)によれば、行為者が持つネットワークの大きさと接する関係の多さは、社会関係資本の増加につながると論じている。この観点から見ると、高齢者にとって、高齢者福祉施設の利用と支援サービスの充実は、老年期において非常に重要な社会関係資本として大きな意義を持つと考えられる。特に、老人福祉館は異質な人々が集まる施設でありながら、施設外のネットワーク(bridging social capital)を構築し、高齢者の社会参加支援を通じて高齢者のネットワークを拡大させる役割を果たしている。

具体的には、教育・趣味プログラムの提供、ボランティア・社会参加などを通じて新たな出会いや交流の機会を提供し、高齢者に新たなネットワーク形成の場を提供している。同時に、高齢者の視点から見れば、老人福祉館は新しい関係を築く場所であり、共に学び、交流し、助け合う中で、他の高齢者との信頼関係とネットワークを築く可能性があるといえる。

一方、「敬老堂」の特徴は、以下の要点にまとめられる。第一に、利用者本人による自主的な運営が可能である。第二に、国や地域の行政による支援体制が整っている。第三に、アクセスが容易で利用しやすい。現在、敬老堂の運営および維持費用は政府や自治体からの補助を受けており、一部では会員の高齢化によって行政の職員が施設管理に関与している場合もある。しかしながら、一般的には敬老堂の利用者が積極的に施設の管理および運営を行っている。都市部および農村部における敬老堂では、住民同士の自主的な運営や非公式な相互支援が見られ、これは農村型コミュニティの特徴であり、高齢化社会を乗り越える強みになると考えられる。

また、過去の「敬老堂」は、高齢者が余暇を楽しむ場で親睦を深めるために単一の目的で運営されていた。こうした施設はテレビ視聴、花札、将棋、囲碁などを通じて高齢者が楽しい時間を過ごす場所として機能してきた。しかし、近年、敬老堂に対して新たな役割を求める声が高まっている。具体的に、高齢者のニーズが多様化したことにより、健康維持と健康管理に対する関心が増している。行政は公共施設では「老人福祉館」や「保健所」を通じて、ソーシャルワーカー、余暇講師、理学療法士などの専門職を定期的に「敬老堂」に派遣し、高齢者の健康増進や健康診断などのサポートを提供している。さらに、専門職の派遣に加えて、「老人福祉館」では地域の各敬老堂の高齢者(会長や会員)を定期的に招待し、学習や研修会(特に会長向け)、無料の給食や臨時市場など、住民同士の交流を促進するイベントが開催されている。

さらに、敬老堂は高齢者の居住地から徒歩圏内に位置しており、容易にアクセスできる特徴がある。韓国では法律により、住宅地が一五〇世帯以上建設される際には、住民共同施設として敬老堂の設置が義務付けられている。この規定により、遠距離の移動が困難な高齢者の移動距離が短縮され、日常的に利用できる施設となった。

以上のように、地域の高齢者福祉施設である「老人福祉館」と「敬老堂」は、広井(二〇〇九)が指摘したように、都市型コミュニティと農村型コミュニティとしてそれぞれ長所と短所を持っている。どちらか一方だけが理想的なものではなく、重要なのは両者が協力し、融合して重層的な支援体系を形成することである(金 二〇一七)。結論として、高齢者福祉施設による重層的な支援体系の構築は、高齢者の生活全般にわたり、社会的な関係を拡充し(bridging social capital)、社会的な結びつきを強化する(bonding social capital)ことから、社会的包摂を推進する上で重要な役割を果たしていると考えられる。

注

(1) 老人生活施設には「老人療養施設」と「老人養老施設」がある。「老人療養施設」は、認知症、脳卒中や脳血栓などの脳血管疾患などの老人の健康状態が悪化し、食事や介護などの日常生活で支援が必要な人々を受け入れ、生活を支援する長期介護施設。「老人養老施設」は、日常生活に支障がない六五歳以上の高齢者に食事やその他の日常生活で必要なサポートを提供する施設。

(2) 老人トルボムセンターは、一人で日常生活が困難な脆弱階層の高齢者に個別のニーズに応じたサービスを提供し、予防的福祉の実現および死角地帯のないセーフティネット構築を目的とする施設。

(3) 老人保護専門機関は、老人虐待の事例に対して専門的かつ体系的に対処する施設。老人の権利を保護し、老人虐待の予防、老人に対する認識改善などを通じて老人の生活の質を向上させることを目的とする。

（4）　軽症認知症老人記憶学校は、療養等級を受けていない軽症認知症の高齢者に対して、昼間のケアと認知リハビリプログラムを提供し、家族のケア負担を軽減し、高齢者の生活の質を向上させる。

（5）　家族扶養機能の弱体化が進むなか、低水準の老後所得を補うため韓国政府が実施している公共扶助制度の一つ。受給対象者は、所得・財産水準が一定金額以下の六五歳以上の高齢者である。財源は国（国の負担は自治体の財政により四～九割）と自治体が負担している。二〇一四年から「基礎年金」に改称。

（6）　老人イルザリ事業は、韓国の盧武鉉政権の四つの国定課題の一つとして指定され、二〇〇五年に「低出産高齢社会基本法」の制定により開始された。この事業は、国家と自治体からの予算支援を受けて、「大韓老人会」の「就業支援センター」が主に運営している。二〇一七年の実績によれば、社会活動の公益活動分野と「才能分かち合い」分野において、合計四二万四千の雇用機会を提供し、これらが全体の八三・一％を占めている。このプログラムは一年間で、最大九カ月間の勤務を行い、平均給与は二七万ウォンである（保健福祉部「第二次老人イルザリ及び社会活動総合計画」）。

文　献

Bourdieu, P., 1986, "The Forms of Capital," in *Handbook of Theory and Research for Sociology of Education*, edited by J. G. Richardson, New York: Greenwood, pp. 241–258.

Burt, Ronald S., 2001, "Structural Holes versus Network Closure as Social Capital," in Nan Lin, Karen Cook, and Ronald Burt (eds.), *Social Capital: Theory and Research*, Aldine de Gruyter, pp. 31–56.

保健福祉部（보건복지부），2018,「第 2 次老人イルザリ及び社会活動総合計画（제 2 차노인일자리 및 사회활동종합계획 2018–2022）.

大邱市（대구시），2023,「大邱基本統計（대구기본통계）」.

Granovetter, M., 1973, "The Strength of Weak Ties," *American Journal of Sociology*, 78(6): 1360–1380.

行政安全部（행정안전부），2023,「住民登録地域別高齢人口の現状（주민등록 지역별고령인구의 현황）」.

広井良典、二〇〇九、『コミュニティを問いなおす』ちくま新書。

イソジョン（이소정），ジョンホンウォン（정홍원），チェヘジ（최혜지），ベジヨン（배지영），パクキョンハ（박경하），ユンナムヒ（윤남희），アンセア（안세아），ジョンウンジ（정은지），2011，『老人イルザリ事業の政策効果の評価（노인일자리사업정책효과평가）』，韓国老人人力開発院（한국노인인력개발원）・韓国保健社会研究院（한국보건사회연구원）.

韓国保健社会研究院（한국보건사회연구원），「2014 年度老人実態調査（노인실태조사）」.

金子勇、二〇〇六、『少子化する高齢社会』ＮＨＫブックス。

金子勇、二〇一四、『日本のアクティブエイジング』北海道大学出版会。

金昌震、二〇一七、「過疎地域における高齢者福祉とソーシャルキャピタル—韓国莞島郡における高齢者福祉施設を事例に」『日本文化研究』第六二輯、九三—一一六。

内閣府国民生活局、二〇〇三、『ソーシャル・キャピタル—豊かな人間関係と市民活動の好循環を求めて』。

日本労働研究機構、一九九五、『職業と家庭生活に関する全国調査報告書』。

野辺政雄、一九九九、「高齢者の社会的ネットワークとソーシャルサポートの性別による違いについて」『社会学評論』五〇（三）、三七五—三九二。

野辺政雄、二〇〇六、『高齢女性のパーソナル・ネットワーク』御茶の水書房。

Putnam, Robert D., 2001, *Bowling Alone—The Collapse and Renewal of American Community*, New York: Simon & Schuster, pp. 15-28.

櫻井義秀・濱田陽編、二〇一二、『アジアの宗教とソーシャル・キャピタル』明石書店。

第3章　北京市　広場舞を通じた高齢者のウェルビーイング

郭　莉莉

はじめに

中国では、高齢化が急速に進行している。国家統計局が発表したデータによると、二〇二三年末時点で中国における六〇歳以上の人口は二億九六九七万人であり、総人口に占める割合は二一・一％である。そのうち、六五歳以上の人口は二億一六七六万人であり、総人口に占める割合、すなわち高齢化率は一五・四％に達している（国家統計局 二〇二四）。

中国の高齢化には次の四つの特徴がある。第一に、高齢者人口の規模が非常に大きい。二〇二三年時点で中国の高齢化率は日本の二九・一％（内閣府 二〇二四）ほど高くないが、そもそも人口基数が大きいため、高齢者人口は日本の総人口を上回っている。第二に、高齢化の速度が速い。高齢化率が七％から倍の一四％に達するまでの所要年数を比較すると、欧米先進国は四〇年以上かかるのに対して、中国はわずか二〇年である。第三に、地域格差が大きく、農村部の高齢化問題がより深刻である。青壮年人口の流出や社会保障・福祉サービスの立ち遅れにより、農村高齢者は経済的困難や医療・介護の不足といった問題に直面しやすい。第四に、高齢化社会への準備が不十分である。「未富先老（豊かになる前に老いてしまう）」や「未備先老（制度が準備される前に老いてしまう）」等の言い方に象徴されるように、年金や介護保険等の社会的セーフティネットはまだ整備途上の段階にあり、高齢化社会を迎えるための準備が不十分である。

深刻な高齢化を背景に、民政部は「各級の民政部門は高齢化に積極的に対応する国家戦略を深く実施し、養老事業、養老産業を大いに発展させ、高齢者の生活の質を向上させ、高齢者の獲得感、幸福感、安全感の向上に努める」と表明した。近年、高齢化に対処するために、「医療衛生と養老サービスの結合の推進に関する指導意見」（民政部、財政部等九つの国務院部委 二〇一五）や「長期介護保険制度の試行に関する指導意見」（人力資源・社会保障部 二〇一六）、「スマート健康養老産業発展行動計画（二〇二一―二〇二五年）」（工業・信息化部、民政部、国家衛生健康委員会 二〇二一）等の政策文書が相次いで発表され、医療・介護に関する公共サービスの整備が急がれている。その一方、非医療・非介護の取り組み、すなわち高齢者の自発的な社会参加の活性化を図る生きがいづくりや介護予防も推進されている。その中で、代表的なものの一つは広場舞等の体育・スポーツを通じた健康づくり政策である。

中国高齢者事業の主要目標は、「老有所養、老有所医、老有所為、老有所学、老有所楽」という「六有原則」である。すなわち、「老いて養ってくれる人がおり、老いて医療を受けるところがあり、老いて為すことがあり、老いて学ぶことがあり、老いて楽しむことがある」という意味であり、高齢者に対する経済的扶養や医療だけでなく、社会参加、生涯学習、趣味娯楽の重要性も強調されている。広場舞は中国の「老有所楽」という養老理念を積極的に実践したものであり、調和のとれた社会の構築にとっても大きな意義があるといえる。

そこで本章では、広場舞の出現・流行の社会的背景を概観し、中国首都北京市にある広場舞集団Aの事例を取り上げ、中国高齢者が「老有所楽」をどのように実現しているかを究明する。具体的には、①広場舞の特徴、②人と人のつながり方、③広場舞の効果、④「社区」[1]との関係の四点に焦点を当て、広場舞集団という「家族、親族を超えて存在する流動的で非組織的な集団」（田村 二〇一六）の特徴と役割について考察する。

一　中国の広場舞の概要

1　広場舞の発展の歴史

「広場舞(Guangchangwu)」とは、娯楽や健康、交友等のために、人民大衆が自発的に広場や公園等の場所に集まり、音楽に合わせて踊る集団ダンスの総称である。一九九〇年代に「国民全体が運動」というブームの下で急速に普及した「中国式スポーツ」である。

中国の広場舞は次のような歴史をたどってきた(郭・孫・馬 二〇一九、二九)。最初の広場舞は古代の宗教や祭祀等の活動における舞踊に遡ることができるが、一九九〇年代以前、広場舞といえば、主に大規模な祝典行事で行われた集団ダンスを指していた。例えば、一九九九年一〇月一日に、天安門広場で行われた中国国慶節五〇周年記念祝賀会で、「海安花鼓」[2]という伝統的な民間舞踊が披露された。広場舞は一般的には文化部門によって振り付けや練習が組織され、その内容は主に民族舞踊で、一定の政治的目的を持っていた。二〇世紀八〇年代に入ると、大衆エアロビクスが中国に導入され、フィットネス効果が強く、大衆化しやすい等の特徴から、すぐに広場舞の主流要素になった。広場舞は伝統的な民族舞踊に起源を持つが、広場舞の普及と推進にエアロビクスも大きく貢献した。二〇世紀九〇年代から「全民健身計画綱要」が公布されて以来、広場舞は社区のスポーツ活動として体育局等の機関によって組織され、広場舞の普及と推進を担う社区指導員が育成された。主に中高年女性を対象とし、健康増進、心身のリフレッシュ、社交促進等を目的としている。二〇〇八年の北京オリンピックの開催や二〇一〇年の「全民健身計画(二〇一一―二〇一五年)」の公布により、「国民全体が運動」という波が巻き起こされた。広場舞はその自己娯楽性、フィットネス効果、低コストといった特長から、大衆の間で広く浸透した。

2　広場舞が流行する原因

なぜ広場舞は中国高齢者の間でこれほどまでに人気を博しているのか、次の四つの原因が考えられる。

一つ目は、広場舞自体の特色である。中国式の健康法といえば、太極拳等も挙げられるが、中高年の間での普及度は広場舞には及ばない。太極拳は中国の哲学思想と密接に関係しており、「気」という考え方を重視している。正しい動作の習得や集中力の投入、心身の一体化が必要で、初心者には敷居が高く感じられる。これに比べ、広場舞は動作がシンプルで覚えやすく、専門的な指導がなくても気軽に始められる。踊り方や姿勢等は自由であり、初心者でも音楽に合わせて手足を動かすだけで楽しむことができる。また、広場舞に使用される音楽は明るくて気分が高まる曲が多い。参加者は踊れなくても、応援等の形で広場舞の現場に溶け込むことができる。時間や場所、動作等の面で敷居が低いため、広場舞は中高年者に受け入れられやすい。

二つ目は、国家戦略「健康中国」の推進である。二〇一六年一〇月二五日、中国共産党中央委員会と国務院は『健康中国二〇三〇』計画綱要」を公布した。「『健康中国二〇三〇』計画綱要」の戦略目標は三つの段階に設定されている（表3-1）。同綱要において、「『健康中国』の建設を推進することは、『小康社会』を全面的に築き上げ、社会主義現代化を基本的に実現するための重要な基礎であり、中華民族の健康リテラシーを全面的に向上させ、人民の健康と経済・社会の調和の取れた発展を実現するための国家戦略である」と記載されており、「健康中国」の重要性が強調されている。広場舞等の体育・スポーツを通じた高齢者の健康づくりは、「健康中国」を実現するための重要な一環として推進されている。

三つ目は、社区文化と大衆文化の建設である。広場舞は単なる運動だけでなく、中華民族の伝統文化を継承し、社区文化と大衆文化の建設を強化する重要な活動として政府によって勧められている。広場舞の、中高年女性の幸福感を高める効果（王・範・成 二〇二二）や社区文化を発展させ、民族文化を融合させる文化的価値（成・馬 二〇一

表3-1　「『健康中国2030』計画綱要」の戦略目標

段階	内容
第一段階	2020年までに、都市と農村の住民をカバーする中国の特色ある基本医療・衛生制度を確立し、健康リテラシーの水準を引き続き向上させ、健康サービス体系を充実させ、誰もが基本的な医療・衛生サービスと基本的なスポーツ・フィットネスサービスを享受できるようにし、豊かで合理的な健康産業を基本的に形成し、主要な健康指標が中・高所得国の上位に位置するようにする。
第二段階	2030年までに、全国民の健康を促進する制度システムがより完備され、健康分野の発展がより調和し、健康的なライフスタイルが普及し、健康サービスの質と健康保障レベルが絶えず向上し、健康産業が繁栄・発展し、健康の公平性が基本的に実現され、主要な健康指標が高所得国の仲間入りをする。
第三段階	2050年までに、社会主義現代化国家にふさわしい健康国家を建設する。

七)が評価されている。その一方、近年、広場舞の分散性や随意性等の特質、公共空間の占有、騒音、近隣住民との摩擦等の問題も指摘されている(崔・蔡二〇一五)。これらの問題を解決するために、二〇一五年八月二六日、文化部、国家体育総局、民政部、住宅・都市農村建設部は「広場舞活動の健全な展開を指導することに関する通知」を公布した。同通知において、「広場舞は大衆に愛されている文化・スポーツ活動であり、……都市部と農村部の末端の人々の精神的・文化的生活を豊かにし、全国民健康運動の広範な展開を推進し、大衆の良好な精神風貌を示す等の面において積極的な役割を果たしている」と記載し、大衆文化の建設における広場舞の不可欠な役割を強調すると同時に、「中華人民共和国環境騒音汚染防止法」等の法律法規の宣伝や広場舞活動ガイドラインの作成、公共活動場所の建設等、広場舞の健全な発展を促進するための指導・支援や環境の整備等に乗り出すと宣言した。

四つ目は、「単位(職場)」の影響である。長期にわたって計画経済体制を採ってきた中国、特に都市部では、「単位」は職員を雇用するだけでなく、住居や託児所の提供、食料や日用品の無料配布等、生活面でも様々な支援を行っていた。改革開放の進展につれて、丸抱えの「単位」制度は次第に解体したが、現在の四〇代から七〇代の人々は、かつて伝統的な職場「単位」で長い間勤務した経歴を持っており、集団に連帯感や一体感を求める傾向が見られる(黄二〇二〇、四五)。似たような価値観や経験を持った人々を集める広場舞は、集団で活動することに慣れ親しんでいる中高年にとって最適な選択となっている。

二　事例調査

1　調査概要

中国高齢者の広場舞活動の現状を明らかにするために、二〇二四年二月から六月にかけて、北京市の広場舞集団Aを対象に調査を行った。調査方法は、広場舞集団への参与観察と参加者(一〇名)への半構造化インタビューである。また、社区居民委員会の職員(一名)にもインタビューを実施した。

二〇二三年末時点で、北京市の常住人口は二一八五・八万人であり、前年より一・五万人増加した。都市と農村の構成を見ると、都市人口は一九一九・八万人、農村人口は二六六万人で、都市人口は市の常住人口の八七・八%を占めている。年齢構成を見ると、〇―一四歳の常住人口は二六二・五万人で、市の常住人口の一二%を占めている。一五―五九歳の常住人口は一四二八・五万人で、六五・四%を占めている。六〇歳以上の常住人口は四九四・八万人で、二二・六%を占めている。そのうち、六五歳以上は三四六・九万人で、一五・九%を占めている(北京市統計局・国家統計局北京調査総隊 二〇二四)。

北京市の主要な交通網は環状道路であり、市の中心部を囲む二環路、その外側の三環路、さらに四環路、五環路、六環路より構成されている。広場舞集団Aは二〇二〇年に形成され、六〇代と七〇代の高齢者が中心となって活動している。そのメンバーは、五環路と六環路の間に位置する「小区」[3]Bの住民より構成されており、北京戸籍の高齢者は少なく、孫の面倒を見るために、地方から上京する高齢者が多い。

表3-2　広場舞参加者の概要

種類	役割や特徴	調査対象者
中核的人物	ダンスの指導、選曲、ステレオ装置の準備等を担当する	A_1さん、女性、60代
固定的メンバー	前列で踊る模範的な存在、機械の充電や運搬等を手伝う	A_2さん、男性、70代 A_3さん、女性、70代 A_4さん、女性、70代 A_5さん、女性、60代 A_6さん、女性、60代
流動的メンバー	思い立ったら踊りに来る人や後列で踊る通行人等	A_7さん、女性、60代 A_8さん、男性、70代 A_9さん、男性、60代 A_{10}さん、女性、60代

2　調査対象者

中国の広場舞は地域や集団により、スタイルは多種多様であるが、大きく分けて舞踊型と体操型の二つに分類できる。舞踊型は、動作の専門性が比較的高く、扇子や傘等の小道具を使用する場合もあり、参加者は主に女性である。それに対して、体操型は、単純な動作が多く、男性の参加者も見られる。今回調査した広場舞集団Aは体操型に分類できる。

インタビュー対象者は、その役割や特徴によって三種類に分けられる（表3-2）。一つ目は広場舞集団の中核的人物（A_1さん）である。ダンス歴一〇年間のベテランであり、他の参加者から「先生」と呼ばれている。二つ目は固定的なメンバー（A_2さん〜A_6さん）である。統一したジャージを着て、ほぼ毎日広場舞に参加している。三つ目は流動的なメンバーである。不定期に週に一―二回程度踊りに来る人や後列で先生の動作をまねる通行人等（A_7さん〜A_{10}さん）である。

三　調査結果から見る中国の広場舞の現状

1　広場舞の特徴

一つ目の特徴は、「大衆性」である。広場舞集団Aの活動時間は毎日夕方一九時から二〇時までである。この時間帯はちょうど夕食の片づけ等の家事が終わり、高齢者にとって自由時間である。参加者は高齢者がメインであるが、散歩がてら子供を連れて踊る若い母親もいる。動きが簡単で、誰でもすぐに覚えられるため、ダンスの基礎がなくても、少し練習すればすぐに踊れるようになる。特別な決まりはなく、途中から参加しても構わない。広場舞は、年齢・性別に関係なく誰でも参加できるスポーツであり、時間や場所、道具の面でハードルが低く、参加費もかからないため、社区の住民に親しまれやすい。

二つ目は、「自発性」である。社区という地縁関係をもとに、高齢者が自発的に広場舞集団Aを形成した。広場舞集団Aの元の活動場所は歯科クリニックの前の空き地である。最初はA1さんと四、五人の友達だけで踊っていた。二徐々に通りかかった人が少しずつ参加するようになり、友達同士の紹介もあって、広場舞集団は大きくなった。二〇二四年六月時点で固定的メンバーは約二〇名、流動的メンバーは二〇名～三〇名である。参加者が増え、元の活動場所が狭くなったため、広場舞集団Aは活動の拠点を現在の広場に移した。(4) 広場舞集団の日常運営は、メンバーのボランティア行為によって支えられている。メンバーの中には、広場の柵の周辺に自発的に花を植えた人もいれば、自費でステレオ装置に新しいバッテリーを交換した人もいる。多くの「トップダウン型」社会文化活動とは異なり、広場舞は合理的で正当な「ボトムアップ型」大衆社会文化活動である（慕 二〇二一、六五）。

三つ目は、ソーシャルメディアの活用である。広場舞といえば、「ださい」、「うるさい」、「大媽（おばさん）がやるスポーツ」、「文化的弱者の娯楽」等、消極的な評価もあるが、近年、広場舞には次のような変化が見られる。実は高齢者も流行を追っており、広場舞の学習と練習において、TikTokやWeChat等のアプリを使用し、スマートフォンやインターネットの利用が一般的になっている。広場舞集団Aのメンバー同士のコミュニケーションを円滑にするために、A1さんはWeChatグループを作成した。A1さんはよくグループチャットを通じて、広場舞の動画と音楽を転送し、動作の要領を共有する。選曲も工夫が凝らされており、バリエーションが豊富である。母の日等の特別な日に、母の日専用の曲を使って踊ったり、新しい音楽が出回れば、すぐそれを使って踊ったりする。広場舞はますます文化性と技術性を帯びるようになっている。これらの変化を背景に、近年、広場舞に参加する若者の姿も見られるようになり、広場舞が低年齢化している傾向もうかがえる。「質疑大媽，理解大媽，成為大媽（おばさんを疑い、おばさんを理解し、おばさんの一員になる）」という言い方に示されているように、若い世代の広場舞への理解も広がっている。

2　広場舞集団における人と人のつながり方

広場舞集団内の人間関係について、中国の社会学者費孝通の「差序格局」の原理を用いて説明できる。西洋の社会構造は「団体格局（団体構造）」であるのに対して、中国は「差序格局（序列構造）」である。費孝通は『郷土中国』という著書の中で次のように述べている。

西洋の「団体格局（団体構造）」について

「西洋社会の組織は束ねられた柴のようなものとわたしは思う。彼らは大概、僅かの人々で一つの団体を結成する。団体には一定の境界があり、誰が団体の人であり、誰が団体外の人であるかは、曖昧にではなく必ず明確に分けねばならないものである」（費著、鶴間ほか訳 二〇〇一、一二）。

中国の「差序格局（序列構造）」について

「われわれの形態は一捆ずつきちんと整理された柴を束ねたものではなく、ひとかたまりの石を水面に投げた時に一輪ずつ推し広がって発生する波紋のようなものである。個人は全て彼の属する社会の影響が推し広げる輪の中心である。輪の波紋に推し広げられたものが関係を生むのである。人毎に或る時間、或る地点において動いてできる輪は決っして同じではない」（同）。

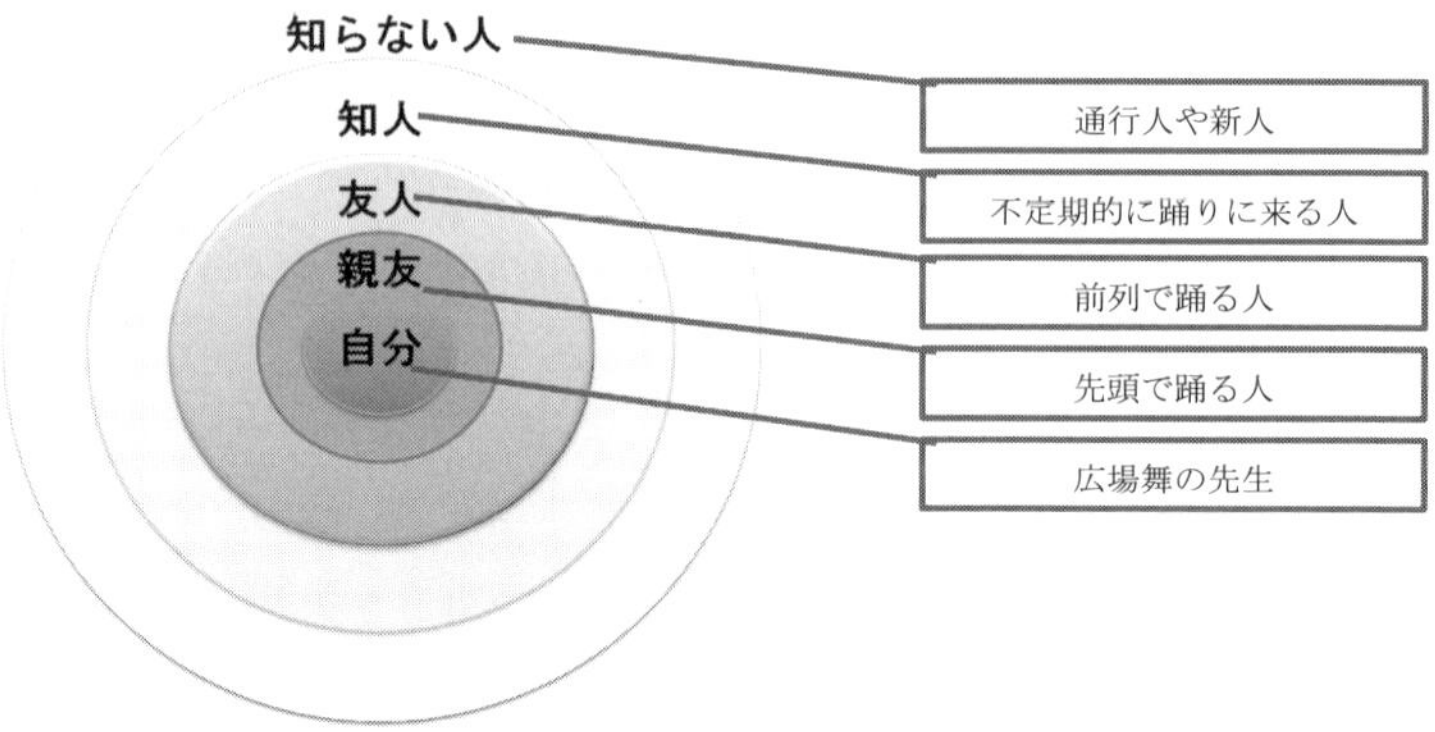

図 3-1　広場舞集団Aの「差序格局」

「差序格局」の視点から見ると、広場舞集団Aの人間関係も同心円のように広がっていく構造を有している(図3-1)。同心円の中心に位置している自分(ダンスの先生A_1さん)から、親友(先頭で踊る人)や友人(前列で踊る人)、知人(不定期的に踊りに来る人)、さらに遠い関係の人々(後列で踊る通行人や新人等)へと、人間関係の濃淡が段階的に変わっていく。外側に行けば行くほど、関係が浅くなる。親しい参加者とは密接な関係を保っているが、疎遠な参加者とは形式的な関係にとどまることが多い。

広場舞集団Aのメンバーが具体的にどの部分の人を指しているのか、実は明確な境界はない。「うちのグループは赤いジャージを着て社区の公演に出たことがあるよ」(A_2さん、男性、七〇代)という回答の中で、「うちのグループ」は明らかに固定的な参加者に限定されており、関係の薄い参加者は集団から除外されており、広場舞集団Aは小さな集団に縮んでいる。一方、「今は冬で踊る人は二〇~三〇人しかいないが、夏になると、一番多い時、うちのダンスグループには七〇~八〇人もいるよ」(A_2さん、男性、七〇代)という回答に示されているように、広場舞の規模と影響力が大きいことを強調したいとき、関係の浅いメンバーも集団に含まれ、広場舞集団Aは大きな集団に広がる時もある。広場舞集団は固定的なものではなく、時間や場所、状況に応じて変化し、伸縮自在であるからこそ、老若男女問わず参加者を受け入れることができる。

広場舞にはリーダー的な存在である先生がおり、集団の組織や運営を担当している。雨や雪等の悪天候の時、A_1さんはWeChatのグループを通じて活動中止の通知を送る。季節の変わり目に新しいジャージの購入が必要な時、A_1さんは、メンバーから意見を募集して服のスタイルを決め、業者と値段を交渉し、共同購入を行う(5)。国慶節等特別な日に、普段みんなが練習した時の動画を音楽加工や文字入れ等を編集してグループ内で共有し、祝福の言葉をメンバーたちに贈る。また、A_1さんは社区とメンバーたちの橋渡し役も担っている。たとえば、野外映画の上映等のイベントで夕方の時間帯に社区が広場を使用する場合、社区の職員は事前にA_1さんに連絡して状況を説明する。A_1さんはWeChatのグループを通じてメンバーに連絡し、活動中止と知らせる。

同心円の中心に位置する広場舞の先生は、広場舞の知識やスキルを提供するだけでなく、参加者からの信頼と尊敬も得ており、グループ全体のモチベーションや秩序の維持において重要な役割を果たしている。

3　広場舞が高齢者に与える影響

まず、身体的側面において、健康増進効果が見られる。インタビュー調査で、次のような回答を得た。「コロナ前からみんなで一緒に踊っているが、メンバーの中に五キロ痩せた人もいるよ」(A_2さん、男性、七〇代)、「踊る人は皆細いよ。私はすでに七〇代だが、なかなか七〇代に見えないだろう」(A_3さん、女性、七〇代)、「昔肩こりはひどかったが、ダンスのおかげでけっこう改善された」(A_8さん、男性、七〇代)、「腰痛が改善された」(A_9さん、男性、六〇代)、「ダンスの先生の動きをまねながら踊るので、頭を使ってボケ防止になる」(A_{10}さん、女性、六〇代)。これらの回答が示しているように、広場舞には体重減少や肩こり・腰痛の改善、認知症の予防等といった身体的健康効果がある。

次に、精神的な側面において、心理状態の改善の効果がある。インタビュー調査で、次のような回答があった。「昔は猫背でよく下を向きながら歩いた。先生にダンスを教わってからだんだん姿勢が美しくなって、自信もついてきた」（A_5さん、女性、六〇代）、「ダンスをすると精神的にリラックスできる。暇な時は、ダンス中に撮った写真やビデオを見返す」（A_4さん、女性、七〇代）、「美しい音楽に合わせて体を動かすと、気分がとてもすっきりする」（A_6さん、女性、六〇代）、「息子夫婦は仕事から帰ってきたので、孫の面倒を二人に任せて踊りに来た。家事等の息抜きができた」（A_7さん、女性、六〇代）。これらの回答から、自信の向上や気分の改善、家事疲れへの癒し等といった広場舞の精神的健康効果がうかがえる。

最後に、社会的側面において、広場舞は社交の場として機能している。広場舞集団Aの活動時間は毎日夕方一九時からであるが、一部の参加者は一〇分前に広場に到着し、家事や孫の世話、買い物等について話し合いながら、ダンス前の準備をする。ダンスが終わると、一緒に散歩して家に帰る参加者の姿も見られる。対面コミュニケーションだけでなく、ダンス以外の時間も参加者はWeChatのグループチャットを通じて、朝の挨拶をしたり、健康に関する情報をシェアしたりして、ネット上のコミュニケーションを保っている。また、メンバー同士の交友関係は広場舞にとどまらず、公園への遠足や会食等の集団活動も不定期的に行われている。広場舞は、社区の高齢者が集まり、共通の趣味を通じて交流する場を提供している。

4　社区との関係

中国では、住民が生活する基礎的な単位は「社区（地域社会）」である。行政と密接に連携しながら、地域社会の管理や運営、住民に対する福祉サービスの提供、文化・スポーツ活動の実施等重要な役割を担っているのは住民組織「社区居民委員会」である。広場舞集団Aは社区居民委員会の緩やかな管理の下で活動している。特別な期間、たとえば、六月の「高考（大学入試）」期間中に、受験生に静かな学習環境を提供するために、政府部門は広場でのダンスや娯楽活動を停止するよう呼びかける。居民委員会は事前に広場舞集団Aに連絡を取り、活動を停止するよう通知する。広場舞集団Aは政府部門の呼びかけに積極的に応じ、高考の円滑な実施に協力する。他の期間において、地域住民の日常生活に支障をきたさなければ、広場舞集団Aは活動の時間と場所を自主的に決定することができる。活動場所について、広場舞の先生は次のように語った。「昔は歯科クリニックの前で踊ったが、今はこの広い空き地で踊るようになった。社区居民委員会から『だめ』と言われていない」（A_1さん、女性、六〇代）。また、「労働節や国慶節、春節等の特別な日に、社区の公演に出るが、一回四～五分踊る」（A_2さん、男性、七〇代）という回答に示されているように、社区の文化イベントに参加する等の形で、居民委員会は広場舞集団に発表の場も提供している。

居民委員会は広場舞が高齢者に与えるポジティブな影響を認めており、支援の態度を示している。居民委員会の職員は次のように語った。「高齢者が広場舞を踊ることは、体を鍛えるためによいことだ。それに、おばさんやおじさんたちはとても自覚的で、毎日決まった時間帯に、決まった場所で踊っている。通りかかった社区の子供や若い人も時々広場舞の列に入って踊るので、社区住民にとっても運動の機会となる」（Bさん、女性、四〇代）。広場舞を通じて、空き地や広場等の公共スペースは社区住民が集まり、交流する場として活用され、社区の活性化にもつながる。

四　まとめと考察

中国では高齢化が急速に進行する中で、高齢者の幸福感を向上させるための取り組みが重要視されており、「老有所楽」、すなわち、高齢者が楽しみを持ちながら充実した老後生活を送るという理念が広がっている。本章では、北京市の広場舞集団Aを事例として、中国高齢者の「老有所楽」における広場舞の役割を明らかにした。以下に、主要な結論をまとめる。

第一に、自発的に形成された広場舞は、高齢者の身体的、精神的、社会的健康の向上に大きく寄与している。定期的なダンス活動は、体重減少や肩こり改善等の効果があり、高齢者の健康状態を維持・向上させる手助けとなっている。また、広場舞は精神的健康にも良い影響を与えている。音楽に合わせて体を動かすことで、日常のストレスが軽減され、精神的にリフレッシュすることができる。さらに、社会的な面では、広場舞という趣味活動を通じて、既存の友人関係を深め、新たな友人関係を作ることができる。仲間との交流により得られた感情的サポートは、高齢者に心理的な安定感や安心感をもたらしている。

第二に、広場舞は高齢者のアクティブ・エイジングを促進する重要な手段となり、高齢者に積極的に社会参加する機会を提供している。年齢を重ねても、高齢者が健康で活動的な生活を送り続けることが重要である。広場舞の練習を通じて、高齢者は新しいスキルと知識を学び、自己成長と充実感を得ることができる。また、社区の発表会で普段の練習成果を披露することで、高齢者は自己表現し、自己の能力を再確認することができる。広場舞は身体的運動だけでなく、高齢者にとって生きがいを創出する重要な活動でもある。

第三に、広場舞を通じて形成された信頼関係とネット―ワークは、高齢者の生活の質を高めるだけでなく、社区に活気をもたらし、地域社会の発展にも寄与していることが確認された。柔軟性と包容力を有している広場舞集団は、「差序格局（序列構造）」の特徴を示しており、年齢や性別を問わず、多様な背景を持つ人々を受け入れている。広場や空き地といった公共空間が活用され、社区住民にとっても広場舞を目にする機会が多く、広場舞への関心と参加を促すことができる。これにより、社区住民の顔が見える関係が築かれ、社区全体の活性化に寄与している。

本研究を通じて、広場舞が中国高齢者の「老有所楽」において重要な役割を果たしていることが明らかになった。しかし、本研究には限界もある。まず、本研究は首都北京市という大都市の広場舞集団Aを対象としており、その結果が他の地域や集団に当てはまるとは限らない点である。北京市は高度に都市化が進んだ地域であり、広場舞の活動環境も比較的整っている可能性が高い。一方、中国では地域格差が大きく、地方都市や農村部では高齢者の生活環境や文化的背景が異なり、広場舞の特徴や役割も異なる可能性がある。また、先行研究で指摘された広場舞の騒音や場所の取り合い等による近隣トラブルは、今回の事例調査では見られなかった。これは広場舞集団Aが、決まった時間帯に決まった場所でマナーを守って活動しているためであると考えられる。しかし、他の地域や集団では同様のトラブルが発生している可能性がある。今後、さらに広範な調査を行い、より包括的な結論を導く必要がある。

広場舞は、すでに中国の都市文化の一部として定着しており、社区文化と大衆文化を建設する経済的かつ合理的な手段として奨励されている。広場舞といえば、一部では「素質がない」や「公共秩序を乱す」といったネガティブなイメージが持たれていることも少なくない。その一方、この活動は中国高齢者の活力と「美しい生活」への憧れを体現するものであり、その社会的意義は軽視できない。

広場舞が持つポジティブな側面を評価し、適切な支援と環境整備を行うことで、高齢者の生活の質を向上させ、地域の活性化に大きく寄与する可能性がある。また、本書「総論」で述べられているように、「地域住民の主体性とポテンシャルを生かして居場所を作り、健康と幸福感を増し、社会保障の不足を補う」という広場舞の実践は、東アジアにおける一つの事例として、日本の高齢社会の発展に有益な示唆を与えるものと期待される。

注

（1）「社区」は、中国における地域住民の生活、福祉、治安、文化活動等を総合的に管理・運営する基礎的な単位である。日本語の「コミュニティ」に相当する概念ではあるが、特に行政管理の重要な単位として用いられている。

（2）「海安花鼓」は、中国江蘇省南通市海安県の東部地域で発展した民間歌舞芸術である。これは、歌唱、舞踊、雑技、武術等の芸術形式を一体にした総合的な表現形式であり、主に舞踊の形式で地元の人々の生活や生産労働を表現している（馬・朱 二〇二三、二四）。

（3）「小区」とは、中国の都市部におけるマンションや集合住宅が集まり、生活に必要な施設や店舗を備えた住宅エリアのことである。小区Bには「北京土著（原住民、北京っ子）」より「新北京人（北京戸籍を取得した地方出身者）」のほうが多いとされる。

（4）この「広場」は正式な広場ではない。もともとは車道として設けられた空間であるが、通行する車がほとんどないため、花と柵で仕切られて「広場」として使用されている。

（5）二〇二四年五月に購入した半袖ジャージ上下セットは人民元七五元（約一六〇〇円）である。

文献

【中国語文献】

北京市統計局・国家統計局北京調査総隊「北京市二〇二三年国民経済和社会発展統計公報」北京市統計局・国家統計局北京調査総隊ホームページ、二〇二四年三月二一日（https://tjj.beijing.gov.cn/tjsj_31433/tjgb_31445/ndgb_31446/202403/t20240321_3595860.html　2024年8月1日取得）。

成盼攀・馬鴻韜「広場舞多元文化価値及文化建設研究—以北京市城六区為例」『北京体育大学学報』2017, 40(03)：33-39+45

崔金海・蔡芳馨「社区広場舞相関問題及対策研究—以太原市JY社区為例」『人口与社会』2015, 31(03)：67-76.

費孝通『郷土中国』上海観察社、一九四九（鶴間和幸ほか訳 調査研究報告№49『郷土中国』学習院大学東洋文化研究所、二〇〇一）。
郭隆珠・孫殿恩・馬暁娟「浅析社区舞踏的起源与発展」『新西部』2019(29)：29-30.
国家統計局「中華人民共和国二〇二三年国民経済和社会発展統計公報」国家統計局ホームページ、二〇二四年二月二九日(https://www.stats.gov.cn/sj/zxfb/202402/t20240228_1947915.html　2024年8月1日取得)。
黄海玲「健康中国戦略下広場舞対老年人心理状態的影響」『芸海』2020(03)：45-46.
馬雯妍・朱銀華「南通海安花鼓与長沙花鼓的比較研究及伝承発展」『戯劇之家』2023(22)：24-27.
慕羽「広場舞女性参与者的社会身份議題―従"差序格局"到"公共意識"的建立」『北京舞踏学院学報』2021(01)：59-68.
王艶・範虹穎・成盼攀「健康中国視域下中国広場舞女性参与者主観鍛錬体験的群体凝聚力研究」『北京体育大学学報』2022, 45(06)：142-151.

【日本語文献】

内閣府「令和六年版高齢社会白書（全体版）」内閣府ホームページ、二〇二四年六月二一日(https://www8.cao.go.jp/kourei/whitepaper/w-2024/zenbun/06pdf_index.html　2024年8月1日取得)。
田村和彦「中国の『広場舞』をめぐる親密性／公共性形成について」『日本文化人類学会研究大会発表要旨集』二〇一六(〇)、C16-、日本文化人類学会。

第4章　香港　社会運動参加と中高年者のウェルビーイング

伍　嘉誠

はじめに

これまでの社会運動に関する研究においては、中高年者（中年やシニア）の姿があまり注目されていない。その理由として、発達心理学の古典的なライフサイクルアプローチに基づき、以下の点が挙げられる。①多くの社会運動で中心的な役割を果たすのは若者であり、これは反抗期による説明がされることが多い。②中高年者は若者に比べて保守的な傾向があり、急進的な変革を目指す社会運動を支持しないとされる。同様に、「中高年者の不在」は香港の社会運動研究にも見られる。

この問題点として、香港の中高年者と社会運動との関わりが無視されていることが挙げられる。つまり、なぜ中高年者が社会運動に参加するのか、そして参加にあたって中高年者が若者とどのような点で異なる特徴を有しているのかといった重要な課題が、依然として社会運動研究や高齢者研究において解明されていない。

本研究は二〇一九年に香港で発生した「反逃亡犯条例改正運動」を事例に、中高年者の社会運動参加について考察したい。具体的に、①二〇一九年の香港デモにおける中高年者はどのような役割を果たし、何を求めているのか、②中高年者のウェルビーイングと社会運動との関係、の二つについて着目したい。とりわけ、意義の追求や成長志向の幸福感を指す「ユーダイモニック・ウェルビーイング」（eudaimonic wellbeing）の視点から、中高年者の社会運動参加について検討したい。

一　二〇一九年香港デモの経緯

二〇一九年六月から二〇二〇年五月にかけて、「逃亡犯条例改正」に起因した香港史上最大規模のデモ（反送中デモ）が発生した。問題の発端は、二〇一九年二月に台湾で香港人カップルが片方を殺害し、死体を遺棄して香港に帰った事件である。事件発覚後、台湾当局は容疑者の引き渡しを香港政府に求めたが、香港の法整備に欠陥があり、引き渡しが実現しなかった。香港はアメリカなど二〇カ国と犯罪人引き渡し協定を締結しているが、中国本土や台湾、マカオとは協定を結んでいない。これは、香港の法律において、犯罪人の引き渡しは「香港を除く台湾、マカオを含む中華人民共和国以外の全世界」に可能であると制定されているからである。台湾を自国領域とみなしている中華人民共和国の特別行政区である香港が、台湾当局に容疑者を引き渡すことは不可能であった。このような状況下で、香港政府は身柄引き渡しを可能にするために法改正を進めたが、「中華人民共和国を含む全世界に引き渡しを可能にする」とした改正案が市民の反発を招いた。

香港市民の間では、二〇一五年に発生した「銅鑼湾書店員失踪事件[1]」によって、中国の司法制度への不信感が根強くなってきている。この条例改正が実現すれば、香港で活動する社会運動家や中国政府に批判的な人物、さらには外国人を含む中国本土とのビジネス上のトラブルを抱えた人々が中国本土に引き渡される可能性があり、香港の裁判権の独立性が損なわれ、「一国二制度」の根幹が揺らぐことが懸念された。

反対の声は学生や労働者、ビジネス界など幅広い層に広がり、六月九日の一〇三万人デモ、六月一六日の二〇〇万人デモ、八月一八日の一七〇万人デモ、警察の権力・暴力濫用に対する反対運動、一連の非協力運動が展開された。香港政府に対して以下の五つの要求を受け入れるよう、抗議活動が進んでいた。①条例改正案の撤回、②警察の権力濫用への独立調査委員会の設置、③抗議活動を暴動とした定義の撤回、④抗議活動で不当に逮捕された人々の釈放、⑤真の普通選挙の実施である。九月上旬に条例改正案が正式に撤回されたが、一〇月以降は権力を濫用する警察の再編成等その他の要求を求める運動が続き、一一月には大学キャンパス（香港中文大学、香港理工大学）の包囲戦など、警察と市民双方の対立が激化した。二〇二〇年の半ばに入ると、コロナの爆発と香港版国家安全法の可決により、デモは次第に沈静化していった。

二　社会運動における中高年者の姿

世界中の社会運動において、中心的な役割を果たしているのは若年層である。これまでの社会運動研究においては、心理学の古典が提示してきた人の加齢に伴う発達的変化の発想に基づき、「反抗的な若者」と「保守的な中高年者」という構図で社会運動が捉えられてきた（Erikson 1968; Feuer 1969）。その結果、社会運動における若者の活躍と中高年者の不在が説明される傾向があった。しかし、一九八〇年代以降の研究は、社会運動や社会不安の発生は年齢と因果関係がなく（Filleule 2013 など）、加齢と保守傾向の関係性についても明確ではない（Glenn 1980; Binstock & Quadagno 2001）ことを示しており、これにより、海外では社会運動における中高年者の役割に着目した研究（Blanche-T. & Fernández-Ardèvol 2022 など）が増えつつある。また、欧米においてもエイジズム（年齢差別）への反対運動や、中高年者の福祉や権利の改善を求める運動など、中高年者の社会運動が注目され始めている。

実際に、香港の社会運動に重要な役割を果たしたカリスマ的なリーダーのなかで、高齢の人物も存在する。例えば、二〇一四年に発生した行政長官の普通選挙を求める民主化運動「雨傘運動」において、三人の発起者の一人である朱耀明牧師(一九四四年生まれ)は当時七〇歳であった。また、香港カトリック教会の名誉司教である陳日君枢機卿(一九三二年生まれ)は、長年にわたり中国本土の人権問題に関心を寄せるだけでなく、香港の社会問題・民主化運動にも積極的に発言し、反対運動を行っていた(二人ともキリスト教会の関係者であることについて、筆者の別稿(伍 二〇一八)を参照)。

しかし、香港の社会運動研究では、中高年者に焦点を当てた研究は依然として少ないのが現状である。その理由としては、香港の社会運動、特に返還後の二〇一四年の雨傘運動や二〇一九年の反逃亡犯条例改正運動で中心的な役割を果たしたのが学生など若者層であることと、そして、高齢でカリスマ的な指導者は存在するものの、一般的には香港の中高年者が政治的に保守的、あるいは無関心であることが挙げられる。例えば、Wong ら(2020)が反逃亡犯条例改正運動に関して一〇三七人(一八歳から八四歳)を対象に行ったアンケート調査では、若年層に比べ高齢層の「非制度的政治参加行動」(署名活動やデモ行進など)の参加度合いが低いことが示され、その理由として、中高年者は自分と社会運動との「主観的関連性」(perceived relevance)が低いと感じていることが示唆されている。つまり、多くの中高年者は、「社会運動は自分とはあまり関係ない」と認識している。

また、第七回世界価値観調査によると、香港の中高年者が社会運動への参加率が低い傾向にある(表4-1)。「合法的・平和的なデモに参加しない」と回答した六五歳以上の人は七〇・八%であり、五五歳から六四歳の人は五一・五%であり、年齢別に見ると最も高い割合となっている。

また、メディアにおいても中高年者の運動参加者に関する報道は少ない。例えば、『二〇一九香港風暴』(*Storm in Hong Kong 2019*)(端伝媒著 二〇二〇、春山出版)は、二〇一九年の香港デモの詳細を記録した四三九ページにも及ぶ重要な資料である。収録された一部の文章はアジア卓越新聞賞(SOPA Awards)の四つの賞にもノミネートされており、同書の意義が高く評価されることがわかる。同書では、香港デモの詳細を記録するにあたり、学生や若者、

表4-1　香港における年齢と政治行動の参加度の関係

		政治行動の参加度(合法的・平和的なデモ)		
年齢	人数	参加したことがある	参加する可能性がある	参加しない
16-24	196	20.8	53.2	25.9
25-34	309	24.2	52.3	23.5
35-44	353	19.8	44.3	35.9
45-54	389	18.6	36.2	45.2
55-64	396	12.9	35.6	51.5
65以上	408	12.1	17.1	70.8
(*N*)	**2051**	**17.5**	**37.7**	**44.8**

出典：第7回世界価値観調査。

牧師、ソーシャルワーカーなど運動に参加したさまざまな人々の語りを収録しているが、シニア参加者に関する内容は全く含まれていない。

しかしながら、実際には二〇一九年の香港の社会運動においては、若年層が中心的な役割を果たしていたものの、雨傘運動など従来の運動に比べて、中高年者層の存在感が明らかに高まっていた。これは、多くの人が逃亡犯条例の改正が一国二制度の根幹を揺るがせることを懸念し、反対の声が社会全体に広まったためである。特に、弁護士、学校の教員、退職者など、かつての社会運動に「欠席」していた人々が、より積極的に運動に関わるようになったことが背景にある。Tang と Cheng(2021)は、二〇一九年の運動の参加者一七八四人を対象に調査を行い、中高年者が運動を支持する理由が彼らの「罪悪感」にあると意味深く指摘している。かつて社会運動に対して批判的な立場を取っていた中高年者は、二〇一九年の中国・香港政府のひどい状況を見て、ようやく社会運動の意義や運動に参加した若者の気持ちを理解し、これまでの自分の社会運動への無関心と若者への誤解に対して「罪悪感」を抱くようになったのである。その「罪悪感」により、デモ参加者のラディカルな行動に支持を表明し、デモ隊と連帯感までも感じるようになった。Tang と Cheng(2021)が示すように、これまで運動では欠席してきた中高年者が、二〇一九年の香港デモにおいて無視できない存在となったと言えよう。

また、香港中文大学の「メディア民意調査センター」が二〇二〇年に発表した二〇〇ページに及ぶ二〇一九年の香港デモ調査報告書（表4-2）によると、六月九日から一二月八日までの抗議活動に参加した人のうち、三四歳以下が最も多く（四一・六%〜九三・八%）を占めるものの、五〇歳以上の参加者（〇・〇%〜二八・四%）の存在も確認されている。特に、六月九日（ビクトリアパークから政府本部ビルまでのデモ行進）、一〇月一日のデモ（銅鑼灣（コーズウェイベイ）、灣仔（ワンチャイ）、中環（セントラル）及び香港各地での集会）においては、五〇歳以上の参加者の比率が二〇%を超えている。どれも平和的な集会・デモ行進であった。中高年の参加者は、比較的平和的な抗議活動に参加する傾向があるという特徴が見られる。

確かに、中高年のデモ参加者の声を取り上げるメディアは少ないものの、全くないわけではない。例えば、アメリカの週刊誌である『Newsweek』（二〇一九年一二月三日、日本語版）では、「香港デモ隊の仮面の告白」という特集が組まれ、デモ参加者の多様性が紹介されている。紹介された一五人のうち、二〇〜三〇代の人が主であるが、一人の中高年者の語りも収録している。社会運動における中高年者の姿が無視されがちな中で、この特集は中高年者の社会運動参加について読者に考えさせるものとなっている。その後、まだ数少ないものの、中高年のデモ参加者を対象としたインタビューや回顧録も見られるようになっている。

さらに、本章では取り上げないものの、反政府デモへのカウンター運動として、条例改正に賛同したり、警察や政府のデモ弾圧を支持する市民の動きも多く見られた。実際、親政府の団体によって組織された多くのカウンター運動では、中高年者が重要な担い手であったことがよく報道されている。親政府組織が主催した集会では、多くのシニアが参加している姿がよく確認されている。

以上の研究を踏まえて、本章はこれまであまり着目されていなかった香港における中高年者の社会運動参加について考察したい。具体的に、以下二つの課題に焦点を当てる。①香港の社会運動における中高年者の役割と、彼らが社会運動に何を求めているのか、②中高年者のウェルビーイングと社会運動との関係、の二つである。特に、意

表 4-2　2019年香港デモの参加者数(年齢別)

デモの発生日	場所	類型[1]	34歳以下	35～49歳	50歳以上	分からない／不回答	計(サンプル数)[2]
6月 9日	ビクトリアパーク～政府庁舎	Ⅰ	51.2%	16.5%	28.4%	3.9%	100%(　285)
6月12日	政府庁舎	Ⅲ	87.5%	8.9%	2.5%	1.1%	100%(　175)
6月16日	ビクトリアパーク～政府庁舎	Ⅰ	63.0%	18.6%	18.3%	0.1%	100%(　875)
6月17日	政府庁舎	Ⅲ	85.7%	8.3%	5.2%	0.9%	100%(　717)
6月21日	政府庁舎、警察本部、税務署ビルあたり	Ⅲ	93.8%	5.2%	0.0%	1.0%	100%(　316)
6月26日	エディンバラ広場	Ⅱ	88.5%	8.4%	1.9%	1.2%	100%(　418)
7月 1日	ビクトリアパーク～政府庁舎	Ⅰ	60.9%	18.4%	19.5%	1.3%	100%(1,169)
7月14日	沙田	Ⅰ	62.0%	18.9%	17.7%	1.4%	100%(　546)
7月21日	ビクトリアパーク～修頓球場	Ⅰ	63.3%	14.3%	19.9%	2.6%	100%(　680)
7月27日	元朗	Ⅰ	69.8%	22.1%	7.2%	0.9%	100%(　235)
8月 4日	將軍澳	Ⅰ	67.4%	19.3%	13.3%	0.0%	100%(　717)
8月 4日	西環	Ⅱ	68.3%	15.9%	15.7%	0.1%	100%(　555)
8月10日	香港国際空港	Ⅱ	77.6%	15.8%	6.2%	0.4%	100%(2,309)
8月11日	深水埗	Ⅰ	68.0%	14.6%	17.0%	0.4%	100%(　636)
8月13日	香港国際空港	Ⅱ	85.4%	12.2%	2.5%	0.0%	100%(　485)
8月16日	チャーターガーデン	Ⅱ	85.4%	9.5%	4.3%	0.8%	100%(　632)
8月18日	ビクトリアパーク	Ⅱ	74.8%	12.3%	12.3%	0.6%	100%(　806)
8月25日	葵芳～荃灣	Ⅰ	72.6%	14.0%	13.4%	0.0%	100%(　372)
8月31日	中環、上環	Ⅲ	75.1%	17.3%	7.6%	0.0%	100 &(　527)
9月 8日	チャーターガーデン～在香港米国総領事館	Ⅰ	65.9%	19.0%	12.5%	2.7%	100%(　337)
9月15日	銅鑼灣、灣仔、中環	Ⅲ	69.8%	17.3%	11.5%	2.3%	100%(　911)
9月28日	政府庁舎	Ⅱ	52.3%	28.9%	18.8%	0.0%	100%(　405)
10月 1日	銅鑼灣、灣仔、中環、香港各地	Ⅲ	41.6%	33.9%	24.2%	0.3%	100%(　640)
10月14日	チャーターガーデン	Ⅱ	63.1%	24.5%	11.9%	0.5%	100%(　662)
10月20日	尖沙咀	Ⅲ	57.3%	26.5%	16.2%	0.0%	100%(　921)
12月 8日	ビクトリアパーク～チャーターガーデン	Ⅰ	71.0%	15.8%	12.9%	0.4%	100%(　902)

出典：香港中文大学メディア民意調査センター(2020)をもとに筆者整理・翻訳。
注1：Ⅰは大型デモ、Ⅱは静的な集会、Ⅲは流動的な集会を指す。
注2：サンプリング方法について、調査員は、系統的抽出法(systematic sampling)を用いて、特定の範囲やルートで、出会った参加者のうち10人ごとに1人を選び、アンケートの記入を依頼する。

義の追求や成長志向の幸福感を指す「ユーダイモニック・ウェルビーイング」（Eudaimonic wellbeing）（Ryan & Deci 2001; Ryff & Singer 2008など）の視点から、中高年者の社会運動参加について考察したい。具体的には、二〇一九年の香港デモで活躍した、中高年者を中心とした運動団体「守護孩子」（以下「子どもを守ろう」）を事例として取り上げたい。

三　「子どもを守ろう」

二〇一九年の反逃亡犯条例改正運動が発生した時期に、一部の親、ソーシャルワーカーや看護師などの中高年者が、自発的に「子どもを守ろう」という団体を設立した（『立場新聞』二〇一九年一〇月一〇日）。その目的は「シニア層や弁護士、ソーシャルワーカーなどのプロフェッショナルに反対活動の最前線に立つよう呼びかけること」であり、「七、八人一組のチームで、警察と市民の衝突があったときに、警察とデモ参加者の間に立ち、衝突を防ぐ」ことである（『香港01』二〇一九年九月二一日）。衝突が発生した際には、「子どもを守ろう」のメンバーがバッファ（緩衝材）の役割を果たし、デモに参加する学生の安全を守ろうとする。メンバーの年齢は三〇歳から八〇歳で幅広く、最も知られているのは二〇一九年に七三歳の年齢で七日間のハンガーストライキを行った陳基裘さんと、八二歳の黄さんである。

「子どもを守ろう」の活動について、二〇一九年七月一四日に沙田で発生したデモに遡ることができる。二〇一九年の社会運動では、警察と市民との衝突が絶えなかった。七月一四日に沙田で発生したデモで、陳さんはデモ隊と警察の間で「仲介役」として暴力のエスカレーションを何度も防ぐことができた。この経験が、一部の中高年者に自分たちの社会運動での役割について考えるきっかけを提供した。その後、七月一七日に行われたシニア層を中心としたデモで、「好鄰舍北区教会」の陳凱興伝道師とデモ参加者が「どのようにしてデモの最前線にいる若手参加者を守れるのか」について意見交流を行い、「子どもを守ろう」の活動を展開することが決まった（好鄰舍北區教會 2019-10-10）。彼らは、七月二一日に初めて「子どもを守り、抗争を続けよう」という活動を発起し、当日のデモが終わった後に、七、八人一組計一〇チームを動員し、警察とデモ隊の仲介を務めて衝突を解決しようとした。その後、七月二七日の「光復元朗」集会、八月一三日の香港国際空港で座り込み、九月一日の空港及びその周辺地域でのデモ活動などにおいても、「子どもを守ろう」のメンバーは衝突をディエスカレートさせる仲介役として活動を続けた。

活動の初期には、「子どもを守ろう」のメンバーはヘルメットやガスマスク等の防護装備を着用せず、機動隊に献花し説得する平和的な行動をしていた。しかし、自分の安全を守れなければ他の人を守ることはできないと認識し、ガスマスクの着用を始めた。警察は最初、「子どもを守ろう」のメンバーを対話の相手として扱っていたが、抗議活動が長期化するにつれ、彼らは邪魔者や「公務執行妨害者」と見なされるようになった。一部のメンバーは警察に押されたり、催涙スプレーをかけられたりして負傷し、逮捕されたこともある。彼らの活躍が運動にどれほどの効果を与えたかについては議論の余地があるが、従来の社会運動に関わっていなかった中高年者のイメージを刷新したと言えるだろう。

四　なぜ中高年者が社会運動に参加するのか

「子どもを守ろう」のメンバーをはじめ、これまで社会運動に不在していた中高年者たちは、なぜ二〇一九年の社会運動に参加するようになったのか。また、彼らは運動に参加することで何を求めようとしているのか。以上の問題に回答するために、次の項では、運動に参加した中高年者による回顧録や既存のインタビューなどの資料をもとに考察を行う。なお、昨今の香港情勢を踏まえ、社会運動に関わった中高年者への直接的な聞き取り調査が困難であることから、補足として、平和的な集会やデモに参加した五〇代後半の中高年者二名を対象にした筆者のインタビュー内容をもとに考察を行う。

まず、社会運動に参加した中高年者の動機に関して、主に以下二つの特徴が見られる。①社会運動において中高年者が特有の役割を果たすことと、②かつて社会運動に欠席していたことによる「罪悪感」の償還。以下、参加者の語りをもとに考察する。

1　社会運動において中高年者が発揮する特有の役割

中高年者が運動中に果たした役割について、大きく「共感者」と「調停役」の二つに分けられる。まず、陳基裘さん(七三歳、当時)が『Newsweek』の取材に対して、自分が運動に参加する理由について、次のように語っている。

市民の要望に対して、この政府が無関心なのは昔からわかっている。一〇〇万人、二〇〇万人規模の平和なデモに応えなかったのに、私たち十数人の断食抗議を相手にするわけがない。断食の本当の目的は、命の大切さを若者に伝えること。中には自ら命を絶った者もいた。戦いは一時的なものではないと、彼らに覚えてもらいたい。この先どうすればいいのか分からず落ち込んでいた若者たちに、勇気を持って人生を歩き困難を乗り越えて戦い続ける大切さを話した。その後、彼らに私の下に戻って、「陳じいさん、ありがとう。考え抜いた結果、自分が強くなろう、みんなと共に戦っていこうと決めた」と言ってくれた。(『Newsweek』2019.12.3, 28)

以上から、陳さんは、高齢にもかかわらずハンガーストライキを行い、自分の献身的な姿を示すことで、運動中で落ち込んだ若者に勇気や希望を与えたいと考えていると読み取れる。また、反対運動では、若者だけではなく中高年者も活躍していることを、政府や社会に発信することが、彼らにとって重要であろう。

次に、陳さんは、政府や警察の問題点を指摘しつつ、若者への理解を示している。

香港には司法制度があり、市民が過ちを犯したら、法律で裁くことは当然。しかし、法律を熟知した上でそれを破る警察は許せない。誤った指示を出した警察部の責任を追及すべきだ。法執行機関も法律を守るということを、警察に知ってもらわねばならない。

香港はまだ希望がある。なぜ若者が遺書まで書き残し、死ぬ可能性をも承知の上で立ち上がるのか？　彼らが香港のために尽くす気持ちは、みんなの目に焼き付いている。（『Newsweek』2019.12.3. 28）

以上の語りから、運動でラディカルな行動を取る若者に対して、世論や保守的な人が批判的な立場を取る中で、陳さんは、問題の根源は政府や警察にあると示し、若者への同情と理解をアピールしようとしていることが読み取れる。

この点については、筆者によるインタビュー調査からも確認できる。梁さん（仮名）（当時五六歳、男性）は、香港の大学でＰＲの仕事をしており、修士号を持っている。彼は長年にわたり、香港の人権・社会問題や民主化運動に関心を寄せてきた。毎年七月一日に行われていた普通選挙を求める「七・一デモ」や六月四日の天安門事件追悼集会、二〇一二年の「愛国教育」の必修化に反対する運動（反国民教育運動）、二〇一四年の雨傘運動、二〇一九年の反逃亡犯条例改正運動などに参加した経験がある。二〇一九年の抗議運動に参加した理由については、梁さんは以下のように語っている。

最初は条例改正に対して反対する気持ちを示したいと思い、平和的な集会やデモに参加した。しかし、その後、機動隊がデモ参加者、特に若者に対しての暴力を激化させ、多くの若者が負傷した。政府と警察が若者に対して武力を濫用するのを見て、怒りを持つようになったのだ。警察の暴力濫用への反対集会に参加した。彼ら（若者）がやっていることを理解するし、正しいと信じているからだ。（中略）彼らは香港の未来だ。われわれ年寄りには、彼らを守る責任があるはずだ。（中略）われわれ、年が離れている人の中でも、自分（若者）の気持ちを理解してくれる人がいるのだ、と若者に伝えなければならないのだ。

以上の発言から、梁さんは若者のデモ参加者への共感を示すだけでなく、中高年者として次の世代を守るために反対運動に参加する責任があると考えていることが分かる。

中高年者がデモに参加したもう一つの理由は、調停役としての役割を果すことである。この目標を達成するために設立された団体が、前述した「子どもを守ろう」である。そのメンバーの中で、比較的に年齢が高いのは黄じいさん（八三歳、二〇一九年）である。オンラインメディアHong Kong Inmediaのインタビューに対し、黄じいさんは、当初運動の中で「何も助けられない」と感じたと述べた。しかし、元朗のデモで若者が逮捕されるのを見たとき、すぐにかれらの名前を尋ね、その情報をデモ参加者を支援する弁護士団体「星火同盟」に渡した。その結果、わずか三〇分でその逮捕された人に弁護士を見つけることができた。黄さんは、運動における自分の役割を見つけ、高齢者もまた役立つことができると認識するようになった（Hong Kong Inmedia 2019）。

「子どもを守ろう」の活動が始まると、黄じいさんは常に機動隊とデモ参加者が対峙する最前線に立ち、「若者を殴るな」と呼びかけている。「殴るなら俺を殴れ。若者は社会の未来であり、若者がいなければ将来もない。俺は年取っているから、ここで死んでもかまわん」と警察に訴える（邢福增他、二〇二〇、六三）。記者に「殴られることを恐れていないか」と尋ねられると、黄じいさんは「どうしようもない。殴られるなら殴られるし、運動のために死んでも構わない」「子どもたちのために死んでも構わない」と語り（Hong Kong Inmedia 2019）、調停役としてのリスクを理解した上で、子どものために犠牲を払う覚悟を持っているように見えた。

2　社会運動に欠席していたことによる「罪悪感」の償還

「子どもを守ろう」に参加した多くの中高年者は、自分たちがもっと早く香港の政治問題に関心を持ち、政府に反対の声を上げなかったことを悔いている。返還直前と直後の香港は経済が安定しており、当時、多くの壮年期の香港人が「楼仔」（マイホーム）、「女人仔」（婚姻）、「車仔」（マイカー）、「ＢＢ仔」（子ども）の「四つの仔」を人生の目標と考えていたため、政治に無関心であった。また、香港の未来に対しての不安があったものの、多くの人々は香港が一国二制度の下で高度な自治を享受できると信じていた。しかし、二〇一九年六月に「反送中」デモが勃発すると、警察・香港政府による弾圧によって、香港人が抱いていた一国二制度への幻想は完全に崩壊した。「我々は九七年以前に、負うべき責任を負わなかった。声を出すべき時に上げず、前に出るべき時に出なかった。今、権威主義的な統治下で、我々のために若者が苦しんでいる…」「今、年老いた我々は最前線に立つことはできないが、違う形で皆さんにサポートしたい」と、ある高齢の参加者は語った（邢他、二〇二〇、六三―六四）。

「子どもを守ろう」のメンバーは、デモ現場で若者にオクトパスカード（日本のSuicaのようなもの）や食券を提供していた。中高年者たちは、これらの金銭的な支援を若者に与えることで、かつて負うべき責任を果たさなかったことによる「罪悪感」、何らかの理由で最前線で警察と衝突できなかったことへの「後悔」、若者が殴られた際に止められなかった「無力感」を償おうとしている。そのため、坊間の噂ではこれらの支援が「贖宥状」と呼ばれることもある。中高年者たちは、自分の「後悔」が金銭的支援という形で運動の力に変わり、負の感情が「愛」と「サポート」に変わったという見方もある（邢他、二〇二〇、六三―六四）。

「罪を償う」という考え方は、筆者によるインタビュー調査でも確認できた。劉さん（五五歳、女性）は、二〇一九年の運動期間中、平和的な集会に何度も参加した経験がある。二〇一九年以前、「平和・理性・非暴力」（香港では通称「和理非」）の信念を堅持した彼女は、社会運動におけるデモ参加者の暴力行為に強く反対していた。しかし、二〇一九年の運動では、劉さんは「和理非」への執着が緩くなり、デモ隊による暴力行為を理解できるようになった。その理由は、劉さんはこのように説明している。

返還後に、さまざまな人や団体が、「和理非」の信念を堅持して、民主化運動などの運動をやってきた。二〇一四年の雨傘運動の理念も「愛」と「平和」だろう？　雨傘は、警察からの暴力を守るための象徴だ。（中略）「和理非」の運動は、結局何を達成できたのか？　と聞かれると、正直、何も達成できなかったのだ…悲しいことに。以前も、今回の運動でも、中央政府、香港政府は、まったく妥協しない。自分が堅持してきた「和理非」の信念こそが、これまでの運動の失敗に繋がっている原因なのではないか、反省し始めた。

（中略）今回の運動で、若者のラディカルな抗議運動、彼らの怒りに対して理解するようになった。以前、若者のラディカルな行動を強く批判していた自分に、恥ずかしく思う。自分や「和理非」の人が、これまでの運動で、何も達成できなかったくせに、よく若者を批判していた…自分は若者に対して不公平なことをしてしまったと感じる。だからこそ、二〇一九年のデモで若者が何かラディカルな行動を取ったとしても、自分は彼らをサポートし、切り捨てないと決めた…自分は持病があるため、前で戦うことはできない。その代わりに、少しだけですが、献金などの形で若者をサポートした。

返還後、香港では「和理非」（平和的、理性的、非暴力的）という信念を堅持して民主化運動が行われてきたが、大きな成果を得られなかったことに対して、劉さんは深い悲しみと失望を感じている。このため、「和理非」の信念が運動の失敗につながったのではないかと反省し始めている。そこで、劉さんは二〇一九年のデモにおいて、ラディカルな行動を取った若者たちを見捨てることなく、金銭的支援を通じて彼らをサポートしていた。

3　社会運動への参加がウェルビーイングに与える影響の一考察

ここ十数年、心理学においても主観的幸福感についての研究が盛んであり、その中で主に三つの学派があげられている。一つ目は「感情的ウェルビーイング」(hedonic wellbeing)に関する研究であり、「快楽の最大化と苦痛の最小化」をウェルビーイングの重要な側面として主張している(Diener 1984; Diener et al. 2010)[2]。二つ目は「ユーダイモニックなウェルビーイング」(eudaimonic wellbeing)で、この種のウェルビーイングは、「苦労や努力から培われる意義」(上出 二〇〇七)や、「成長につながる行動に従事する」こと(Ryan & Deci 2001; Ryff & Singer 2008)、「人間開発による正の心理的効果」などに関連している(e.g. Rogers 1961; Ryff 1989a; 1989b; Waterman 1993)。自己発見、自己成長、目的・意義を感じること(a sense of purpose and meaning of life)などが、ユーダイモニック・ウェルビーイングの指標としてよく用いられている(Waterman et al. 2010)。三つ目は、ソーシャル・ウェルビーイングであり、人間関係やネットワークから得られる支援などを指す。

二〇一九年のデモに参加した中高年者たちは、自分が中高年者であっても、中高年者ならではの役割を果たすことができると感じている。特に、「子どもを守ろう」の活動を通じて、警察とデモ参加者との衝突の際に介入することで暴力のエスカレーションを防ぐことができたことで、達成感を得ることができた。若者が中心となった香港の社会運動の中で、中高年者は「調停役」としての役割を果たし、中高年者ならではの形で運動に貢献できたという肯定感を感じているようである。

また、中高年者の人たちはこれまでの人生を振り返り、自分がすべきことをしていなかった、あるいはできなかったために恥や悔しさが残っていると感じている。これまで社会運動に参加していなかった彼らは、今回のデモに参加することで、その「恥」や「罪悪感」を少しでも償おうとしているのである。この点については、前述したTangとCheng(2021)によって提示された「罪悪感を償う」という解釈と一致している。

結局、二〇一九年の抗議運動は成功しなかったものの、これらの中高年デモ参加者は、①社会運動における中高年者ならではの役割の発揮、②社会運動に欠席していた「罪悪感」の償還の二つの側面を通じて、自分の社会運動への参加意義を見出している。これは、「苦労や努力から培われる意義」（上出 二〇〇七）を強調するユーダイモニック・ウェルビーイングにつながる可能性を示唆している。本書第7章で取り上げられた地縁コミュニティへの参加や、趣味、スポーツなどの余暇活動を楽しむことを通じて得られる幸福感と対照的に、本事例は「苦労や努力」の側面を強調し、そこから見出された意義や役割によって生まれる達成感が高齢者にとって重要であることを示す。

五　まとめ

本書第3章で取り上げられた北京市における広場舞や、第5章のオーストラリアの「男の小屋」の事例で論じられているように、中高年者の社会参加はさまざまな形があるが、本章ではその一つとして社会運動に焦点を当てた。本章で取り上げた二〇一九年の香港デモにおいて、中高年者の参加者たちは、政権に対する不満を示すだけでなく、自身の行動に意義を見出そうとしている姿が見られる。「子どもを守ろう」のメンバーをはじめとする中高年の参加者たちは、運動に貢献するために、若者に勇気や希望を与える「若者と共感する人生経験者」、そして警察とデモ隊との衝突を防ぐ「調停役」として、若者とは異なる役割・アイデンティティを身につけた。また、かつて社会・政治問題に無関心で、若者の激しい行動を批判してきた彼らの中には、これまでの自分の無責任さを反省し、デモ隊の若者を支援する「贖罪者」としてのアイデンティティを持つ中高年者も少なくない。彼らが運動において特有な役割を果たすことで、苦労や努力から生まれる意義を見出していることは、語りから確認できた。

二〇一九年の香港における社会運動は、アノミー的な社会状況の中で、本章で取り上げた中高年の参加者が実際に運動に参加し、自身の役割と意義を求めようとする姿が見られた。この事例は、他の東アジアの地域に対して何か参考になる意味を持つのだろうか。東アジアでは少子高齢化が進み、健康寿命が延びる中で社会参加できる高齢者も増えると予想される。実際に、日本や中国では、高齢者がボランティアや町内会・社区などの地域社会活動や趣味などに参加することが多く見られる。また、日本では「社会運動の高齢化」が進んでいると言われており（山本 二〇一九）、沖縄基地反対運動などの社会運動における高齢者の割合が高いことが指摘されている。今後、社会に変革をもたらす力の一つとしての社会運動の姿は、どのように変わっていくのだろうか。ここで、今後の研究課題として以下の三つを提起したい。

まず、世代間の連帯と役割分担についてである。香港の事例では、中高年者が自分たちの経験や人生観を活かし、若者と連携して運動を支援した。これは、世代間の連帯が重要な役割を果たすことを示しているが、他の地域でも世代を超えた協力が運動を強化する可能性があるのか。例えば、日本においてはＬＧＢＴの運動が多くの若者から関心を寄せられているが、近年高齢のセクシュアル・マイノリティの問題も取り上げられるようになっている（北島・杉澤 二〇二二）。世代間を超えた問題意識の共有と協力が、セクシュアル・マイノリティの権利を推進するために重要であると言えよう。

次に、アイデンティティの問題である。香港の中高年者は、運動を通じて新たな役割やアイデンティティを見出した。他の地域でも、社会運動が参加者のアイデンティティの再構築に寄与し、参加を促す可能性があるのだろうか。例えば、二〇二三年に中国で起きた「白紙運動」は、ゼロコロナ政策に反対する抗議で、主に若者が中心となって展開された。この運動で「愛国世代」と称される若年層が、政府に反対して自由を求める運動に関わるようになったことは、世界的な注目を集めた。ここで重要なのは、この「白紙運動」が「愛国世代」のアイデンティティに何らかの変化をもたらした可能性があるという点である。従来、愛国心を強調してきた若者たちが、どのように自分のアイデンティティを再構築し、自由や権利を求める運動に参加するようになったのか。集合的アイデンティティという視点から重要な示唆を提供してくれるだろう。

最後に、過去の反省と現在の行動という視点である。過去に社会や政治に無関心だった人々が、自分たちの過去の行動を反省し、社会運動に積極的に関与するようになるプロセスは、他の地域でも共通する現象かもしれない。このような自己反省が運動の推進力となる可能性があるのか、という点が重要である。

注

（1）中国政府（習近平国家主席）に都合の悪い本を販売していた書店の店員が相次いで拉致された事件。大陸で拷問を受けたり、犯罪のでっち上げが行われたりと、中国政府の執拗な関与が明らかになった。本来、中国と香港間には「疑似国境」があり、現地住民ですら正当な旅行文書を持っていなければ越境できない上に、一国二制度下で認められている言論の自由を封殺しようとする中国政府の動きや、中国大陸公安の越境執法も問題になった。

（2）この種のウェルビーイングを測るためには、研究者は幸福感（happiness）、生活満足度（life satisfaction）などの指標の作成と使用を提案している（e.g., Bradburn 1969; Diener 1984; Kahneman et al. 1999; Lyubomirsky & Lepper 1999）。

文　献

Binstock, R., and Quadagno, J., 2001, "Aging and Politics," in: Binstock, R., and George, L. (eds.), *Handbook of Aging and the Social Sciences*, 5th edn. San Diego: Academic Press, pp. 333–351.

Blanche-T., Daniel, and Mireia Fernández-Ardèvol, 2022, "(Non-)Politicized Ageism: Exploring the Multiple Identities of Older Activists," *Societies* 12, no. 2: 40. https://doi.org/10.3390/soc12020040

Bradburn, N. M., 1969, *The Structure of Psychological Well-being*, Chicago: Aldine.

Diener, E., 1984, "Subjective Well-being," *Psychological Bulletin*, 95, 542–575.

Diener, E., Ng, W., Harter, J., & Arora, R., 2010, "Wealth and Happiness across the World: Material Prosperity Predicts Life Evaluation, whereas Psychosocial Prosperity Predicts Positive Feeling," *Journal of Personality and Social Psychology*, 99, 52–61.

Erikson, E. H., 1968, *Identity: Youth and Crisis*, New York: Norton.

Feuer, L., 1969, *The Conflict of Generations*, New York: Basic Books.

Fillieule, O., 2013, "Age and Social Movements," in: *The Wiley-Blackwell Encyclopedia of Social and Political Movements*, edited by David A. Snow, Donatella della Porta, Bert Klandermans, and Doug McAdam, Blackwell Publishing Ltd.

Glenn, N.D., 1980, "Values, Attitudes, and Beliefs," in: Brim, O., Jr, and Kagan, J. (eds.), *Constancy and Change in Human Development*, Cambridge, MA: Harvard University Press, pp. 596–640.

Hong Kong Inmedia, 2019,「無懼被當 Yellow Object 「守護孩子」繼續出動：為呢個運動死，應該」、https://www.inmediahk.net/node/1067532

Kahneman, D., Diener, E., & Schwarz, N. (eds.), 1999, *Well-being: The Foundations of Hedonic Psychology*, New York: Russel Sage Foundation.

Lyubomirsky, S. & Lepper, H. S., 1999, "A Measure of Subjective Happiness: Preliminary Reliability and Construct Validation," *Social Indicators Research*, 46, 137–155.

Newsweek(2019 月 12 日 3 日)。

Rogers, C. R., 1961, *On Becoming a Person*, Boston: Houghton Mifflin.

Ryan, C. D., and Deci, E. L., 2001, "On Happiness and Human Potentials: A Review of Research on Hedonic and Eudaimonic Well-being," *Annual Review of Psychology*, 52, 141–166.

Ryff, C. D., 1989a, "Happiness is Everything, Or Is It? Explorations on the Meaning of Psychological Well-being," *Journal of Personality and Social Psychology*, 57, 1069–1081.

Ryff, C. D., 1989b, "In the Eye of the Beholder: Views of Psychological Well-being among Middle-aged and Older Adults," *Psychology and Aging*, 4, 195–210.

Ryff, C. D., and Singer, B. H., 2008, "Know Thyself and Become What You Are: A Eudaimonic Approach to Psychological Well-being," *Journal of Happiness Studies*, 9, 13–39.

Tang, G., and Cheng, E., 2021, "Affective Solidarity: How Guilt Enables Cross-generational Support for Political Radicalization in Hong Kong," *Japanese Journal of Political Science*, 22(4), 198–214. doi:10.1017/S1468109921000220

Waterman, A. S., 1993, "Two Conceptions of Happiness: Contrasts of Personal Expressiveness (eudaimonia) and Hedonic Enjoyment," *Journal of Personality and Social Psychology*, 64, 678–691.

Waterman, A. S., Schwartz, S. J., Zamboanga, B. L., Ravert, R. D., Williams, M. K., Agocha, M. B., & Donnellan, V. B., 2010, "The Questionnaire for Eudaimonic Well-being: Psychometric Properties, Demographic Comparisons, and Evidence of Validity," *The Journal of Positive Psychology*, 5(1), 41–61.

Wong TK, Tse DCK, Fung NLK, Fung H., "Age Differences in Engagement in Hong Kong Anti-Extradition Bill Protest: The Role of Self-Relevance," *Innov Aging*, 2020 Dec 16; 4(Suppl 1): 340. doi: 10.1093/geroni/igaa057.1090. PMCID: PMC7740910.

好鄰舍北區教會【守護孩子行動】727 元朗篇 Facebook.（2019-10-10）

香港中文大学メディア民意調査センター，2020，『香港反修例運動中的民意狀況 研究報告』https://www.com.cuhk.edu.hk/ccpos/b5/pdf/202005PublicOpinionSurveyReport-CHI.pdf

山本真知子、二〇一九、「もう一つの身体作法の獲得に向けて―「社会運動の高齢化」という問題から考える」『日本コミュニケーション研究』四八巻(二〇一九)一号、四九―六五。

端伝媒，2020，『2019 香港風暴』(*Storm in Hong Kong 2019*，春山出版)。

上出寛子、二〇〇七、「eudaimonic、hedonic well-being についての社会心理学的検討」、日心第七一回大会発表論文集。

北島洋美・杉澤秀博、二〇二二、「性的マイノリティ（ＬＧＢ）高齢者の主観的生活課題」『老年社会科学』四四(三)、二四二―二五五。

伍嘉誠、二〇一八、「返還後の香港における「本土運動」とキリスト教」、『日中社会学研究』第二六号、一―二二。
梁穎賓，主婦衝前線被勸離開「守護孩子」媽媽堅守：香港不只屬於年輕人，香港01，2019-09-21.
邢福增・羅秉祥・余震宇，2020，『香港人2.0：事件尚未結束，進化已經完成』真哪噠。

第5章　オーストラリア「男の小屋」を通じた高齢男性のウェルビーイング

ダライブヤン・ビャムバジャワ
（櫻井義秀訳）

はじめに

社会的孤立はあらゆる年齢層にリスクをもたらすが、高齢者は人生の後半における社会的、経済的、健康的な変化のために特に脆弱である。高齢者の社会的孤立の蔓延と深刻な影響は、世界各国の研究で強調されている（de Jong Gierveld & Havens 2004）。後期高齢者において、社会的孤立は健康や幸福の低下につながるため、この問題に効果的に対処できる活動や介入策を特定することは極めて重要である。

ジェンダーは社会的孤立を予測する上で複雑な役割を果たしている。例えば、女性は家族関係を維持する責任を負うことが多く、それによって社会的なつながりを維持することができる。しかし、介護の責任、特に配偶者や家族の高齢化によって、より幅広い社会活動への参加が制限されることがある。男性は、結婚しない場合、社会的つながりを維持しにくい。男性は精神的な支えを得るために配偶者に依存する傾向が強く、夫婦関係以外の身近な相談相手がいないことが多い（O'Brien 2005; Arbes, Coulton & Boekel 2014）。

様々な形の社会的活動が高齢者の健康と幸福に役立つという研究結果がある（Graham & Aitken 2022）。しかし、高齢男性、特に社会的に孤立していたり孤独であったりする男性を社会活動に参加させることは、依然として困難である。この困難は、社会的・文化的規範やアイデンティティによって形成された高齢男性の特性や行動に起因することが多い。高齢男性が助けを求める行動は高齢女性のそれとは異なり、男性的規範によって弱音を吐けない。調査によると、高齢男性は女性に比べて地域の医療サービスを利用することが少なく、予防的な健康活動への参加も少ない傾向がある(Berkman & Glass 2000)。

「男の小屋」は、近年オーストラリアで、あらゆる年齢の男性の孤立や孤独と闘う手段として人気を集めているコミュニティ・スペースである。これらの小屋では、木工、金属加工、ガーデニングなど、さまざまな活動が行われている。コミュニティの構築とあらゆる年齢層の男性同士のつながりを育むことに主眼が置かれているが、「男の小屋」に参加する人の大半は定年退職した男性である。「男の小屋」のコンセプトは、男性が交流し、有意義なつながりを形成するための安全な空間として、一九九〇年代初頭にオーストラリアで生まれた。現在、オーストラリア全土に推定一二〇〇の「男の小屋」があり、すべての州、準州、地域にある(AMSA 2021)。

本章では、オーストラリアにおける高齢者や退職者の社会的包摂と幸福の促進における「男たちの隠れ家」の役割について考察する。このトピックに関する学術文献や一般誌を幅広くレビューし、他国への示唆を論じる。本章はまず、オーストラリアの高齢男性の社会的孤立と、その健康と福祉への影響について論じる。続いて、「男の小屋」がオーストラリアの社会的・文化的背景の中に組み込まれていることに焦点を当てながら、過去三〇年にわたるオーストラリアにおける「男の小屋」運動の歴史と発展について掘り下げていく。最後に、「男の小屋」が個人やコミュニティに与える社会的影響について考察し、結論を述べたい。

一　高齢男性における社会的孤立とその健康と福祉への影響

オーストラリアは人口約二六〇〇万人の国だが、平均寿命の伸びと出生率の低下により高齢化が進んでいる(CEPAR 2021)。オーストラリアの高齢者(六五歳以上)の割合は、一九七〇年の総人口の八・三%から一九九五年には一二%に上昇し、二〇二〇年には一六%になった。オーストラリア統計局(ABS 2021)によると、女性の平均寿命は約八五・四歳であるのに対し、男性は八一・三歳である。この平均寿命の差は、生活習慣や医療利用の違いなど、さまざまな要因によるものとされている。高齢のオーストラリア先住民は、先住民総人口の一六%(約一〇〇万人)を占める。先住民集団と非先住民集団の間には、約一〇年の平均余命格差がある。オーストラリア先住民は、歴史的な植民地化と現在進行中の社会的疎外によって著しい健康格差に直面している。

社会的孤立とは、孤立しているという主観的な感覚を指す孤独感とは対照的に、社会的なつながりや交流が客観的に欠如している状態と定義されることが多い。オーストラリアの高齢男性のかなりの割合が社会的孤立を経験している。オーストラリアの高齢者の二〇%以上が何らかの形で社会的孤立を経験していると回答しており、特に男性は社会的ネットワークが狭いことが多いため、そのリスクが高い(AIHW 2021)。

オーストラリアの高齢男性の社会的孤立には様々な要因がある。退職への移行は人生の大きな変化であり、日常的な社会的交流が失われることになる。職場や仕事上のネットワークがなければ、男性は新たな社会的つながりを維持・発展させるのに苦労するかもしれない。男やもめの生活は高齢男性にとって一般的な経験であり、配偶者を失うと、女性への関係では妻が社会的ネットワークを維持することが多かったため、社会的支援が大幅に減少することが多い。重要なことは、男らしさと自立に関する文化的期待が、高齢男性が助けを求めたり社会的グループに参加したりすることを妨げているということである。高齢男性は、社会的支援を受けることを弱さの証とみなすことがあり、それが助けを求めることを躊躇させる。そのため、彼らを社会的プログラムに参加させることが難しくなる(NARI 2018)。

高齢男性の社会的孤立がもたらす結果は深刻である。社会的孤立はうつ病、不安、自殺リスクの増加と密接な関係がある。特に八〇歳以上の男性は、心理的支援を求めることに抵抗があり、それが自殺率の上昇や未治療のメンタルヘルス問題の一因となっている（ABS 2022）。社会的に孤立している高齢男性は、精神衛生上の問題を抱えるリスクが高く、それがさらなる引きこもりの悪循環を生む。社会的交流の欠如は、認知機能低下の加速にも関連している。社会的孤立は幸福感や生活満足度の低下につながる。特に、有意義な人間関係や時間をつぶす活動がない場合、高齢男性は人生に何の意味もないと感じるかもしれない（Australian Government 2024）。

高齢者の社会的孤立に取り組む上で、家庭外のソーシャルネットワークや肉親とのつながりを維持することの重要性を指摘する研究が多い。高齢者がどのように社会とのつながりを維持しているかを理解する上で、ジェンダーの力学が重要な要素となっている（Patulny 2009）。Patulny（2009）は、オーストラリア社会調査（Australian General Social Survey）とオーストラリア時間利用調査（Australian Time Use Survey）のデータを用いて、定年退職した男性は、定年退職していない男性に比べて、家庭外で家族や友人と過ごす時間が少なかったと報告している。しかし、退職した女性については、逆のパターンが現れた。その結果、男性は家庭外での社会的接触を仕事ベースのネットワークに頼ることが多く、退職は社会的孤立を生じさせる要因であることが示唆された。

さらに、オーストラリアの人口が高齢化し、ベビーブーム世代が引退するにつれて、社会的孤立の発生率とその影響は増加すると考えられる。特筆すべきは、ベビーブーム世代は結婚率が低く、離婚率が高く、出生率が低下し、雇用や住居のキャリアがより流動的で、自立傾向があるため、以前の世代よりも高齢期に社会的孤立の影響を受けやすいということである（Kendig & Phillips 2018）。

二 「男の小屋」運動の起源と発展

「男の小屋」運動は、一九九〇年代後半にオーストラリアで、高齢男性の社会的孤立と離脱の拡大に対する草の根の反応として始まった。歴史的に、物置は男性が隠れ家として実用的な仕事に取り組んだり、内省したり、社会の圧力から逃れるための場所だった。この裏庭小屋の文化的イメージは、男性たちが身近で充実した活動に従事できる、公式化されたコミュニティ空間へと変貌を遂げた。

最初の正式な「男の小屋」は、一九九八年に南オーストラリア州で設立された(AMSA 2021)。これは、多くの高齢男性、特に定年退職者、失業者、寡夫が、孤立感や生きがいの欠如、心身の健康状態の悪化を経験しているという認識から生まれた。「男の小屋」のコンセプトはすぐに広まったが、その主な理由は、非公式で、包括的で、誰でも歓迎され、帰属意識と実践的な関わりを提供するという性質によるものであった(Cordier, Mahoney & Wilson 2021)。

初期の「男の小屋」は、男性を対象とした健康増進の取り組みと関連していることが多かった(Ballinger, Talbot & Verrinder 2009)。これらは、特にストイックで自立心が強く、助けを求める行動が敬遠されがちな農村部や地方では、従来の保健サービスが男性に効果的に届いていないという懸念に応えるために作られた。小屋という環境は、正式な保健サービスにアクセスすることの烙印を押されることなく、男性の健康を促進するための理想的な環境であると考えられた。

「男の小屋」運動は、包括性、目的、コミュニティという重要な原則に基づいて運営されている。その中核は、男性が実践的な活動に参加し、スキルを共有し、人間関係を育むことができる、安全で偏見のない空間である。伝統的な支援グループとは異なり、「男の小屋」は「話す」ことよりも「行動する」ことに重点を置いており、これ

写真　木工作業、ビクトン・「男の小屋」、西オーストラリア州
出典：https://mensshedswa.org.au/find-a-shed-old/sheds/bicton-mens-shed/

は多くの男性が感情を言葉にするよりも行動重視の関わりを好むことと一致している（AMSA 2021）。

「男の小屋」の活動は、参加者がいつ、どのように参加するかを自由に選択できるよう、規定がない。活動には通常、木工、金属加工、ガーデニングなどの実地プロジェクトが含まれるが、交流イベントや教育ワークショップが含まれることもある。このような柔軟な仕組みにより、男性はプレッシャーを感じることなく定期的に参加することができる。

「男の小屋」の成功には、社会的側面が欠かせない。多くの男性、特に年配の男性は、女性に比べて社会的ネットワークが狭く、小屋は男性に友情を築き、経験を共有し、信頼を築く機会を提供する。この仲間意識こそが、精神的な健康と幸福を促進する上で、この運動が効果的である主な要因であると特定されている。

それ自体は医療サービスではないが、男性小屋は健康増進のための非公式な場となっている。医療専門家が講演や研修に招かれることも多く、小屋という環境は、男性がリラックスして親しみやすい場で健康問題について話し合うことを可能にしている（Foettinger et al. 2022）。男性が活動に参加しな

表5-1　オーストラリア、ブリスベン市の中心部にあるインドアオピリー「男の小屋」の紹介チラシ

概要

Indooroopilly「男の小屋」は、18歳以上の男性で、地域の他のメンバーとの交流を希望する人なら誰でも参加できます。木工や自転車修理、読書会、コンピューター利用、ディスカッション・グループなど、幅広い活動を提供しています。

小屋の目的は以下の通りである：

- 会員の健康と福祉を増進する。
- 男性の健康プログラムを推進する。
- 男性のための革新的なアイデアや活動を特定し、育成する。
- 様々なスキルを持つ男たちを奨励する。
- 趣味、娯楽、興味を追求する。
- 新しい技術を学び、古い技術を練習して伝える。
- 自分自身と他の男性の健康と幸福について学ぶ。
- 自分の努力によって、家族や友人、小屋、そしてより広いコミュニティに貢献する。
- 若手を指導する。
- 同胞に対する会員の共感を促進する。個人およびグループの自尊心を高め、達成に対する誇りを高める。
- 会員の地域社会への関心と援助を育む。

小屋の活動

自転車のメンテナンス、ブッククラブ、コンピューター、ドローイング、ゲストスピーカー、トーキング・ブック＆ディスカッション・グループ、ウクレレ、散歩-屋内外、木工、木工細工、ヨガ

がら健康について話すことを奨励する、「こっそり健康」に重点が置かれている。

最初の「男の小屋」が設立されて以来、この運動は大きく成長し、現在ではオーストラリア全土で一二〇〇以上の小屋が運営されている。この急速な拡大は、「男の小屋」モデルの適応性によるもので、さまざまなコミュニティのニーズに合わせて調整することができる。「男の小屋」運動の発展は、政府からの資金援助、地域社会の参加、非営利団体とのパートナーシップによって支えられてきた。

「男の小屋」運動が全国的に認知されるようになったのは、二〇〇〇年代半ばにオーストラリア政府が「男の小屋」を男性の健康や社会問題に取り組むための貴重なツールとして捉え始めたことがきっかけである。二〇〇七年、オーストラリア「男の小屋」協会（Australian Men's Shed Association: AMSA）が設立され、全国の「男の小屋」の支援、調整、アドボカシー活動を行っている。ＡＭＳＡは、各地域の建物をガバナンス、資金申請、健康促進活動などで支援している。

ＡＭＳＡ公式サイトのトップページには、「男は面と向かって話したりしないんだ。肩と肩で話すもんだ」とある。

男性用物置の健康と社会的な利点が政府によって認められ、様々な資金援助が行われている。オーストラリア政府の国家小屋発展プログラム（ＮＳＤＰ）は、新しい小屋や既存の小屋に対し、インフラ、設備、健康関連の取り組みに助成金を提供している。この資金援助は、特に地方や農村部での「男の小屋」運動の拡大に役立っている。

「男の小屋」運動が参加者の健康と幸福に与える影響は、広く記録されている（Kendall 2018）。ゴールディング（Golding 2011）の研究によると、「男の小屋」の参加者は、社会的つながりの増加、精神的健康の向上、孤独感の減少を報告している。非公式で協力的な環境は、男性が経験を共有し、他の人なら一人で抱え込んでしまうような問題について話し合うことを促す。

男性用の物置は、身体の健康にも良い影響を与える。小屋で行われる木工やガーデニングなどの活動は、正式な運動プログラムに参加しない高齢の男性にとって特に重要な運動となる。さらに、小屋によっては医療専門家がいて健康増進活動が行われているため、健康問題に対する認識を高め、早期介入を促すのに役立っている（Clarke et al. 2023）。

多くの高齢男性にとって、定年退職や伝統的な役割の喪失は無目的感につながる。「男の小屋」運動は、地域社会に貢献する有意義な活動を男性に提供することで、この問題に取り組んでいる（Brown & Munn 2016）。子供たちのためのおもちゃ作りであれ、地域の家具の修理であれ、単に個人的なプロジェクトに取り組むことであれ、参加者は仕事から達成感と満足感を得ていると報告している。

オーストラリアでの「男の小屋」の成功は、他の国々にも関心を呼び起こした。この運動は国際的に拡大し、現在ではアイルランド、英国、ニュージーランド、カナダなどの国々で小屋が運営されている（Anstiss et al. 2018）。札幌でも「メンズ・シェッド（男の小屋）」団体が二〇二四年に設立され、農園作り等を始めている（北海道新聞　二〇二四年七月二〇日)。各国はそれぞれの文化的・社会的背景に合わせてモデルを適応させているが、男性のための安全で包括的な空間を提供するという基本原則は一貫している。

三　「男の小屋」運動への批判的視点

「男の小屋」運動に対する主な批判のひとつは、伝統的な男性性の概念に依存していることである。「男の小屋」で行われる木工、金属加工、その他の実地作業などの活動は、歴史的に男性が支配的であった肉体労働に沿ったものである。このことは、時代遅れのジェンダー規範に挑戦することなく、男にふさわしいとされる行動や役割を構成する狭い見方を永続させるものだと主張する学者もいる(Boucher 2024)。Golding(2015)は、男性の幸福を生産的で肉体的な労働という枠組みの中に位置づけることで、この運動が伝統的なジェンダー的役割を強化することに懸念を示している。肉体労働に焦点を当てることで、非肉体的、創造的、感情的な追求に関心のある男性など、このような男性性のモデルに適合しない男性を排除する危険性がある。

「男の小屋」は、男性が非公式に健康問題について話し合える場を提供することで賞賛されているが、「話す」ことよりも「する」ことに重点を置くことが、感情的な弱さを抑止する男性性にかかわる有害な概念を永続させる可能性があると批評家は主張している。Gibson, Carson & Cahill(2016)によれば、このようなダイナミズムは、小屋の中でのメンタルヘルスに関する会話の深さを制限するかもしれない。

「男の小屋」運動は包括的であると主張する一方で、主要な批判の一つはそのジェンダー的性質、特に女性の排除に関するものである。「男の小屋」は男性専用のスペースとして設計されているため、二元的なジェンダー区分が強化され、女性や二元的でない個人など、この枠組みに当てはまらない人々が排除される可能性がある。同じようなコミュニティ活動を行う女性グループもあるが、「男性専用」のスペースを強調することには疑問が持たれている。批評家たちは、これは有害なジェンダー分離を強化し、コミュニティ活動においてジェンダーの多様性とインクルージョンを促進する機会を逃しかねないと主張している。一部の学者は、女性を排除することはジェンダー平等を促進するという文脈では逆行的と見なされ、特定のスペースに対する男性の権利意識を不注意に促進する可能性があると主張している(Brown & Munn 2016)。

批評家の中には、男性専用スペースの提供に焦点を当てることで、特に地域社会の資源や資金配分において、意図せずしてジェンダーによる格差が永続する可能性があると指摘する人もいる。Wilson(2015)は、「男の小屋」に資金や注目が集まることで、健康、社会的孤立、経済的不安に関連する大きな課題にも直面している高齢女性のニーズに取り組むことを目的とした取り組みから、資源が流用される可能性があると論じている。

また、「男の小屋」では、LGBTQ+コミュニティの男性を十分に受け入れていないのではないかという懸念もある。小屋の中で伝統的な異性愛者の男性の役割を推進することは、こうしたアイデンティティに適合しない男性から疎外されたり、参加を思いとどまらせたりする可能性がある。McGrath & Rees(2018)によれば、この運動は男性のアイデンティティに関するヘテロ規範的な仮定に挑戦することをほとんど行っておらず、これはクィア男性に対する排除的な慣習を永続させる可能性がある。

「男の小屋」は包括的なコミュニティ・スペースとして注目されているが、一部の研究者は、この運動が文化的・言語的に多様な背景を持つ男性(CALD)や先住民男性の参加に苦戦していると論じている。オーストラリアの「男の小屋」には、年配のイギリス系オーストラリア人の男性が集まる傾向があり、この運動が異なる民族的・文化的背景を持つ男性を真に包摂することができるのか疑問視されている。Verschuuren(2017)によると、CALDの男性は、特に言葉の壁や文化の違いが適切に対処されない場合、小屋の中の活動や社会的力学から切り離されたと感じるかもしれない。また、多様なコミュニティから参加者を集めるための働きかけも限られており、その結果、運動におけるCALD男性の割合が低くなっている。

「男の小屋」運動は、先住民男性の効果的な参加に苦労してきたが、その一因は、この運動が先住民コミュニティにおける文化的関連性を欠いていることにある。伝統的な「男の小屋」の活動は、先住民の文化的慣習や価値観に合致しないこともあり、先住民男性の参加は限られている。Macdonald(2016)は、先住民の参加者にとって文化的に適切で有意義な小屋となるよう、より一層の努力が必要であると主張している。

四　結　論

社会学は、男性の孤独を理解するための理論的領域を広げ、文化的な情報に基づいた介入策を生み出す上で重要な役割を担っている。理論的な探究は、より広範な社会構造の物語を包含し、公共圏、家庭圏、仕事、親族制度、住居や定住のパターン、結社での生活など、日常生活において何と結びつけて考えるのか、それが現在どう変わってきているのかという評価と結びつけなければならない。

ほとんどの研究者は、孤独は帰属意識へのニーズが満たされないときに生じるという点で一致しているが、こうしたニーズは文化的に特異であり、変化しやすいものであることも認識されている。男性にとっての孤独がジェンダー文化とどのように交差しているのかを完全に理解するためには、多様な民族、階級、年齢のコーホート文化の中での彼らの位置づけ、さらには進化する社会的、経済的、空間的、公共的、制度的な帰属の枠組みを検証する必要がある。

「男の小屋」運動は、オーストラリアの高齢男性の社会的つながりと幸福を促進するための重要な取り組みとして登場した。社会的孤立という差し迫った問題、特に定年退職や配偶者の喪失、健康状態の悪化といった人生の転機に直面している高齢男性に、革新的で非公式な解決策を提供している。男性が実践的な活動に参加し、社会的な結びつきを形成できる空間を作ることで、「男の小屋」は精神的・肉体的健康の向上に貢献している。

しかし、運動の成功にもかかわらず、批判的な視点からはいくつかの限界が明らかにされている。重要な批判のひとつは、「男の小屋」が一般的に焦点を当てている、肉体的で作業中心の活動を通して、伝統的な男性的役割を永続させていることである。これは多くの男性にとって魅力的かもしれないが、こうした狭い性別の期待に沿わない人々を排除する危険性がある。さらに、「男の小屋」は、中には女性でも入っていいんだよと掲示しているものもあり、包括性を目指して努力はしているものの、文化的・言語的に多様な背景を持つ男性や先住民の男性の参加を促すことには苦戦しており、より文化的に適切で包括的な戦略の必要性を浮き彫りにしている。

文　献

Anstiss, D., et al., 2018, “Men’s Re-placement: Social Practices in a Men’s Shed,” *Health & Place*, 51: 217–223.
Arbes, V., Coulton, C., Boekel, C., 2014, “Men’s Social Connectedness,” Report prepared for beyondblue, Sydney: beyondblue.
Australian Bureau of Statistics (ABS), 2021, “Life Tables, States and Territories, 2018–2020,” Retrieved from ABS website.
Australian Bureau of Statistics (ABS), 2022, “Causes of Death, Australia,” Retrieved from ABS website.
Australian Institute of Health and Welfare (AIHW), 2021, “Older Australians: A Social Isolation Perspective,” Retrieved from AIHW website.
Australian Government, 2024, “Factors, Dynamics and Effects of Isolation for Older People: An Exploratory Study.”
Australian Men’s Shed Association (AMSA), 2021, *History of the Men’s Shed Movement*.
Ballinger, M. L., Talbot, L. A., & Verrinder, G. K., 2009, “More Than a Place to Do Woodwork: A Case Study of a Community-

based Men's Shed," *Journal of Men's Health*, 6(1), 20–27.

Berkman, L. F., & Glass, T., 2000, "Social Integration, Social Networks, Social Support, and Health," in *Social Epidemiology* (pp. 137–173), Oxford University Press.

Boucher, L., 2024, "The Proliferation of Men's Sheds in Australia: The Problematization of Masculinity in a Neoliberal Regime," *Cultural Studies*, 38(4): 611–644.

Brown, P. R., & Munn, S. M., 2016, "Men's Sheds in Australia: Learning through Community Contexts," *Australian Journal of Adult Learning*, 56(3), 355–374.

CEPAR, 2021, "New Population Projections for Australia and the States and Territories, with a Particular Focus on Population Ageing." https://cepar.edu.au/publications/working-papers/new-population-projections-australia-and-states-and-territories-particular-focus-population-ageing

Clarke, J. J., et al., 2023, "Social Anxiety, Behavioural Activation and Depression Risk in Older Men: Protection through Men's Shed Membership," *Health Promotion International*, 38(6): daad180.

Cordier, R., Mahoney, N., & Wilson, N. J., 2021, "Men's Sheds," in: Liamputtong, P. (eds.), *Handbook of Social Inclusion*, Springer, Cham. https://doi.org/10.1007/978-3-030-48277-0_42-1

de Jong Gierveld, J., & Havens, B., 2004, "Cross-national Comparisons of Social Isolation and Loneliness: Introduction and Overview," *Canadian Journal on Aging*, 23(2), 109–113. https://doi.org/10.1353/cja.2004.0021

Franklin, A., Barbosa Neves, B., Hookway, N., Patulny, R., Tranter, B., & Jaworski, K., 2019, "Towards an Understanding of Loneliness among Australian Men: Gender Cultures, Embodied Expression and the Social Bases of Belonging," *Journal of Sociology*, 55(1), 124–143.

Foettinger, L., Albrecht, B. M., Altgeld, T, Gansefort, D., Recke, C., Stalling, & I., Bammann, K., 2022, "The Role of Community-Based Men's Sheds in Health Promotion for Older Men: A Mixed-Methods Systematic Review," *Am. J. Mens Health*, 2–16.

Gibson, M., Carson, D., & Cahill, M., 2016, "Men's Sheds: Equalizing or Reinforcing Inequality?" *Health Sociology Review*, 25(1),

42–56.

Golding, B., 2011, "Men's Sheds and the Experience of Learning: An Exploration of the Role of Men's Sheds in Older Men's Learning," *Australian Journal of Adult Learning*, 51(2), 233–255.

Golding, B., 2015, "Men's Sheds and the Role of Masculinity in Men's Health and Well-being," *The Journal of Men's Health*, 12(2), 50–56.

Graham, J. R., & Aitken, L. M., 2022, "The Role of Social Connectedness in the Health and Well-being of Older Adults," *Journal of Gerontological Nursing*, 48(6), 5–12.

Kendig, H., & Phillips, B., 2018, "Family Structures and Social Isolation: Implications for the Baby Boomer Generation," *Australian Journal of Social Issues*, 53(2), 132–147.

Kendall, R., 2018, "The Role of Men's Sheds in Promoting Health and Well-being," *Public Health Research & Practice*, 28(2), e2821811.

Macdonald, F., 2016, "Indigenous Men's Health and the Role of Men's Sheds," *The Australian Journal of Indigenous Education*, 45(2), 121–130.

McGrath, A., & Rees, S., 2018, "Men's Sheds: A Space for Men to Connect, but at What Cost?" *The Journal of Men's Health*, 15(3), 1–8.

National Ageing Research Institute (NARI), 2018, "Social Isolation and Loneliness in Older Australians," Retrieved from NARI website.

O'Brien, R., 2005, "Theorizing Masculinities: Men, Social Connectedness, and Social Networks," *Sociological Research Online*, 10(4), 1–16.

Patulny, R., 2009, "Social Isolation and Loneliness: A Review of the Literature," *Australian Journal of Social Issues*, 44(3), 389–408.

Verschuuren, M., 2017, "Men's Sheds and Culturally and Linguistically Diverse (CALD) Men: Addressing Barriers to

Participation," *Journal of Community Health*, 42(1), 87–93.

Wilson, M., 2015, "Men's Sheds and the Risk of Neglecting Older Women's Health Needs," *Health Sociology Review*, 24(1), 40–50.

第2部

日本のサードエイジャーにおける生きがいと生活

第6章　調査の概要と主な知見

清水香基・櫻井義秀

第2部では、定量的社会調査のデータを元に、サードエイジャーのウェルビーイングの概況を把握し、将来的な課題について考察する。筆者らの研究グループでは、二〇二一年五月に六〇～七九歳の男女一〇〇〇人を対象としたインターネット調査「サードエイジャーのセカンドライフに関する生活意識調査」を実施した。本章ではまず、調査方法の説明と、調査項目ごとに得られた主だった知見の紹介を行っていきたい。

一　調査の概要

1　調査の趣旨

本調査は、六〇代から七〇代の中高年者において健康や幸福感に影響を与える個人的・社会的要因について意識調査から関連を明らかにし、前期高齢期における人生の課題(アクティブ・エイジング)について見通しを立てることを目的とするものである。本調査の企画・設計においては、以下の四つの点を仮説的な議論の前提として据え、標本抽出と調査項目リストの作成を行った。

(1)　病者や障害者、後期高齢者以降における身体的・精神的ケアは、現在日本で進められている地域包括的ケアにおける主要なアクター(医療者・介護事業者・行政やNPOの担当者)によって担われることが想定される。

それに対して六〇代から七〇代にかけた中高年期では、活動的な高齢者であるために医療や介護の課題は先延ばしにされ、人生の最終段階における医療や葬儀・法要などを終活として準備する人もそれほど多くはない。しかしながら、体力的・精神的・社会的弱化は突然来るものであるため、そのことを想定した準備は前期高齢期においてなされることが望ましい。

(2)　本研究では、アクティブエイジャーを支える三要素として、①セカンドライフ期における役割と生きがい、②家族、地域、第三の空間における居場所、③文化的活動やスポーツ、宗教行事への参加など日常を離れた遊びの空間の役割に注目する。つまり、①から③までの諸側面において充足的な生活を送っている前期高齢者はアクティブエイジャーになっているのではないかというのが仮説である。

(3)　従前の研究では、③の死生観や宗教のウェルビーイングに対する役割が考察されてきたが、①から③までの空間と時間を媒介しての生きる意味であったり喜びであったりしたのではないだろうか。すなわち、日本のような慣習的宗教実践が主たる宗教活動であるような社会においては、宗教意識や死生観が直接的に人々を幸せに導き、死に対する覚悟といったものを用意させるものではないと考えられる。逆に言えば、このような空間と時間を用意する宗教活動があれば、それは人々のウェルビーイングにもつながってくるのではないだろうか。こうしたことを最終的には明らかにしていきたいと考えている。

(4)　セカンドライフやアクティブ・エイジングのモデルは、俸給生活者や男性を典型例としている。しかし、農林水産業や自営業、職人などの職種ではセカンドライフという概念は成立せず、女性の場合も生活者としての側面が男性よりも強いために、アクティブ・エイジング概念におけるアクティブの中身が異なる可能性がある。レジリエンスが一番低い俸給生活者・男性を典型としつつも、調査項目に非典型例をどう組み込むか、工夫を要するところである。

調査期間	：2021年5月14日～19日
対　　象	：全国60歳から79歳までの男女
標本サイズ	：1000人（2020年住民基本台帳の人口構成比に合わせた性・年齢・エリア別の割り当て回収）
抽出方法	：調査会社の協力モニター
調査モード	：インターネット調査

実際に調査票に収録された個別具体的な質問文や回答選択肢は、このあとの本文で適宜紹介していくかたちをとりたい。しかし、質問文は多岐にわたり、本書第2部の分析でその全てを扱うことはかなわない。本書の最後に「付録　サードエイジャーのセカンドライフに関する生活意識調査　調査票と単純集計表」を載せておくので、調査全体にわたる結果に興味のある読者はそちらも併せて参照されたい。

2　調査方法

本調査は、いわゆるインターネット・モニターからの割当標本を使用したネット調査のかたちで実施した。母集団を代表するデータを得るための手段として、最も望ましいのは選挙人名簿ないしは住民基本台帳を使用した無作為抽出法である。とはいえ、サードエイジャーを対象とした調査の場合、少なからぬ人が、自身での回答が難しかったり、施設入居のため住民票の住所に居住していなかったりというケースが懸念されよう。もちろん、こうした懸念が的を射ているかどうか、サードエイジャーを捕捉するための社会調査の困難を明らかにし、それを克服するための方策を考えていくことも、方法論的には重要なテーマだと言える。しかし、今回はそうした方法論的な課題との正面衝突は避け、中高齢期のウェルビーイングの現況を定量的社会調査から把握していく手探りの第一歩として、予算内で確実に一定数のデータを取得可能なネット調査の方法を採用することとした。

本調査の基本的な仕様は、上に示す通りである。実査にあたっては、株式会社日本リサーチセンターに①調査画面の作成、②標本設計、③対象者への調査協力依頼、④謝礼の送付、⑤簡易

表6-1　性・年齢・地域別の割り当て数、協力依頼数、回収数

		割り当て数		協力依頼		有効回収数	
		60代	70代	60代	70代	60代	70代
男性	北海道・東北	32	26	70	58	32	26
	関東・甲信	84	81	174	168	84	81
	中部	39	38	84	82	39	38
	近畿	37	38	80	82	37	38
	中国・四国・九州	54	47	114	100	54	47
女性	北海道・東北	34	32	74	59	34	32
	関東・甲信	84	93	174	192	84	93
	中部	40	43	86	68	40	43
	近畿	39	46	84	98	39	46
	中国・四国・九州	57	56	130	79	57	56
合計		500	500	1070	986	500	500

なデータクリーニング後の回答データの納品を委託した。

本調査の構想から実施に至るまでの流れについて大まかに説明しておくと、本調査の構想が具体的なものとなってきたのは二〇二〇年一〇月頃のことであり、同年一二月に調査会社との打ち合わせを開始した。また、同時期から、共同研究者間で具体的な調査票策定へと向けた協議を重ね、項目案の追加修正を繰り返しながら、翌年の二〇二一年三月に調査票の原案が完成した。その後、調査票の校正、調査会社との打ち合わせ、調査画面の作成に一ヶ月程度を要した後、二〇二一年五月一四日から一九日にかけての調査実施の運びとなった。

(1)　標本の割り当てと回収数

表6-1に、性・年齢・地域別の計画標本の割り当て数、各割り当てに対する協力依頼数、および有効回収数を示した。協力依頼数は割り当て数の大体二倍程度に設定し、第一回の依頼メール送付から五日間で計画標本を達成した。

(2)　人口学的特徴と分析の視座

インターネット・モニターを用いた割り当て標本は、多数の回答を安くかつ迅速に入手することのできる手段として、近年では内閣府「満足度・生活の質に関する調査」をはじめとする官公庁の調査でも頻繁に使用されるようになってきている。他方、社会貢献や謝礼をイ

表6-2　調査対象者の最終学歴

	小・中	高	専門	短大	大学	大学院	*N*
男性	1.3%	25.2%	5.0%	2.1%	60.5%	5.9%	476
女性	1.3%	40.8%	8.8%	21.2%	26.9%	1.0%	524
合計	1.3%	33.4%	7.0%	12.1%	42.9%	3.3%	1000

表6-3　1969年の高校、短大、大学進学率(学校基本調査)

	高等学校等（通信制を除く）	短期大学(本科)（過年度高卒者等を含む）	大学(学部)（過年度高卒者等を含む）
男性	79.2%	1.9%	24.7%
女性	79.5%	10.3%	5.8%
合計	79.4%	15.4%	6.0%

学校基本調査 年次統計 第4表「進学率(1948年〜)」を元に作成。

ンセンティブとして主体的にモニター登録した人びとだけが対象となるものであることから、母集団に対する代表性に一定の疑義が生じることは避けられない。特に、調査への参加にはパソコンなりスマートフォンなりの操作が必須であるため、サードエイジャーにおけるデジタル・デバイドの問題が、深刻な偏りを生じさせるおそれがある。

以下では、①学歴、②婚姻状況、③住居形態の三つの社会経済的属性の側面から、こうした偏りを確認していこう。表6-2は、本調査の対象者の最終学歴である。それに対して表6-3で示すのは、一九六九年(本調査の実施時点で、七〇歳の調査対象者が一八歳の頃)の進学率である。一瞥して、本調査の対象者は高学歴者が多いことが明らかである。男性の大学進学率は、母集団人口のおよそ二・七倍、女性では短大への進学率が二倍、大学進学率は四・八倍といった具合である。インターネット調査では、高学歴者の比率が高くなりがちなことは既に知られているが、サードエイジャーを対象とした本調査では、他の全年代向けの調査と比較してひときわ大きな母集団との乖離が認められる結果となった。

続けて、婚姻状況についても見ていこう。表6-4と表6-5に、本調査の対象者と母集団における婚姻状況を性・年代別に示した。比較対象とする母集団の推計値には令和二年度の国勢調査データを用いた。

表 6-4　調査対象者の婚姻状況（性・年代別）

		既婚	未婚	離婚・死別	N
男性	60-64	72.1%	19.4%	8.5%	129
	65-69	76.9%	12.8%	10.3%	117
	70-74	85.6%	5.9%	8.5%	188
	75-79	90.5%	0.0%	9.5%	42
	合計	80.3%	10.7%	9.0%	476
女性	60-64	77.6%	6.6%	15.8%	152
	65-69	70.6%	12.7%	16.7%	102
	70-74	72.2%	6.5%	21.3%	230
	75-79	70.0%	12.5%	17.5%	40
	合計	73.3%	8.2%	18.5%	524

表 6-5　母集団人口の婚姻状況（性・年代別）

		有配偶	未婚者	死別・離婚	不詳	N
男性	60-64	73.6%	14.3%	8.7%	3.4%	3,543,716
	65-69	76.2%	11.2%	9.5%	3.1%	3,840,239
	70-74	79.5%	7.1%	10.5%	2.9%	4,156,270
	75-79	82.1%	3.5%	11.8%	2.6%	2,996,621
	合計	77.7%	9.2%	10.1%	3.0%	14,536,846
女性	60-64	74.3%	7.4%	16.2%	2.1%	3,675,708
	65-69	72.5%	5.3%	20.1%	2.1%	4,120,029
	70-74	66.7%	4.4%	26.3%	2.6%	4,683,688
	75-79	56.4%	3.5%	36.6%	3.5%	3,702,406
	合計	67.6%	5.1%	24.8%	2.5%	16,181,831

令和二年国勢調査「人口等基本集計」を元に作成。

ただし、国勢調査データには「不詳」のカテゴリがあるため、単純な数値の比較には注意を要することに留意されたい。

ここで目を引くのは「離婚・死別」の比率である。全国的にみれば、一般に女性の方が未婚率は低く、また男性と比べて長寿であることから、女性の方が死別・離婚者の比率は高く、年齢層が上がれば上がるほど、さらにその比率は高くなる傾向にある。他方で、本調査の対象者に目を向けると、特に女性において、同年代の母集団人口と比べて、離婚・死別者の比率が全体として低いのが見て取れる。六五～六九歳と七〇～七四歳のグループでは、離婚・死別率が五ポイントほど低く、最高齢の七五～七九歳グループの離婚・死別率にいたっては母集団比率の約半分である。夫婦揃って健在なカップルの女性の比率が高い。

表6-6　調査対象者の住居形態(地域別)

	持ち家		賃貸住宅		その他	N
	一戸建て	分譲マンション等の集合住宅	一戸建て	アパート、マンション公営・公団等の集合住宅		
北海道・東北	72%	14%	1%	14%	0%	124
関東・甲信	58%	31%	1%	11%	0%	342
中部	77%	11%	3%	9%	1%	160
近畿	59%	34%	1%	6%	0%	160
中国・四国・九州	76%	10%	2%	12%	0%	214
合計	67%	22%	1%	10%	0%	1000

表6-7　内閣府「平成30年度 高齢者の住宅と生活環境に関する調査結果」における高齢者の住居形態(地域別)

	持ち家		賃貸住宅		その他	N
	一戸建て	分譲マンション等の集合住宅	一戸建て	アパート、マンション公営・公団等の集合住宅		
北海道・東北	83%	6%	2%	8%	0%	251
関東	75%	11%	2%	11%	0%	530
中部	95%	2%	1%	2%	—	377
近畿	71%	8%	2%	19%	1%	268
中国・四国	89%	1%	3%	6%	1%	189
九州	79%	9%	3%	8%	1%	255
合計	81%	7%	2%	9%	1%	1870

内閣府「平成30年度 高齢者の住宅と生活環境に関する調査結果」を元に作成。

住居形態については、母集団全体を対象とする全数調査がないため、信頼性の高い調査方法を採用している他の大型調査の結果と比較を行っていこう。ここでは内閣府が二〇一八年に実施した「平成三十年度 高齢者の住宅と生活環境に関する調査」(層化二段無作為抽出を用いた、全国六〇歳以上の男女三〇〇〇人を対象とした面接調査。ただし、施設入居者は除く)を用いることとした。まず、「持ち家」か「賃貸住宅」かの別でみると、両者で大きな違いは認められない(表6-6、表6-7)。ただし、本調査データでは、「持ち家」に居住している者のうち「一戸建て」に住んでいる者の比率が一四ポイント低い。また、

「分譲マンション等の集合住宅」に住んでいる人の比率が一五ポイント高く、母集団推計値の三倍程度の構成比を占めているということになる。

ここまでの結果をまとめると、母集団の同年齢人口に比して、本調査の対象者であるモニター登録者は、高学歴で、女性においては配偶者が健在で、分譲住宅に住む都市的なライフスタイルを送っている人が多い。インターネット調査に対し、母集団に対する代表性の問題が指摘される所以である。では、本調査のデータが取るに足らないものかと言えば、筆者らはそのようには考えない。むしろ、サードエイジャーのウェルビーイングをめぐる定量社会学的研究の出発点として、十分な成果を期待しうるものだと思っている。ただし、次のような二つの論点を押さえておく必要がある。

一つは、無作為抽出ではないことから、本調査データから日本の一般人口における真の値を推計することは不可能である。したがって、本調査で「〇〇と答えた人が〇〇パーセントだった」という素朴な集計結果に、あまりこだわりすぎるべきではない。しかし、変数間の関連に焦点をあてた分析に関して言えば、違った見方をすることができる。たとえば、サードエイジ期に楽しめる趣味を持っている人と、そうでない人を比べて、前者の方が生活の満足を享受できているとすれば、それは調査会社のモニターであるかないかを問わず、ある程度不偏な社会生活の一面を照らし出していると考えることができないだろうか。人間の心の機微を扱う心理学では、人間普遍の心理現象を扱うものであることからして、学生を対象とした調査や被験者を募集する心理実験は、ごく一般的に行われている。その意味では、最も望ましい方法とは言えなくとも、本調査のデータは学術的に価値のある知見を導出するに足るものである。

もう一つは、量的な手法によって、人びとの幸と不幸を問う幸福感研究の視座である。幸福感研究は、ともすれば、「どういう人ほど幸せなのか」「どうすれば幸せになれるのか」というところに読者の関心が向きがちである。

しかし、データ分析から見えてくる現実は表裏一体であり、ある特徴を持った人ほど幸せであるとすれば、それは、その条件に該当しない人ほど不幸であることを意味する。というのも、我々が経験的な調査によって扱うことのできる幸、不幸というものは、あくまでも相対的なものだからである。言うまでもなく、理想的な社会とは、誰しもが同程度の幸福を享受できる社会ということになるだろうが、しかし現実はそうではない。本調査の結果が、日本のサードエイジャー人口全体を代表する傾向であるかないかは、もちろん重要な論点の一つであるが、仮に多少の偏りがあろうと、そこに不幸な人びとがいるということは、それ自体が重要な発見であり、注目して掘り下げていくべき課題といえるだろう。幸福の要因を探るということは、同時に幸福における格差の境界線を探るということでもあり、こうした探索的な試みこそ肝要となってくるのである。

二　サードエイジャーのウェルビーイング

以下の後半部分では、定年後の働き方やライフスタイルがサードエイジャーのウェルビーイングにどのように影響を与えるかについて考察する。定年後の就労継続が個々人の主観的幸福感や生活満足度にどのような影響を与えるのか、さらに、価値意識のありようや、人付き合いや趣味といったものが、高齢期におけるウェルビーイングに果たす役割についても触れることで、サードエイジ期を過ごす人々が、どのようにして生活を充実させ、幸福を追求していくのかといった大枠を掴みたい。

1　定年以後の就労をめぐるライフコース

サードエイジャーと現役世代が社会生活面で大きく異なっている点としては、まず就労状況があげられるだろう。

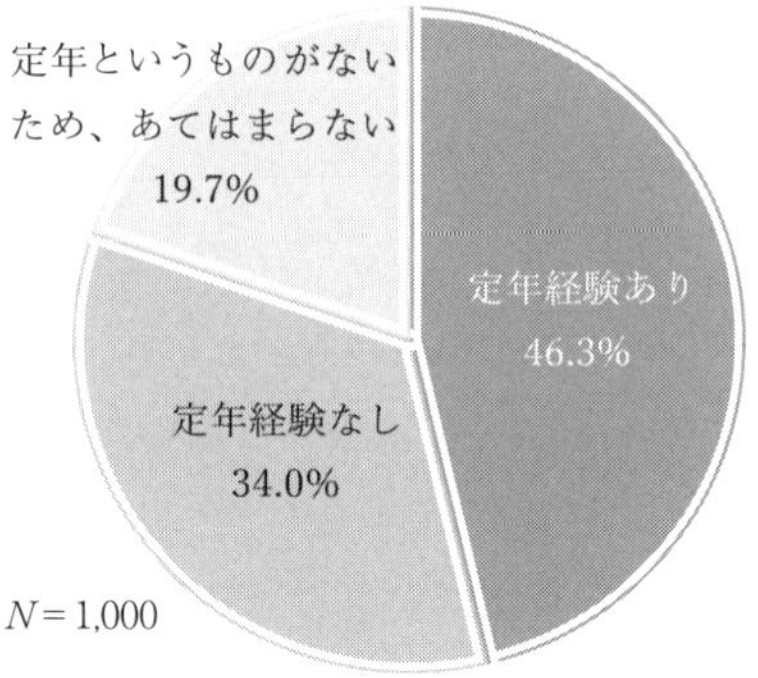

図 6-1　あなたは「定年」により、退職、転職、雇用延長などをされた経験をお持ちですか？

現在の職業を尋ねた質問では、無職と専業主婦・主夫をあわせて六二・四％であった。有職者は三五％で、うち最多はパート・アルバイト（一〇・六％）、その他には自営業（八・五％）、会社員（七・一％）、嘱託・契約社員（五・一％）という結果であった。

また、定年経験の有無を尋ねた質問では「経験あり」が四六・三％、「経験なし」が三四・〇％だった。残りの一九・七％は「定年というものがないため、あてはまらない」と回答した人たちである（図６-１）。全体としてみれば、調査対象者のおよそ半数が定年というライフイベントを経験していることになる。本調査の対象者は、まだ定年の年齢に達していない可能性の高い六〇～六四歳がおよそ四分の一（二八・一％）を占めている点も踏まえておく必要がある。

誰が定年をするかというのは、勤め先や雇用形態によるところが大きい。本調査では定年以前の職歴は尋ねていないものの、正規雇用でフルタイム就労をする人は男性に多く、その傾向は高齢世代においてより顕著である。結果として、男女で比較すると「定年経験あり」の割合は男性で七一・二％、女性で二三・七％となり、約三倍のひらきがある（図６-２）。

また、注目すべき点として、定年経験があると回答した四六三人に現在の就労状況を尋ねたところ、おおよそ四割の人が何らかのかたちで現

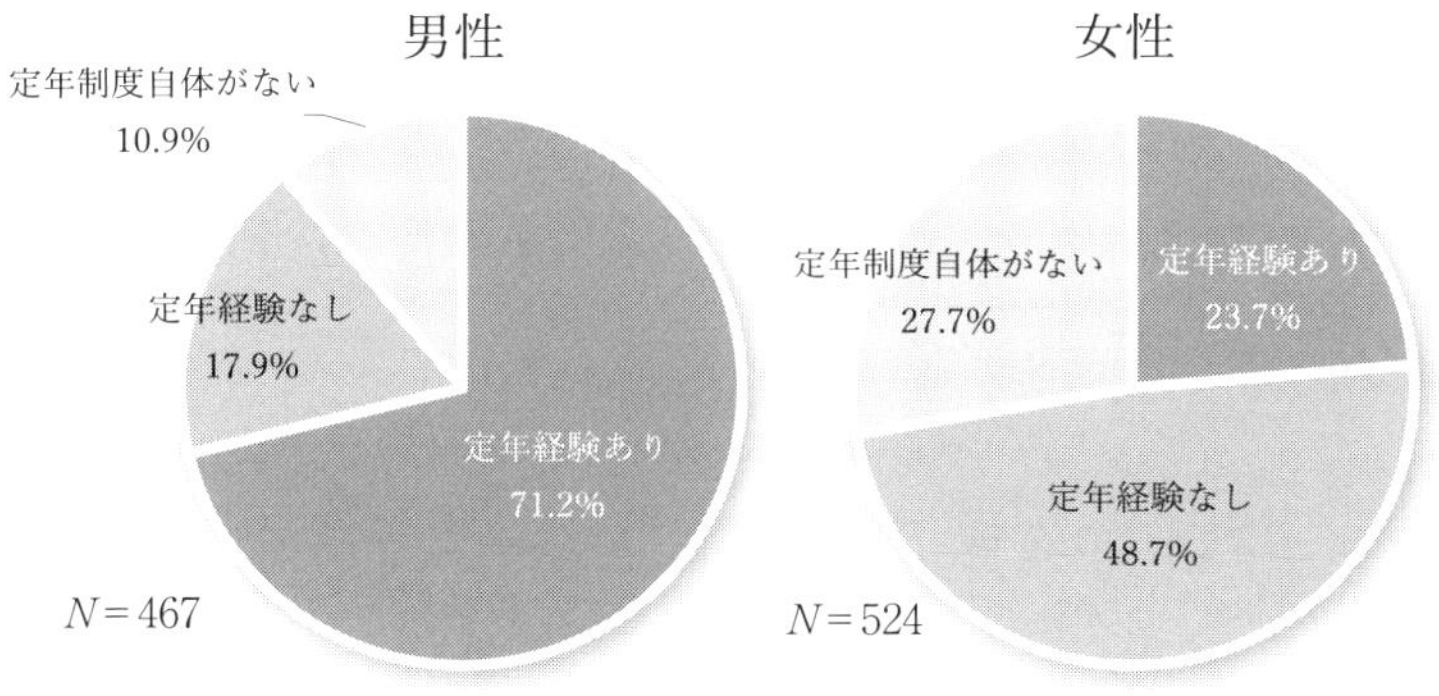

図6-2　性別ごとの定年経験の有無

表6-8　定年経験「あり」の人の現在の働き方・生活の仕方

	N	%
無職	**274**	**59.2%**
仕事を継続	**189**	**40.8%**
内訳　定年前と同じ立場で元の仕事を継続	41	21.7%
定年前と別の立場で元の仕事を継続	42	22.2%
定年前とは別の職場や職種に変更して仕事を継続	106	56.1%
合計	463	100%

在も就労を継続していることがわかった。そのうち、半数強は定年前とは別の職場（あるいは職種）で働いているということだ（表6-8）。

　定年後の就労経験について尋ねた質問はもう一つあり、そこでは複数選択形式で「定年以後、次のような働き方・生活の仕方をされた経験はありますか？」という聞き方をした。「再雇用・再任用」「他職へ転職」「嘱託」「アルバイト」「自営業に転職」のうち、最多は「再雇用・再任用」で三三・〇％であった（図6-3）。まずは元の職場で就労を継続するというケースが多いようだが、再雇用・再任用を経験したという人のさらに二七％は、その他の選択肢にもチェックを入れていることも付け加えておきたい。このことは、元の職場での再雇用を終えてから、さらに別の職に移り就労を継続するという人たちは、決して稀ではないことを示している。

　また、この質問で上記の選択肢のいずれかを

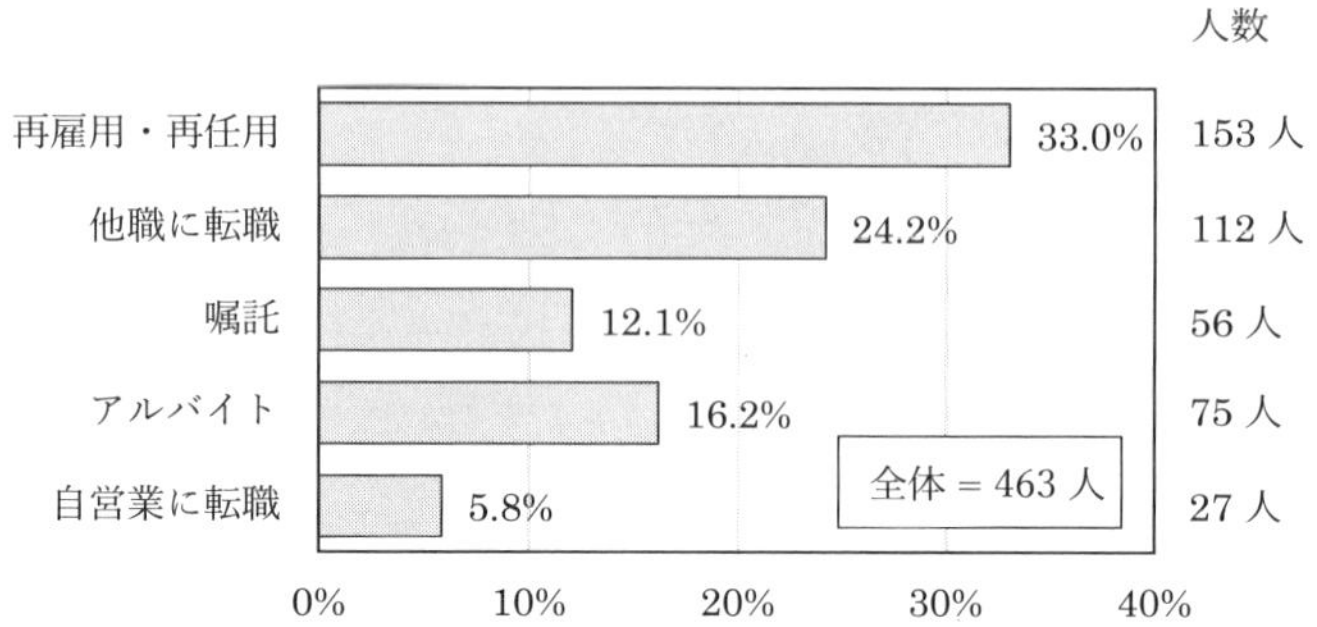

図6-3　定年後の職業生活経験(複数選択)

選んだ人は、七一・三％であった。つまり、定年まで勤め上げた人の約七割が、定年後も就労を継続したり、あるいは一旦離職した後、もう一度就労を開始するという選択を行っているということになる。

定年後の就労継続は、なにも経済的な事由だけではなく、職業生活を中心としたライフスタイルの維持を動機としている場合もあるだろう。とはいえ、いつまでも元の職場で現役のままというわけにもいかないのも事実である。定年後の現職について「元の仕事を継続している」と回答した人は、六〇代前半では四七・七％だが、それが六〇代後半ではおよそ半数の二二・四％に減少する(図6-4)。そもそも再雇用期間には限りがある場合がほとんどであり、それに一旦は定年後の就労継続を選択した人たちであっても、加齢にともなう健康の不具合や体力の衰えは避けようがなく、至って当然の傾向であると言えよう。しかし、他方で「定年前とは別の職場や職種に変更して仕事を継続」している人の割合が、六〇代前半から七〇代前半までほぼ同程度な点は興味深い。これは、経済的な理由から就労の継続を余儀なくされている人々が一定数いることを示唆するものと言えよう。

では、年齢以外に、何が定年後の就労継続の要因となっているのだろうか。定年経験者を対象に、以前と同じ職場かどうかを問わず、現在も就労を継続しているかどうかを従属変数として二項ロジスティック回帰分析を行った。使用した変数は、表6-9に示した通りである。独立変数には、社会経済的な変数

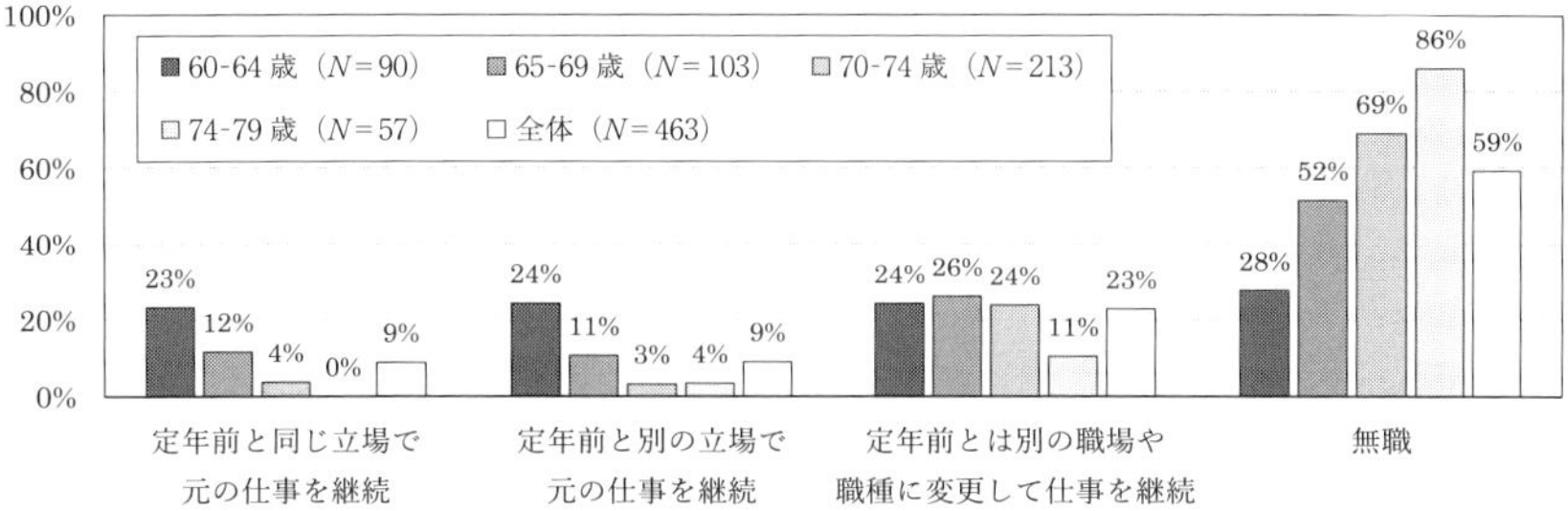

図6-4　年齢グループ別の定年経験「あり」の人の現在の働き方

と、主観的な健康状態を採用した。ただし、「世帯年収」「預貯蓄金額」等は独立変数に含めていない。年金や家族からの仕送り、預貯金の額等の不足は、就労継続の有力な動機となり得る。しかし、当然のことながら、就労を継続していれば収入の額面も増加することになるので、結果として、収入の多い人ほど就労を継続する人の割合が多く見えてしまうことにもなりかねない。本調査のデータから、こうした経済状況と就労状況の因果の絡まりを解きほぐすことは困難であり、ここではモデルから除外することにした。

多変量分析の結果に先立ち、まず二変数分析のレベルで、従属変数（定年経験者の現職有無）とそれぞれの独立変数に有意な関連が認められるかどうかを確認しておこう。表6-9の右列の値は、各独立変数が従属変数に与える影響を、オッズ比のかたちで表したものである。この値が一を上回っていれば正の効果、逆に下回っていれば負の効果が認められるということになる。

有意水準一〇％で統計的に有意な変数を列挙していくと、男性で、年齢は若く、子どもや孫世代と同居しており、持ち家を所有しておらず、そして主観的な健康状態が良好であるほど、現在も就労を継続している確率が高い。学歴や、婚姻状況、その他の親族との同居状況とは、有意な関連が認められなかった。また、居住する都市規模とも関連は見られなかった。ただし、都市規模との関連の有意確率p値は〇・一〇〇ちょうどであり、筆者らが有意水準を一〇％と設定したことから、紙一重のところで有意ではないと判断されたに過ぎないことを付け加えておきたい。

表6-9　分析に使用する変数一覧
(平均値および従属変数との関連については、定年経験「あり」の人のみを対象として算出)

	使用する変数	回答カテゴリ	平均値	従属変数との2変数間での関連(オッズ比)
従属変数	定年経験者の現職有無	0＝現職なし　1＝現職あり	.41	—
独立変数	性別(女性ダミー)	0＝男性　1＝女性	.27	0.578*
	年齢	実年齢	69.42	0.831***
	学歴	1＝小学校・中学校　2＝高校　3＝専門・短大　4＝大学・大学院	3.28	1.152
	都市規模	1＝郡部・村部　2＝地方都市　3＝政令指定都市(区のある市)　4＝東京都区部	2.40	1.225
	婚姻状況(既婚ダミー)	0＝未婚・離死別　1＝既婚	.80	1.269
	同居・子世代	0＝非同居　1＝子世代との同居あり(息子、娘、子どもの配偶者のいずれか)	.29	2.197***
	同居・孫世代	0＝非同居　1＝孫との同居あり	.02	1.214†
	同居・その他の親族	0＝非同居　1＝その他の親族との同居あり(配偶者、子世代、孫世代以外)	.05	0.713
	持ち家・分譲住宅	0＝賃貸住宅、社宅や公務員住宅、有料老人ホーム等に居住　1＝持ち家(親などが持ち主の場合含む)あるいは分譲の集合住宅に居住	.89	0.757†
	主観的な健康状態	1＝よくない　2＝あまりよくない　3＝まあよい　4＝とてもよい	2.82	1.028†

***p＜.001、**p＜.01、*p＜.05、†p＜.1。

これを踏まえ、結果の読み取りを行うとすれば、より規模の大きな都市に居住している人ほど、就労継続率が高いということになる。

表6-10が、多変量分析の結果である。二変数分析の結果と概ね一貫している。先ほどと同様に有意水準一〇％で統計的に有意な変数を列挙していくと、男性で、年齢は若く、子世代と同居しており、「その他の親戚」との同居がなく、規模の大きな都市に居住しており、持ち家を所有していないほど、現在も就労を継続している確率が高い。多変量分析を行うことで得られた新たな知見としては、以下

表6-10　定年経験者における現職の有無を従属変数とした2項ロジスティック回帰分析

	対数オッズ	標準誤差	Wald 検定量	オッズ比
性別（女性ダミー）	−0.580	0.268	4.68	0.56*
年齢	−0.192	0.026	55.25	0.826***
学歴	−0.002	0.123	0.00	0.998
都市規模	0.247	0.139	3.17	1.281†
婚姻状況（既婚ダミー）	0.193	0.297	0.42	1.213
同居・子世代	0.757	0.24	9.93	2.131**
同居・孫世代	−0.129	0.704	0.03	0.879
同居・その他の親戚	−0.875	0.496	3.12	0.417†
持ち家・分譲住宅	−0.634	0.357	3.15	0.53†
主観的な健康状態	0.059	0.164	0.13	1.06
N	461			
Nagelkerke's R^2	.252			

$^{***}p<.001$、$^{**}p<.01$、$^{*}p<.05$、$^{\dagger}p<.1$。

の四つがあげられよう。

(1) 他の変数で統制することで、都市規模の効果が有意に示されるかたちとなった。

(2) 孫世代との同居効果が有意ではなくなった。しかし、対象者のうち、孫と同居している人の割合はわずか二%であり、該当するサンプルのサイズが非常に小さいことから、多変量分析では効果が検出されにくいという事情もあるかもしれない。

(3) 「その他の親戚」との同居が、有意な負の効果を示した。その他の親戚とは、配偶者、子、孫以外の親戚のことを指す。具体的に誰なのかということについては、本調査で詳しく聞くことはしなかったが、おそらくは調査対象者自身の親、あるいはその配偶者の親というのが一般的だろう。

(4) 「主観的な健康状態」の効果が有意ではなくなった。元々、二変数分析でもわずかな関連しか認められなかったので、他の変数で統制することで、有意な効果が検出されなくなるというのは、よくあることである。しかし、就労を継続するかどうかの選択が、当人の主観的健康状態にかかわらないのは意外な結果と言えよう。

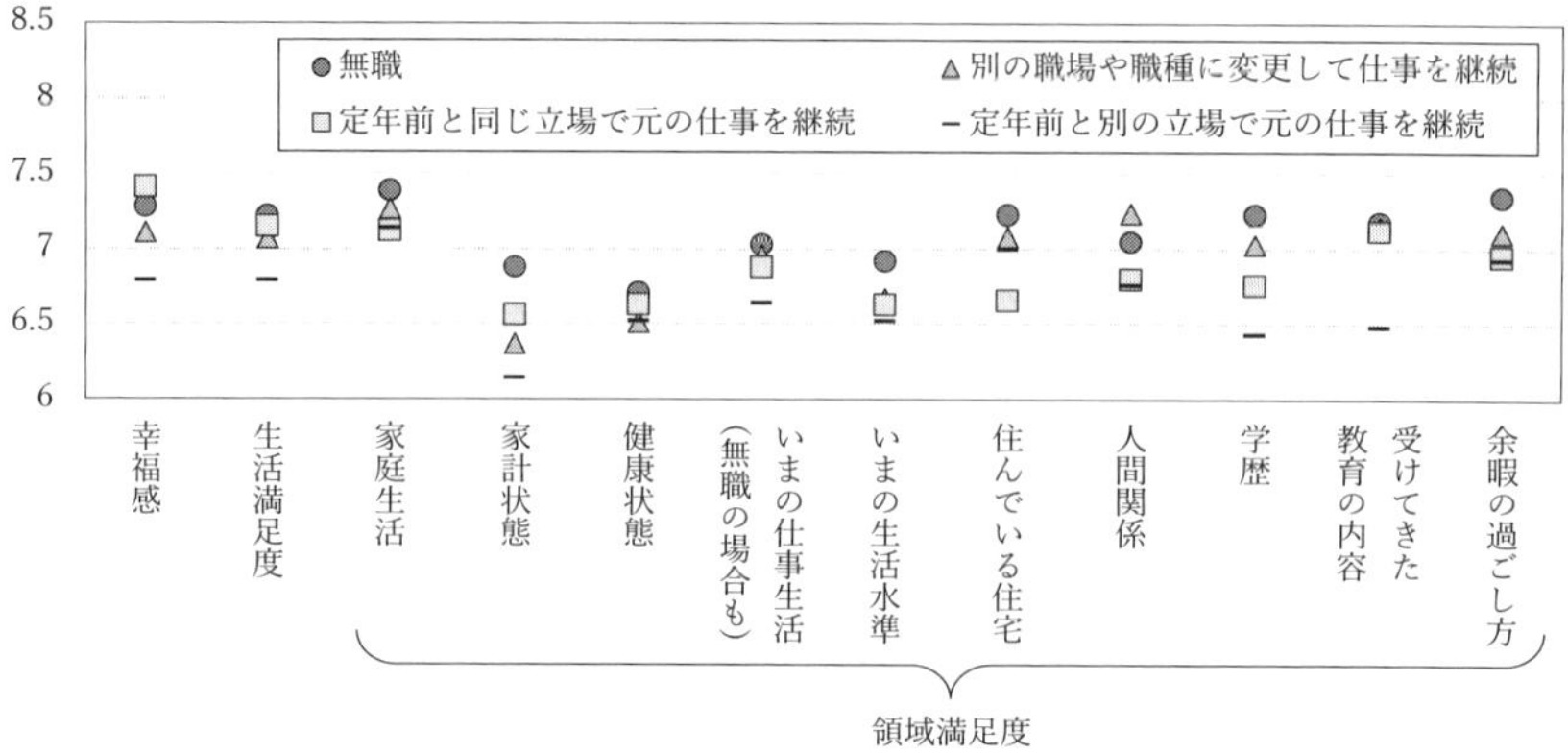

図6-5　定年後の働き方・生活の仕方ごとのSWBの平均比較

2　定年後の働き方とウェルビーイング

さて、前項でみた定年後の就労継続状況が、当人の主観的幸福や満足にどのような影響があるかを見ておこう。図6-5は、定年後の就労状況別に、各種SWB関連指標（主観幸福感、生活満足度、領域別満足度の満足度。いずれも十段階で尋ねた）の平均値をプロットしたものである。一元配置分散分析（One Way Analysis of Variance: ANOVA）の結果、就労状況別に統計的な有意差が認められたのは、「家計状態」と「学歴」のみだった（いずれも有意水準五％で有意）。

この二つの指標について、最も満足しているのは「無職」のグループであった。また「無職」のグループは、統計的に有意差ではないものの、他の多くのSWBの指標においても相対的に他のグループより高い平均値を示している。対象的に「定年前とは別の立場で仕事を継続」のグループは、全部で一二個の指標のうち、一〇個の指標でSWBの平均が最も低かった。背後には、現役の頃と比べての待遇悪化や、経済的な理由からの不本意な就労継続などが想像されよう。

今しがた、定年後に「無職」になった人の方が、全体的に高い満足を享受していると述べたところだが、当人の置かれている状況が異なれば、それに応じた課題というものがある。定年後、今は無職であるという人に対象を絞り「定年を迎え、元の仕事を離れることで人間関係や社会関

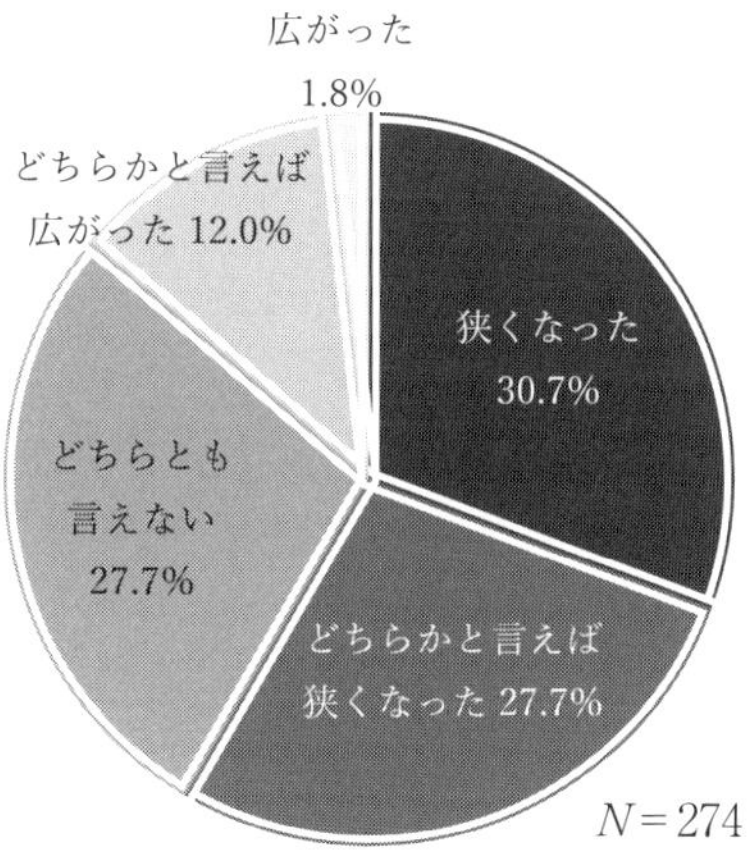

図 6-6　定年退職後の人間関係の変化

係は広がったと思いますか、あるいは狭くなったと思いますか」と尋ねた質問では、「狭くなった」という人が三〇・七%、「どちらかと言えば狭くなった」という人が二七・七%となり、定年後に職を離れた人の半数以上(五八・四%)が人間関係・社会関係の範囲が狭まったと感じている(図6-6)。

表6-11は、定年退職後の人間関係の変化に関する質問への回答を、「狭くなった」を1、「広くなった」を5とする仕方でコーディングし、ＳＷＢ関連諸指標との相関係数を計算した結果である。定年後の人間関係の変化は、家庭生活を除くすべての指標と有意な正の相関関係にある。つまり、人間関係が広がったという人の方が幸福(あるいは満足)で、逆に狭まったという人の方が不幸(あるいは不満)だということである。それまで仕事をしてきた人が、職場に出向かなくなることで人付き合いが減るのは、避け難い当然のことである。こうした人間関係の変化が全体的にＳＷＢに影響を及ぼすという事実は、サードエイジャーの生活の質を考える上で踏まえられるべき重要な点であり、高齢化が進む社会全体として対策を講じていくべきだろう。

また、図6-7は、人間関係の変化とＳＷＢ関連諸指標の関係を視覚的に示したものである。人間関係の変化と特に高い相関を示し

表 6-11　定年退職後の人間関係の変化と SWB の相関(N=274)

SWB 関連指標	相関係数	SWB 関連指標	相関係数
幸福感	.138*	いまの生活水準	.148*
生活満足度	.136*	住んでいる住宅	.140*
家庭生活	.064	人間関係	.152*
家計状態	.110†	学歴	.128*
健康状態	.181**	受けてきた教育の内容	.155*
いまの仕事生活(無職の場合も)	.102†	余暇の過ごし方	.197**

***p<.001、**p<.01、*p<.05、†p<.1。

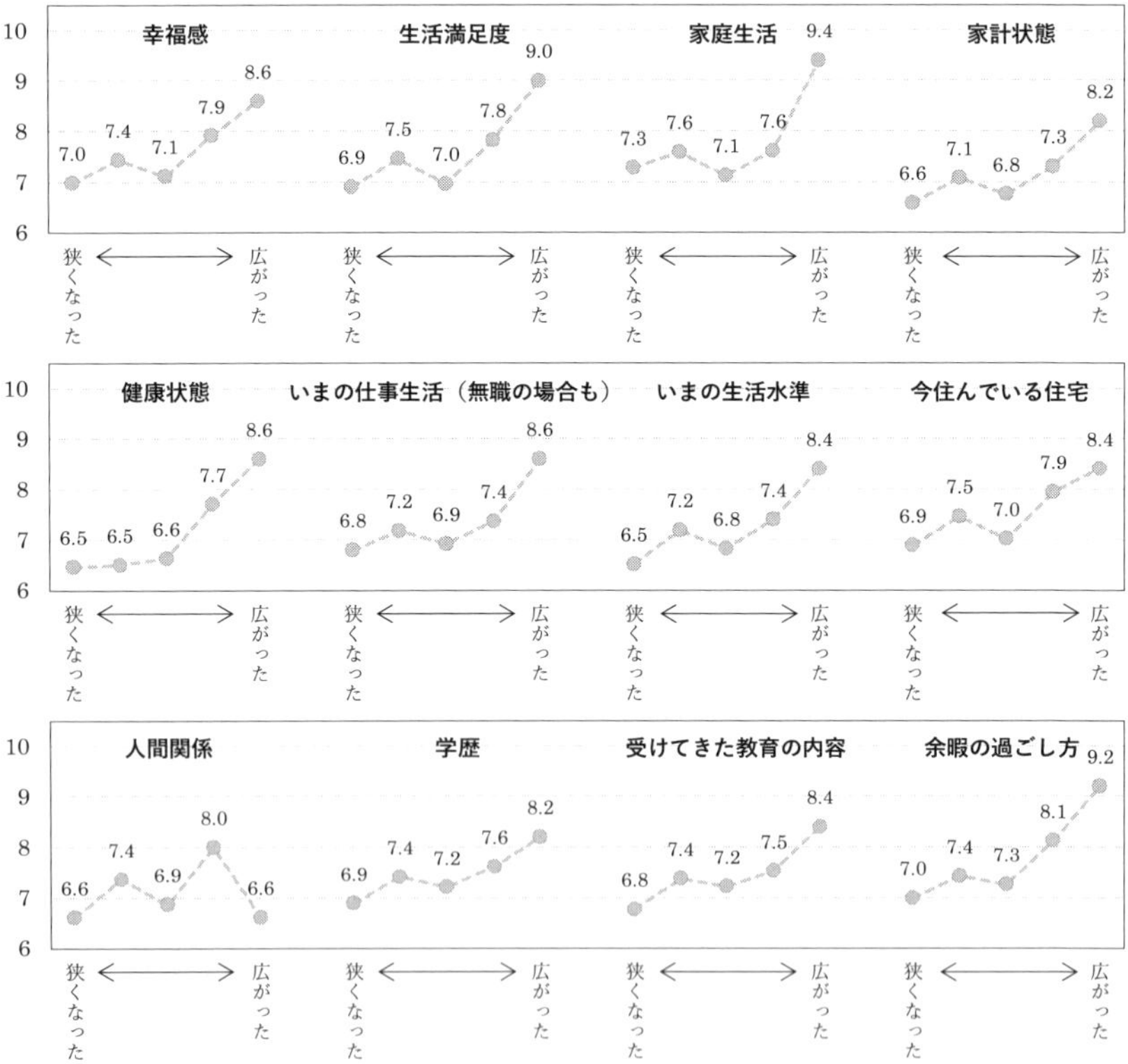

図 6-7　定年退職後の人間関係の変化と SWB(平均値)

表6-12　これから第二の人生を始めるということを意識したことはあるか

	男性		女性		全体	
	N	%	*N*	%	*N*	%
ある	345	72.5%	347	66.2%	692	69.2%
内訳：いつ頃から						
20代	—	—	7	1.3%	7	0.7%
30代	3	0.6%	4	0.8%	7	0.7%
40代	12	2.5%	8	1.5%	20	2.0%
50代	109	22.9%	74	14.1%	183	18.3%
60代	200	42.0%	224	42.7%	424	42.4%
70代	21	4.4%	30	5.7%	51	5.1%
ない	131	27.5%	177	33.8%	308	30.8%
合計	476	100%	524	100%	1000	100%

たのが「健康状態」や「余暇の過ごし方」に対する満足であったことは重要な示唆を含んでいる。話し相手が減れば、自分が元気であるという実感も湧きにくくなり、趣味の楽しみも半減することになる。

3　サードエイジ期における価値意識

ここまで定年退職をめぐる働き方の変化に焦点を当てながらデータを見てきた。しかし、定年というライフイベントの経験にジェンダー差があることは既に見てきた通りであり、一部の人々の話にとどまる。ここからは一般的な人々のサードエイジ期への向き合い方や生活状況と主観的なウェルビーイングの概況へと話をシフトしよう。

調査の中で、第二の人生（セカンドライフ）という言葉があるが、これから第二の人生を始めるという意識を持ったことがあるか、また、そうした意識はいつ頃から生まれてきたかを尋ねた。「ある」と答えた人は六九・二％、ないと答えたのは三〇・八％であった（表6-12）。「ある」と回答した人の中でも、五〇代から六〇代から意識し始めたという人が大半を占めたが、中には二〇代、三〇代、四〇代以前と早い人もいた。早くから考え始めたという人は女性に多く、結婚や出産が契機だったのではないかと推察される。元々、この質問は、新しい人生の局面としてのサードエイジ期に向けて、人々がいつごろから準備を始めたかを捉える

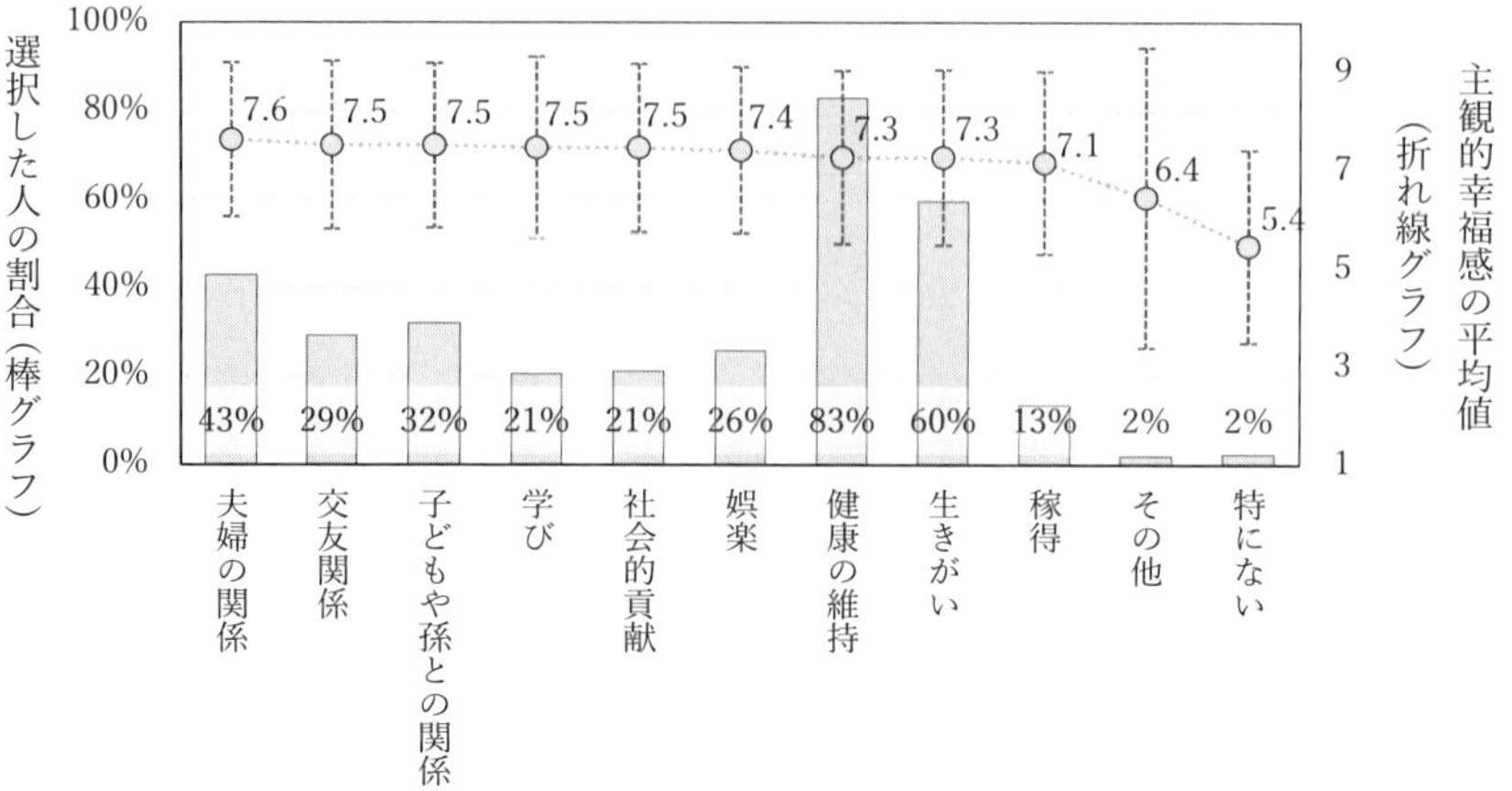

図 6-8　「第二の人生で重視したいこと」の単純集計および幸福感との関連（$N=692$）

ことを意図したもので、おおむね目論見通りに役割を果たしてくれたのではないかと考えているが、おそらく異なる視点からの回答もあり、あらためて考えれば納得させられるものである。

先の質問に続けて、第二の人生で重視したいものについて複数選択形式で尋ねた。中でも多く選ばれたのは、健康の維持（八三％）、生きがい（六〇％）、夫婦の関係（四三％）、子どもや孫との関係（三二％）といった項目である。図６-８は各項目の単純集計と、併せてそれぞれの項目を選択した人の主観的幸福感（十段階）の平均値を示したものである。その人が何を重視しているかによる幸福感の違いというものは、ほとんど見受けられない。強いて特徴があるところをあげるとすれば、「その他」や「特にない」と答えた人たちの幸福感が低いということであるが、いずれも回答者のわずか二％である。

幸福感にとって重要なのは、何を重視しているかということよりも、どれだけ重視したいものがあるかということのようである。図６-９は、各回答者が「重視したいこと」として挙げた項目の数と、幸福感の関連を示したものである。一つしかあげなかった人よりは、二つあげた人の方が幸福であり、三つあげた人はさらに幸福である。

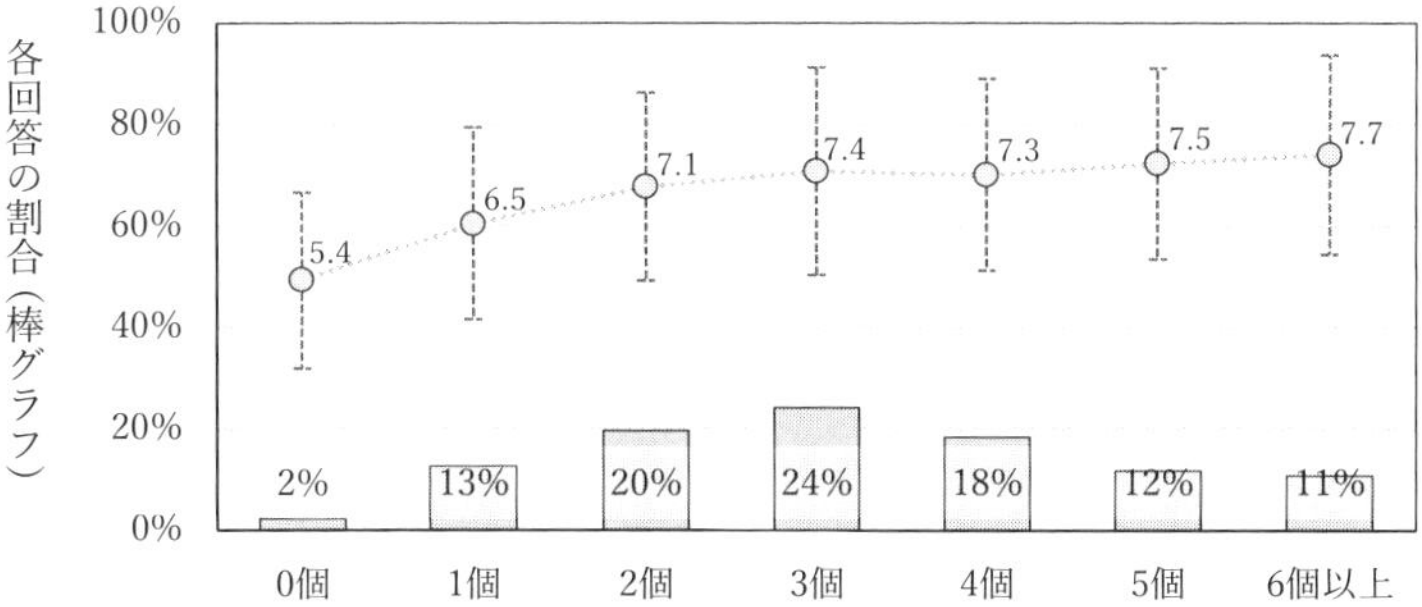

図6-9　「第二の人生で重視したいこと」の選択数と幸福感

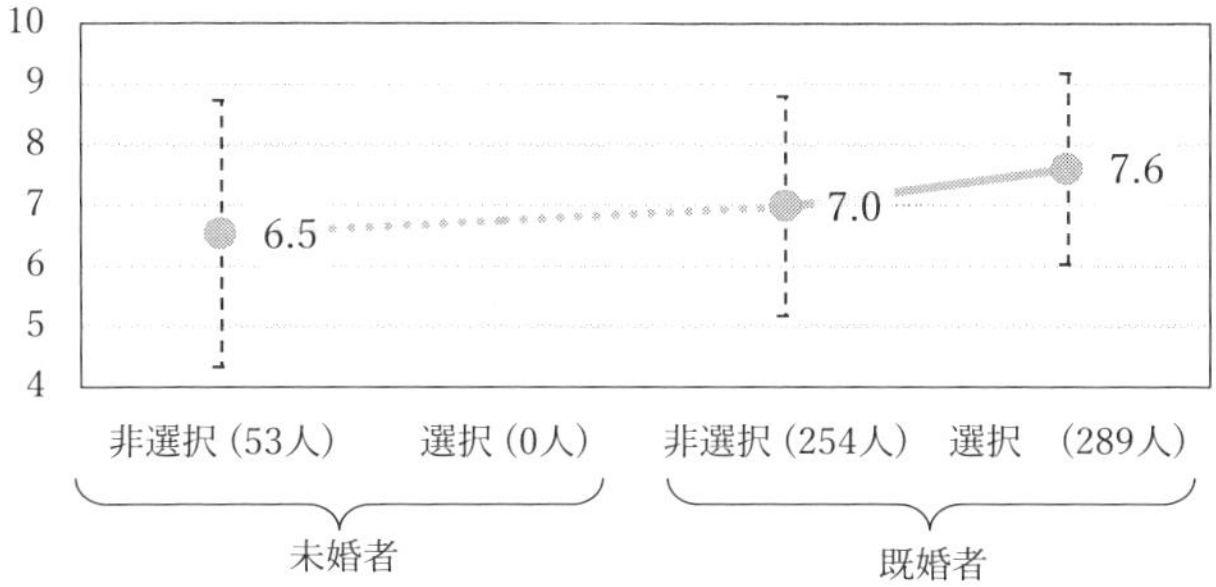

図6-10　重視したい事柄で「夫婦関係」を選んだ人と、そうでないひとの幸福感の比較（婚姻状況別）

なぜ何かを重視している人は、何も重視しない人よりも幸せで、重視したいものが多い人の方が、幸せなのだろうか。どのような事柄であれ、何かを重視したいと思う前向きな心の持ちようが大事というのもあるだろうが、個人のパーソナリティ的な側面ですべてを説明してしまうのは性急に過ぎる。人生の新たな局面を迎えるというタイミングで、これからも大切にしていきたいと思えるような何かを所有していたり、そう思える環境自体の恩恵もあるだろう。例をあげるならば、「夫婦関係」を重視したいと回答した人は、当然のことながら既婚者に限られる。未婚者と既婚者では、既婚者の方が幸福度は高く、既婚者の中でも「夫婦関係」を重視していきたいと回答した人の幸福度は一層高い（図6-10）。

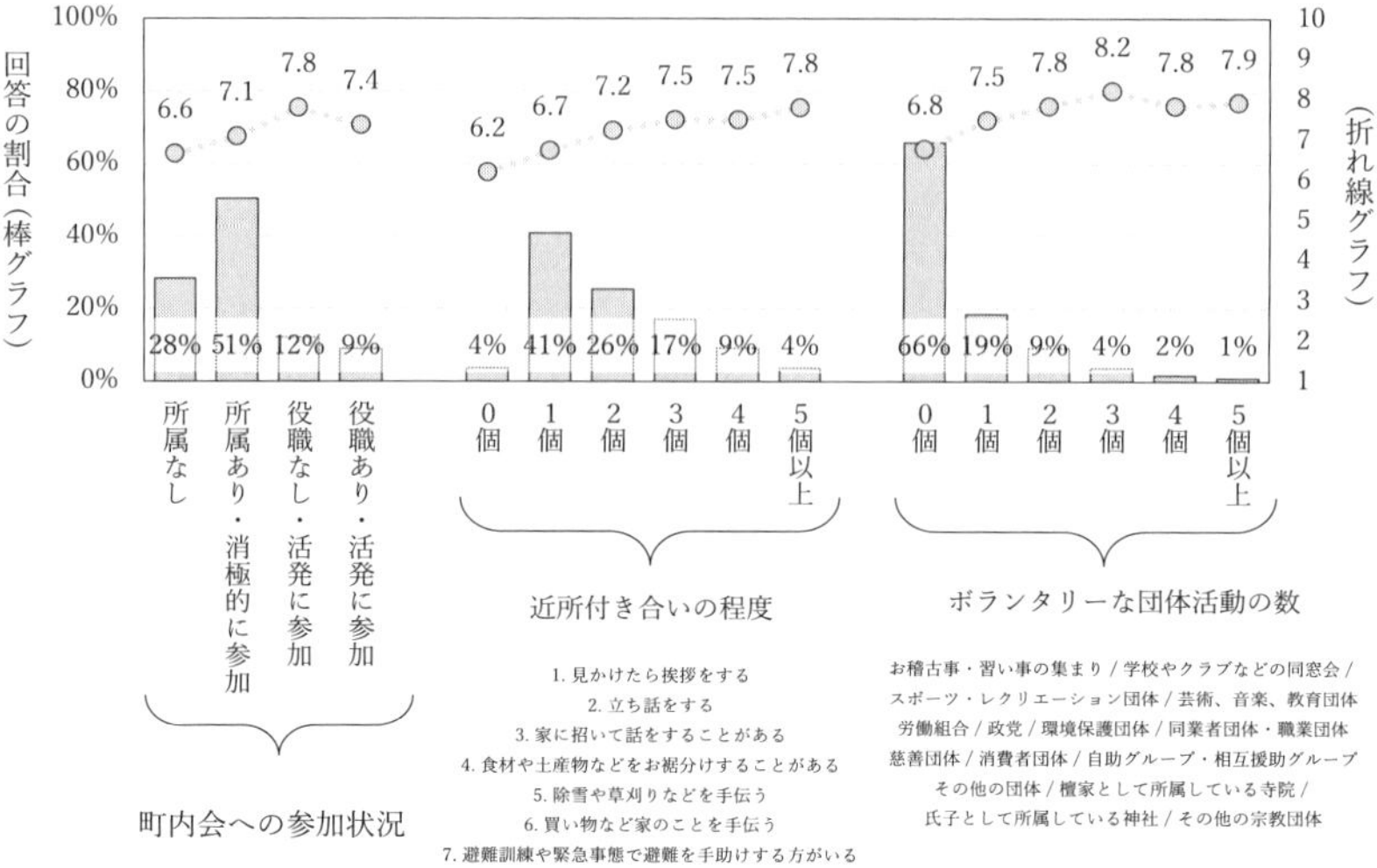

図 6-11　町内会への参加、近所付き合い、ボランタリーな活動団体数と幸福感の関連

4　社会関係と余暇活動

幸福感研究においては、地域や市民社会の中で培われる社会関係が重要であることが指摘されており、本調査でも社会関係資本（ソーシャルキャピタル）の指標として、町内会への参加状況、近所付き合いの程度、ボランタリーな団体参加について尋ねた。

町内会への参加については、所属しているか、していないか、所属している場合は、どの程度活発に参加しているかを尋ねた。近所付き合いの程度に関しては、「見かけたら挨拶をする」「立ち話をする」「家に招いて話をすることがある」など七つの項目に対して、はいかいいえの二択で答えてもらい、該当する項目の数を指標とした。ボランタリーな団体参加に関しては、様々な種類の団体を挙げ、それぞれについて所属しているか、また所属した上で積極的に活動に参加をしているかどうかを尋ね、そのうち積極的に参加している団体の数を指標とした。図6-11は、各指標の集計結果、およびカテゴリごとの主観的幸福感の平均値である。いずれの指標においても、概ね社会関係が豊富な人ほど幸福度が高いことが読み取れる。

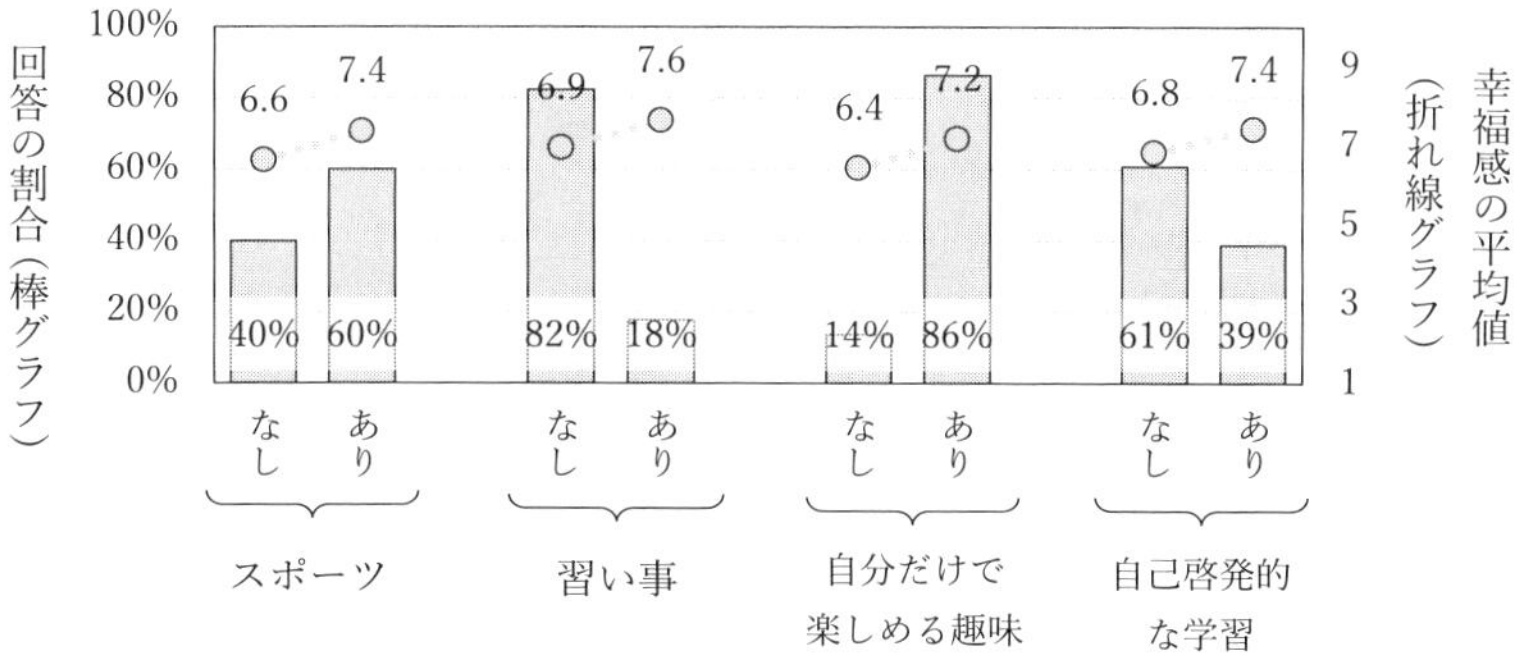

図 6-12　趣味の有無と幸福感

社会関係と重なり合う部分もあるが、サードエイジ期のウェルビーイングにとってのもう一つの重要な局面として、趣味の充実、余暇活動の時間が考えられよう。本調査では、「スポーツ」「習い事」「自分だけで楽しめる趣味」「自己啓発的な学習」のそれぞれについて、十個程度の項目を用意し、やっているものがあるかどうかを複数選択で尋ねた。具体的な項目は多岐にわたるため、詳細は付録の調査票を見てもらうこととして、ここでは各活動状況の有無と幸福感との関連を示すにとどめる（図6-12）。まず、どの側面で見ても、ないという人よりはあるという人の方が平均して幸福である。平均値の差は、〇・六ポイントから〇・八ポイントの範囲であり一貫している。「自分だけで楽しめる趣味」を持っている人は八六％で最も多い反面、こうした趣味を持っていない人の幸福度は最低である。他方、「習い事」をしている人は一八％と少ないものの、している人の幸福度は高い。個々の背景にはバリエーションがあるだろうが、いずれにせよ家庭や仕事とは別に、自分なりの楽しみを見出せる時間や場所を持つことが幸福の実感に寄与することは間違いなさそうである。

老いや老後の生活に対する前向きな展望を持つことも、幸福感に直結する。「老後の生活が不安である」「将来、自分一人で生活になったとしたら、孤独死の不安を感じる」「将来、認知症になることに不安を感じる」の三項目について、どれほど当てはまるかを五段階評価で尋ねたところ、いずれも幸福感との有意な関連が認められた（図6-13）。四九％が老後の生活に不安を抱えており、

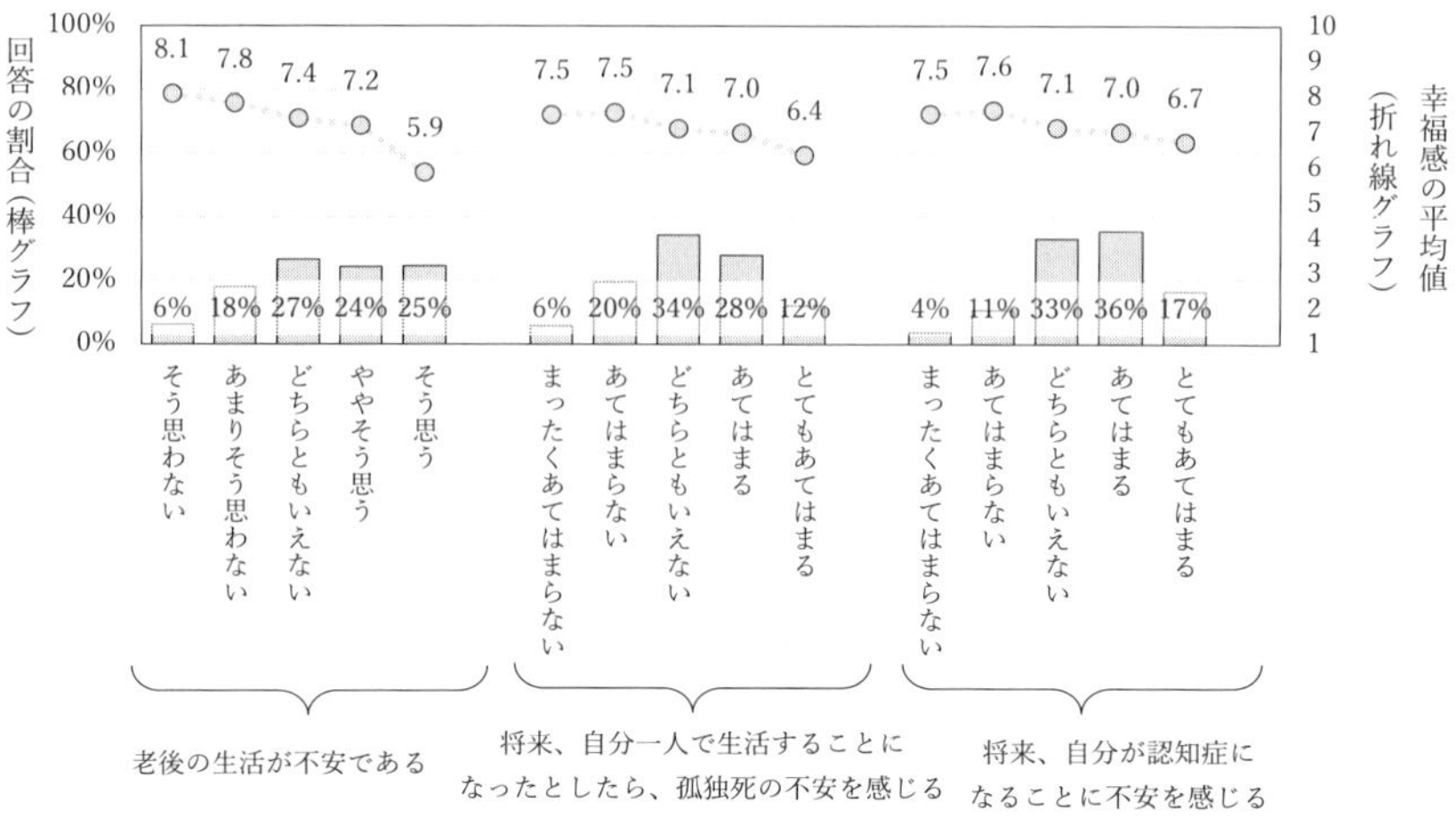

図6-13　老後の生活への不安と幸福感

四〇%が孤独死、五二%が認知症の不安を感じている。しかし、上記はいずれも老いに伴う一般的なリスクという見方もでき、こうした事柄に対する不安が幸福感を押し下げている面もあるのは事実だろうが、それだけに注視するのはやや一方向的過ぎるかもしれない。むしろ、なるようになるしかないと、流れに任せて物事を受け入れる他なしという気の持ちようが重要であるということもできるだろう。

5　幸福感への寄与

ひとまずのまとめとしてここまで見てきた諸変数の幸福感への寄与を多変量解析によって確認してみよう。表6-13は幸福感を従属変数とした重回帰分析の結果である。独立変数には性別、年齢、婚姻状況、同居家族、学歴、就労状況（職業）といった社会経済的属性に加え、社会関係、趣味・余暇活動、老いに対する不安を投入した。

まず社会経済的属性について言えば男性よりも女性、より高齢の人の方が幸福である。婚姻状況による幸福度の大きな差は見て取れない一方、配偶者と同居していることが有意に幸福に寄与している。就労状況に関しては、正規職・専門職に就いている人の

表6-13　幸福感を従属変数とした重回帰分析

	非標準化係数		標準化係数
	B	標準誤差	β
(定数)	3.753**	1.348	
社会経済的属性			
性別(女性＝1)	0.489***	0.123	0.131
年齢(実数)	0.043***	0.012	0.111
婚姻状況(ref. 未婚)			
既婚	0.230	0.234	0.088
離別・死別	−0.023	0.298	−0.003
同居家族(ref. 家族)			
配偶者	0.953*	0.451	0.219
配偶者以外の者	0.055	0.083	0.020
学歴(順序尺度)	0.047	0.042	0.035
職業(ref. 無職・専業主婦/主夫)			
正規・専門職	0.420*	0.197	0.07
非正規(嘱託・契約社員、派遣。自営業、パート)	−0.042	0.136	−0.01
社会関係			
町内会での活動状況(4段階)	0.092	0.07	0.043
近所付き合いの程度(7段階)	0.107*	0.049	0.071
ボランタリーな団体所属数	−0.023	0.044	−0.022
ボランタリーな団体活動数	0.144*	0.066	0.088
趣味・余暇活動			
スポーツ	0.211†	0.118	0.055
習い事	0.100	0.161	0.020
自分だけで楽しめる趣味	0.443**	0.166	0.080
自己啓発的な学習	0.137	0.127	0.036
老いに対する不安			
老後の生活の不安	−0.414***	0.049	−0.269
孤独死不安	−0.108†	0.058	−0.062
認知症不安	−0.096	0.063	−0.052
N	945		
R^2	223		

***$p<.001$、**$p<.01$、*$p<.05$、†$p<.1$。

方が幸福であるが、非正規職の人たちの幸福度は無業の人たちと同程度である。

他の諸変数については、複数の独立変数を投入した事情から、統計的に有意な関連が認められないものもあるが、おおむねこれまで見てきた傾向と一致していると言って良い結果である。社会関係については町内会での活動状況、近所付き合いの程度、ボランタリーな活動団体数の、いずれの偏回帰係数も正の値であり、幸福感にポジティブに寄与している。中でも近所付き合いの程度と、ボランタリーな活動団体数は相対的に高い寄与を示している。他方、ボランタリーな団体への「所属数」とは、ほぼ関連が見られず、単に所属しているだけではなく積極的な活動への参与が大きな意味を持っていることが示唆される。

余暇活動の諸変数についても、同様にすべての回帰係数が正の値である。特に「自分だけで楽しめる趣味」の寄与が最も高く、次に「スポーツ」の寄与が高い。老後に対する不安に関しては、いずれも幸福感に負の影響を与えており、「特に老後の生活への不安」の影響は大きく、標準化偏回帰係数βに注目すると、今回のモデルに投入した諸変数の中で最も大きな関連を有していることがわかる。

上記はサードエイジャー一般を対象とした大まかな傾向というべきものであり、既存のウェルビーイング研究の知見とも一貫する。しかし、その人が生きてきたこれまでの人生、めぐりめぐった縁の中で現在おかれている状況は千差万別であり、サードエイジ期というライフステージで一括りにしてしまうのは、やや乱暴である感は否めない。ウェルビーイングの追求は個々の状況や価値観によって多様であり、単一のモデルに当てはめることが難しい面もある。この多様性に焦点を当て、ジェンダーや地域的なコンテクストの視点から、より的を絞った次章からの議論へと繋ぎたい。

第7章　高齢者の社会参加・余暇活動の個人化と主観的幸福感

工藤　遥

一　高齢者の生活の多様化と社会参加

二〇二一年現在、日本における六五歳時の平均余命は、男性が約二〇年、女性が約二五年であり、一九七〇年と比べると、男性では約七年、女性では約一二年、高齢期が延伸している（厚生労働省 二〇二一）。一方、「健康上の問題で日常生活が制限されることなく生活できる期間」を指す「健康寿命」も、二〇一九年には男性七二・七歳、女性七五・四歳となっており（内閣府 二〇二三）、高齢者といっても六五歳から七四歳のいわゆる前期高齢者層[1]では、日常的な介護を必要とせずに健康で活発な生活を送っている人も比較的多い。こうした中で、本書の総論でも触れられている通り、六五歳以上の労働力率は年々上昇傾向にあり、高齢期における就労化も進行している。

また、二〇二一年現在、六五歳以上の者のいる世帯は二五八〇万世帯を超えており、日本の世帯の半数を占めている。そのうちの約三分の一を単身世帯と夫婦のみの世帯がそれぞれ占めており、一九八〇年に約半数を占めていた三世代世帯は現在では一割に満たない[2]（内閣府 二〇二三）。既婚子との非同居傾向や配偶者との死別・離別に加えて、下の世代ほど非婚化による単身世帯も増加している。このように現在は、年齢や健康状態、労働参加、稼得、家族構成などの面でも、高齢者の生活状況は多様化傾向にある。

人生後半に訪れる長い高齢期をどう生きるか。子育てや職業キャリアに区切りがついた後、「余生」として過ごすのではなく、生きがいをもって積極的に社会参加をしていく中で自己実現を図れるように、超高齢社会の日本では「人生九〇年時代」の到来を前提にした環境整備が課題となっている(大友・齋藤 二〇一八)。高齢者にとっての社会参加の意義について、大友・齋藤(二〇一八)によれば、趣味活動やスポーツ活動、学習活動、地域活動、ボランティア活動などに参加することで「他者とふれあう機会」が生まれ、そのことが生きがいや健康維持、介護予防にもつながることが明らかにされている。また、高齢期における社会参加の効果については、健康づくりについての重要性の認識、精神的健康、充実感、自己有用感、地域での自己の獲得、主観的健康感の向上、社会参加の継続などが指摘されている(同上)。

二　高齢者の社会参加・余暇活動のジェンダー差と主観的幸福感

先行研究では、社会参加の中でも地域活動に参加する高齢者の特徴として、学歴の高さや経済的なゆとり、家族・友人のサポートや社会的ネットワークの豊かさが報告されている(池田・芳賀 二〇二二)。ただし、本書の各章でもたびたび言及されている通り、高齢期の社会参加にはジェンダー差が確認されている。例えば、女性は近所の人や友人、家族などとの日常的な人付き合いが多いが、男性は地域の役職者との交流や、町内会・自治会の諸活動、地域行事など役割・目的が明確な地域活動への参加者が多いこと、また、日常的な交流をしていない「孤立傾向群」に該当する者は、女性より男性に多いことなどが明らかにされている(相良ほか 二〇二一)。学習・習い事などの活動への参加についても、男性より女性が有意に高いなど、高齢女性の地域での参加行動は、地域貢献的活動よりも趣味活動等、個人的な活動において多く見られるとされ、そうした高齢者はそれらを通して知人を増やし、やりがいや生きがいを感じながら地域との関わりを持ちたいと考えているといった指摘もある(池森 二〇一四)。

高齢期の社会参加は、主観的幸福感との関連からも注目されている。竹内ほか（二〇一一）のまとめでは、高齢者の主観的幸福感は、同居家族がいる者ほど高いという家族状況による有意差や、主観的健康感が高いほど主観的幸福感も高まるという傾向が多くの先行研究で明らかにされている。また、主観的健康感は主観的幸福感のみならず、社会活動のなかでも個人活動（近所づきあい、近所での買い物、近くの友人・親戚を訪問、個人的な娯楽や遊び）や、社会参加・奉仕活動（地域行事への参加）、学習活動（自治体主催の生涯学習活動や文化活動への参加）と正の相関関係があるとされ、さらに社会活動のなかでも個人活動のみが主観的幸福感と関連があったとされる（竹内ほか 二〇一一）。なお、四項目からなる主観的幸福感尺度（ＳＨＳ）を用いた島井ほか（二〇一八）の分析では、ＳＨＳ得点は男性よりも女性で高く、未婚者よりも既婚者で高く、三〇～四〇歳代で低くなるが、その後加齢にしたがって高齢期に再び高くなるとされる。

一方で、高齢期の社会参加については、「余暇活動の個人化」との関連も指摘されている。「余暇活動の個人化」とは、集団に参加して行う余暇活動にかえて、個人が活動の単位となる変化を意味するものであるとされる（三田 二〇一五、三〇）。三田によれば、一人で楽しむ娯楽などの余暇活動の個人化は、高齢期における他の活動（地域行事などの社会的活動だけでなく趣味やスポーツなどの活動一般）や社会関係（友人数など）を狭める可能性があるとされる。

三　検討課題

平均寿命や健康寿命が延伸し、就業期間や定年時期の個人差が広がり、家族生活やライフコースの多様化が進展する中で、高齢期における社会参加や生活実態も多様化が予想される。また、都市化が進展し、社会生活の様々な面で個人化が進む現在、地域活動や余暇活動を含む社会参加は個人差も大きく、余暇活動のあり方についても団体への所属や集合的な活動よりも自己完結的な個人的活動が広がっている可能性がある。他方で、積極的な社会参加や活発な余暇活動、集団への帰属などによる社会関係の維持は、高齢期の社会的孤立予防や主観的幸福感にも影響しうる。

以上をふまえ、本章では、「サードエイジャーのセカンドライフに関する生活意識調査」のデータ分析から、サードエイジャーの地域活動や余暇活動を中心とした社会参加と主観的幸福感との関連について、ジェンダー差や生活状況、社会経済的属性、そして高齢期の生活における個人化傾向に着目しながら検討する。なお本章では、「活動していれば何らかの社会参加がなされていると考える」立場をとる三田（二〇一五）の研究を参考に、高齢者の社会参加の形態として、集団への参加や社会的活動、生産的活動だけでなく、一人で行う余暇活動などの個人的活動も含めて把握し、社会参加を「所属」と「活動」の二側面からとらえる。

四　分析結果

1　回答者の基本属性

本調査の回答者の特徴については第6章で既に紹介されているが、年齢は六〇～七四歳が全体の九二％、居住地も都市部（東京都区部、政令指定都市および地方都市）が九一％と大半を占めている。婚姻状況は「既婚」（有配偶）の割合が七七％と高いが、「離別・死別」は男性（九％）よりも女性（一九％）で高く、「未婚」は男性（一一％）の方が女性（八％）よりも高いなど男女差がみられる。居住状況は、単独世帯が一六％と少なく、八四％は同居家族がおり、内訳では「配偶者」が七五％と最多で、夫婦二人暮らしが多数派となっている。健康状態も「良好」（「とてもよい」

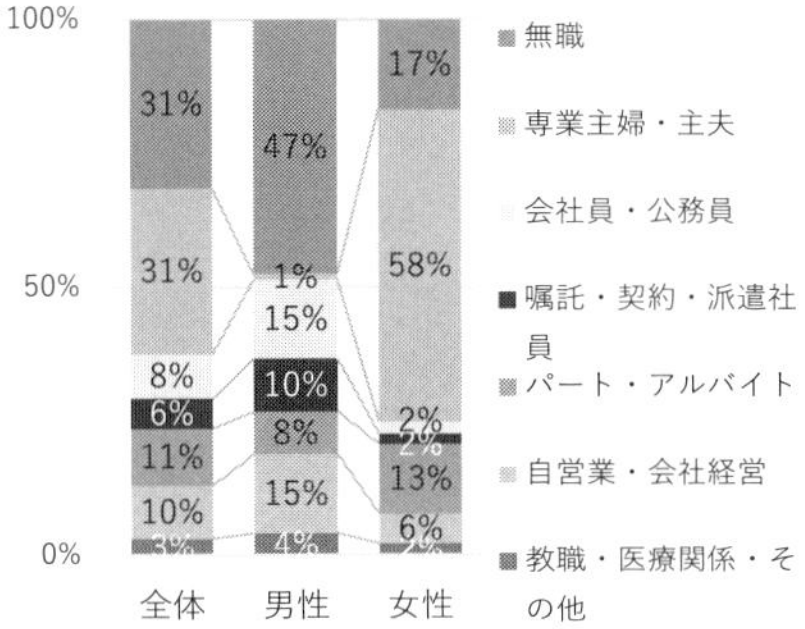

図 7‐1　性別×就業状況

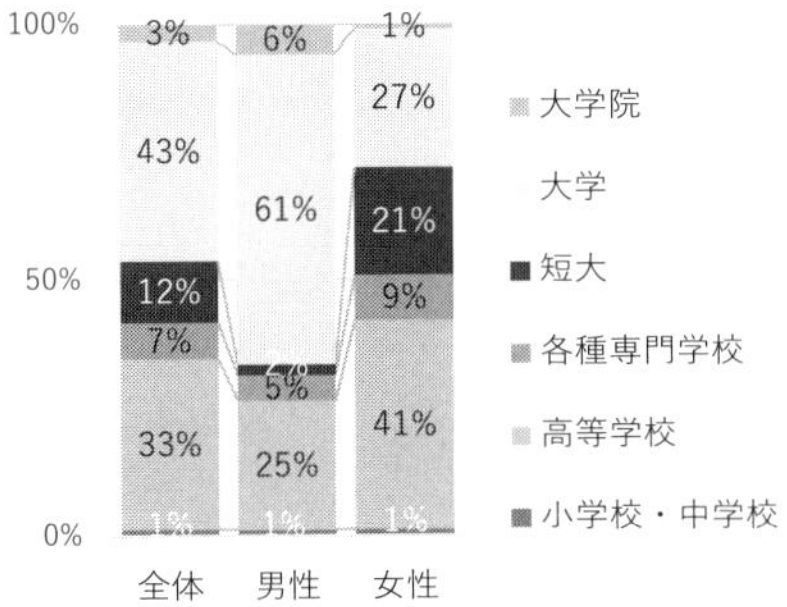

図 7‐2　性別×最終学歴

および「まあよい」と答えた者が全体の七四％と多数派であるが、男性（七〇％）よりも女性（七八％）で「良好」が有意に高い。

就業状況について、「有職」の割合は男性（五〇％）が女性（二四％）の倍となっているが、内訳をみると、男性では「無職」が四八％、女性では「専業主婦」が五八％で最も多い（図7‐1）。学歴は、男性は「大学」卒が六一％、女性も「大学」卒と「短大」卒を合わせると四八％であり、男女ともに高学歴層が多い（図7‐2）。貯蓄水準も「一千万円未満」（三〇％）より「一千万円以上」（四二％）が多いなど、本調査のデータは、社会経済的資源に比較的恵まれている都市部の高年齢者が中心であるという特徴がある。したがって、以下の分析結果をみる際もこの点に留意する必要がある。

2　社会参加―所属と活動

はじめに、社会参加について、団体への所属と活動状況から検討する。所属団体（加入している団体）の選択割合は、有効回答数九五六件のうち八七％と高く、男性は八五％、女性は八九％であり、性別では統計的に有意な差はない。選択項目数は一項目（二七％）が最多で、平均値は二・三である。項目別（図7‐3）[3]では、「町内会・自治会」が七二％で最も高く、次に「檀家として所属している寺院」が三九％、「学校やクラブなどの同窓会」が三〇％、「お稽古事・習い事の集まり」が二〇％、「スポーツ・レクリエーション団体」が一九

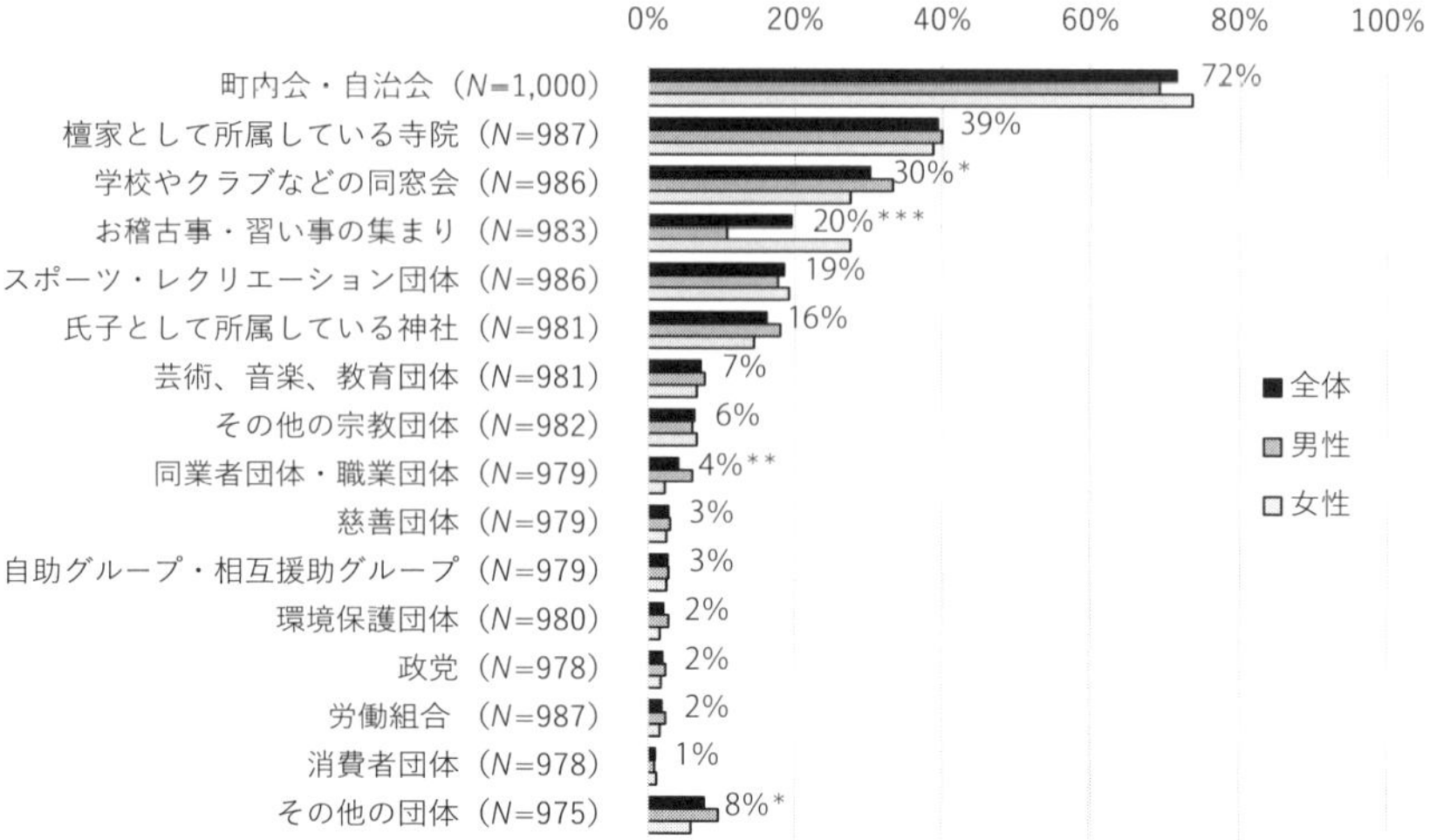

図7-3　所属団体（複数選択）

$^{*}p<0.05$、$^{**}p<0.01$、$^{***}p<0.001$。

%、「氏子として所属している神社」が一六%などである。ただし、「学校やクラブなどの同窓会」は女性（二八%）よりも男性（三三%）で有意に高い一方、「お稽古事・習い事の集まり」は男性（一一%）よりも女性（二八%）で有意に高いなど、男女差がみられる。

　また所属団体おける活動状況（図7-4）をみると、「町内会・自治会」や「寺院」、「神社」など世帯単位で加入する地縁団体や伝統的宗教団体、またいわゆる学縁・職縁コミュニティに基づいて半ば自動的に加入することも多い「同窓会」は、所属割合は相対的に高いものの、そのうち実際に活動している者の割合は一〜三割程度と少数である。対照的に、「お稽古事・習い事の集まり」や「スポーツ・レクリエーション団体」など、主に個人が選択的に加入する余暇活動目的のアソシエーション団体は、所属しているだけでなく実際に活動している割合が七割程度と高い。

3　余暇活動

　次に、余暇活動について、「自分だけで楽しめる趣味」の選択割合は全体で八六%と高く、男性（八三%）よりも女性

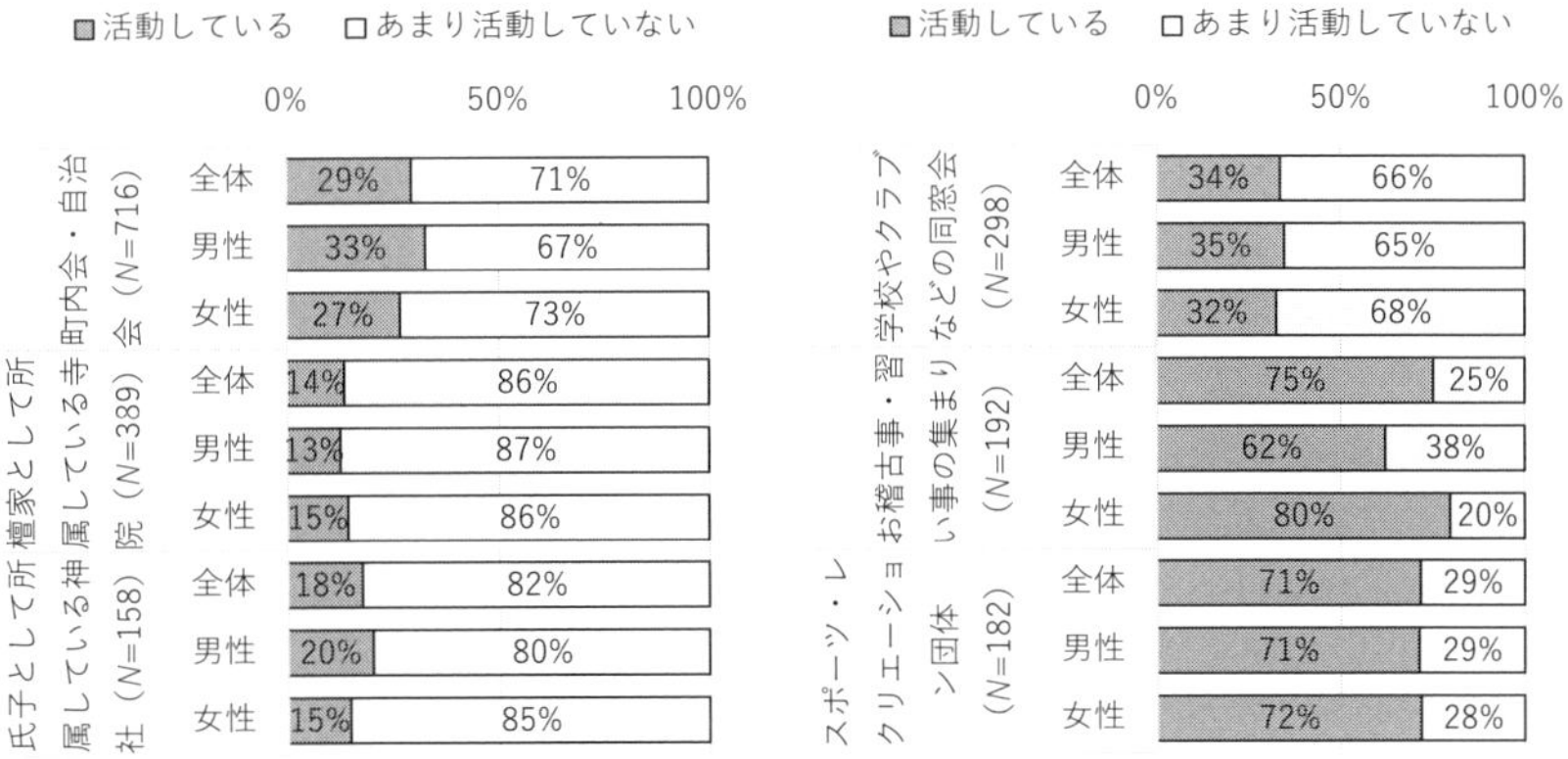

図7-4　所属団体における活動状況

（九〇％）で有意に高い。選択項目数は二項目（二六％）が最多で、平均値は二・一である。項目別（図7-5）では「音楽・映画鑑賞」（四八％）や「TV・ドラマ鑑賞」（四五％）、「読書」（四四％）など、何かを創作したり、外に出かけて行う活動よりも、比較的お金もかからず、自宅で座っていてもできるような活動が上位である。また、男女差も顕著であり、「TV・ドラマ鑑賞」や「料理・お菓子／パン作り」、「刺繍・編み物」、「舞台芸術鑑賞」、「伝統芸能（茶道・華道など）」は女性ほど高く、「クラフト工芸（模型作りや日曜大工など）」および「特にない」は男性で高い。

「今やっているスポーツ」の選択割合は全体で六〇％であり、選択項目数は〇項目（特にない）が四〇％で最も多く、平均値は〇・九である。項目別（図7-6）では「散歩・ウォーキング」が四五％と最も高く、次いで「ジム通いやフィットネス」が一二％などであり、集団活動よりは個人がひとりでも行えるようなものが上位である。また、主に屋外で行う「散歩・ウォーキング」、「ゴルフ」、「ジョギング・マラソン」は女性と比べて男性で有意に高く、屋内施設で行う「ジム通いやフィットネス」、「ダンス教室」などの運動は男性よりも女性で有意に高い傾向がみられる。

「自己啓発的な学習」の選択割合は全体で三九％であり、選択項目数は〇項目（特にない）が六一％と最多で、平均値は〇・九である。項目別

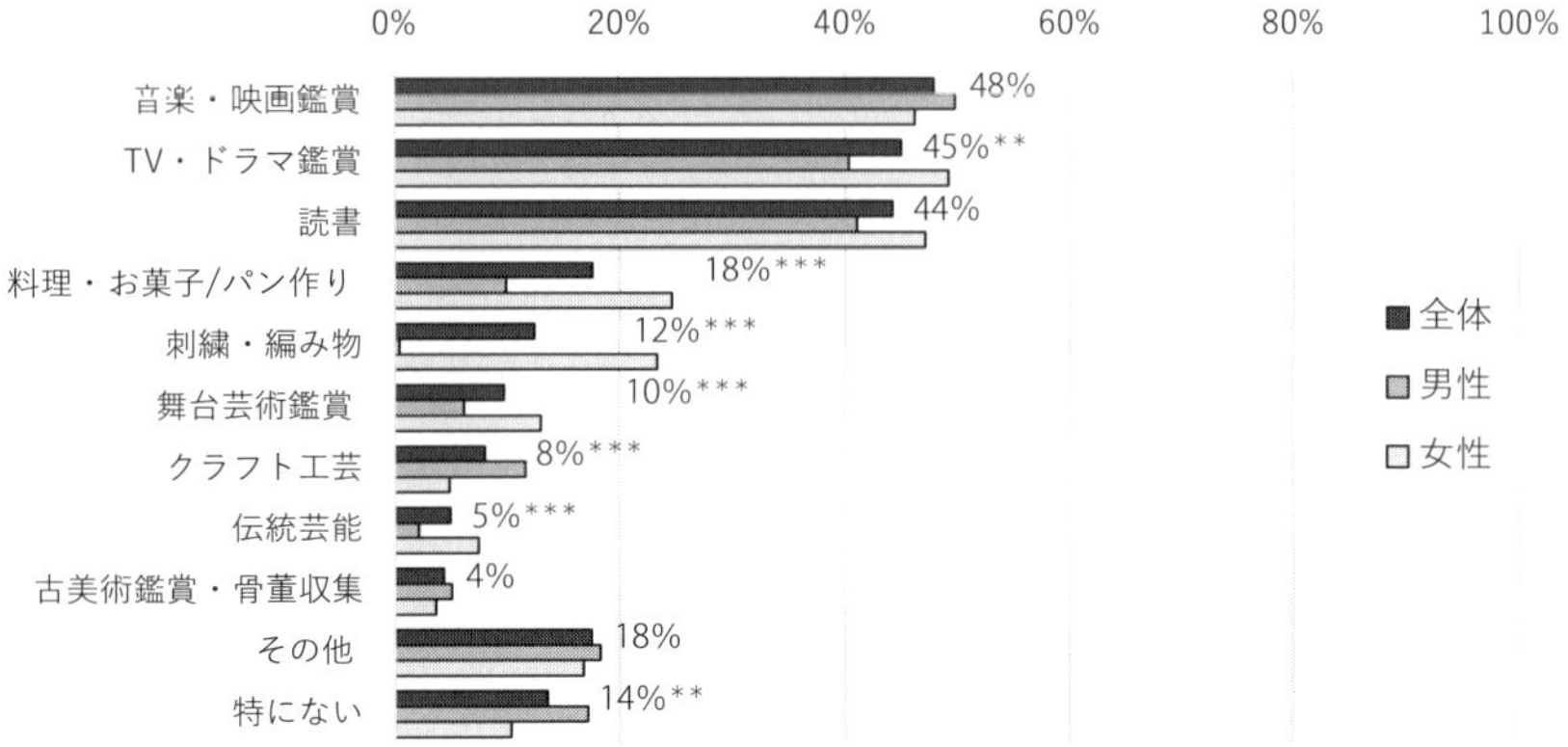

図 7-5　自分だけで楽しめる趣味（複数選択、N＝1000）

$^{*}p<0.05$、$^{**}p<0.01$、$^{***}p<0.001$。

（図7-7）では、「テレビの教養番組やインターネットでの情報収集」（二六％）や「書籍を購入したり、図書館で借りて読む」（二四％）など、講座や集会などに参加するものよりも、個人が各々で取り組めるものほど割合が高い。また、「書籍を購入したり、図書館で借りて読む」や「カルチャースクールに通う」は、男性よりも女性で有意に高い。「特にない」の割合は男性ほど高く、先行研究でも指摘されているように本調査でも学習活動は女性の方が活発である。

「今やっている習い事」の選択割合は全体で一八％であり、選択項目数は〇項目（特にない）が八二％、平均値は〇・二と全体的に低く、女性より男性で「特にない」の割合が有意に高い。項目別（図7-8）では「外国語」と「楽器演奏」が四％で、「合唱」や「茶道」は女性で有意に高い。

以上のように、趣味やスポーツ、学習、習い事などの余暇活動は、全体的に個人で取り組めるものが割合として高い傾向がみられ、性別による有意差もみられた。

4　基本属性と社会参加・余暇活動の関連

表7-1では、回答者の基本属性と、所属団体の上位五つへの所属の有無との関連をみるために行った二項ロジスティック回帰分析の結

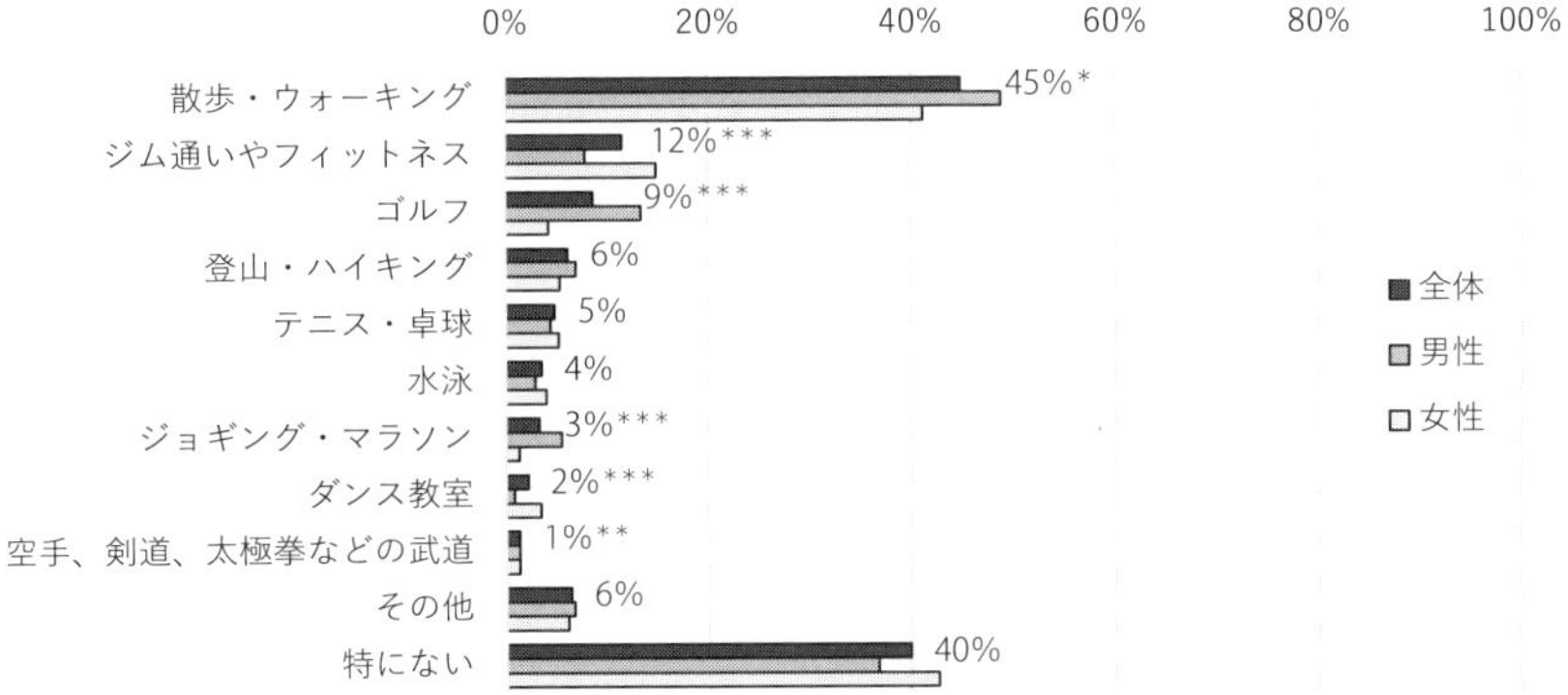

図 7-6　今やっているスポーツ（複数選択、$N=1000$）

*$p<0.05$、**$p<0.01$、***$p<0.001$。

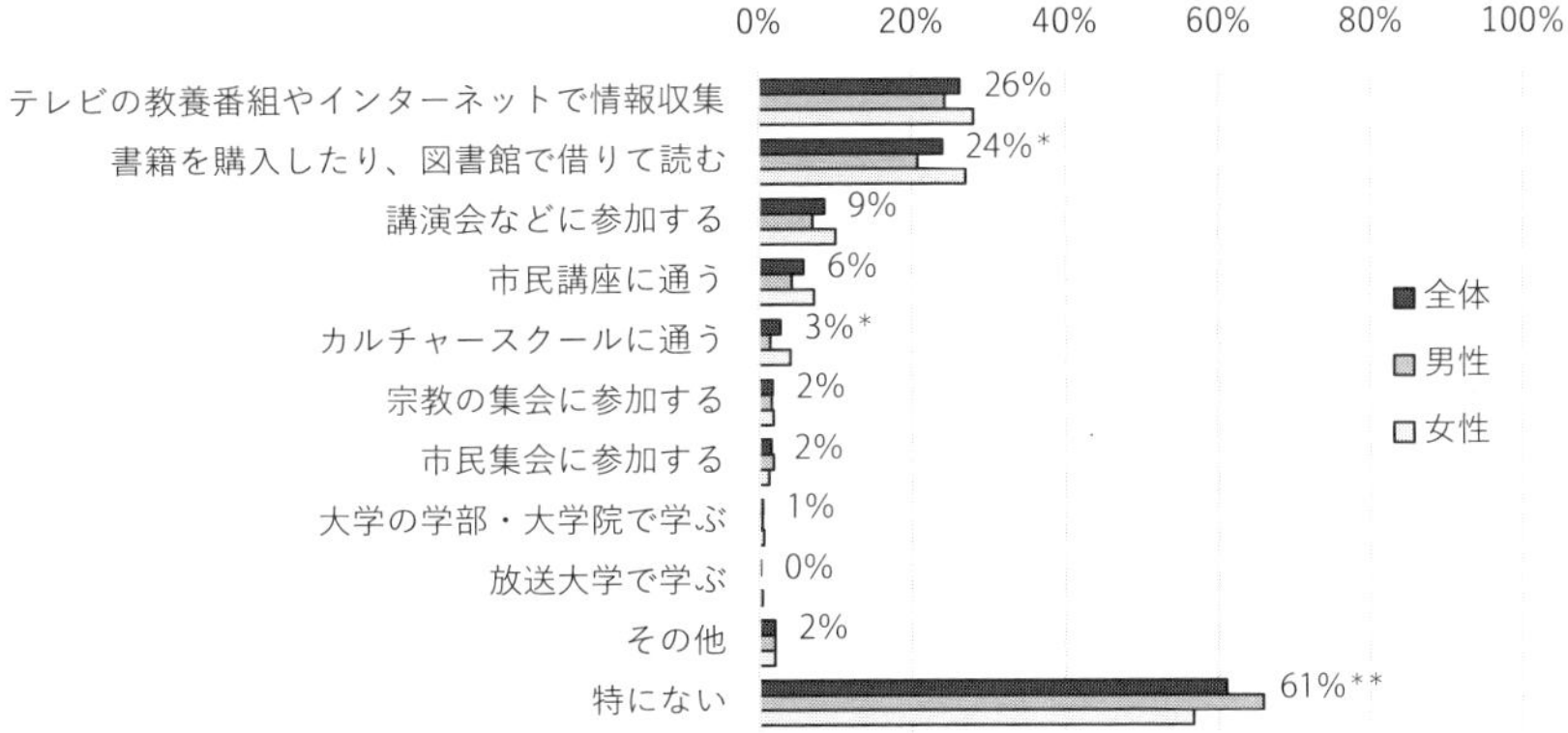

図 7-7　自己啓発的な学習（複数選択、$N=1000$）

*$p<0.05$、**$p<0.01$、***$p<0.001$。

果を示している。

　有意な効果が示された項目（表中アミかけのセル。＊の数で有意確率を示している）をみると、家族と同居している者ほど「町内会・自治会」に所属している傾向がみられる。「寺院」については、各基本属性項目と有意な関連はみられない。他方で、「同窓会」や「お稽古事・習い事の集まり」、「スポーツ・レクリエーション団体」はいずれも年齢が高いほど所属している傾向がみられる。また、「同窓会」についてはさらに貯蓄が多いほど所属している傾向がみられ、特に学

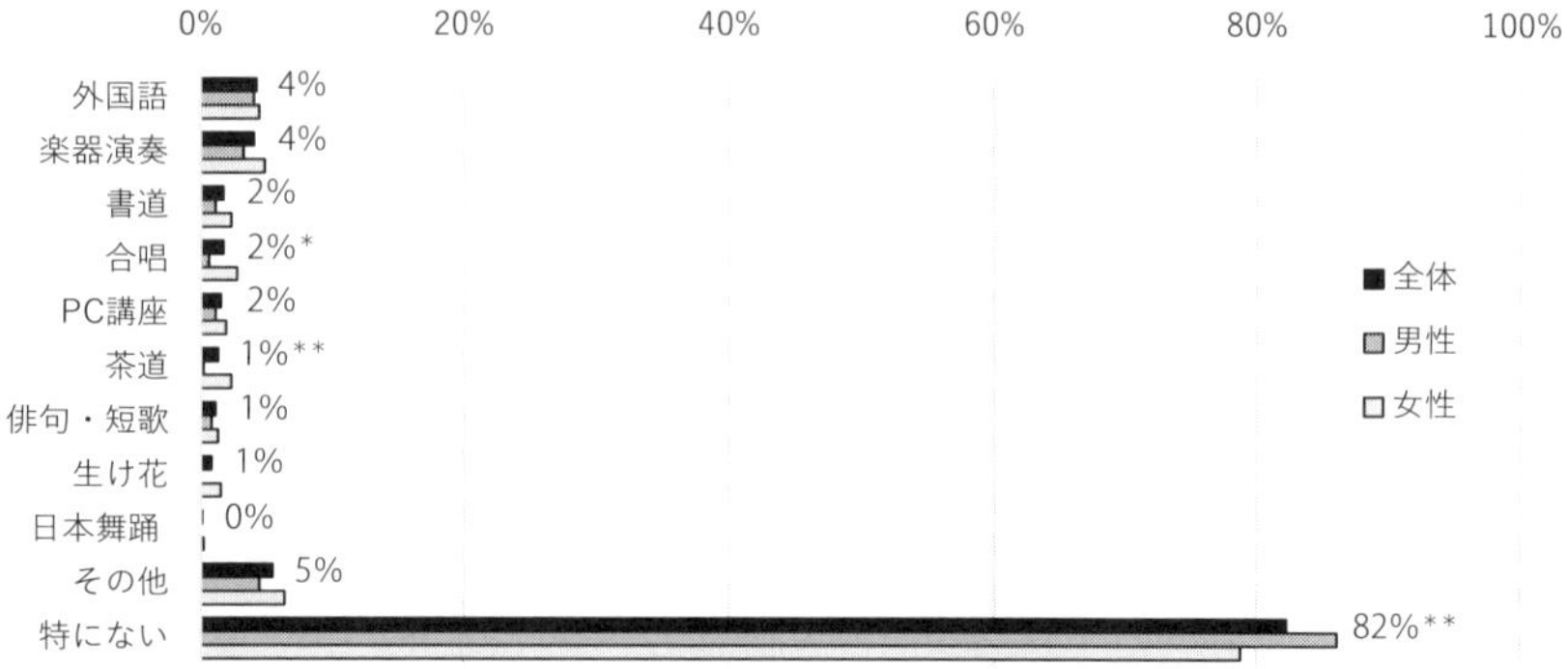

図 7-8　今やっている習い事(複数選択、$N=1000$)

$^{*}p<0.05$、$^{**}p<0.01$、$^{***}p<0.001$。

歴の高さとの関連が強い。「お稽古事・習い事の集まり」は女性ほど所属している傾向が有意であるほか、高学歴、有配偶、健康状態の良好さ、貯蓄の多さとの関連も有意である。「スポーツ・レクリエーション団体」は、特に健康状態との関連が強く、健康状態が「良好」な人ほど、また年齢が高いほど、「有職者」ほど所属している傾向がみられる。

次の表7-2では、回答者の基本属性と、所属団体、趣味、スポーツ、学習、習い事の選択項目数との関連をみるために重回帰分析を行った結果を示している。「所属団体」の選択項目数は、男性より女性で高く、また年齢や学歴が高いほど、無職・主婦より有職者、独居者より家族同居者、そして貯蓄額が高いほど、選択項目数も多いという傾向がみられる。同様に「自分だけで楽しめる趣味」の選択項目数は、女性、有職者、居住地の都市規模が大きく、貯蓄額が高いほど、有意に多い。「今やっているスポーツ」の選択項目数は、年齢が高く、有職者、健康状態が良好で、貯蓄額が高いほど、有意に多い。「自己啓発的な学習」の選択項目数は、女性、年齢が高く、学歴が高く、貯蓄額が高いほど有意に高い。最後に「今やっている習い事」の選択項目数は、女性、年齢が高く、学歴が高く、有職者、健康状態が良好で、貯蓄額が高いほど、有意に多い。

以上のように、所属団体の多さや余暇活動のバリエーションの多さには、特に貯蓄額で示されるような経済状況と、性別、年齢、学歴、就業

表 7-1　回答者の基本属性と団体所属有無の二項ロジスティック回帰分析結果

従属変数	「町内会・自治会」所属有無	「檀家として所属している寺院」所属有無	「学校やクラブなどの同窓会」所属有無	「お稽古事・習い事の集まり」所属有無	「スポーツ・レクリエーション団体」所属有無
	Exp(*B*)	*Exp*(*B*)	*Exp*(*B*)	*Exp*(*B*)	*Exp*(*B*)
性別(女性＝1)	1.185	1.163	1.252	4.482***	1.507
年齢(実数)	1.038	1.024	1.078***	1.095***	1.090***
学歴(3段階)	0.993	0.964	1.734***	1.328*	1.153
就業状況(有職＝1)	0.818	1.329	1.383	1.054	1.920**
配偶状況(既婚＝1)	1.026	0.733	1.193	3.054*	1.095
家族居住(同居＝1)	3.477***	1.508	1.115	0.395	1.206
都市規模(3段階)	0.804	0.803	1.036	1.001	1.025
健康状態(良好＝1)	0.915	0.970	1.132	1.716*	2.125**
貯蓄(16段階)	1.038	1.003	1.070**	1.079**	1.049
定数	0.114	0.181	0.000***	0.000***	0.000***
χ^2(df)	53.1(9)***	8.6(9)	64.9(9)***	81.3(9)***	38.3(9)***

Exp(*B*)：オッズ比。$^*p<0.05$、$^{**}p<0.01$、$^{***}p<0.001$。

表 7-2　回答者の基本属性と所属団体・余暇活動の選択項目数の重回帰分析結果

従属変数	「所属団体」選択項目数	「自分だけで楽しめる趣味」選択項目数	「今やっているスポーツ」選択項目数	「自己啓発的な学習」選択項目数	「今やっている習い事」選択項目数
	β	β	β	β	β
性別(女性＝1)	0.109**	0.227***	−0.031	0.106**	0.167***
年齢(実数)	0.195***	0.071	0.192***	0.128**	0.131**
学歴(3段階)	0.110**	0.047	0.000	0.095*	0.100*
就業状況(有職＝1)	0.114**	0.106**	0.096*	0.076	0.082*
配偶状況(既婚＝1)	−0.039	−0.001	0.095	−0.069	0.036
家族居住(同居＝1)	0.138*	0.064	−0.022	0.069	−0.023
都市規模(3段階)	−0.034	0.106**	0.019	0.024	0.029
健康状態(3段階)	0.071	0.043	0.143***	0.070	0.083*
貯蓄(16段階)	0.110**	0.141***	0.242***	0.205***	0.173***
調整済み R^2	0.074**	0.082**	0.129**	0.079**	0.079**

β：標準化係数。$^*p<0.05$、$^{**}p<0.01$、$^{***}p<0.001$。

状況などが関連している。また、所属団体数には家族同居、趣味活動には都市規模、スポーツ活動や習い事には健康状態も関連がみられる。

5　主観的幸福感との関連

次に、主観的幸福感（「現在、あなたはどの程度幸せですか。『とても幸せ』（一〇点）から、『とても不幸』（一点）の中で、何点くらいになると思いますか。」に対する回答）については、平均値が七・一、最頻値が「八」（三〇％）であった。

図７-９の通り、基本属性別の主観的幸福感の平均値は、性別、年代、就業状況、配偶状況、居住状況、健康状態、貯蓄による有意差がみられた。すなわち、男性より女性、六〇代より七〇代、有職者より無職・専業主婦（夫）、無配偶者より有配偶者、単身者より家族同居者、健康状態不良者より良好者、貯蓄低位者より高位者のグループほど、主観的幸福感の平均値が有意に高い。他方で、学歴や居住地の都市規模の違いによる統計的な有意差はみられなかった。

図７-10では、所属団体の上位五つについて、団体への参加状況ごとに「非所属（加入していない）」、「非活動（加入しているがあまり活動していない）」、「活動（加入しており活動している）」の三つのグループに分けて、各グループの主観的幸福感の平均値を比較している。これをみると、町内会・自治会、同窓会、習い事の集まり、スポーツ・レク団体については、非所属グループより所属グループ、さらにその中でも非活動グループより活動グループほど、主観的幸福感の平均値が有意に高いなど、参加の程度との関連がみられる。他方で、寺院については、非所属グループと非活動グループでは大きな差がなく、実際に活動しているグループのみ主観的幸福感が他より有意に高い。

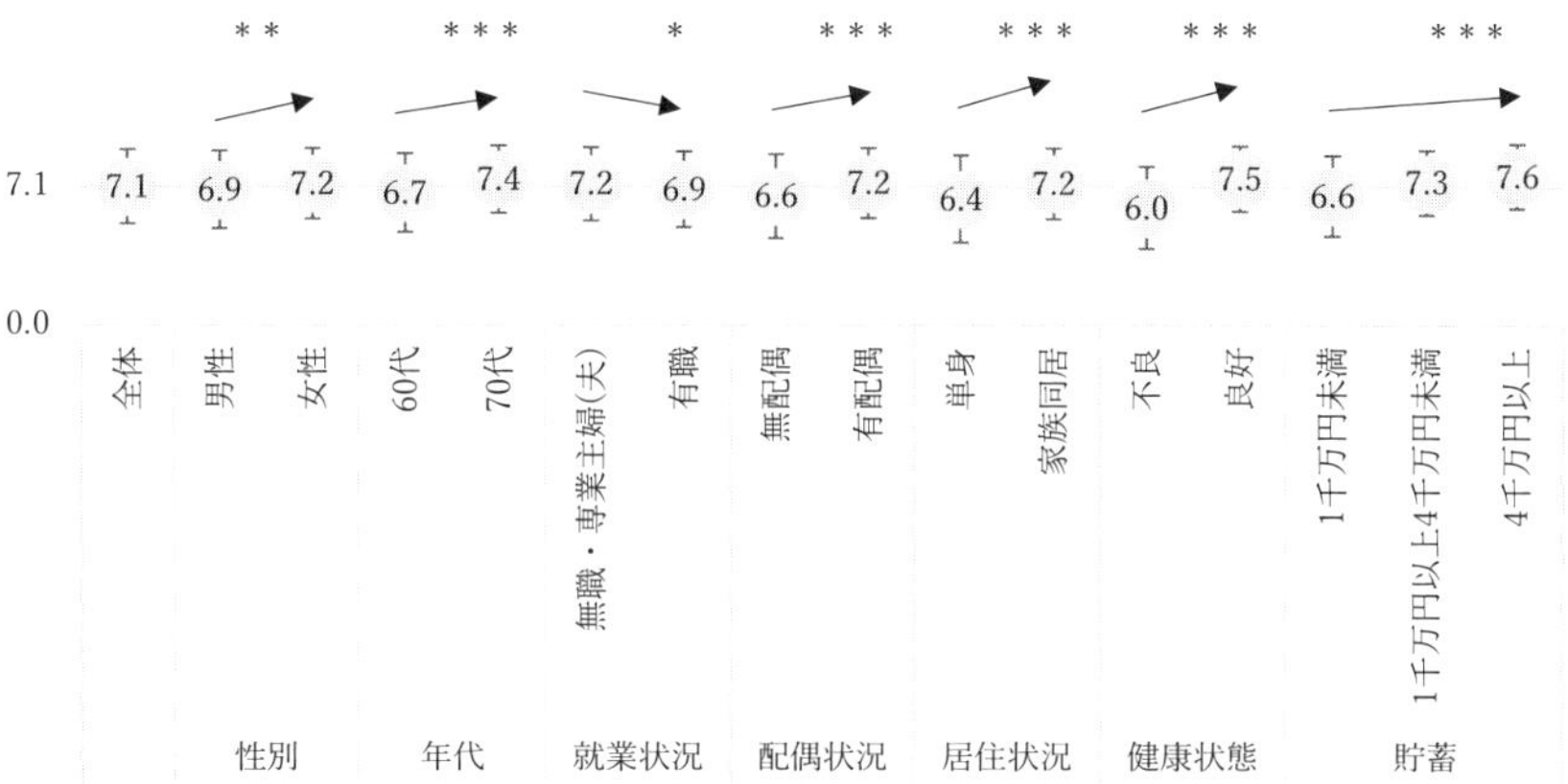

図7-9　基本属性別、主観的幸福感の平均値の分散分析結果

*$p<0.05$、**$p<0.01$、***$p<0.001$。

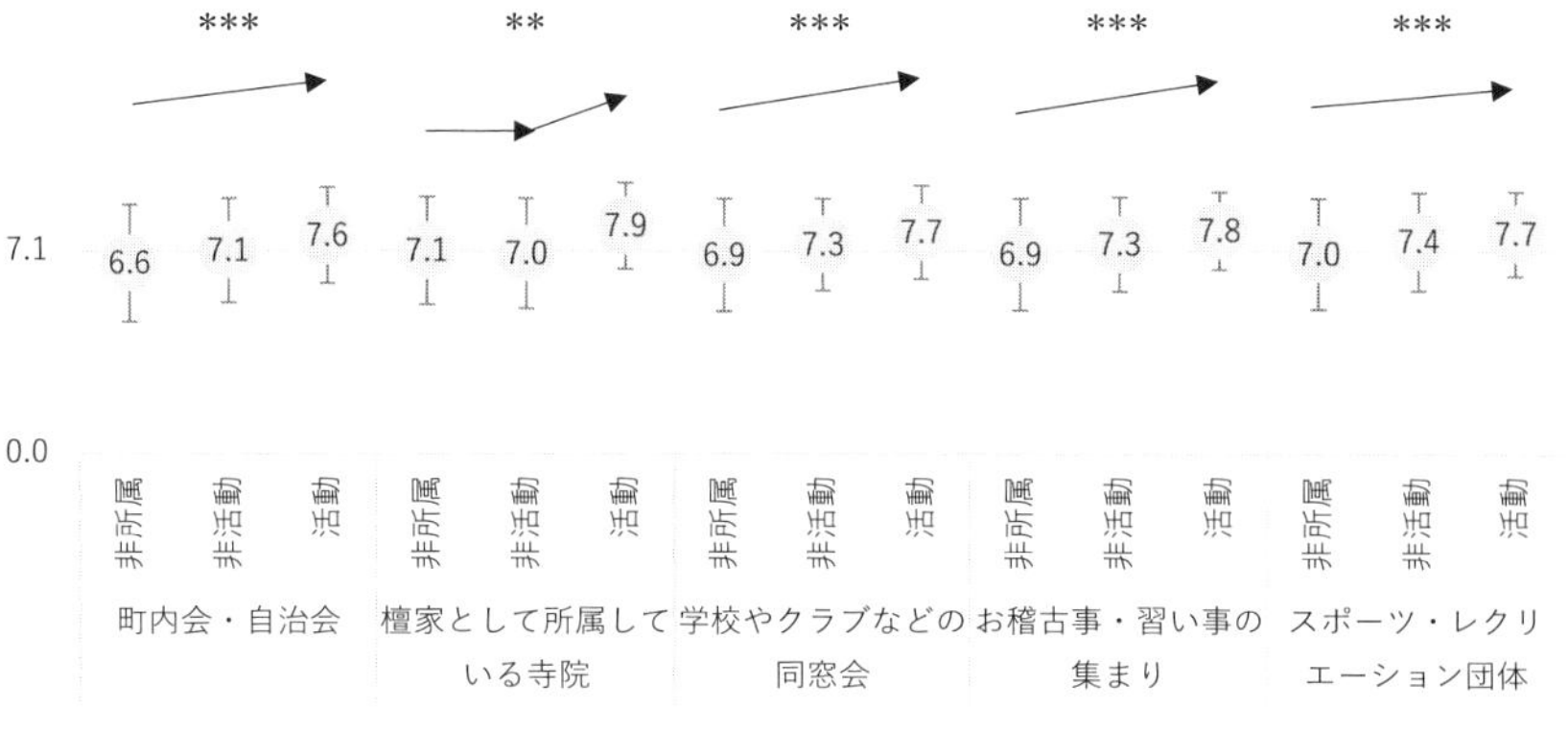

図7-10　団体参加状況別、主観的幸福感の平均値の分散分析結果

*$p<0.05$、**$p<0.01$、***$p<0.001$。

また、図7-11では、所属団体と余暇活動に関する各質問における選択項目数でグループを分けて、グループ間の主観的幸福感の平均値を比較している。所属団体の選択項目数は、中央値が二であることから、低位（〇項目）、中位（一～二項目）、高位（三項目以上）の三グループに分けている。これをみると、所属団体が一つ以上あり、なおかつ項目数が多いほど、主観的幸福感の

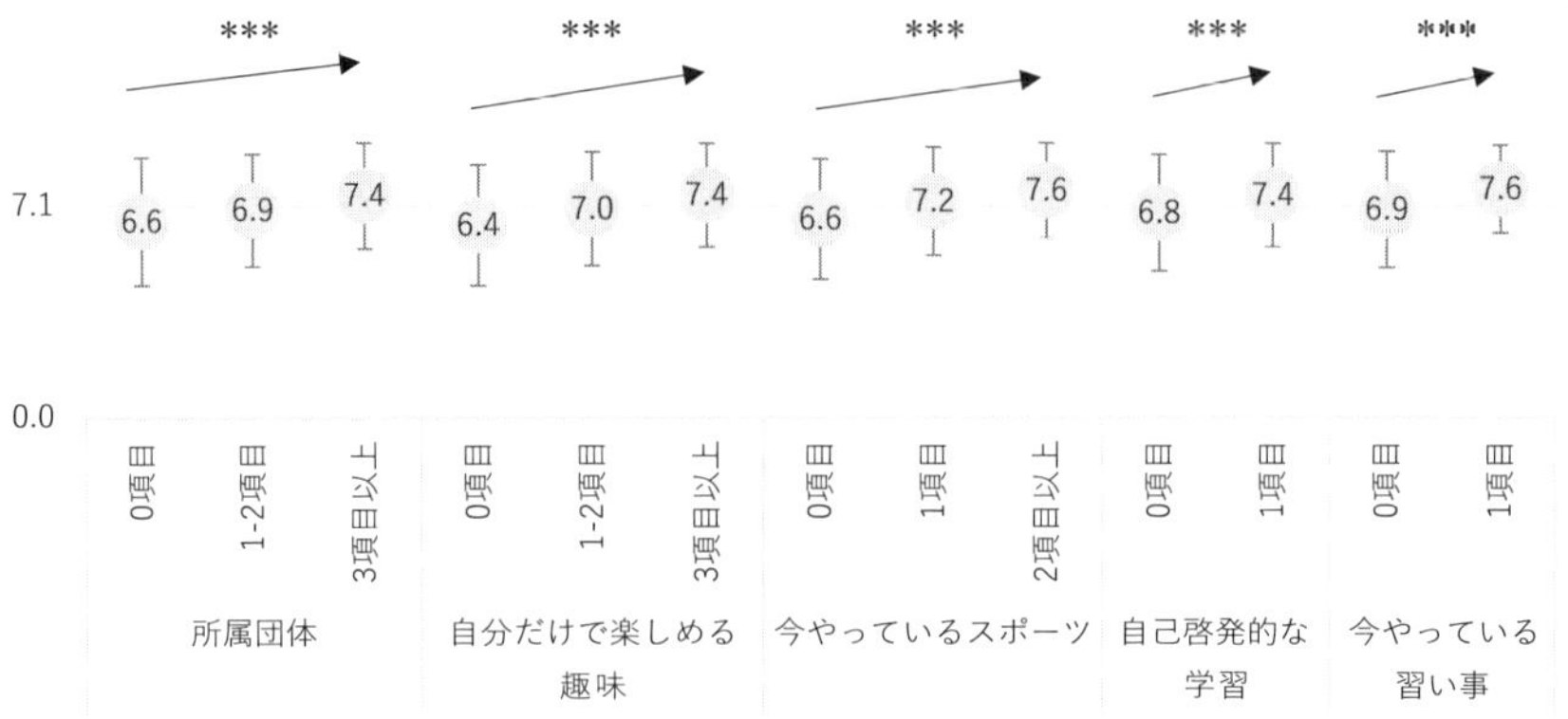

図7-11　所属団体・余暇活動の選択項目数別、主観的幸福感の平均値の分散分析結果

$^{*}p<0.05$、$^{**}p<0.01$、$^{***}p<0.001$。

平均値が有意に高い傾向がみられる。「自分だけで楽しめる趣味」や「今やっているスポーツ」も同様の傾向がみられる。また、「自己啓発的な学習」や「今やっている習い事」についても、「無い」グループより一つ以上あるグループの方が、主観的幸福感が高い。以上の結果からは、様々な団体に所属し、趣味やスポーツ、学習、習い事などの余暇活動をより多く行っている人、また、ただ所属するだけでなく実際に活動をしている人ほど、主観的幸福感が高いことが確認できた。

表7-3では、団体参加状況と主観的幸福感の関連を重回帰分析で確認している。基本属性変数をみると、すべての分析モデルで、年齢が高いほど、また健康状態「不良」よりも「良好」な者、そして貯蓄が多いほど、主観的幸福感も有意に高いという関連がみられる。また、基本属性変数を統制してもなお、「町内会・自治会」と「スポーツ・レクリエーション団体」への参加状況には有意な効果がみられ、これらの団体に所属し、活発に活動している人ほど主観的幸福感が高い。

同様に、表7-4では所属団体・余暇活動の選択項目数と主観的幸福感の関連を重回帰分析で確認している。ここでも表7-3と同様に、年齢、健康状態、貯蓄はいずれの分析モデルでも有意な効果

表 7-3　団体参加状況と主観的幸福感の重回帰分析結果

従属変数	主観的幸福感					
	モデル1	モデル2	モデル3	モデル4	モデル5	モデル6
	β	β	β	β	β	β
性別(女性＝1)	0.066	0.063	0.066	0.059	0.057	0.067
年齢(実数)	0.146***	0.152***	0.146***	0.150***	0.139***	0.140***
学歴(3段階)	0.061	0.061	0.063	0.066	0.060	0.067
就業状況(有職＝1)	−0.002	−0.006	−0.011	−0.008	−0.013	−0.013
配偶状況(既婚＝1)	0.082	0.078	0.075	0.072	0.079	0.077
家族居住(同居＝1)	0.027	0.047	0.048	0.050	0.044	0.032
都市規模(3段階)	0.043	0.036	0.037	0.036	0.031	0.040
健康状態(良好＝1)	0.347***	0.351***	0.352***	0.347***	0.345***	0.341***
貯蓄(16段階)	0.149***	0.153***	0.151***	0.153***	0.153***	0.145***
町内会・自治会	0.093**					0.075*
檀家として所属している寺院		0.032				−0.003
学校やクラブなどの同窓会			0.038			0.000
お稽古事・習い事の集まり				0.039		−0.003
スポーツ・レクリエーション団体					0.080*	0.062
調整済み R^2	0.222***	0.214***	0.220***	0.218***	0.223***	0.222***

β：標準化係数。$^{*}p<0.05$、$^{**}p<0.01$、$^{***}p<0.001$。

がみられる。また、基本属性変数統制後も「所属団体」と「自分だけで楽しめる趣味」、「今やっているスポーツ」、「自己啓発的な学習」の選択項目数は、それぞれ有意な効果が示されている。すなわち、様々な団体に所属している人、また複数の趣味活動やスポーツ活動、学習活動をしている人ほど、主観的幸福感も高いという結果が示されている。ただし、すべての変数を投入したモデル6では、年齢、健康状態、貯蓄以外の効果は有意ではなくなっている。

五　まとめと考察

本章では、主に地縁団体やアソシエーション団体などへの所属や参加状況、趣味、スポーツ、学習、習い事などの余暇活動の実施状況に着目しながら、サードエイジャーの社会参加と主観的幸福感との関連について検討した。本調査データの分析結果でも、高齢者の主観的幸福感は、年齢の高

表 7-4　所属団体・余暇活動の選択項目数と主観的幸福感の重回帰分析結果

従属変数	主観的幸福感					
	モデル 1 β	モデル 2 β	モデル 3 β	モデル 4 β	モデル 5 β	モデル 6 β
性別(女性＝1)	0.063	0.043	0.068	0.055	0.057	0.051
年齢(実数)	0.135***	0.146***	0.135***	0.141***	0.147***	0.124**
学歴(3段階)	0.067	0.054	0.059	0.050	0.054	0.063
就業状況(有職＝1)	−0.023	−0.015	−0.014	−0.012	−0.009	−0.032
配偶状況(既婚＝1)	0.087	0.079	0.070	0.085	0.077	0.085
家族居住(同居＝1)	0.024	0.040	0.049	0.040	0.048	0.022
都市規模(3段階)	0.037	0.025	0.034	0.033	0.034	0.028
健康状態(良好＝1)	0.346***	0.345***	0.340***	0.343***	0.345***	0.338***
貯蓄(16段階)	0.148***	0.145***	0.135***	0.138***	0.150***	0.123**
「所属団体」選択項目数	0.091*					0.054
「自分だけで楽しめる趣味」選択項目数		0.098**				0.062
「今やっているスポーツ」選択項目数			0.092*			0.046
「自己啓発的な学習」選択項目数				0.097**		0.047
「今やっている習い事」選択項目数					0.049	−0.009
調整済み R^2	0.226***	0.223***	0.221***	0.222***	0.216***	0.231***

β：標準化係数。$^{*}p<0.05$、$^{**}p<0.01$、$^{***}p<0.001$。

さや健康状態の良好さ、経済的なゆとりとの関連が特に強いが、そうした基本属性変数を統制してもなお、様々な団体に所属し、複数の趣味やスポーツ、学習活動をしている人ほど幸福感が高く、また特に町内会・自治会やスポーツ・レクリエーション団体に所属し、実際に活動をしている人ほど幸福感が高いという傾向がみられるなど、社会参加・余暇活動の活発さとの関連が確認された。

本調査では、団体への所属割合は男女ともに九割近くと高い水準であったが、その中で最も高い「町内会・自治会」や、次に高い「檀家として所属している寺院」などは、家族(世帯)単位で所属することが多いものである。また「同窓会」も含めて、これらの団体への所属は個人の主体的な選択というよりは、既存の社会関係に基づいて半ば自動的に加入する場合も多いと考えられ、実際に活動に参加している人の割合は相対的に低かった。それでも、本章の分析ではこれらの団体に所属し、実際に活動をしている人ほど、所属していない人より主観的幸福感が高い傾向がみられ、特に町内会・自治会の参加状況においてその傾向が顕著であった。町内会・自治会への所属は家族居住との関連が強いことから、そもそも家族と同居している高齢者は、単身で暮らしている者よりも親族づきあいや近隣づきあいによる社会関係を持ちやすく、そのために地縁団体に所属しやすいこと、特に年齢が高く、時間的な余裕がある人ほど活動に参加しやすく、継続的な参加や社会関係を持ちやすいことが考えられる。「同窓会」への所属や活動参加についても、年齢のほかに学歴や貯蓄との関連がみられるなど、学縁や職縁などの社会関係を持ちやすく、また時間や経済的に余裕がある人ほど、交友活動にも参加しやすいと考えられる。

余暇活動の中でもスポーツに関しては、「スポーツ・レクリエーション団体」への所属割合は二割弱と低かった一方で、「今やっているスポーツ」があるという割合は回答者の六割と高かった。内容としては、「散歩・ウォーキング」が最も多く、全体的に、団体に所属して集団で行うようなスポーツよりも、各々が好きな時に、一人でもできる運動・スポーツが多くあげられていたことから、高齢者のスポーツ活動における個人化傾向がうかがわれた。また、性別による差もみられ、散歩・ウォーキングやゴルフなどの屋外で行うものは男性、ジム通いやフィットネスなどの屋内で行うものは女性で有意に選択割合が高かった。

さらに本調査では回答者の九割近くが「自分だけで楽しめる趣味」があると回答しており、その内容は「音楽・映画鑑賞」や「ＴＶ・ドラマ鑑賞」、「読書」など、比較的お金をかけずに、体力や技能もあまり使わずに、自宅でできるものが多かった。「自己啓発的な学習」についても四割程度が選択しており、その内容も「テレビの教養番組やインターネットでの情報収集」、「書籍を購入したり、図書館で借りて読む」など、集合的活動よりは個人が各々で取り組む学習スタイルものが多かった。他方で、所属団体として「お稽古事・習い事の集まり」をあげた者は約二割で、「今やっている習い事」についても選択割合が二割未満など、習い事については所属割合も行動割合も低めであった。稽古事や習い事など、同じ趣味嗜好を共有する集団への所属は、先行研究でも指摘されている通り男性と比べて女性でより多かったが、特に有配偶者で、年齢や学歴、貯蓄額が高いほど、所属・活動している傾向がみられるなど、時間的・経済的な余裕との関連もうかがわれた。

本章の分析では、家族や職場以外の地縁団体やアソシエーション団体などの集団への所属や、そこにおける活動といった社会参加の活発さ、個人的活動も含めた趣味やスポーツ、学習などの余暇活動の多様さが、高齢者の主観的幸福感と関連があることを確認した。団体への所属や集合的活動よりも、個人的活動がより多く行われたり好まれたりしていることは、高齢期の生活や余暇活動の個人化傾向とみることができるのではないか。その背景として、本調査では貯蓄の多寡が多くの項目で有意な効果を示していたことから、経済的余裕のなさが集団や交友活動への参加を阻害し、余暇活動の個人化傾向に影響している可能性も示唆される。

ただし、本調査の回答者は都市部の高学歴層が多いなど、偏りがあることに加えて、本調査が実施された二〇二一年はコロナ禍の時期であったことで、集団への参加機会が減ったり、自宅などでの個人的な余暇活動が増えていたという影響も看過できない重要な点である。本章の分析でみられた社会参加や余暇活動の個人化傾向が、一時的なものなのか、長期的な変化なのかを明らかにするには、別の調査データの分析による検討が必須だが、いずれにしても、二〇二一年現在で六〇代から七〇代前半の、すなわち団塊世代以降では、高齢期の社会参加や余暇活動の面で、上の世代とは異なるライフスタイルや生活の状況・意識がみられるのではないか。

高齢者の単身化や就労化、老後生活の不安定化が進む中で、家庭や職場、そしてそれ以外の生活領域における社会関係や社会参加が低調な高齢者層は今後増加することが見込まれる。本章の分析からは高齢期の生活や余暇活動の個人化傾向が読み取れたが、高齢者の社会的ネットワークや社会参加をどのような形や仕組みで維持・創出するかは、超高齢社会の日本にとっては社会的孤立予防や地域コミュニティの機能保持と関わる政策上の重要課題である。また同時に、一人ひとりの個人にとっても、社会参加や余暇活動は人生の晩年を心身ともに健康で、幸福度高く生きるために必須の生活課題である。

注

（1）なお、高齢人口のうち、六五～七四歳のいわゆる前期高齢者は一三・六％、七五歳以上の後期高齢者は一五・五％である。

（2）このほか、夫婦と未婚子のみの世帯が二〇・五％、その他の世帯が九・五％である。

（3）図中の括弧内の数値（N）は有効回答数、パーセンテージは有効回答数に占める比率を表している。また、図中のアスタリスクはジェンダー間に統計的有意差があることを表している。以下、図7-5、7-6、7-7、7-8も同様。

文献

池田晋平・芳賀博、二〇二二、「地域在住高齢者の地域活動の参加を促進する社会的要因」『作業療法』四一（二）、三一―四〇頁。

池森康裕、二〇一四、「老人クラブ参加者の性別・年齢別の社会参加状況と社会活動への意向」『北海道医療大学看護福祉学部学会誌』一〇（一）、一五―二二頁。

大友総・齋藤美華、二〇一八、「定年退職後の高齢男性の社会参加の要因についての文献検討」『山形保健医療研究』二一、一一―一九頁。

厚生労働省、二〇二二、「令和三年簡易生命表」。

相良友哉・戸川和成・田川寛之・崔宰栄・辻中豊、二〇二一、「活発な地域活動が見られる高齢住民の社会的属性に関する検討」『人間生活文化研究』三一、六一四―六二二頁。

島井哲志・山宮裕子・福田早苗、二〇一八、「日本人の主観的幸福感の現状―加齢による上昇傾向」『日本公衛誌』六五（九）、五五三—五六二。

竹内香織・磯和勅子・福井享子、二〇一一、「地域高齢者における主観的幸福感に関連する社会活動要因」『三重看護学誌』一三、二三—三〇頁。

内閣府、二〇二三、「令和五年版高齢社会白書」。

三田泰雅、二〇一五、「高年者の余暇活動と社会参加」『四日市大学総合政策学部論集』一五（一）、二九—三七頁。

第8章　サードエイジ期における高齢者の中間集団ネットワーク

遠山景広

一　背　景――サードエイジ期を迎える高齢者と子どもの育ちの交点と課題

本章では、サードエイジ期と高齢者のネットワークについてみていく。いわゆる高齢期は、既に第6章で指摘されているサードエイジに差し掛かる時期となる。この時期は、それまでの社会生活におけるネットワークの再編を要する時期である。ネットワークについて、主な所属社会を表す中間集団は、長く血縁と職縁、地縁の三つから捉えられてきた。一先ずこの枠組みを維持してみると、三つの中でも近現代の日本社会において強力な中間集団となった、仕事(職縁)から離脱する時期であることは大きな変化といえる。人が社会的な生物であることを踏まえると、退職という大きなライフイベントの一つを経た後にどのような社会に所属するかは、社会的な存在であるために無視できない要因である。退職は就業者に限られるため、一見非就業者にとっては無関係に思えるかもしれない。しかし、職が強力なネットワークの構成要因となってきた現代のサードエイジャー世代は、家族単位での社会生活を基本としてきたケースがまだ多く想定され、退職も家族単位のライフイベントという面を備える。従ってサードエイジ期は、ネットワーク・所属社会との関係は家族単位での再編、その入り口という意味で捉える必要がある。

このように高齢期は職縁――仕事、職は文字通り職縁に該当――から離れることが増えるため、残る二つの中間集団である血縁(家族・親族)と地縁(居住地の社会)について主として検討する必要があるといえる。ただし血縁は家族観の変化、地縁は都市化に伴う衰退によって、いずれも保障されたものとは言えなくなっている。血縁については、定位家族である自身の親きょうだい、親族や友人といったその他のネットワークからも強制的に――特に死別という形で――遮断される可能性が徐々に高まっていく。一方地縁は、かつてのように生活上必須のものではなくなって久しく、誰もが有するものとは言えなくなっている。併せて高齢化が進んだことで、職縁からの「離脱」後の期間が長くなってきている。これが「セカンドライフ」と呼ばれるものでもあり、この時期を如何に過ごすかは現代の課題となっている。言い換えると、職縁を離れた高齢者の社会関係は急激に不安定な状態に陥る可能性があり、かつそれが長期化することもある、といえる。

血縁ネットワークには、高齢者からみて上の世代、即ち親世代と、下の世代、即ち子・孫世代がある。このうち子・孫世代についても、その育ちを如何にして保障するかは日本をはじめとする現代社会の重要な課題となっている。子どもたちの育ち及び子育ての環境は、都市化以降大きく変化しており、親や保護者、教員などの「先生」を除く他者や大人たちとのかかわりの機会は、より限られるようになっている。これは、子ども本人だけではなく子育て家庭全体でも同じである。子どもの育ちの保障という観点からも家庭や地域をはじめとした子どもたちの育ちの基盤も変化の続く社会の中で、子育ての担い手、誰が子育てを支えるかという課題は、いわゆる生産年齢人口以下の世代が縮小する社会において喫緊の課題である。

核家族化や子育て家庭の背景が多様化していることを考慮すると、子どもの育ちの環境の保障は、以前とは異なった形を模索する必要が出て来る。性別役割分業、すなわち男性が稼ぎ手となって核家族を中心に、即ち母親が子育ての主たる担い手である状況ではなく、保育を担う公的主体にとどまらず、多種多様な子育てのあり方を形作る必要がある。このあり方を考える際には、例えば保育者や（幼稚園）教諭のような固定的な属性に拘らず、様々な属性を持った人たちがいることによる子どもの育ちへの効果を意識したい。例えば学生は、これから子どもを持つ可能性がある人たちとして、親子関係や子育てについて学びつつ、一方で子どもの遊びの環境をつくる一助となる、子どもにとっての身近な大人を増やす…等々の形で相互作用が期待できる。このような相互作用は、様々な属性間の関係についてみることができ、高齢者世代も例外ではない。子育てを含む人生の経験は、常に、とはいえないものの有効に機能することが期待できる。さらに高齢者のウェルビーイングやＱＯＬの観点でも、多世代交流の意義は大きい。職縁を含めた社会的な役割が縮小しがちなサードエイジ期に、子ども・孫(世代)とのタテ関係の中で得られる役割は、心身両面での刺激となり、よりアクティブな高齢期を創り出す可能性を持っている。

以上のように、多世代交流は子や孫世代などの若い世代の学び、高齢者世代の活力や刺激、社会生活を保障する一つの選択肢として、両者にとって重要と考えられる。しかし一方で、孤立死などにみられるような社会的ネットワークの再編に苦慮する高齢者も少なくない。では、このような社会的ネットワークをサードエイジ期においても保持・獲得しやすい高齢者とはどのような高齢者なのか。本章では、高齢者に焦点化した調査デザインを活かし、三つの中間集団(血縁・地縁・職縁)のうち地縁と血縁の二つの状況と関連性を確かめていく。所謂「地域社会」の担い手として高齢者の果たしてきた役割は大きいが、様々な形の「老後」が想定される今後の日本社会の中で地域社会とのかかわり方はどのように変わっていくのか、また家族や若い世代の交流につながる可能性として地縁を捉えることはできるのか。あるいは、子世代との交流があれば地域にも出ていきやすい…というような「一つを持てる場合は他も持て、一つ持てない場合は他も持てない」というような格差の兆候としてみるべきなのか。職縁と血縁の揺らぎが地縁に対しては志向や意欲のみにとどめるという関係があるとすれば、こうした構造が地域差も伴った高齢期のネットワーク格差を生んでいないか。サードエイジに差し掛かった高齢者について、ネットワークの地域間を含む格差の有無及びその要因について端緒を掴みたい。

二　先行研究──高齢者を取り巻く社会的ネットワークとその影響

まず、高齢期の特性について改めて整理しておく。吉川（二〇二二）は、高齢期の加齢に伴う分岐点について、心身や健康への不安、資源の減少や喪失、周囲のシステムや技術革新の三つの面で捉え、それが社会的孤立のリスクを顕在化させたことを指摘している（吉川 二〇二二、三三─三七）。吉川の指摘した三つの分岐点について、心身の機能の低下や資源の減少は活動の範囲を狭めることにつながる。外に出ていくための力と、出ていく先の喪失により、さらに出ていく先が減少するという負のスパイラル化が想定されるだろう。さらにシステムの変化、特に情報化と相まってネットワークの構成を劇的に変えていると考えられる。しかし、社会システムや新しい技術に対応できるかは未知数であり、ここに格差につながり得る問題が生じる。都市化と少子高齢化の現状を踏まえると、従来と同じ形で社会的なつながりを維持していくことの困難さは増していると考えられる。

また高齢期までの主要な縁の一つである職縁は、以前に比べれば力を落としているかもしれない。しかし、未だ強力なものの一つであることは中田（二〇二〇）なども指摘している。従って、ポスト職縁期としてのサードエイジ期のネットワークとその再編や変化を掴む、予測する必要は決して小さくないと言えるだろう。また村山ら（村山他 二〇二四）は、健康とウェルビーイングの関連についてのレビューの中で複数の研究で高齢期の健康には社会的なつながりの影響があることをまとめている。さらに、辻（二〇一九）はフレイル予防の観点から人とのつながりの必要性に言及している。健康の保持は医療的ケアや身体面のみではなく、心とそれに影響する周囲の社会への参加が要因となっており、その総体としての「健康」という捉え方が示唆されている。健康と主観的幸福度の連動は、第7章でも指摘されており、社会性の保持は「健康」を維持し高齢期をよりアクティブなものにするうえで不可欠であると考えられる。

次に多世代交流、子どもと高齢者の相互作用についてみていく。諏澤（二〇二三）は、高齢者（祖父母世代）との交流が親（世代）・子（世代）側にもたらす影響の例として、乳幼児期から青年期にかけて子どもたちの社会化に一定の影響を与えることを示唆している。諏澤（二〇二三）では、祖父母と孫の交流について、祖父母側への効果だけではなく孫側への影響について、周囲の大人が増えることで親子以外のタテの関係性ができ、孫にとって関係性の抜け道になることを指摘している（諏澤 二〇二三、三四―三六、五二、五六―五七）。これは乳幼児の親子関係、つまり子どもとの一対一では親子関係が固定されるため行き詰まりが生じ、息苦しさを感じても抜け道が無いことで負担を抱えやすい、という構造に似ている。こうしたネットワークの固定化、閉鎖性のデメリットは、親子関係だけではなく様々なところに生じ得る。しかし両者の間に、ある種の異質さが入ることによって、双方と異なる立場からの見解が生じ、それが抜け道、息抜きとなって関係性の整理につながると考えられる。この他にも、遊びを含めた知識伝達や道徳観などの価値観の涵養といった場面での効果も指摘されている。さらに祖父母側もこれらを役割として取得している――祖父母世代は異なるコーホートであるため、年齢だけではなく社会性についても異なる見解を提示しうるレファレンスとしての存在である――ことも窺えた（諏澤 二〇二三、五八―五九）。勿論、時にはこうした異質さが世代間の価値観の差を浮き彫りにし、却ってコンフリクトの原因になるなどの側面を有することは言うを俟たない。しかし、プラス側の効果について、実態の一つの形を明示したのが諏澤の研究と言えるだろう。祖父母世代にとっても、高齢期は職（縁）から離れやすくなるため、相対的に家族（血縁）と地域（地縁）は所属する社会としての意味合いが上がるものの、自身の子のみでは関係の閉鎖性が生じるため、孫世代とのチャンネルができることは社会性において双方向的な効果を齎すと言えるだろう。

諏澤の研究にもあるように、高齢期における血縁の重要性は――そのプラスマイナス双方の意味において――小さくない。残る三つ目の中間集団である地縁については、石田や中田の研究がヒントとなる。石田（二〇一一）が指摘するように、地域とのかかわりが子どもを通して形成されるパターン、子どもを持たないという選択が地縁の脆弱さにつながること――そして職縁に依存させられる構造にあった男性は、高齢期の孤立リスクがより高まっている虞があること――も示唆されている（石田 二〇一一、一四四）。即ち、従来の中間集団との安定的な社会の中でキャリアを終えた高齢男性が孤立しやすいとすれば、そこには職縁という社会の喪失があり、職縁が依然として強力な社会になっている可能性がある。また中田は、石田が高齢「男性」の職縁依存に基づく退職後の生活での孤立リスクを指摘していることを裏付けるように、子どもの捉え方についてのジェンダーの影響について言及している。中田の分析でも、夫の場合はケアサポートの提供者としての重要な他者として配偶者を強力に想定するのに対し、女性の場合は友人や子どもを含む多様な主体を想起できることが改めて示唆されているのである（中田 二〇二〇、一〇三―一〇四）。

中田をはじめとする研究では、中高年男性の方がネットワークを血縁、特に配偶者に依存する傾向を指摘している。しかし一方で、中田は男性が配偶者を通して得たネットワークを、配偶者を失っても維持する力があること、ただし健康状態が良くない場合には、この力が十分に発揮されない傾向についても言及している（中田 二〇二〇、一〇九―一一〇）。先の村山や辻の研究などにもあるように、「健康」のネットワークへの影響は少なからずあるだろう。ただ、性別以外の社会属性の影響も想定する必要がある。まして、第5章、第9章でも論じられているように、様々な社会で性別と社会性が密接に関連してきたことを考えると、例えば職歴や居住地での習慣などの影響は無視できない効果を持つ可能性がある。

社会属性の相違は、そこまでの生活歴の相違となってサードエイジ期のネットワーク構成や、個々の生活スタイルを左右する要素となっていることが窺える。社会への所属経験、ジェンダー差、職業生活に基づく生活スタイルなどを背景に、サードエイジ期のネットワークの差は、実際にはどの程度表れてくるのだろうか。

三　分析の概要・対象

以上を踏まえ、本章ではサードエイジャーの社会ネットワークについて、職縁を除く中間集団（地縁と血縁）を地域差に着目して分析・考察を試みる。「サードエイジ期におけるセカンドライフに関する生活意識調査」は、サードエイジ、セカンドライフに差し掛かっていく人、既に差し掛かっている人々が対象であり、まさにネットワークの再編に入る、今後の社会性を如何に維持または確保するかが重要な時期にある人々といえる。高齢者の縁、ネットワークの格差を検討するうえで考慮したい点が地域差である。先に挙げた先行研究にもある性差は、地域規模による差異とも連動した形で指摘されてきており（野沢 二〇〇九など）、地域間でネットワークにかかわる要因の相違性を考慮しつつ「居住地域」がサードエイジ期において持つ意味と、社会属性等の影響について検討する意義は大きい。

分析の対象については、血縁の中でも特に子・孫世代とのかかわりを扱うため、結婚経験がある者に限っている。また、分析方法は変数の性質と調査方法の特性を活かしクロス表分析の他、（多重）対応分析を用いることとした。

本章での分析にあたり使用する変数は表8-1の通りであり、社会属性系の変数と血縁系の変数、地縁系の変数に分類している。血縁や地縁については、例えば「セカンドライフで大事だと考えるもの：夫婦関係」のように、意識変数も調査には含まれているが、今回は、実際の行動レベルに絞って追っていく。先に挙げた石田（二〇一一）なども指摘しているように、例えば高齢者の地域活動（ボランティアなど）は、参加の志向性は高いものの行動（＝実際の参加）となるとできていない、というケースが少なからず想定される。そこで、意識より厳しい行動レベルの変数を分析に用いることとした。また表では、これらの変数について元の質問文と〈　〉で分析時に使用するラ

表 8-1　使用変数一覧

	変数名	質問番号	元の質問文	変数名ラベル	対応分析のマーカー
属性変数	居住地域	Q 42	あなたがお住まいの地域の都市規模をお教えください	23 区 大都市 中規模都市 地方	×
	性別	F 1	あなたの性別をお教えください	男性 女性	○
	居住形態	Q 35	あなたの現在のお住まいは、この中のどれにあたりますか	一軒家 一軒家以外	□
	同居者	Q 36	現在、あなたと一緒にお住いの方はいますか	夫婦のみ 子や孫と同居 同居者はいない ＝単身	*
	主観的健康	Q 14	全体的にいって、あなたの現在の健康状態はいかがですか	よい よくない	＋
血縁	(子との)面会	Q 27-1	以下にあげるようなそれぞれの機会は、どれくらいありますか a. ご家庭を離れたお子さんと会って話す機会	多い 普通 少ない	◇ 多い：単線 普通：長波線 少ない：短波線
	(孫への)プレゼント	Q 27-2	以下にあげるようなそれぞれの機会は、どれくらいありますか b. お孫さんに贈り物やお小遣いを渡す機会		
地縁	町内会参加	Q 18	あなたは現在、町内会・自治会に参加していますか。している方は、どの程度参加しているかをお教えください	参加している 参加していない	△ 参加している、する：単線 参加していない、しない：短波線
	立ち話	Q 19-2	あなたは近所の人と、どのようなお付き合いがありますか 2. 立ち話をする 4. 食材や土産物などをお裾分けすることがある	する しない	
	お裾分け	Q 19-4			
	祭り参加	Q 30-c	あなたは、次にあげるようなことをすることがありますか c. 地域のお祭りに参加する	参加している 参加していない	

表8-2　〈都市規模(単一回答)〉の度数分布

N＝1000

東京都区部〈23区〉	8.2%
政令指定都市(区のある市)〈大都市〉	29.6%
地方都市〈中規模都市〉	52.8%
郡部・町村〈地方〉	8.5%
わからない	0.9%

表8-3　〈主観的健康(単一回答)〉の度数分布

N＝1000(統合後)

よくない	4.0%	26.0%	よくない
あまりよくない	22.0%		
まあよい	65.5%	74.0%	よい
とてもよい	8.5%		

ベルを表記している。

後述のように分析手法として対応分析を採用したため、全ての変数の値を二～三項目になるよう回答を統合している。以下の度数分布表では、これに準じた統合後の回答分布と元の回答の分布について示している(表8-2～10参照)。まず、属性変数は先行研究を踏まえて「性別」、「主観的健康」、「同居者」、これに加えて地縁行動に影響しうるものとして「居住形態」を投入した。地域区分の基盤となる都市規模については、表8-2に示したように「二三区」と「地方」は八%、大都市が約三割で、過半数が中規模都市であった。さらに、主観的健康は七割超が「よい」としている(表8-3)。同居者については、「配偶者/息子/娘/子の配偶者/孫/その他の親戚/友人・知人/単身(同居者はいない)」の選択肢による複数回答である。ここからその他の親戚と友人・知人を除外したうえで、「夫婦のみ」である場合、子どもの配偶者を含む「子ども」または「孫」が一人でもいる場合(自分の配偶者＋子どもの場合はこちらに分類)を「子・孫と同居」、「単身」の三パターンとした。従って、「子・孫と同居」には自身の配偶者も同居しているケースが含まれる。このように整理し直した度数分布は表8-4の通りである。居住状況は、「一軒家」と「賃貸・公営住宅等」に分類したが、家族の誰かの持ち家である一戸建ての割合が全体の三分の二と高くなっている(図8-

表 8-4　〈同居者〉の度数分布

	N＝959
夫婦のみ	55.0%
子・孫と同居	28.7%
単身	16.4%

筆者が３区分に整理。

表 8-5　〈居住形態(単一回答)〉の度数分布

	N＝1000		（統合後）
一戸建て(持ち家、親などが持ち主の場合も含みます)	66.6%	68.0%	一軒家
一戸建て(賃貸)	1.4%		
マンション・アパートなどの集合住宅(分譲)	21.6%	31.9%	賃貸・公営住宅等
マンション・アパートなどの集合住宅(賃貸)	6.7%		
社宅・公務員住宅等の給与住宅	0.1%		
公社・公団等の公営の賃貸住宅	3.5%		
有料老人ホーム	0.1%	0.1%	(分析では除外)

サービス付き高齢者住宅、その他は回答者がいなかったため記載していない。

5)。

次に、血縁系の行動にあたる変数として①離れて暮らす子どもとの面会状況と②孫への贈り物やお小遣いを渡す頻度(変数名：「面会(頻度)」、「プレゼント(頻度)」)を用いる(表8-6、7)。「面会」も「プレゼント」も、頻度が少ないに相当するのは二割未満である点は共通する。しかし、「面会」では多い：普通の比率がほぼ一対一であるのに対し、「プレゼント」の方は一対三とやや抑え目となっている。

地縁系の行動にあたる変数は、①「町内会参加」(表8-8)、②「立ち話」③「お裾分け」④「祭り参加」を設定した。①は、町内会活動への参加状況について、定期的に参加しているかどうかで区分し直したものである。②の「立ち話」と③の「お裾分け」は、七項目からなる近所の人との付き合いを尋ねた質問の一部である(問19)。しかし、挨拶は選択率が九割以上とほぼ全員が行っており、一方で家に招いて話をする・家のことを手伝ってもらうなどは一割未満とほぼ全く行っていない(表8-9)。これらの回答の偏りが大きい五項目は、分析に用いるのは難しいと判断し「立ち話」「お裾分け」のみ採用した。最後に④の「祭り参加」は、お盆のお墓参りや神社への参拝など、宗教的な行動の有無を尋ねた質問の一つであるが、地

表8-6　〈面会(頻度、単一回答)〉の度数分布　N=735　(統合後)

週に2、3回程度	6.0%	43.1%	多い
週に1回程度	13.1%		
月に1回程度	24.1%		
数ヶ月に1回程度	30.2%	39.6%	普通
年に1回程度	9.4%		
年に1回以下	9.0%	17.3%	少ない
人生の節目の行事のみ	1.9%		
まったくない	6.4%		

元の問27.s1で「あてはまらない(265名)」を除く。

表8-7　〈プレゼント(頻度、単一回答)〉の度数分布　N=566　(統合後)

週に2、3回程度	1.1%	20.1%	多い
週に1回程度	3.0%		
月に1回程度	16.1%		
数ヶ月に1回程度	50.9%	64.0%	普通
年に1回程度	13.1%		
年に1回以下	4.9%	15.9%	少ない
人生の節目の行事のみ	4.9%		
まったくない	6.0%		

元の問27.s2で「あてはまらない(434名)」を除く。

表8-8　〈町内会参加(単一回答)〉の度数分布　N=1000　(統合後)

役職について活発に活動に参加している	9.0%	21.1%	参加している
役職にはついてないが活発に活動に参加している	12.1%		
メンバーではあるが、あまり活動には参加していない	50.5%	78.9%	参加していない
町内会・自治会には所属していない	28.4%		

表 8-9　「問 19. あなたは近所の人と、どのようなお付き合いがありますか。(いくつでも、複数回答)」の度数分布

$N=1000$

見かけたら挨拶をする	92.9%
立ち話をする	**51.0%**
家に招いて話をすることがある	6.6%
食材や土産物などをお裾分けすることがある	**30.2%**
除雪や草刈りなどを手伝う(手伝ってもらう)	9.8%
買い物など家のことを手伝う(手伝ってもらう)	1.6%
避難訓練や緊急事態で避難を手助けする方がいる(助けてもらう人がいる)	8.3%
一切の付き合いがない	3.6%

立ち話をする〈立ち話〉、食材や土産物などをお裾分けすることがある〈お裾分け〉を分析に使用。

表 8-10　〈祭り参加(単一回答)〉の度数分布

$N=1000$(統合後)

しない	53.1%	53.1%	しない
たまにする	35.2%	46.9%	する
よくする	11.7%		

域参加を示す指標としても機能すると判断し分析に加えた(表８-10)。

四　分析結果

以上のように、今回分析に使用した項目は、二つの「縁」である地縁と血縁となる。表８-１のとおり、血縁は子や孫世代との接触頻度を、地縁については居住する地域社会での他者との接触頻度をそれぞれ用いた。また属性変数には、先に述べたように男女差の大きさが指摘されている性別、また所謂アクティブ・エイジングとの関連を考慮し健康(主観)と、地縁にかかわる居住形態(一軒家か否か)、さらに同居家族(単身・夫婦のみ・子どもなどを含む)を投入している。また、既に述べたように既婚者のみ、かつ居住地域の都市規模を使用するため、以下では既婚者かつ都市規模についての回答が得られた八九七件を対象としている。

まず、血縁と地縁の状況に地域差があるか、クロス表によって確認する。地域別の血縁項目の状況はそれぞれ

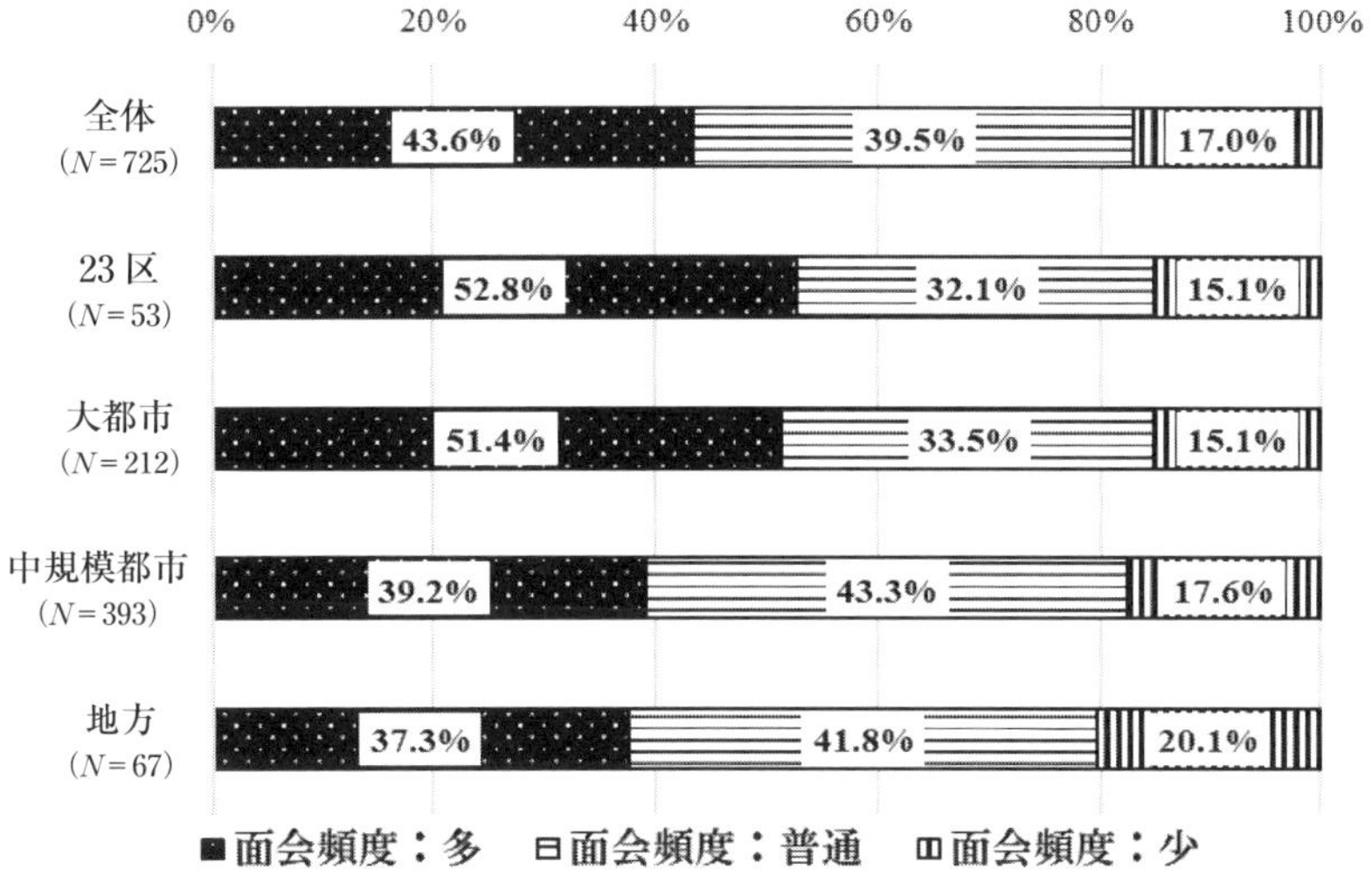

図8-1　地域別の血縁行動(面会頻度)の状況

図8-1、2で示す。このうち、図8-1の「面会」頻度(高い、普通、少ないの三区分に整理)は地域差がみられ、人口規模が小さい地域ほど面会頻度が低い。ただし、面会頻度が「少ない」の割合は一五~二〇%で、二三区や大都市では「高い」が過半数に達しているものの、中規模都市や地方では「普通」の頻度が「高い」と同程度——やや多くなっている——という状態である。「プレゼント(お小遣い含む)」の頻度に地域差はみられず、頻度が「普通」「多い」「少ない」の順に回答者が多く、「普通」が特に多い。中規模都市では「多い」と「少ない」は拮抗しているが、二三区では「少ない」がごく少数になっている。

地縁は図8-3に示したように、(行動あるいは参加)しているか・していないかの二区分で見た場合の地域差はそれほど大きくない。全体的に地方の方が町内会への参加率や「立ち話」「お裾分け」「お祭り参加」しているとする回答が多く見えるが、四項目のうち統計的な意味での地域差があるのは「お裾分け」のみである($p<.05$)。

総じて、比較的明確な地域差がみられたのは、血縁の「面会」のみとなっており、地縁についても大きな差はみられな

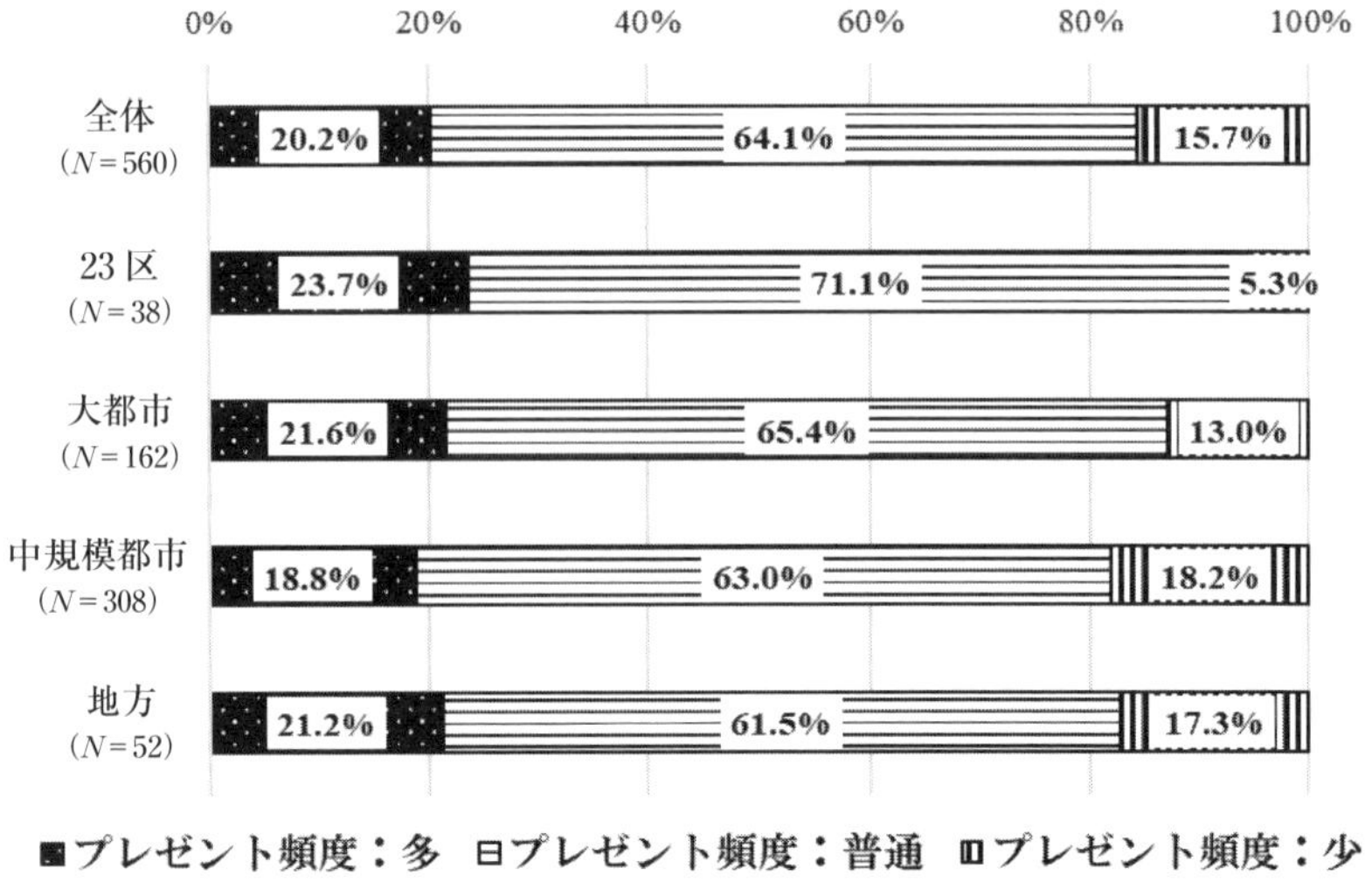

図 8-2　地域別の血縁行動（プレゼント頻度）の状況

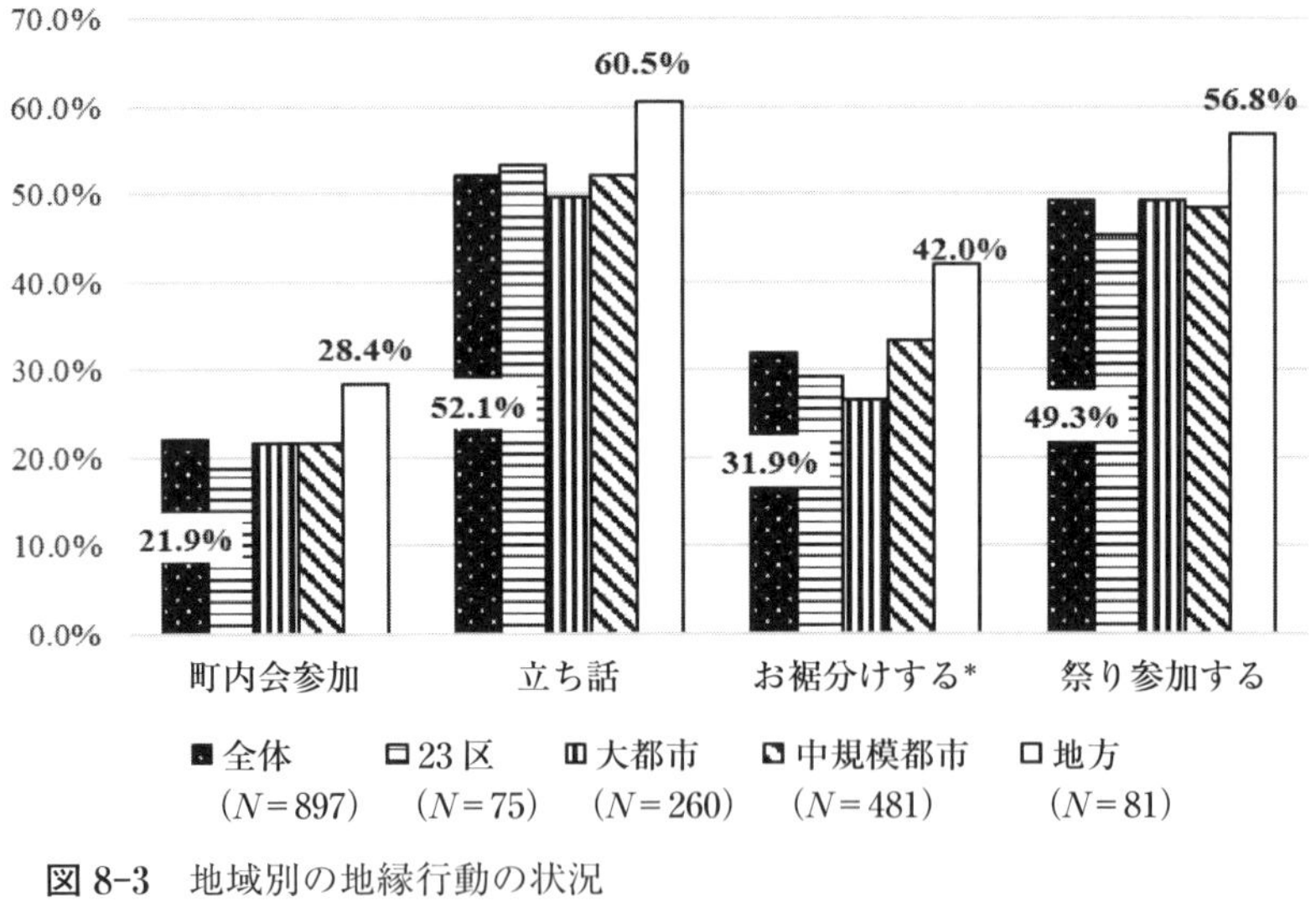

図 8-3　地域別の地縁行動の状況

町内会・祭りは「参加している」、立ち話・お裾分けは「している」割合。
*$p<.05$。

かった。次に、これらの変数の重層性について確認する。

1　対応分析の結果（変数ごとの傾向）

次に、血縁・地縁・社会属性を投入し、二三区・大都市・中規模都市・地方の四地域ごとに対応分析を行った（図8-4）。分析では、複数の質的変数間の関係性を同時に捉えるため、多重対応分析を用いた。

分析の結果、地域ごとにいくらかの相違はあるが、似た結果が得られた箇所が多く見られた。まず属性変数についての傾向を確認していく。ただ、属性変数の血縁、地縁との関係は主観的健康を除きあまり強いものは見られない。

①　性別（図中マーカー：○）

性別については、比較的女性の方が血縁行動の「多い」に近く、男性の方が「普通」に近い。この傾向は、図8-4(1)や(2)などの規模の大きな都市でより強い傾向となった。しかし、殆どのスコアがタテ軸・ヨコ軸のいずれかでゼロに近く、地縁の傾向を見出すのはやや難しいが、敢えて言えばやや男性の方で血縁行動の頻度が低い・地縁行動のしていないに近いため、先述の石田や野沢の成果を緩やかに追認するような結果といえるだろう。

②　居住形態（図中マーカー：□）

居住形態は、いずれの地域でも原点に近い位置にあり、今回の変数群の中では最も他の変数との関連を捉えることが難しい変数となった。以下の都市別分析でも、実際にはいくつか近い変数が存在しているものの、基本的に一軒家も集合住宅も原点に近い（タテ、ヨコ両軸のスコアがいずれも〇・一程度かそれ以下）ため、関連は低いものと思われる。

③　同居者（図中マーカー：＊）

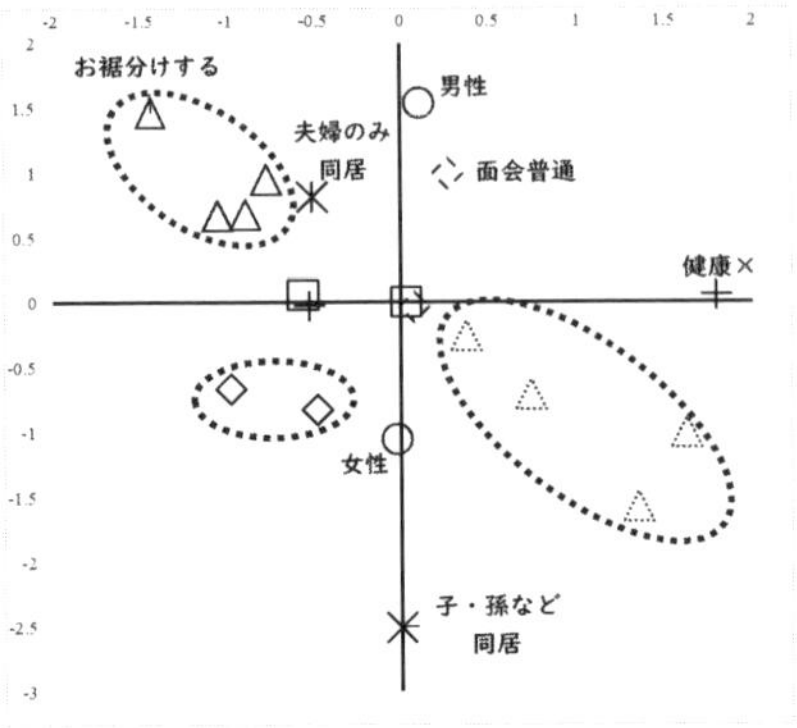

図 8-4(1)　血縁・地縁行動の対応分析(23 区)

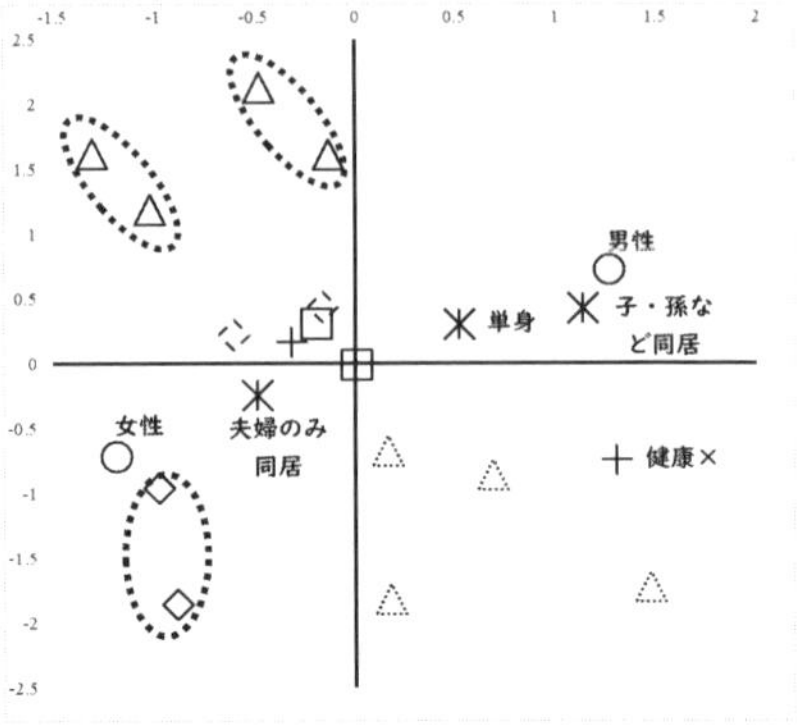

図 8-4(2)　血縁・地縁行動の対応分析(大都市)

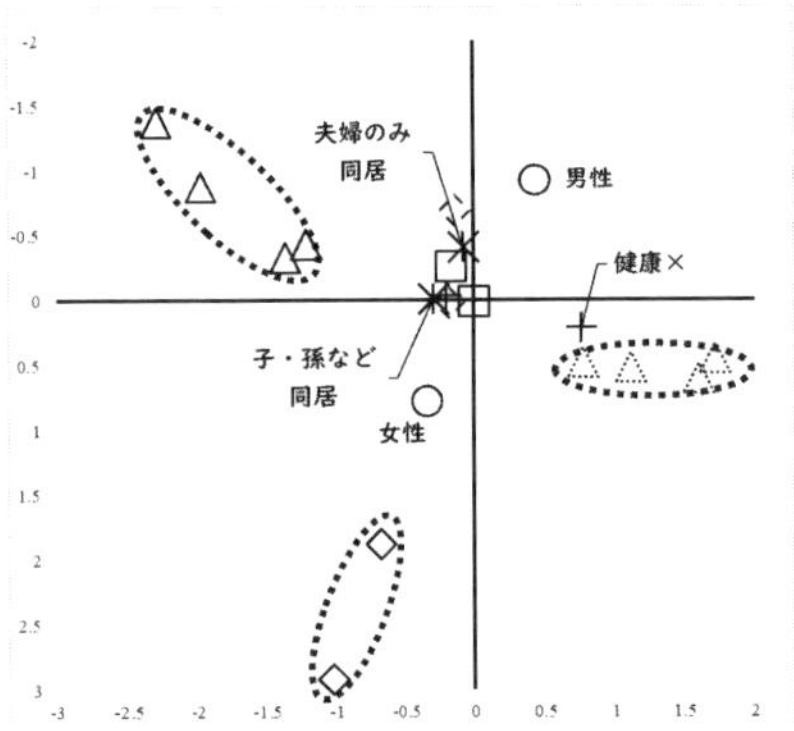

図 8-4(3)　血縁・地縁行動の対応分析(中規模都市)

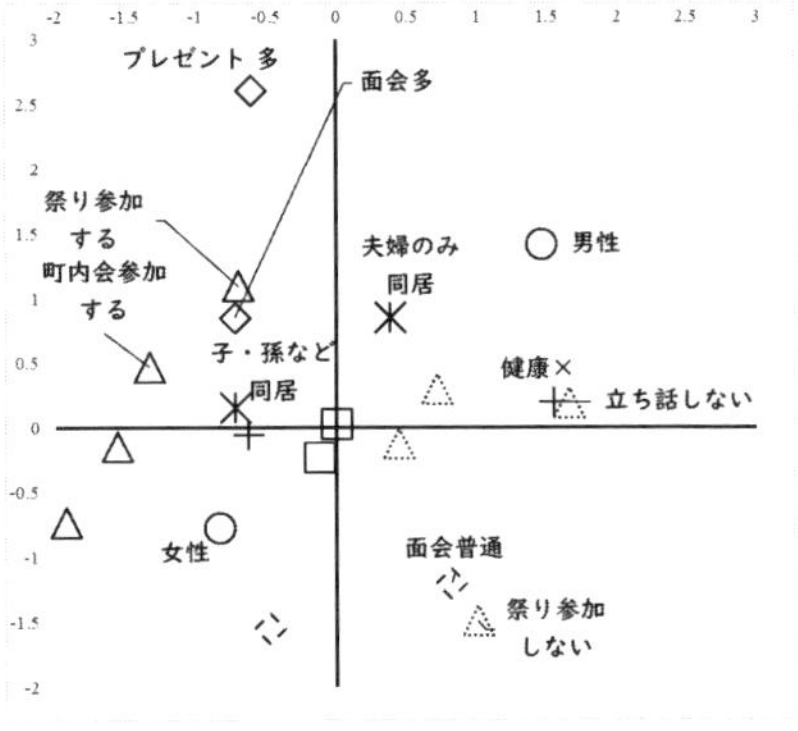

図 8-4(4)　血縁・地縁行動の対応分析(地方)

1　軸の＋、－は結果を見やすいように適宜調整している。
2　血縁行動の「少ない」はいずれも非常にスコアが大きくなったため、他の変数を見やすくするために表示していない。

次に同居者についてみていく。子・孫との同居は実質的に血縁行動の頻度を高めやすく、結び付きがあるものと予想されたが、いずれの地域でも行動の頻度が「多い」とはあまり近接していない。寧ろ夫婦のみの場合には血縁行動の頻度が多い方にやや近く、地縁行動でも「している」に近くなっている。ただ、中規模都市ではスコアが原点に近くなった。また、比較的スコアが大きい単身は、二三区では血縁行動が少ないと同じ象限に位置しており、中規模都市と地方ではどの変数とも距離を置いている。例外は大都市で、子・孫との同居に近い位置を取っている。

④　主観的健康（図中マーカー：＋）

こちらについても予想とほぼ同じく、健康がよい場合に各縁のプラス側項目に近くなる。逆に健康状態に不安がある場合には特に地縁行動の「（参加）していない」との連動がみられる、すなわち主観的健康度が低いと地域活動には参加していない。ただし、予想ほど明確な連動ではないように思われる。

以上のように、性別と居住形態はほぼ関係がなく、主観的健康も予想ほどの効果はみられなかった。同居者については、予想とは異なる方向で弱い連動の傾向がみられた。

2　地域別の傾向について

以下ではさらに、四区分の都市規模ごとに結果を確認していきたい。

（1）　二三区

図8-4(1)に示したように、血縁行動の頻度が「多い」と頻度が「普通」または「少ない」、地縁行動の「参加している／する」と「（参加）していない」が四象限に分かれてまとまっている。即ち、血縁行動と地縁行動はそれぞれに独立していることが窺える。血縁行動の「普通」は原点に比較的近いが、「少ない」のスコアが大きく離れて

いる分、「少ない」と同じ象限に引っ張られているようにみえる。この傾向は、地域差は多少あるものの地方を除く三地域でみられた。

地縁のプラス側回答は、夫婦のみの同居とやや近い距離にある。血縁の中間回答がヨコ軸では近いが、タテ軸を併せると少し距離ができている。血縁行動の「少ない」は、図8-4(1)には表示していないが、図左下の「多い」からみて「普通」を挟んだ正反対、図右上の象限のややヨコ軸よりの上方に位置しており、単身者が比較的近い位置にきている。主観的健康は他地域と同じくよい場合にプラス側、不安があると感じている場合にマイナス側に寄っているが、タテ軸の値がほぼゼロであるため他地域に比べて連動は小さいとみられる。性別についても、ヨコ軸側のスコアがほぼゼロであるため、あまり他の変数との連動は見いだせない。

以上のように、二三区では血縁と地縁がほぼ完全に独立しており、唯一夫婦のみの同居となっている場合、地縁行動に積極的とみられる。ただ、いずれにせよ血縁と地縁の明確な連動はみられず、血縁または地縁行動の機会がある人はあり、無い人は無い、というまとまり方をしているといえよう。

(2)　大都市

図8-4(2)に示したように大都市の大まかな傾向は基本的に二三区に近く、血縁と地縁それぞれが四象限に分かれてまとまり、血縁行動の頻度が低い場合はスコアが大きく離れている。しかし、血縁行動の「普通」が地縁の「する/参加する」と同じ象限にあり、また地縁も同じ象限の中ではあるが二つずつに分かれており、二三区や次に説明する中規模都市に比べまとまりが弱くなっている。さらに同居形態と健康度、性別といった社会属性の近接状況は二三区との違いがみられる。まず性別は、女性の場合に血縁行動の頻度が「多い」方と近接している。次に同居形態については、夫婦のみ、子・孫と同居、単身のいずれも血縁・地縁の回答から距離があり、二三区の夫婦

のみのような傾向は見いだせない。ただ、夫婦のみの場合は血縁行動の「普通」や「多い」にやや近いと言えるかもしれない。最後に健康度は、「よくない」場合に地縁行動が消極化している。

総じて、大都市では夫婦暮らしをしている女性は、子孫世代ともそこそこの交流を持っていると思われる。主観的健康はよくない場合に地域行動が抑えられているが、よい場合に積極化するというほどではなく、あくまで主観的健康があまりよくない場合の傾向として押さえたい。

(3)　中規模都市

ここでの傾向は最も見出しにくく、図8-4(3)のように血縁・地縁で四象限にきれいに分かれ、属性変数が原点付近に収束する形となった。唯一の例外は主観的健康がよくない場合で、大都市と同じく地縁行動の消極化につながっているとみられる。ただし、大都市よりも地縁の変数が固まっているため、一つの地縁行動について(参加)していない場合には、他の活動もしておらず、しかもそれが主観的な健康の不振とつながっているとみられる。同居形態については、単身の場合に大きく距離を取っている点では二三区に近い状態であるが、中規模都市では血縁行動の「少ない」との距離は大きく離れて完全に独立している。

このように、傾向として言えることは(大都市と同じく)主観的健康がよくない場合には地縁行動が抑えられる、という点のみとなった。

(4)　地方等

最後に地方等の傾向であるが、ここでは地縁と血縁の一部で重層化がみられた。この傾向がみられたのは、面会の頻度の高さとお祭りへの参加状況である(図8-4(4))。面会の頻度が高いとお祭りへの参加もあり、面会頻度が普通以下の場合にはお祭りへの参加は抑えられている。面会頻度が低い場合は、「お祭り参加」「していない」とも大きな距離ができ、同居形態の単身と並びこのモデルで最も独立した変数となっている。お祭りには地域の人々の顔合わせ、仲間意識や構成者の確認といった意味合いがあるとの見方もできるが、地域社会で実際にこうした意味がより強く残っているのかもしれない。

その他の属性変数については、男性よりも女性の方がやや血縁行動の頻度が「多い」・地縁行動の「参加している」に近いなど概ね他の地域と同じではあるものの、その傾向は明らかに他地域よりも弱い。また、主観的健康が「よくない」は地縁行動の立ち話を「しない」のみと近く、先に述べたように祭り参加「しない」は面会「普通」に、残る町内会参加とお裾分けの「しない」は原点に寄っている。

以上を踏まえ、地縁と血縁についての大まかな傾向をまとめておく。

①　地縁について

いずれの地域でも、ほぼすべての地域で使用した四変数全ての「参加している」と「参加していない」がそれぞれにまとまっている。ただし、大都市(図８-４⑵)と地方(図８-４⑷)においては「お祭り参加」・「町内会参加」、「立ち話」・「お裾分け」に緩やかに二分されている。

②　血縁について

こちらも地縁と同じく、行動頻度が高い場合、普通程度の場合、低い場合がそれぞれ近接している。ただし、頻度が「少ない」は他の変数に比べてスコアが非常に大きく、独立した回答になっていることが窺えた。また、先に述べたように子や孫との同居と血縁行動の頻度はいずれも関連が薄くなっている。

最後に地縁と血縁の連動については、ほぼ全ての地域でそれほど連動がみられなかった。例外は地方等であり、お祭りへの参加と面会の頻度が近接していた。以上のように、概観としては地縁と血縁の重層化は弱く、今回採用した対応分析（二軸）においては血縁と地縁のプラス、マイナスがそれぞれほぼ綺麗に四象限に分かれている。つまり、血縁や地縁の行動は一つ一つ独立しているというよりも、血縁・地縁それぞれにおいて、当てはまる行動が一つある場合は他の行動も取る傾向にあると考えられる。

地方等を除く地域では地縁・血縁の重層化は明確な傾向としては表れてこなかった。地域性の相違は小さい一方で、主観的健康度の低さと社会活動の減退には関係性がみられた。これは都市規模が小さい方がより明確な傾向となっている。考えられる背景の一つに、時間的な制約がある。例えば、地方の医療インフラの衰退である。単に健康ではないから余力がない、という見方もできるが、例えば通院等に時間を取られるなど、健康状態そのものよりも健康不安による行動の制限が影響している可能性もある。ただし、既に述べたようにあくまで都市規模が小さいほど明確なだけで、都市規模が大きい場合にも弱いながらも同じ傾向がみられることから、健康状態そのものの影響もあることが窺えよう。

補足として、今回投入した属性変数のうち、性別・同居者・主観的健康を統制変数としてそれぞれに同じく対応分析を実施してみたが、上記の傾向が追認されたのみで、やはり血縁と地縁が重層化する形で「持てる者は持ち、持てぬものは持てない」という構造にはなっていなかった。そもそも血縁については、未婚者を分析から外しているとはいえ、子どもを持つか、孫がいるかは個々人の志向や事情にも左右されることを念頭に置く必要があるだろう。しかし、地縁については、一つに参加しないと他の活動にも参加していない傾向が見て取れることから、サードエイジ期においても個々の社会を如何に拡充・更新する機会を持てるかが重要であることが窺えた。その際には、やはり健康であるかどうかは影響があることも併せて確認できた。また、女性の方が血縁行動―子・孫とのかかわりがやや強いという点にあることも押さえておきたい。

最後に、対応分析の中でキー変数の可能性があるものとして浮上した、「お祭りへの参加」について、職縁の延長としての現職（雇用形態等は問わず）の影響についても確認した。前提として、先に述べたように、今回の変数処理の中で「お祭りへの参加」は参加している・参加していないの二択にしており、この比率は全地域総合ではほぼ一対一となる。現職の有無については、無職、専業主夫・主婦がそれぞれ三一％となり、六割が賃労働をしていなかった。

先行研究等々を踏まえると参加状況に何らかの効果を持っている可能性が考えられたものの、χ^2乗検定（クロス表分析）では全体・都市規模別のいずれにおいても、現職の有無による祭りへの参加状況について明確な差異はみられなかった（参考：図8-5）。また図8-6に示した有職率は、同じくχ^2乗検定の結果からは地域間の有意差は認められず（二三区：四六・七％、地方：四〇・七％、大都市：三五・八％、中規模都市：三五・六％）、有職率がそのまま影響を与えているとは考えにくい。

ただし、有意差ではないが二点注意を払いたい箇所がある。一つは二三区の無職で、お祭りへの参加率は最小の三五・三％となっている。これは、地域社会への参加が弱い場合に他の社会との関係も弱まることを示す疑いがある。また、地域差は統計的にないとはいえ、地方のみ参加する割合の方が僅かに高い（他の地域は過半数に届かない、最少は二三区の四五％）。中でも専業層の参加は六四％に達しているが、他の地域にはそのような傾向はみられない。このように、地方では活動を下支えする層がいるとみることもでき、そこにジェンダー差があらわれているのかもしれない。しかし、ここにも居住年数の影響が出ている可能性は小さくないと思われるため、現時点では現職の有無は明確な効果がある変数ではないと結論付けておきたい。

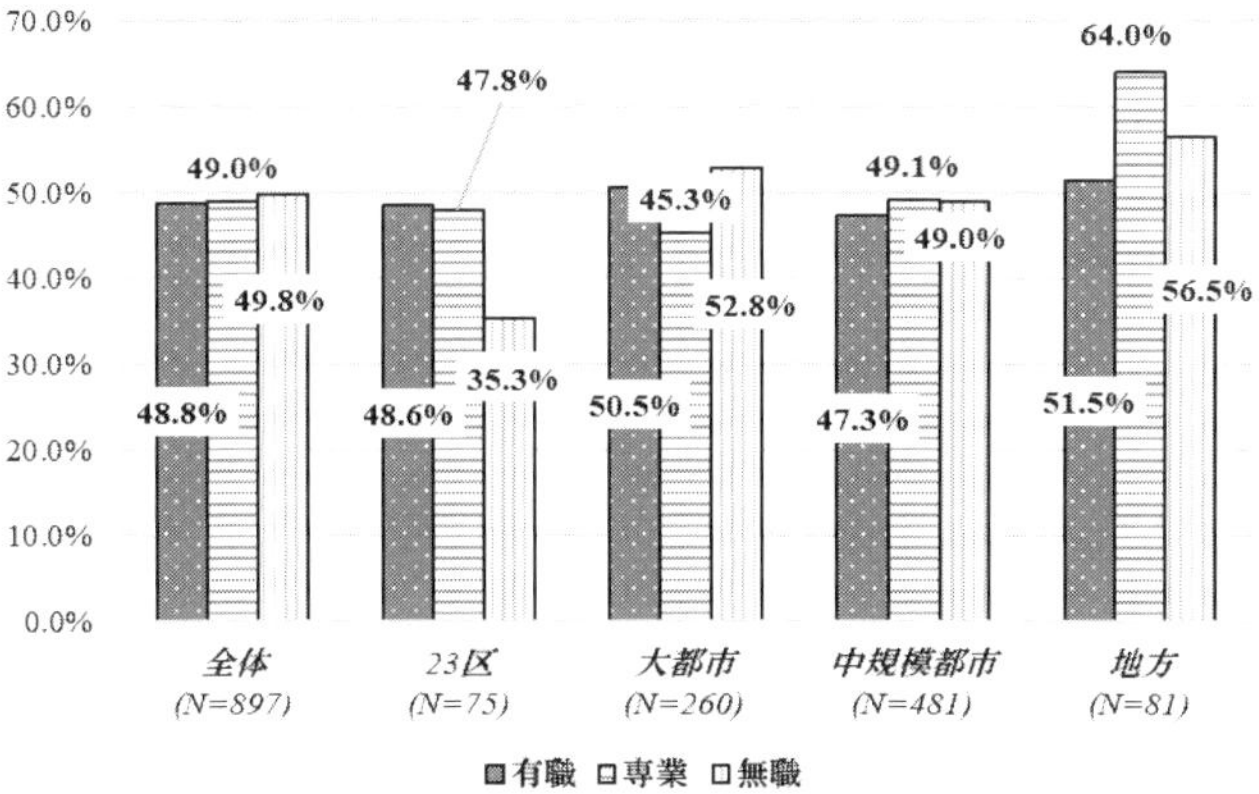

図 8-5　現職の有無別のお祭りへの参加率（地域毎）

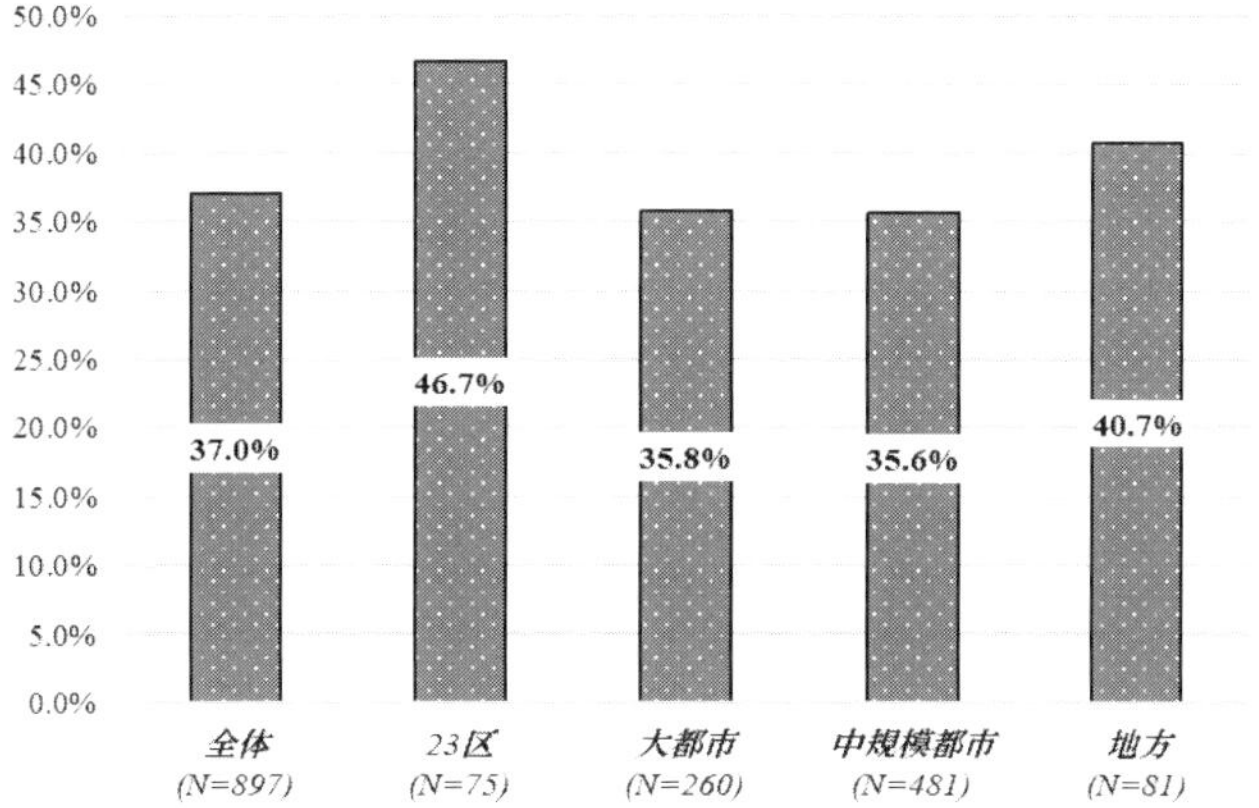

図 8-6　都市規模別 現在の有職率

五　考察と課題

本章では、高齢者のセカンドライフにおけるネットワークの重層性、引いては孤立リスクの格差について、中間集団を基軸に検討してきた。しかし、少なくとも今回使用したモデルでは、地縁と血縁の重層性、社会属性による他世代との交流を促進する要因、及びネットワークについて、いずれも格差と言えるほどの兆候は明確には見いだせなかった。ただ「地方等」については血縁と地縁の一部が重層化する傾向があり、特に「お祭りへの参加」と「子世代との面会の頻度」の近接が特徴としてあらわれてきた。ただし、このお祭りへの参加に関連する要因としては、社会貢献意識やセカンドライフにおける社会ネットワークへの志向性が影響していることが示唆され、地域規模がより小さい場合にこの傾向が顕著になっている。

「地方等」でこうした関係がみられたことは、この地域におけるお祭りの意味合いが高齢者の活動に影響するとともに、昨今の活動の制限、担い手の不足によるお祭り継続の断念などが今後高齢者の社会性を削られることへの懸念を強くするものと言える。さらに、先に挙げたような医療インフラの影響があるとした場合には、この傾向はより深刻となる。すなわち、一見すると分析上は高齢者のネットワーク格差は生じていないことになるが、都市規模の小さい地域ではお祭りという鍵があると見做した場合、その鍵が失われることで地方での社会性の維持がより難しくなる可能性を有していることになる。そして今回の分析で見たように、地域規模を問わず血縁と地縁は相互に独立している。これは、分析に入るにあたって懸念した二つの集団の重層化という意味での格差はそれほど強くはないとみられる。しかし一方で、片方の縁に依存している生活が崩れた場合、容易に社会から離脱させられるような構造を意味してはいないだろうか。特に高齢期の血縁からの離脱は、死別という強制的な形で起きやすい。中田の指摘にあるように、女性の方が子ども世代との関係性を強く持っていれば、さらに①男性の方が年上で結婚する、②平均寿命が男性の方が短いといったこれまでの社会の傾向に沿いつづけるとしたら、低リスクとみてよいのかもしれない。今回の対象者においても、モデルによるばらつきはあるものの女性の方が子ども世代との関係を持っているような傾向はみられた。ただし、主観的健康度がよくない場合、唯一この傾向は逆転することを踏まえると、健康リスクは女性において大きいと言えるのかもしれない。今回は限られたデータとなるが、これが社会一般の傾向となっていた場合、かつその健康を地域差が左右するとすれば、高齢女性のネットワークにもかなり大きなリスクが潜在している虞がある。

以上より、地方居住者はかなり強い潜在的孤立リスクを負わされており、都市への移動が生じた際に顕在化していく可能性を示唆しているのではないだろうか。今後は「頼みの」血縁、同居者が少ないまたはいないケースも多い世代が高齢化していく。その際に生活を維持できるだけのネットワークを構築できていなければ、こうしたデータ上は見えにくい形で格差が生じ、それがさらに拡大していく虞れが強くなるのではないだろうか。またお祭りには社会貢献の場としての側面もあると考えられるため、お祭りが喪われていくことの文化的な損失だけではなく、社会的な損失の面もサードエイジャー研究においては重視すべきなのかもしれない。あくまでお祭りの存在とそこへの参加が、社会の維持のうえで鍵となっていることが前提ではあるものの、地方の「社会」の維持は今後ますます厳しくなるのかもしれない。お祭りに代わる社会貢献の場を新たに設定していくことができるのかは、地方社会だけではなく既にネットワークの損失リスクが顕在化している都市型の社会でも、サードエイジ期における今後のポイントとなっていくことが予想される。その際に多世代の交流を促進することは一つの解決策になり得ると思われるが、このような活動の土台になりえる趣味や余暇活動に関する団体への参加との関係については稿を改めて検討したい。（このうち、余暇活動にかかわる社会集団との関連の詳細については、第7章を参照されたい。）

さらに都市社会における社会参加とネットワーク再編の場については、第3章の広場舞の事例が、社会的役割については第4章の社会運動への参加事例などが参考になるかもしれない。両事例とも、多世代とのかかわりの場ともなっており、高齢期の新たな役割の参加綱取得を促すという視点でも有益なものとなっている。しかし、両事例とも日本とは異なる生活文化の中で形成されたものである以上、生活文化や社会的役割に即して解釈し、個々の地域性を踏まえての応用を検討する必要があるだろう。例えば第1章の北海道の除雪の事例のように、「より身近な」社会での「ボランタリーな側面が強い事柄」の方が、日本社会にはより適合するのかもしれない。また、第7章で言及されているように、ウェルビーイングを高める趣味活動の個人化の志向は、地縁という社会集団の再形成とはある意味で相反する傾向といえる。従って、これも第1章で指摘されているように、「負担」にならないような役割・つながりの形を模索していく必要があり、健康やウェルビーイングと社会性の保持の両立をいかに作り出すかが課題となる。

ただし、今回の分析で特に注意を要する点は、居住年数などの定着度を考慮していない点である。例えばいわゆる「地元」ではなく、退職後の地方移住など新地域での生活を志向している場合は、そもそも地縁が弱いことがある。新たな縁として地縁を作るよりも、他地域にいる血縁を志向するとしたら、地縁に対する志向性が長年の居住者とサードエイジに差し掛かってからの移住者の間で二分されていることも想定しなければならない。さらに定着度は、単純な居住年数だけではなく個々人が持つ社会関係への志向性や行動歴など、量的な点だけではなく質的な面も踏まえておきたい。

職縁が強い世代の特有の背景についても配慮が必要と考える。例えば、日本の労働市場の中で長年の課題となってきたことの一つは長時間労働である。企業への依存度が高まることで、地域など他の社会での活動を省みる余裕がないことは十分に考えられ、先に挙げた石田の高齢男性の地域ネットワークの不利も、同じ背景の影響が予想される。すなわち、サードエイジ期に差し掛かる前にどのような社会との関係を構築してきたか、その余裕がそもそもあったのか、といった要因も考慮することは必要だろう（この点については、金子（二〇一六）の指摘するレギュラー・ワーク・ライフ・ケアバランス――生活のあり方について、仕事と家庭のみではなく、社会活動や介護や子育てなどのケア活動も見据えた「バランス」を考慮すべきである――にもつながる）。

以上を踏まえ、サードエイジ期以降、セカンドライフにおけるネットワーク研究については、地域への定着度を見るためにも生活歴の重要性を指摘しておきたい。地縁については、その個人が幼少期からどのような地域で生活してきたのか、就労後の生活環境はどうだったのか――特に転勤などの地域移動の可能性がどのくらい高かったか――、といった事柄は特に考慮したデータが必要となるだろう。サードエイジ期以降の高齢者の生活の充実、ひいては子どもの育ちの保障のためには、地域社会を活用可能な活きた資源として整えなければならない。しかしそのためには、地域を構成する個々人それぞれの持つ地域社会の捉え方や意味をより深く理解していく必要があるのではないだろうか。ライフコースやステージ、生活歴などを併せてみていくことで、現代社会の地域社会の指す方向性を整理していくこと、及び整理のためのフレームの構築を、今後のサードエイジャー研究の方向性として提言しておきたい。

文　献

石田光規、二〇一一、『孤立の社会学』ミネルヴァ書房。

金子勇、二〇一六、『日本の子育て共同参画社会』ミネルヴァ書房。

村山洋史・須田拓実・中本五鈴、二〇二四、「成人期、高齢期における社会的孤立、孤独感の分布と規定要因：文献レビュー」『医療と社会』三四（一）、三七―四八。

中田知夫、二〇二〇、『高齢期における社会的ネットワーク』明石書店。

野沢慎司、二〇〇九、『ネットワーク論に何ができるか』勁草書房。

諏澤ひろえ、二〇二三、『高齢者による次世代の育児・教育』ナカニシヤ出版。

辻哲夫、二〇一九、「フレイル予防のためにコミュニティの充実したまちづくりを　地域住民と事業者が担う高齢者の生活支援」辻哲夫・久野譜也・池野文昭監修『超高齢社会vol.6 ウェルネス&コミュニティ』六—一九。

吉川順子、二〇二二、「加齢による孤立が襲う高齢期の生活」新井康友・松田尚子・渡辺慎介・吉川順子・石田史樹『社会的孤立死する高齢者たち』日本機関紙出版センター、二九—五三。

補足：表 8-11　対応分析(図 8-4(1)〜(4))のスコア

		23区 N=37		大都市 N=162		中規模都市 N=290		地方 N=41	
		x	y	x	y	x	y	x	y
属性	男性	0.112	1.539	1.270	0.714	0.439	−0.919	1.468	1.408
	女性	−0.022	−1.054	−1.184	−0.718	−0.335	0.780	−0.832	−0.781
	居住形態：一軒家	−0.563	0.048	−0.189	0.291	−0.159	−0.249	−0.115	−0.243
	居住形態：集合住宅等	0.032	−0.003	0.013	−0.019	0.012	0.019	0.010	0.020
	同居：夫婦のみ	−0.512	0.823	−0.490	−0.241	−0.081	−0.410	0.383	0.852
	同居：なし(単身)	4.516	1.733	0.516	0.302	1.534	3.284	−0.468	−4.579
	同居：子・孫など	−0.008	−2.504	1.134	0.429	−0.290	−0.017	−0.722	0.157
	主観的健康よい	−0.533	−0.024	−0.318	0.166	−0.196	−0.035	−0.628	−0.055
	主観的健康よくない	1.790	0.062	1.304	−0.744	0.759	0.213	1.550	0.202
血縁	面会：多	−0.486	−0.827	−0.976	−0.964	−0.682	1.882	−0.723	0.846
	面会：普通	0.268	0.995	−0.165	0.430	−0.135	−0.689	0.816	−1.202
	面会：少	4.956	4.402	4.215	2.138	2.284	−3.435	4.287	−2.770
	プレゼント：多	−0.975	−0.664	−0.883	−1.861	−1.021	2.920	−0.604	2.598
	プレゼント：普通	0.076	−0.037	−0.605	0.215	−0.180	0.019	−0.481	−1.547
	プレゼント：少	7.898	6.880	4.334	1.412	2.073	−3.578	3.138	0.183
地縁	町内会参加：している	−0.893	0.680	−0.481	2.129	−2.297	−1.378	−1.332	0.468
	町内会参加：していない	0.374	−0.256	0.164	−0.678	0.774	0.480	0.442	−0.124
	立ち話：する	−1.052	0.678	−1.019	1.188	−1.357	−0.327	−1.561	−0.144
	立ち話：しない	1.622	−1.001	1.475	−1.732	1.720	0.450	1.659	0.193
	お裾分け：する	−1.440	1.467	−1.304	1.617	−1.963	−0.878	−1.921	−0.733
	お裾分け：しない	0.739	−0.708	0.689	−0.861	1.116	0.520	0.717	0.296
	祭り参加：する	−0.769	0.955	−0.135	1.611	−1.208	−0.428	−0.697	1.089
	祭り参加：しない	1.348	−1.576	0.175	−1.819	1.599	0.600	1.008	−1.489

網掛けの部分は図 8-4(1)〜(4)では非表示。

第9章　定年期以降の人間関係――ジェンダー差と社会化の観点から

坂無　淳

一　雑誌からみる定年期の課題の男女差と社会化の機会としての定年期

本章の分析を始めるにあたり、筆者は二〇二三年三月に定年に関する情報を収集するため、書店に赴いた。表紙から定年について特集をしていると推測できる雑誌を二つ見つけることができ、購入した。一つはプレジデント社の『PRESIDENT』、もう一つは中央公論新社の『婦人公論』であった。

意識していなかったが、筆者が雑誌を探したこの三月という時期は、学校からの卒業の時期でもあるが、退職の時期でもある。退職や四月からの退職後の生活が強く意識される時期であるからこそ、定年が特集の雑誌を見つけることができたのだろう。

雑誌を見てすぐにわかった発見として、定年に関する課題と対処方法にはっきりとした男女差があるということである。この二つの雑誌の特集を筆者なりに対比的に表現するのなら、「定年後もまだまだ続けたい男性と、もういい加減やめたい女性」ということができる。どういうことか具体的な記事から説明しよう。

『PRESIDENT』のこの号の特集は、「九割は、準備不足で後悔！　特集――『定年』の新常識」であった。記事には、定年研究の第一人者によるお金、孤立、健康という定年三大不安とその解消法、「九割が大誤解！　定年後の仕事がつまらないなんて、大ウソ！　統計が教える『ほんとうの定年後』人生最高の幸福を実現する三大法則」

という定年後の仕事に関する記事、「会社も役所も、教えてくれない　完全図解◎知らなきゃ一〇〇〇万円の大損！『定年前後のお金』七つの落とし穴」という記事、そのほか定年後の起業、六〇代一二〇〇人への調査から見た定年前にやればよかったベスト三調査、八〇代二〇〇人に調査した定年後のやってよかったベスト三調査、また「脳科学が証明！　毎日が楽しくなる『夫婦のトリセツ』」や、脳トレ、役職定年と早期退職、健康診断、定年後にピッタリな仕事などの記事があった（プレジデント社　二〇二三、四-五）。

まとめると定年後の仕事やお金に関する記事が多く、人間関係でも妻との関係を再構築する記事があり、定年後も主体的に様々な活動に取り組んでいくという記事が多い。また、次の『婦人公論』と比べると、専門家やデータに基づく分析的な記事が多いという特徴もある。

次に『婦人公論』を見てみよう。『婦人公論』のこの号の特集は、「しんどい付き合い、家事、お金…やめてスッキリ、幸せになる」である。記事には、女優、歌手、作家などのインタビュー記事（何かをやめたという話題が中心になっている点が共通する）がある。そして、読者一七七人（平均年齢六三・六歳）調査からやめたものについての調査結果がまとめられており、Q1で最近やめたもの・捨てたものとして、一位年賀状、二位セール品の購入、三位衣服、四位お中元・お歳暮、五位夫婦一緒の寝室などの結果がある。Q2はやめたきっかけ、Q3はやめた後の気持ち、Q4は手放すことを阻むものである。その他の記事として、心を鎮める禅の教えもある。お金に関する記事もあるが、「保険、株、不動産…年金世代は『貯める』より『使う』に切り替えよう」と使う方に焦点がおかれている。また、夫婦関係は「夫は三階、私は二階　〝家庭内別居〟で無駄なストレスなし」という記事や、読者体験手記として「夫に合わせるのをやめました」などの記事がある（中央公論新社　二〇二三、四、一九―二三）。

このように、『PRESIDENT』と比べ、特集のタイトルからして明確だが、夫婦関係も含め人間関係を中心に様々なことをやめ、縮小していく方向の記事が多い。また、専門家というより、インタビューや読者の実体験が多い点も『PRESIDENT』と異なる。

このような対比については、ジェンダー論の中でも男性学の知見から、男性は定年前だけではなく、定年後も近代の男性性にこだわり続けているのではないかと捉えることもできる。

社会学者の伊藤公雄によれば、近代の男性性は「優越指向、所有指向、権力指向」に特徴づけられる（伊藤 二〇一九、一二）。例えば『PRESIDENT』には定年後も主体的に仕事を続け、金銭を得ようとする記事が見られる。これは伊藤のいう「他者より多くを所有しそれを管理し見せびらかしたいという所有指向」（伊藤 二〇一九、一二）を、男性は定年後も求めると解釈することもできる。

定年前に夫がフルタイム、妻が専業主婦という夫婦で考えると、このような雑誌の特集の男女差は、定年前からの性別役割分業を、夫はまだ継続し、妻はもう終わらせようとしているようにも捉えられる。定年退職により毎日の生活が実際に大きく変化するのは夫側であり、妻側は夫の生活の変化へ二次的に対応するという違いがあろう。一方で、記事からは、夫婦ともにこれまでの性別役割分業の形がある程度変わることは意識しているものの、その意識している変化の程度や主体性は、女性雑誌の側の方が高いようにみえた。このように、同じ定年期の課題といっても、男女でその課題の種類や適応の方法には微妙な差があり、これらが先述の雑誌の記事の男女差に反映していると考えることもできる(1)。

さて、本章では定年期の課題にこのようなジェンダー差があることにも注目しながら、「サードエイジャーのセカンドライフに関する生活意識調査」（以下、セカンドライフ調査）のデータについて、特に定年期以降の人間関係について分析していく。

定年期以降の人間関係に着目する理由は、本章では定年期を「社会化」の機会として捉えるためである。詳細は本章の最後でも考察するが、社会学の用語でもある社会化という用語について、簡単に説明しよう。

社会化にはいくつかの用法があり、例えば「育児の社会化」では、それまで家族で行っていた育児を社会全体で行う外部化といった意味で使われる場合や、社会の形成や維持の作用自体をいう場合もある。ただし、本章では以下のような社会学で多く使われる意味でこの言葉を使う。

社会学においては、例えば家族社会学の事典をみると、社会化は「個人が他者との相互作用の中で、社会の構成員となるために必要な行動様式を学習する過程」を指す（平尾 二〇二三、三八六）。

このように社会化とは、ある人がこの世に生まれて家族などから言葉や行動などを学習し、社会の一員になっていく過程を指す。ただし、社会化を幼児期などの人生の初期に限定する必要はない。その後も、小中高など学校に入る時、就職する時など、人生にはその都度の社会化があると考えることができる。

そのため、社会学においては、「子どもの出生から幼児期までが第一次社会化、それ以降は第二次社会化と概念化」され、社会化は「実際には成年期以降も生涯続くものであり、成人社会化、老年社会化など、ライフステージに合わせて変化する役割を身につける自己変革のプロセスでもある」（平尾 二〇二三、三八六）とされる。

こう考えると、本章の扱う定年期などの人生の後期においても、社会化が、そして第二次社会化が行われうると考えることができる。このように、定年期を社会化の機会と捉えるのが本章の主要な視点である。

さらに、本章では特に定年期以降の人間関係に着目するが、それはこの社会化という視点からくる。というのも、第一次社会化では家族、第二次社会化では入学する学校や就職する企業など、社会化の対象や担い手となる社会や集団が決定的に重要になる。その社会で適切とされる行動を学ぶのであるから、そもそもどのような社会に入ろうとしているのか、またその社会化の担い手（社会学者ピーター・バーガーとトーマス・ルックマンの言葉では「社会化担当者」（Berger and Luckmann 1966=2003, 219））が誰であるかが決定的に重要となる。

ここで、定年期の社会化では、そもそもどのような社会に入るのか、そこでの社会化の担い手が誰であり得るのかが比較的不明瞭である。ここに定年期の社会化の難しさや、同時に興味深さがあるともいえよう。家族、学校、職場などこれから入っていく社会がはっきりしないのである。定年退職ではそれまでの職場から離れるという面が意識される。ただし、全ての人間関係から全く離れる訳ではないし、定年を機に新たに入っていく社会を考えることはできる。その一つとして定年後にはそこでさらに多くの時間を過ごす近隣の地域社会があるだろう。ほかにも、家族や親戚、あるいは友人との関係は、定年後にはさらに重要性を増すかもしれない。

そこで、以下本章では、定年期以降の人間関係について、人間関係の満足度、近隣関係、相談相手の三点から、セカンドライフ調査のデータの実態をみていく。そして、最後に社会化の観点から定年期を考察する。

二　定年期以降の人間関係——年齢とジェンダーに着目して

セカンドライフ調査には、人間関係について、以下の三つの質問項目（以下変数という）がある。すなわち、人間関係の満足度（問17 g満足度 人間関係）、近隣関係（問28 m向かいや両隣の家と仲良くやれていると思う）、相談相手（問29 j日常生活の中で、何かと相談できる友人や親戚がいる）である。

本章では仮説の検証というより、本調査から包括的に人間関係について探索的に分析することを目的とする。そのため、検証の対象というより、分析の方針として、年齢とジェンダーに関して以下の仮説を考え、分析結果を示していく。

まず年齢であるが、本調査の対象である定年世代の六〇～七九歳といっても、かなりの幅がある。定年期を社会化の機会と考えると、定年世代の中でも年齢が上がることで、人は徐々に社会化を進めることができると考えられる。年齢が上がることで、周囲の人ともお互いを知ることができ、そこでの適切な振る舞いを知り、周囲との人間関係は良くなると考えることができる。ジェンダーについては、男性よりも女性の方が、人生の早い段階で職場以外も含め幅広く、周囲の人との関係を持つ機会が多く、そこでの社会化の課題を乗り越えてきた人が多いと考えられる。そこで、同じ年齢でも男性より女性の方に人間関係が良い傾向があると考える。

なお、本調査では年齢は六〇～七九歳の実年齢を聞いており、これを六〇代前半（六〇～六四歳）、六〇代後半（六五～六九歳）、七〇代前半（七〇～七四歳）、七〇代後半（七五～七九歳）と四世代に分ける。また、性別は男女の二カテゴリーで聞いている。

上記の三つの変数について、年齢とジェンダーに関する仮説を作業仮説の形で表すと以下のようになる。

仮説1-1：世代が高い方が、人間関係の満足度が高い。
仮説1-2：男性より女性の方が、人間関係の満足度が高い。
仮説2-1：世代が高い方が、近隣関係が良い。
仮説2-2：男性より女性の方が、近隣関係が良い。
仮説3-1：世代が高い方が、相談相手がいる。
仮説3-2：男性より女性の方が、相談相手がいる。

以下、人間関係の満足度、近隣関係、相談相手の順に、データを見ていこう。

1　人間関係の満足度

人間関係の満足度は1が「とても不満」、10が「とても満足」であり、数値が高い方が人間関係の満足度が高い

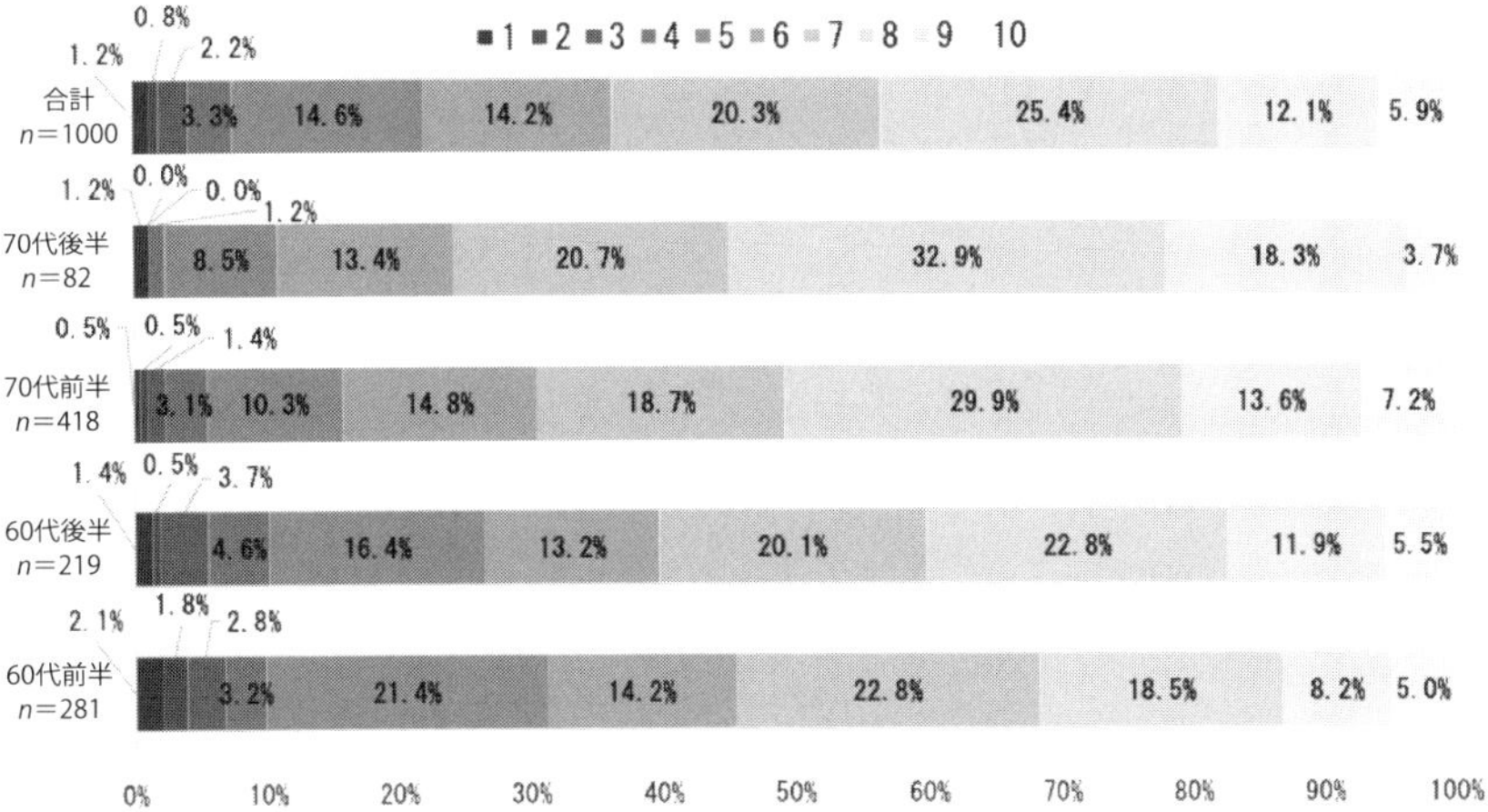

図9-1　世代と人間関係の満足度の関連

ことを示す。

世代ごとに結果を図9-1にまとめた。まず、大半の人が6以上であり、満足度が高いが、世代では六〇代前半より六〇代後半、さらに七〇代前半、七〇代後半と世代が上がると満足度が高い人が多くなる。世代ごとに1~10の値の平均値を計算すると、全体では六・九四(*n*=1000)、六〇代前半は六・五〇(*n*=281)、六〇代後半は六・七八(*n*=219)、七〇代前半は七・二三(*n*=418)、七〇代後半は七・三九(*n*=82)と、やはり世代が上がると満足度が高くなる。

次にジェンダー(図9-2)では、こちらも男女とも5以上の人が大半であるが、女性の方が7~10という満足度の高い人が男性より多い。平均値でも、全体六・九四(*n*=1000)、男性六・七七(*n*=476)、女性七・〇九(*n*=524)と女性が高い。

世代とジェンダーを同時に考えるため、六〇代前半男性、六〇代前半女性など、世代とジェンダーごとに平均値を計算すると、以下になる(図9-3)。

全体では六・九四(*n*=1000)、女性では、全世代合計で七・〇九(*n*=524)、世代別は六〇代前半で六・七四(*n*=152)、六〇代後半で六・九二(*n*=102)、七〇代前半で七・二九(*n*=230)、七〇代後

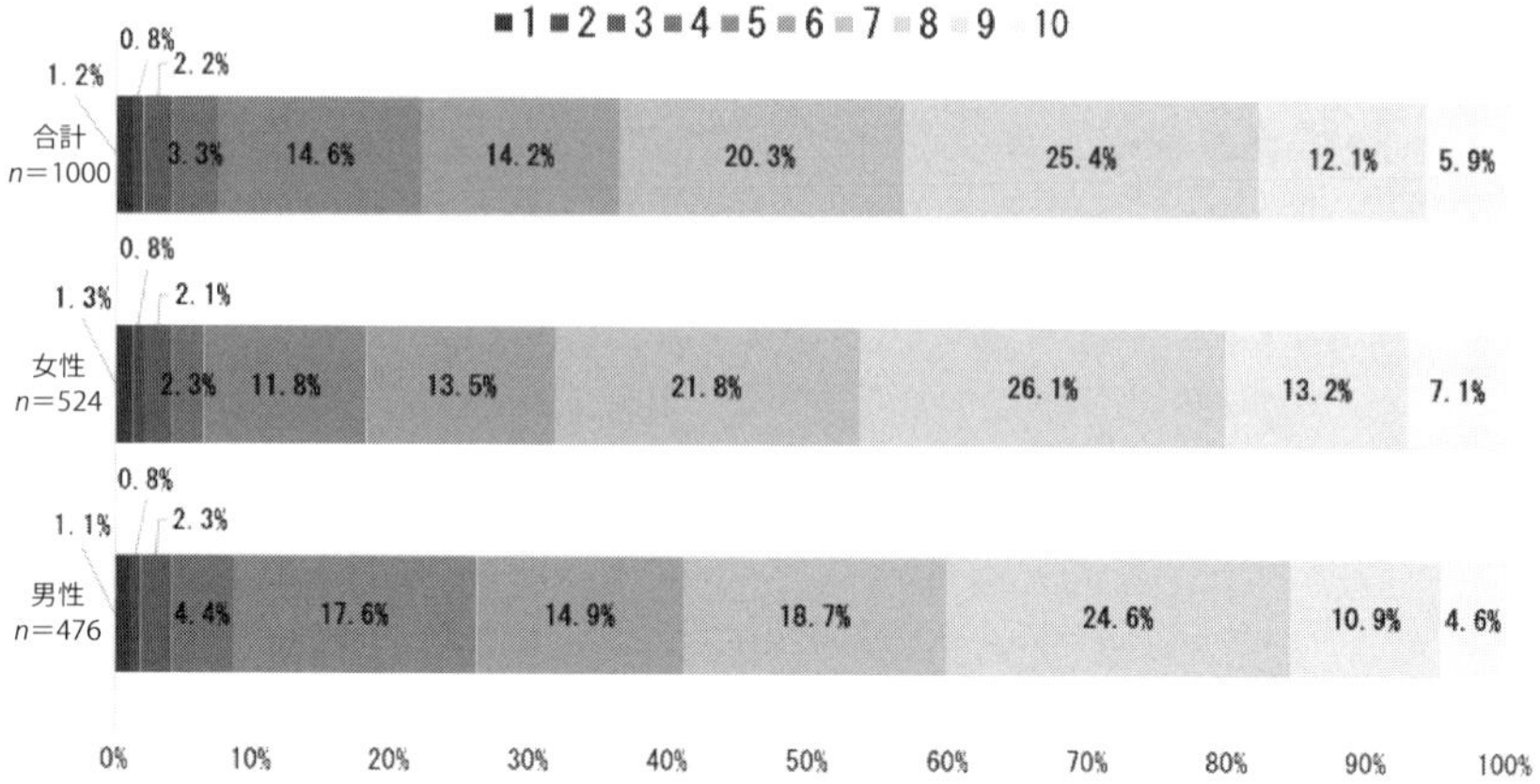

図 9-2　ジェンダーと人間関係の満足度の関連

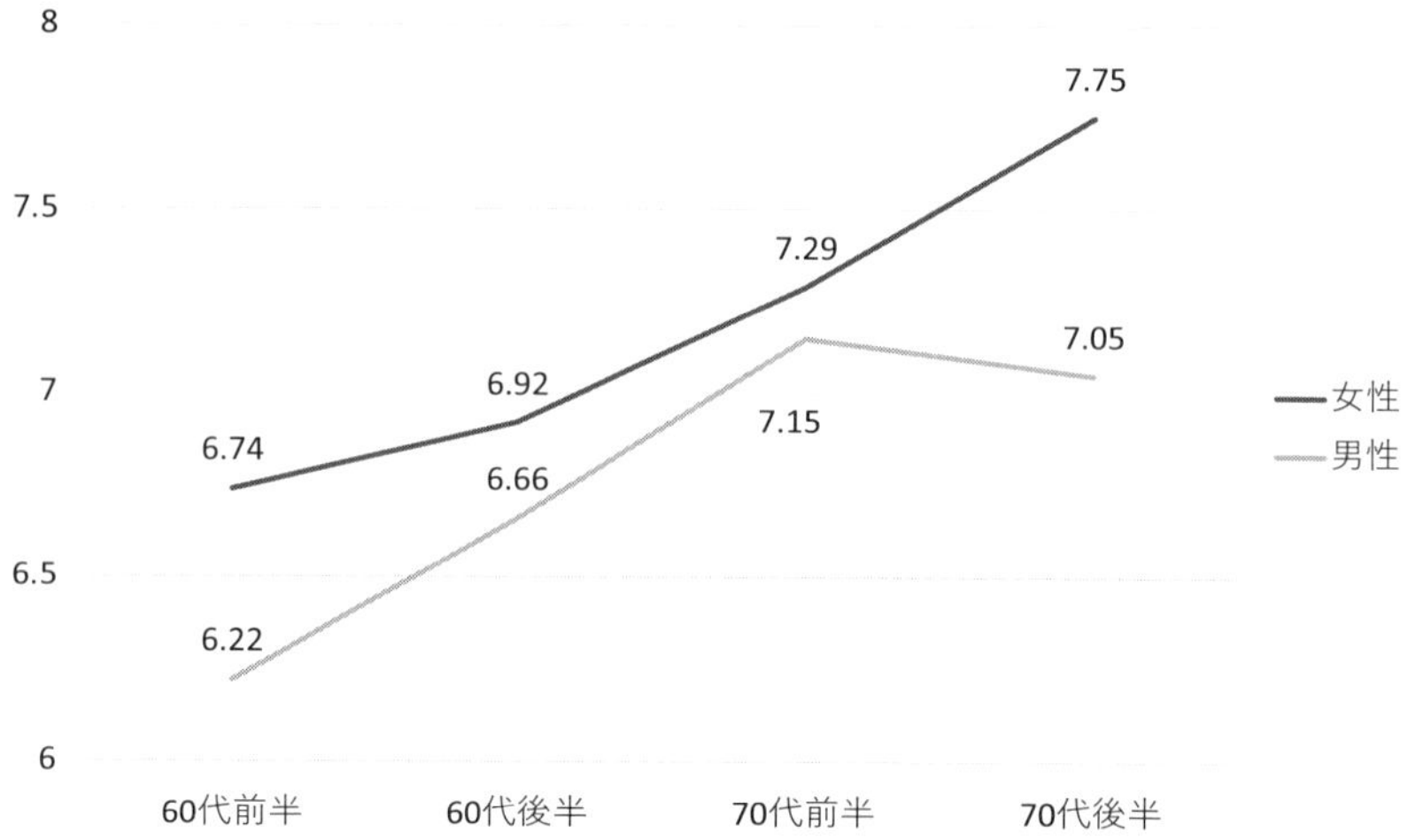

図 9-3　世代・ジェンダーごとの人間関係の満足度の平均

半で七・七五($n=40$)となる。男性では、全世代合計で六・七七($n=476$)、六〇代前半で六・二二($n=129$)、六〇代後半で六・六六($n=117$)、七〇代前半で七・一五($n=188$)、七〇代後半で七・〇五($n=42$)となる。

世代とジェンダーのそれぞれ独自の効果があり、基本的に世代が上がると、また男性より女性の方で平均値が高い。若干気になるのが男性で、七〇代前半より後半で少し数値が下がる。とはいえ、〇・一の低下であり、七〇代後半は男女とも回答人数が少ない。そのため、七〇代後半の男性は下がるとは断言できないが、女性は七〇代後半でも平均値が高まるのとは対照的ではある。

以上をまとめると、平均値では七〇代男性で少し下がるという留保はあるものの、基本的に仮説1-1、仮説1-2ともに支持できるといえるだろう。

2　近隣関係

次に、近隣関係を分析する。

近隣関係は、1が「そう思わない」、2が「あまりそう思わない」、3が「どちらともいえない」、4が「ややそう思う」、5が「そう思う」であり、数値が高いと近隣関係が良いことを示す。「あてはまらない」は分析から除外した。

ここでは世代・ジェンダーと近隣関係の関連をクロス表にまとめた(図9-4)。その結果、「そう思わない」や「あまりそう思わない」という人はいずれの世代、ジェンダーでも少なく、大半の人で近隣関係が普通あるいは良好であることがわかる。

ジェンダーでは差が見られ、「ややそう思う」「そう思う」の合計は、女性合計では32.1+23.7=55.8%、男性合計では31.2+15.2=46.4%であり、女性の方が良い人が多い。同世代でも例えば人数の多い七〇代前半をみる

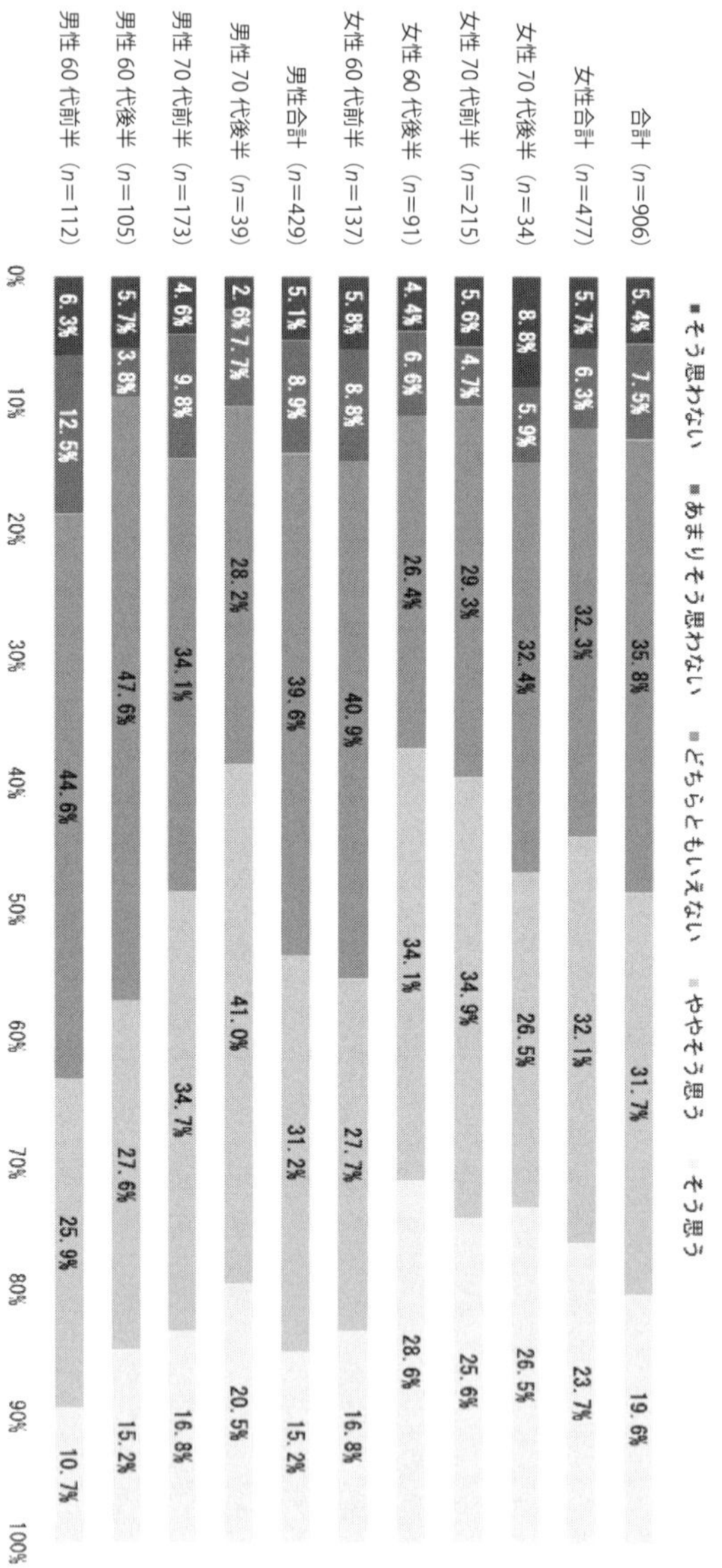
■そう思わない　■あまりそう思わない　■どちらともいえない　■ややそう思う　■そう思う
合計（n=906）
5.4%　7.5%　35.8%　31.7%　19.6%
女性合計（n=477）
5.7%　6.3%　32.3%　32.1%　23.7%
女性70代後半（n=34）
8.8%　5.9%　32.4%　26.5%　26.5%
女性70代前半（n=215）
5.6%　4.7%　29.3%　34.9%　25.6%
女性60代後半（n=91）
4.4%　6.6%　26.4%　34.1%　28.6%
女性60代前半（n=137）
5.8%　8.8%　40.9%　27.7%　16.8%
男性合計（n=429）
5.1%　8.9%　39.6%　31.2%　15.2%
男性70代後半（n=39）
2.6%　7.7%　28.2%　41.0%　20.5%
男性70代前半（n=173）
4.6%　9.8%　34.1%　34.7%　16.8%
男性60代後半（n=105）
5.7%　3.8%　47.6%　27.6%　15.2%
男性60代前半（n=112）
6.3%　12.5%　44.6%　25.9%　10.7%
0%　10%　20%　30%　40%　50%　60%　70%　80%　90%　100%

図9-4　世代・ジェンダーと近隣関係の関連

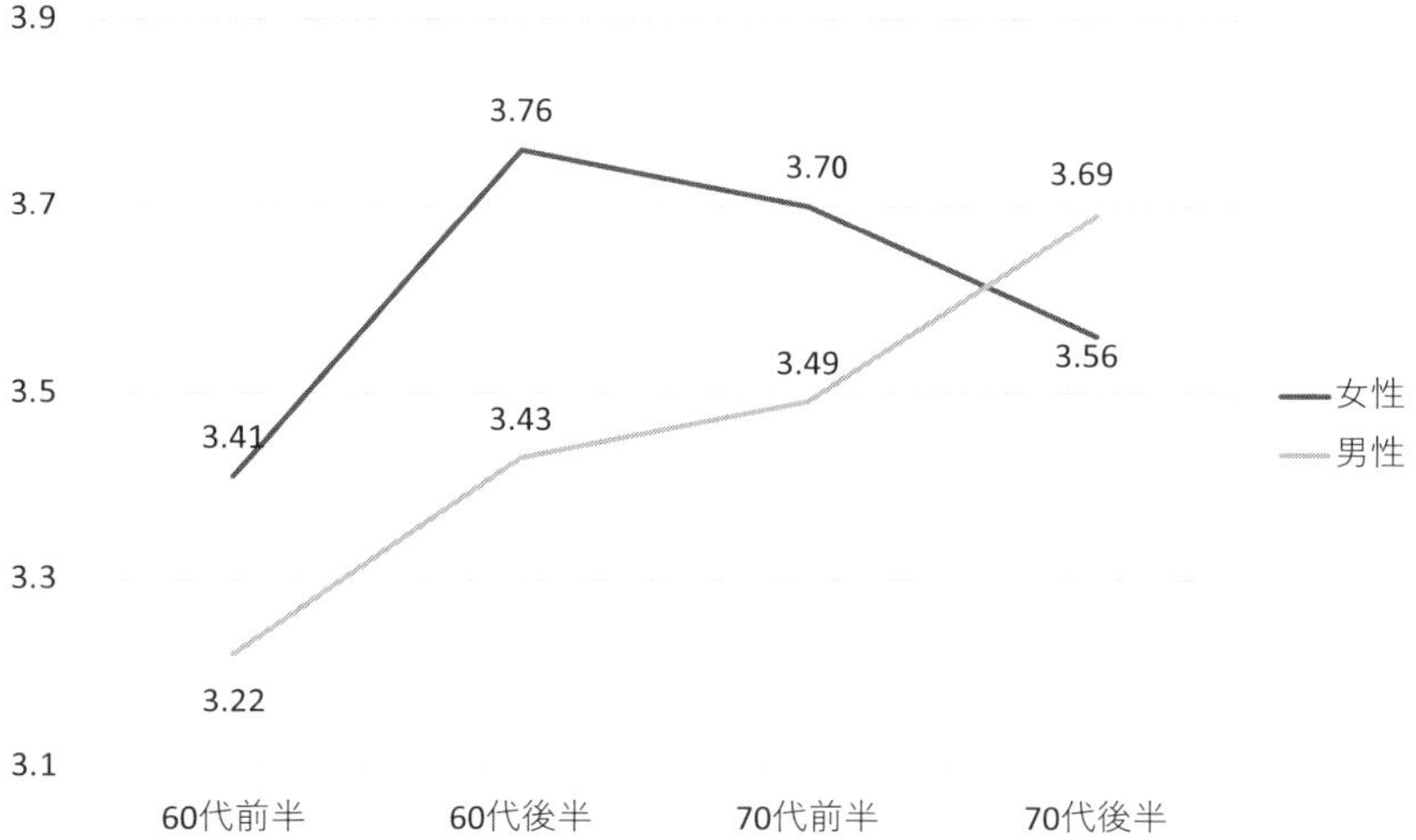

図 9–5　世代・ジェンダーごとの近隣関係の平均

と女性の方が良い人が多い。

男女別に世代の影響を見ると、女性では、六〇代前半では「どちらでもない」が一番多いものの、六〇代後半からは「ややそう思う」「そう思う」が増え、七〇代前半、七〇代後半もあまり変わらない。男性では、六〇代前半から七〇代後半まで「ややそう思う」「そう思う」が増える傾向にある。男女ともそもそも近隣関係が良い人が多いため、世代による変化は大きくないが、おおむね世代が上がると近隣関係が良くなるといえそうである（特に男性にその傾向がある）。

1～5の数値をもとに、平均値を計算すると（図9-5）、全体の合計は三・五三（$n=906$）、女性では、全世代合計で三・六二（$n=477$）、六〇代前半で三・四一（$n=137$）、六〇代後半で三・七六（$n=91$）、七〇代前半で三・七〇（$n=215$）、七〇代後半で三・五六（$n=34$）となる。男性では、全世代合計で三・四二（$n=429$）、六〇代前半で三・二二（$n=112$）、六〇代後半で三・四三（$n=105$）、七〇代前半で三・四九（$n=173$）、七〇代後半で三・六九（$n=39$）となる。

人間関係と同様に世代とジェンダーのそれぞれ独自の効果があり、ジェンダーでは基本的に男性より女性の平均値が高い。

世代については、基本的に世代が上がると平均値が高くなるが、女性では六〇代前半から六〇代後半に上昇するが、その後やや下がる。一方で男性では、ほぼ一貫して平均値が上昇するという違いがある。

以上から、世代についての仮説2-1には女性の平均値が一貫して上昇しているわけではないという留保が必要ではあるが、基本的には仮説2-1、仮説2-2ともに支持できるといえそうである。

3　相談相手

最後に同様の手順で、相談相手について分析する。

相談相手は、1が「まったくあてはまらない」、2が「あてはまらない」、3が「どちらともいえない」、4が「あてはまる」、5が「とてもあてはまる」であり、数値が高い方が相談相手がいると認識していることを示す。「該当しない」は分析から除外した。

世代・ジェンダーと相談相手の関連をクロス表にした(図9-6)。その結果、まず、全体の合計では「どちらともいえない」や「あてはまる」という人が多い。

前の二つの変数より、相談相手はさらにはっきりとしたジェンダー差が見られる。「まったくあてはまらない」「あてはまらない」の合計は、女性合計で5.6+11.0=16.6%、男性合計で9.1+22.4=31.5%である。一方で、「あてはまる」「とてもあてはまる」の合計は、女性合計で47.3+14.1=61.4%、男性合計で27.6+6.3=33.9%と、女性の方が良好な結果となっている。同じ世代でも、例えば人数の多い七〇代前半を見ると、女性の方が良好な人が多い。

男女別に世代の影響をみると、女性では、六〇代前半、六〇代後半はあまり変わらないが、七〇代前半、七〇代後半と良好な人が多くなる。男性では、女性ほどの明確な変化は捉えにくいが、「あてはまる」「とてもあてはま

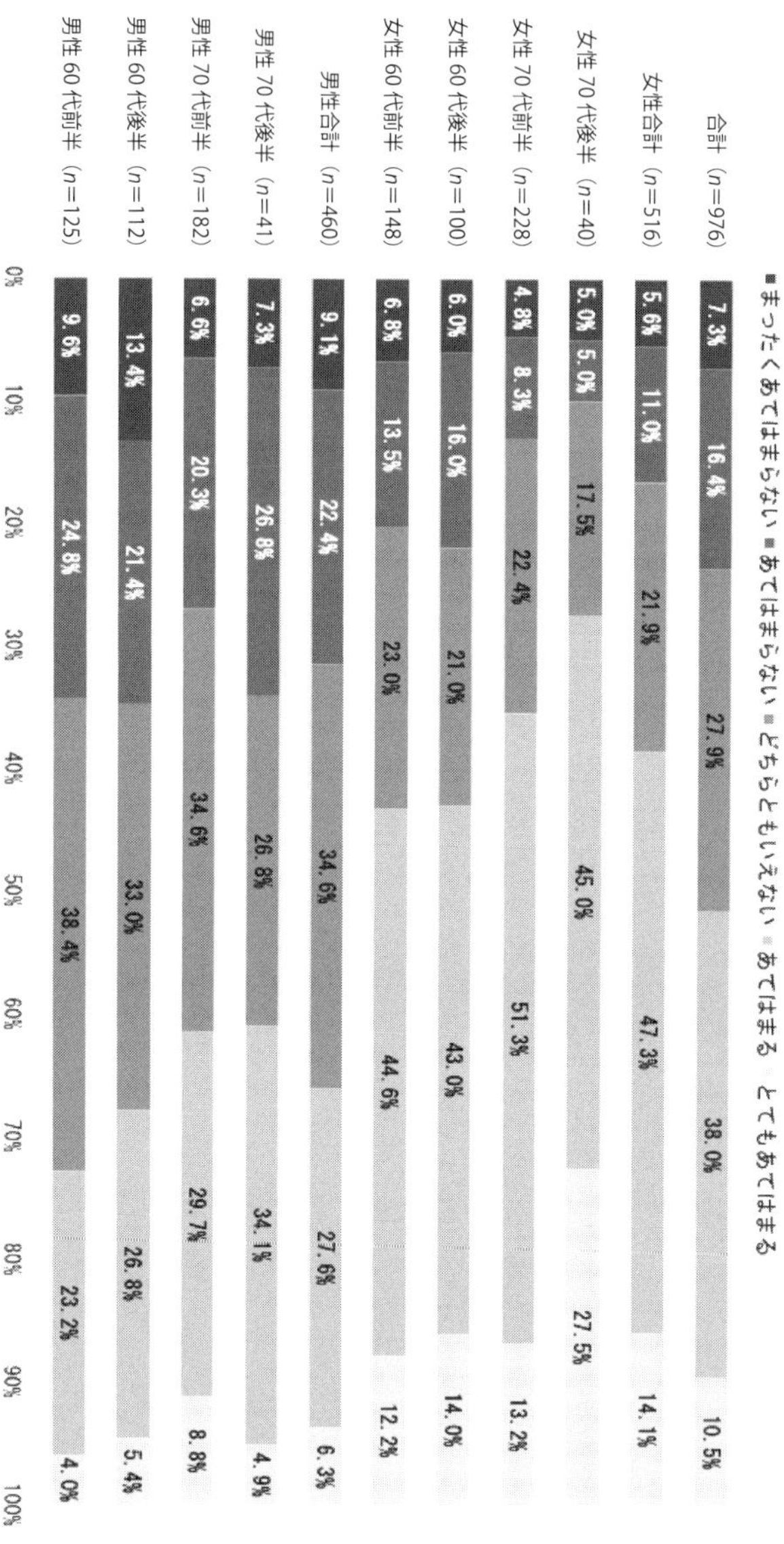

図 9-6　世代・ジェンダーと相談相手の関連

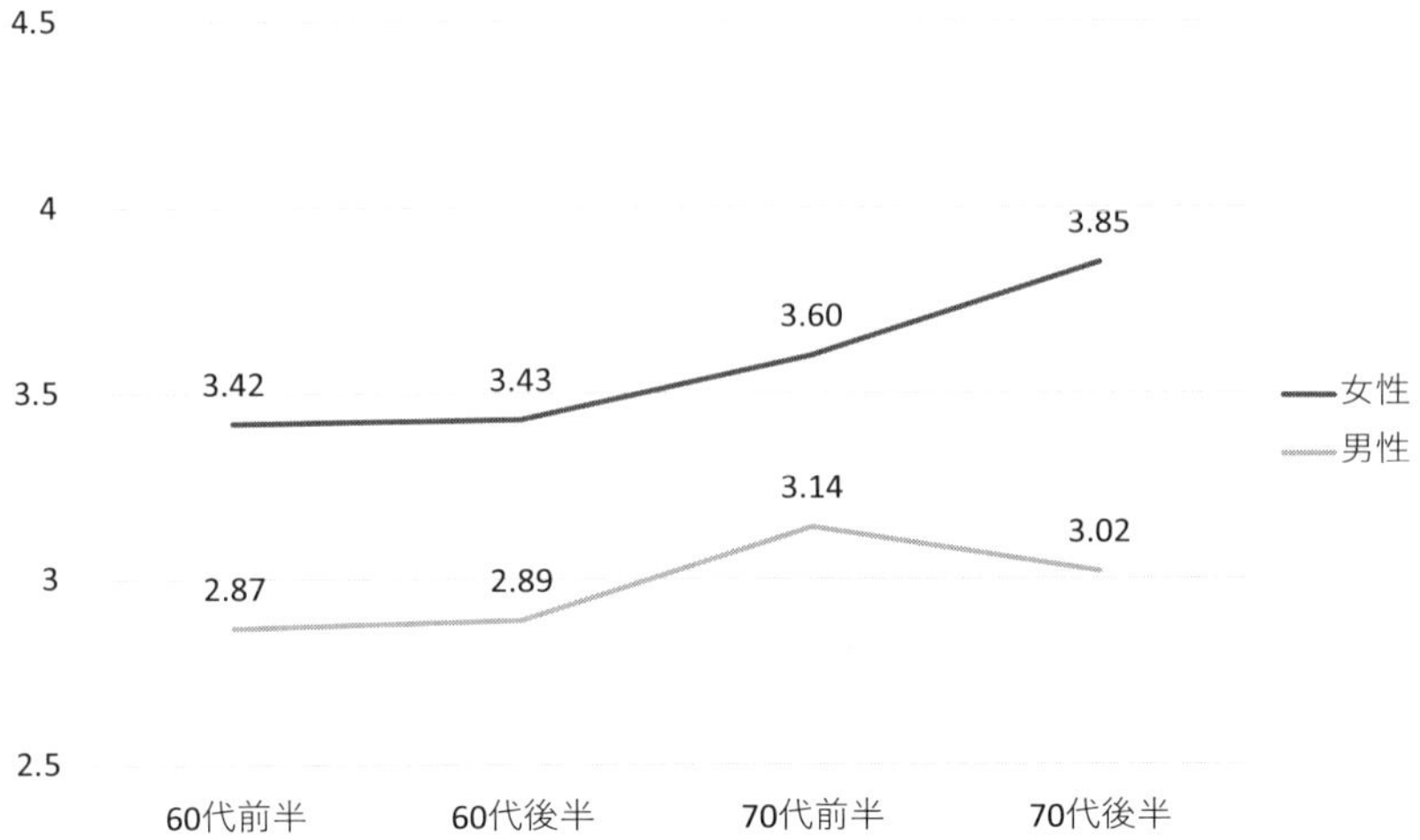

図 9‐7　世代・ジェンダーごとの相談相手の平均

る」の合計は一貫して増えている。

1～5の数値をもとに、平均値を計算すると（図9‐7）、全体の合計は三・二三（$n=976$）、女性では、全世代合計で三・五三（$n=516$）、六〇代前半で三・四二（$n=148$）、六〇代後半で三・四三（$n=100$）、七〇代前半で三・六〇（$n=228$）、七〇代後半で三・八五（$n=40$）となる。男性では、全世代合計で三・〇〇（$n=460$）、六〇代前半で二・八七（$n=125$）、六〇代後半で二・八九（$n=112$）、七〇代前半で三・一四（$n=182$）、七〇代後半で三・〇二（$n=41$）となる。

先述の二つの変数と同じだが、世代とジェンダーのそれぞれに独自の効果があり、基本的に世代が上がると、また男性よりも女性で平均値が高い。特に、七〇代後半では女性は上昇し、男性は下降するため、男女差が開いている。

以上から、世代についての仮説3‐1は平均値で男性の七〇代後半に下がる傾向が見られ、留保が必要であるものの、基本的には仮説3‐1、仮説3‐2ともに支持できるといえそうである。

以上、前節のセカンドライフ調査の結果をまとめると、人間関係の満足度、近隣関係、相談相手ともに、そもそも良好であるという人が多いが、その中でも仮説1-1〜3-2が基本的には支持され、世代が上がると、また男性より女性の方で、これらの人間関係が良好であることが示された。

上記の結果を、社会化の機会としての定年期という観点から考えていこう。

三　考察とまとめ——後期第二次社会化の機会としての定年期

まず、冒頭で説明した定年期の社会化であるが、本章ではこれを社会化のうちでもさらに限定し、「後期第二次社会化」という概念で考えたい。

先述のように幼児期に第一次社会化があり、それ以降に行われる社会化を全て第二次社会化とする[2]。第二次社会化を、時期によって区分し、青年期には前期第二次社会化、壮年期には中期第二次社会化、そして、本章の扱う高齢期のうち定年期に後期第二次社会化が行われるとする。それ以降の後期の高齢期にも社会化は行われうる[3]。

このように定年期を社会化の中でも、後期第二次社会化と考える意義には二つが考えられる。一つ目に、ある人のこれまでの第一次社会化や第二次社会化の経験を、定年期やそれ以降の適応にもいかす視点を得ることができる点がある。定年は職業人としての生活の終わりではあるが、新たな社会化のスタートでもある。そして、その人はこれまですでにさまざまな社会化の課題を乗り越えている。そのため、定年期のさまざまな課題に対しても、例えば、若い頃の入学や入職などの経験から、これまでの社会化とこれからの社会化の共通点と相違点を見出しながら適応することができるのではないかと考えることができる。

この際、前期第二次社会化と後期第二次社会化の違いとして、本章の一節で先述したような明確な社会化の先となる社会や、社会化の担い手となるいわば先生や先輩の存在の特定の難しさがあるかもしれない。学校や職場などであれば、どこに入るのかが明確に意識され、先生、上司や先輩などの社会化の担い手やモデルがいることが多い。一方、定年期ではそもそもどのような社会に入るのかが明示的でなく、また先輩といえる人はいるかもしれないが、社会化の指針となりうる人を見つけるのは難しい。また、学校や職場では、組織的・定型的・意図的な教育が行われるが、定年期にそのような教育が用意されていることはほとんどないだろう。

こう考えると、定年期では、個人のこれまで社会化の経験をいかすことと、さらに先輩という存在が重要になるという視点が得られる。前節のデータでは、女性の方が良好な人間関係を築いている傾向があった。これは女性の方が男性よりも幅広く、人生の早い段階で、社会化を行ってきた結果と考えることもできる。定年期の先輩は同性でも良いし、特に男性にとっては女性が良い先輩となる可能性も考えられる。

関連するが、意義の二つ目に、定年期を社会化の機会と捉えることにより、定年期の課題を年齢やジェンダーごとに焦点化し、対処方法を詳細に考えることができる点がある。特にジェンダーについて考えたい。

まず、定年退職には、職業役割と経済資源の剥奪というネガティブな側面がある。定年は労働からの解放でもあるが、その退職は自発的な選択ではなく、年齢という一律基準による他者から強制されるものである。

給与という経済資源の剥奪に対しては、個人や世帯単位での貯金、近年、日本も国が誘導しているような投資、年金や社会保障制度を利用し、対処が行われる。冒頭でみた雑誌の特集でも、これらの制度の情報が重要なものとされていたし、さらに定年後の再就職や継続雇用などが特集されていた。

定年退職では、経済的な剥奪だけではなく、役割の剥奪も起こり、ここに特にジェンダー差が出ると考えられる。まず、フルタイムで働いていた人では、退職により、企業など組織上の役割のほか、職業を通じた社会の中での役割も剥奪される。その剥奪は男女とも同様であるが、現在の定年世代では男性の方にフルタイムで働いてきた人が多いであろう。そのため、男性の方が職業役割からの剥奪の度合いが高く、適応の課題も大きい人が多いであろう。

一方で、家族内の親役割については、女性の方が剥奪の度合いは高く、適応の課題も大きい人が多いと考えられる。

家族社会学者の森岡清美・望月嵩によれば、ライフサイクルの各段階で家族が経験する出来事と危機状況の例に、中高年期の家族の場合、以下の四つがあげられている。すなわち、子の離家、脱親役割期への移行、引退、未亡人期である。脱親役割期への移行、引退を詳しくみると、脱親役割期への移行は、親としての役割・責任からの解放によって、これまでの習慣的行動パターンが崩壊することを指し、自己同一性の根拠が見失われ、情緒的不安におそわれるという問題が生じる。引退は、人生の後期における最も重要な移行であり、職業的地位の高い者には、仕事からの満足感の喪失、低い者には経済的困難という問題が生ずる（森岡・望月 一九九七、八六）。

引退は筆者の先述の説明とほぼ同じと捉えられるが、脱親役割期への移行は特に女性に大きな課題となることが多いと考えられる。男性（父親）にとっての脱親役割への移行という課題も興味深いものではあるが、性別役割分業のもとで妻が子育ての主担当であった夫婦の場合、脱親役割期への移行は妻により大きな対処課題となることが多いだろう。

このように、定年期の課題にも男女の傾向の差があると考えることができる。定年期を社会化の機会と捉えることにより、本章でみたような年齢差やジェンダー差ごとに、課題と適応のための方策をより詳細に意識化・焦点化することが考えられる。

先述のように定年前に明確な性別役割分業を行ってきた夫婦であればなおさらであるが、そうではなく独身の人や、共働きであった夫婦でも、このような男女差は該当しうる。これまでの長い人生の中で、男女には社会から異なる役割期待がもたれ、個人は人生の中で不承不承でもその期待に適応している。そのため、男女でどのような分野でどのように自分の時間、労力、意識を使ってきたかには差があり、その蓄積の差は長い人生の中で意外にも大きくなっていることが考えられる。例えば、男性は仕事面に集中投資、女性は仕事以外にも家族や地域などより広く分散投資してきた人が多いかもしれない。これは個人の選択の結果ではあるが、全く自発的なものとはいえず、子どもの頃からの長い社会化の結果でもある。

ここで、前節でみたように、ジェンダー差にくわえて、定年期であっても年齢が上がると人間関係が良好になる傾向に改めて注目したい。データでは人間関係は基本的に男性よりも女性で良好で、この差は埋め難いと考えることもできる。しかし、例えば近隣関係の平均値では、男性は六〇代前半では女性より低かったが、その後上昇し、七〇代後半では女性よりも高いという結果であった。そのほかにも、男女ともに基本的に年齢が上がると人間関係が良くなるという傾向が見られた。定年するその時期に人間関係が固定するのではなく、定年期以降も人間関係は変化し、定年を機に新たに人間関係が広がったり良好に変化する可能性は大いにある。近隣関係では、女性よりは遅れて人間関係が改善する、いわばレイトスターターとしての男性という面もみられる。定年前は近隣関係へのコミットメントが低かった男性でも、やりようによってだが、遅れてでも良好な人間関係を築く可能性はある。その際、先述のように明確な社会化の宛先や社会化の担い手が特定しにくいなどの課題があるものの、急がず少しずつ社会化を進めることができる可能性があることには明るい兆しをみることができる。

最後に本章をまとめよう。冒頭では二つの雑誌から定年期の課題にジェンダー差があることをみた。次に、セカンドライフ調査のデータを、人間関係について分析し、基本的に世代が上がると、また男性より女性で、人間関係の満足度、近隣関係、相談相手が良好な傾向があることを示した。ここから、ひと口に定年期といっても、まず年齢の効果があり、年齢が上がることで、社会化が進むことが示唆された。また、男性より女性の方が人生の早い段階で社会化を行い、周囲の人との人間関係が良好な傾向があると考察した。最後に、定年期を後期第二次社会化の機会として捉えることが、これまでの社会化の経験をいかす視点を得ること、定年期の課題や適応の方策を年齢やジェンダーなどの属性に注目し意識化・焦点化することにつながる可能性を指摘した。

今後の課題には以下がある。定年期を後期第二次社会化と捉えるとして、このような量的調査だけではなく、例えば定年した人たちの実際の対処の経験や主観的な認識を聞き取るなどし、社会化の観点から分析することが考えられる。本章の考察からは、特に定年期の課題の男女差やモデルとなる先輩の有無、これまでの社会化の経験がどういかされたかなどが分析の視点となると考えられる。

注

（1）もちろんこのような解釈はかなり荒いものである。この二つの雑誌を男性誌、女性誌の代表とすることはできないだろう。たまたまある時期に筆者が見つけた雑誌を見ているに過ぎないし、想定読者を考慮する必要がある。記事の内容から推測するに、この二つの雑誌の読者には男女のほか、若干の世代差もあるように思う。『PRESIDENT』の記事は定年の少し前の男性を主な対象とし、『婦人公論』の記事はもう少し上の七〇代くらいの女性を主な対象にしている印象があった。そのため、記事の差は、ジェンダー差にくわえ、定年期の中の世代差によるとも考えられる。このような留意点が必要とはいえ、定年期の課題にここまではっきりとした男女差が見られた点は興味深い。

（2）定年期の社会化に、第一次社会化、第二次社会化の後として、第三次社会化 tertiary socialization の語をあてることも考えられる。実際、第三次社会化という言葉は、別の文脈では一部すでに使われているようである。例えば、葛茜によれば、第三次社会化は言語教育の分野で、異なる言語を学ぶ人が、新しい言語や文化を学ぶ過程のこととして使われているようである。葛の例では中国人留学生が日本語や日本文化を学ぶ過程が第三次社会化として捉えられている（葛 二〇一七）。あるいは本書の総論にもあるようにサードエイジという言葉もある。イギリスの社会学者アンソニー・ギデンズらの社会学の教科書の中では、ライフコースの章の中で、サードエイジ（third age）という言葉が使われ、その段階で退職者は新たな教育の段階を始め、新たな活力を見出す可能性があるとされている（Giddens and Sutton 2009: 301）。このように定年期を人生の三つ目の段階と捉えることもできるが、本章では定年期はあくまで第二次社会化の中の後期のものと位置づけ、後期第二次社会化とする。

（3） 組織社会化についてまとめる岸保行においても、第一次社会化は個人が幼年期に経験する最初の社会化、第二次社会化は第一次社会化以降のすべての社会化とされている（岸 二〇一一、六五）。また、同岸（二〇一一）でも紹介されており、社会化や組織社会化についての詳細なレビュー論文として高橋弘司（一九九三）があり、社会学をはじめとした諸学における社会化の定義・種類が一覧にまとめられている。高橋によれば、組織社会化の定義は「組織への参入者が組織の一員となるために、組織の規範・価値・行動様式を受け入れ、職務遂行に必要な技能を習得し、組織に適応していく過程」であり、類似する概念に職業的社会化がある（高橋 一九九三、二）。定年期の社会化はこのような組織や職業に入っていく組織社会化や職業的社会化と反対に、その組織や職業から離れていく際に行われる社会化と考えることもできる。

文献

Berger, Peter L. and Thomas Luckmann, 1966, *The Social Construction of Reality: A Treatise in the Sociology of Knowledge*, New York: Doubleday & Company.（山口節朗訳、二〇〇三、『現実の社会的構成―知識社会学論考』新曜社。）

中央公論新社、二〇二三、『婦人公論』第一〇八巻第四号通巻一五九四号（二〇二三年四月号）、（2024年9月2日取得、https://fujinkoron.jp/articles/-/7988）。

Giddens, Anthony and Philip W. Sutton, 2009, *Sociology*, 6th ed., Cambridge and Malden: Polity.

平尾桂子、二〇一三、「社会化」日本家族社会学会編『家族社会学事典』丸善出版、三八六―三八七。

伊藤公雄、二〇一九、「男性学・男性性研究 =Men & Masculinities Studies ―個人的経験を通じて」『現代思想』四七（二）、八―二〇。

岸保行、二〇一一、「台湾に進出した日系ものづくり企業で働く長期勤続マネジャー―台湾人長期勤続マネジャーの回顧的『語り』から捉える『第二次社会化』」『労働社会学研究』一二、六四―九〇。

森岡清美・望月嵩、一九九七、『新しい家族社会学 四訂版』培風館。

プレジデント社、二〇二三、『PRESIDENT』第六一巻第六号通巻一一一七号（二〇二三年三月三一日号）、（2024年9月2日取得、https://presidentstore.jp/category/MAGAZINE01/012306.html）。

葛茜、二〇一七、「中国人日本語専攻生の文化的アイデンティティと日本語を学ぶことの意義―留学中の元日本語専攻生のライフストーリーから」『日本語・日本学研究』七、八五―九五。

高橋弘司、一九九三、「組織社会化をめぐる諸問題―研究レビュー」『経営行動科学』八(一)、一―二二。

第10章　宗教意識とウェルビーイング

清水香基

はじめに

本章では、サードエイジ期における宗教意識とウェルビーイングの関連について考察を行う。

欧米の宗教社会学や宗教心理学では、宗教性が幸福感や生活満足度を始めとする主観的ウェルビーイング(Subjective Well-Being: SWB)の指標に、大きくはないものの有意な効果を持つということはよく知られている。しかし、そうした研究で多くの場合問題とされるのは、キリスト教や新宗教をはじめとする教団型宗教の宗教性であり、日本の宗教状況に当てはめて考えるには文化的な読み替えの作業を要する。

本章の前半では、他の宗教調査のデータも参照しつつ、教団型の宗教性とは異なる位相を持つ日本人の宗教意識の特徴を提示するところから始めたい。その上で、初詣や墓参り、地域の祭礼や占いなど広く実施されている宗教文化や、神仏や死後の世界といった宗教的な事柄に対する一般的信心を射程に入れ、調査データをもとにそれらの構造を探っていく。後半では、特定宗教への信仰を持たない人々の「広義の宗教意識」というべきものが、サードエイジ期のウェルビーイングにおいて担う役割を、幸福感や死生観の側面から論じていく。

一　日本人の宗教意識

1 「無宗教」を自認する人々の宗教意識

一般に「日本人は無宗教である」ということがよく言われており、こうした言説はすでにreligionの訳語として宗教という後が定着した明治期から存在していたようである（藤原 二〇二三）。事実、世界価値観調査やＩＳＰＰ国際比較調査などの国際比較調査を見ると、日本では無宗教と答える人の比率が高く、六割程度が無宗教である。近年では、一部の欧米諸国でも無宗教を自認する人が増えてきており、アメリカで三割前後、イギリスでも五割前後が無宗教であると回答するようになってきたが、依然として日本の無宗教比率が高いことは変わらず、従来日本の特徴とされてきた節もある(1)。

しかし、この当人の宗教を問う質問項目は曲者で、これが一体何を尋ねているのかは判然としない。というのも、この質問の対する人々の答え方が、具体的な質問の仕方に全く異なってくるからである。表10‐1と図10‐1は、全国規模で実施された近年の各種社会調査における宗教に関する質問と、各調査における無宗教者の比率を示したものである。

無宗教者の比率は調査によってかなり幅があり、多い場合はすでに述べたように六割程度だが、少ない場合は四割程度におさまる場合もある。この点について、筆者らが二〇二四年に実施したもう一つの調査「Global East Survey of Religion and Spirituality」のデータを用いながら、もう少し詳しく見てみよう。図10‐2から図10‐4では、同調査で仏教、神道、道教、儒教、民間信仰のいずれかであると答えた二一九八名と、「無神論ではないが、無宗教・無信仰である」と答えた一二二七名、「無神論」と答えた三二一名の、それぞれの宗教行事の実施状況（図10‐2）、超自然的な存在に関する考え方（図10‐3）、神の存在に関する考え方（図10‐4）を比較したものである。

表10-1　「信仰している宗教/持っている宗教」についての質問がある全国調査

調査名/実施年	実施主体	調査方法	対象者	標本抽出法	有効回収数(回収率)	質問文
日本版総合社会調査(JGSS)/2023年	大阪商業大JGSS研究センター	留置調査法	全国20歳から89歳まで	層化二段無作為抽出法	1,277(52.0%)	あなたは、信仰している宗教がありますか。
第7回世界価値観調査(WVS)/2019年	電通総研・同志社大学社会学部メディア学科池田謙一研究室	郵送法	全国18歳以上	割当法[注)](トラストパネル)	1,353(56.4%)	あなたは、現在、何か宗教をお持ちですか。次の中から1つだけあげて下さい。
宗教に関する国際比較調査(ISSP)/2018年	NHK放送文化研究所	留置調査法	全国18歳以上	層化二段無作為抽出法	1,277(61.6%)	あなたには、ふだん信仰している宗教がありますか。ただし、冠婚葬祭の時だけの宗教でなく、あくまで、あなたご自身が、ふだん信仰している宗教をお答えください。
Religion and Spirituality in East Asian Societies/2023年	Pew Research Center	電話調査	全国18歳以上	RDD法	1,742 —	あなたの宗教は何ですか。
Global East Survey of Religion and Spirituality/2024年	Perdue University・北海道大学大学院文学研究院	郵送法	全国18歳から79歳まで	割当法[注)](トラストパネル)	3,947(78.9%)	あなたが何を信じているか・何を実践しているかは別として、あなたはご自分を以下のどれだとみなしていますか。あてはまるものすべてに○をつけてください。

注)トラストパネルとは、株式会社日本リサーチセンターが保有・管理する非公募型パネルの名称。

まず正月、お盆、お彼岸といった一般的文化行事については、一貫して宗教のある人の実施率が最も高く、無宗教・無信仰の人、無神論の人という順につづく(図10-2)。しかし、無宗教・無信仰あるいは無神論だからといって、こうした行事をしないということはなく、正月に関してはどのカテゴリでも八割以上の人が一二ヶ月以内に(つまり今年の正月を)祝ったと答えている。祖先祭祀の行事であるお盆も、宗教の有無に関わらず半数程度が実施している。

では意識の側面でみると

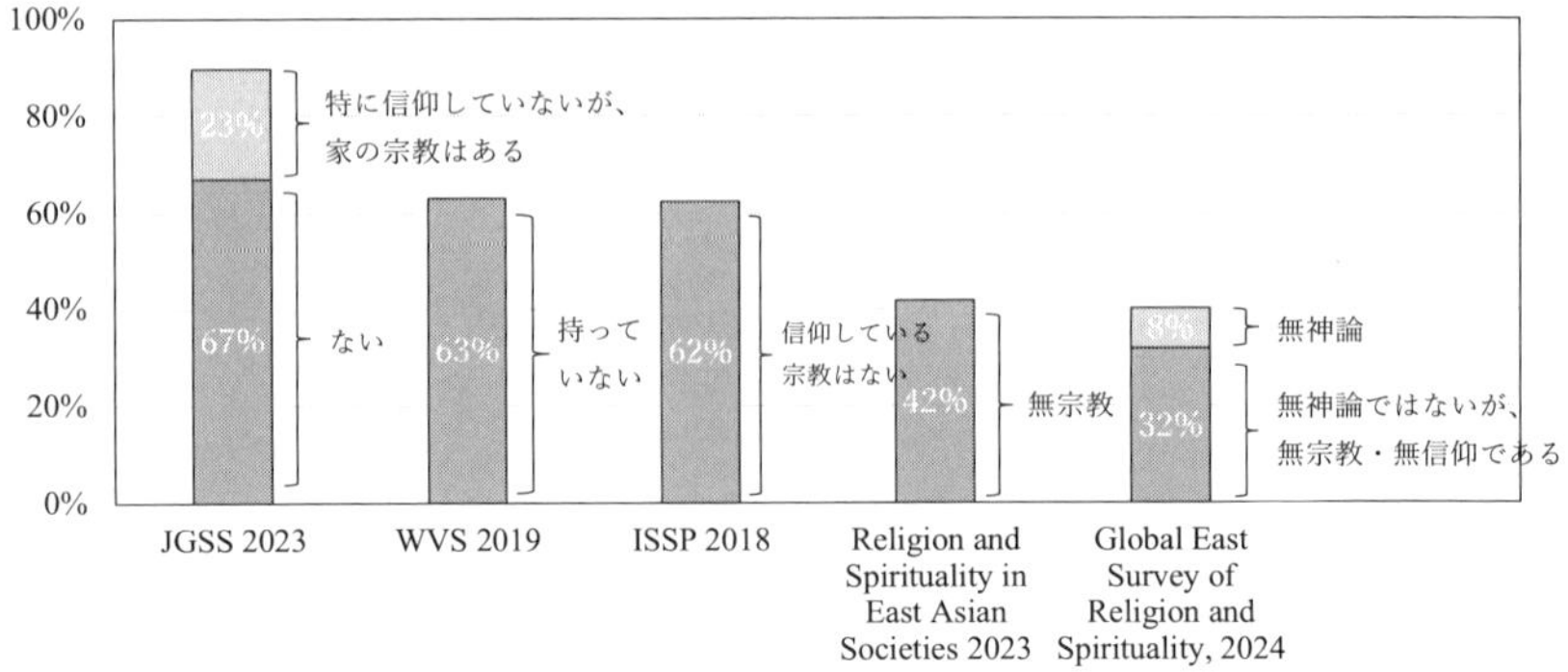

図 10-1　調査ごとの「信仰している宗教/持っている宗教」が「ない」人の比率の比較

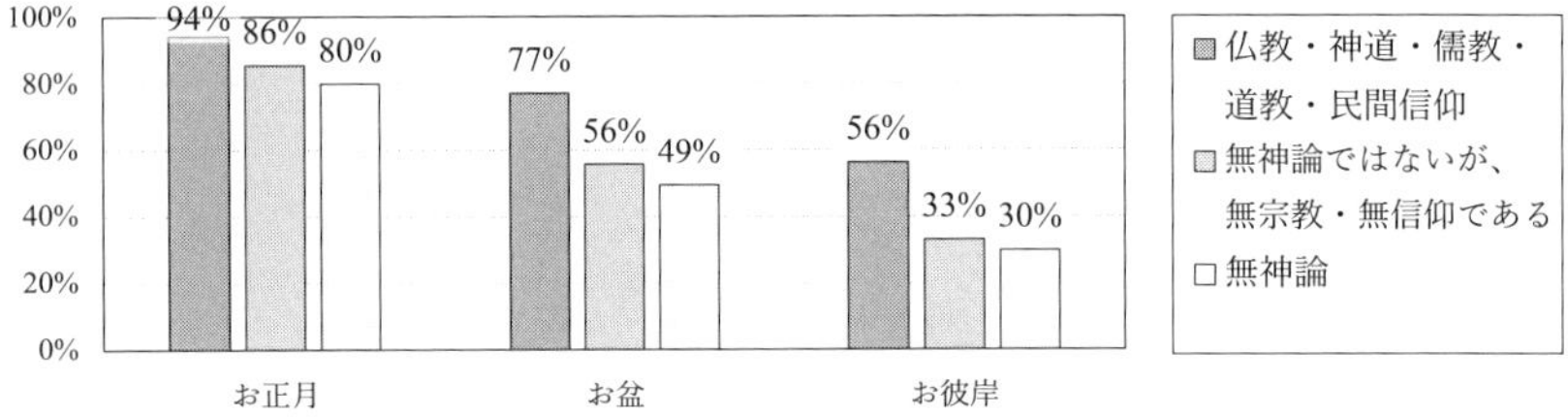

図 10-2　過去 12ヶ月の間に、お正月、お盆、お彼岸といった伝統的な行事をしたことがあるか(「ある」と回答した人の比率)

出所）Global East Survey of Religion and Spirituality、2024 年。

どうかというと、超自然的な力にせよ、神仏にせよ、やはり宗教があるという人のほうが信心のある傾向が見て取れる(図10-3、図10-4)。しかし、無宗教・無信仰者のみならず、無神論であると表明する者においてさえ、一定数がそうした力や存在を認めているのはどういうことだろうか。また、最も選ばれているのは、超自然的な力や神仏の否定ではなく、むしろ人には計り知ることができないという中間的な態度である点も注目に値する。

さらに言えば、個人にとっての宗教のあるなしは、既成宗教側から見たその人のメンバーシップの有無とも異なる。表10-2と表10-3は、その人が檀家や氏子であるかどうかいうことと、その人が自身を仏教ないしは神道と見做しているかどうかのクロス集計をとったものである。

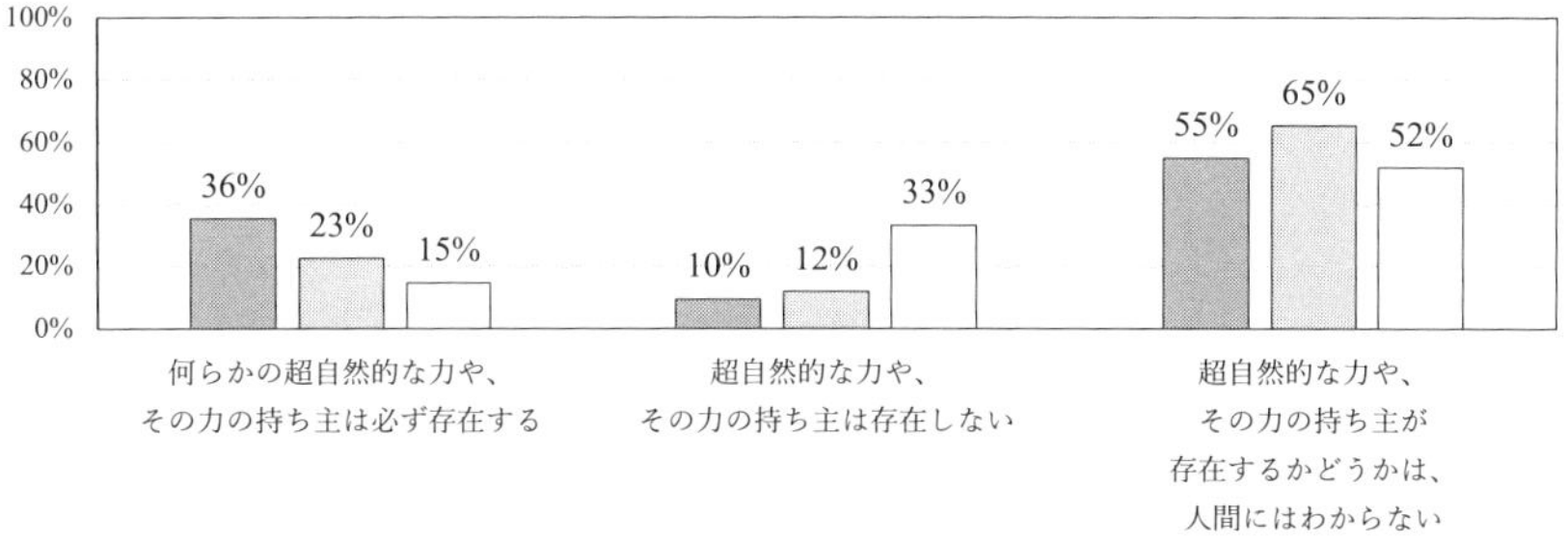

図 10-3　超自然的な力やその持ち主に関する考え方[注)]

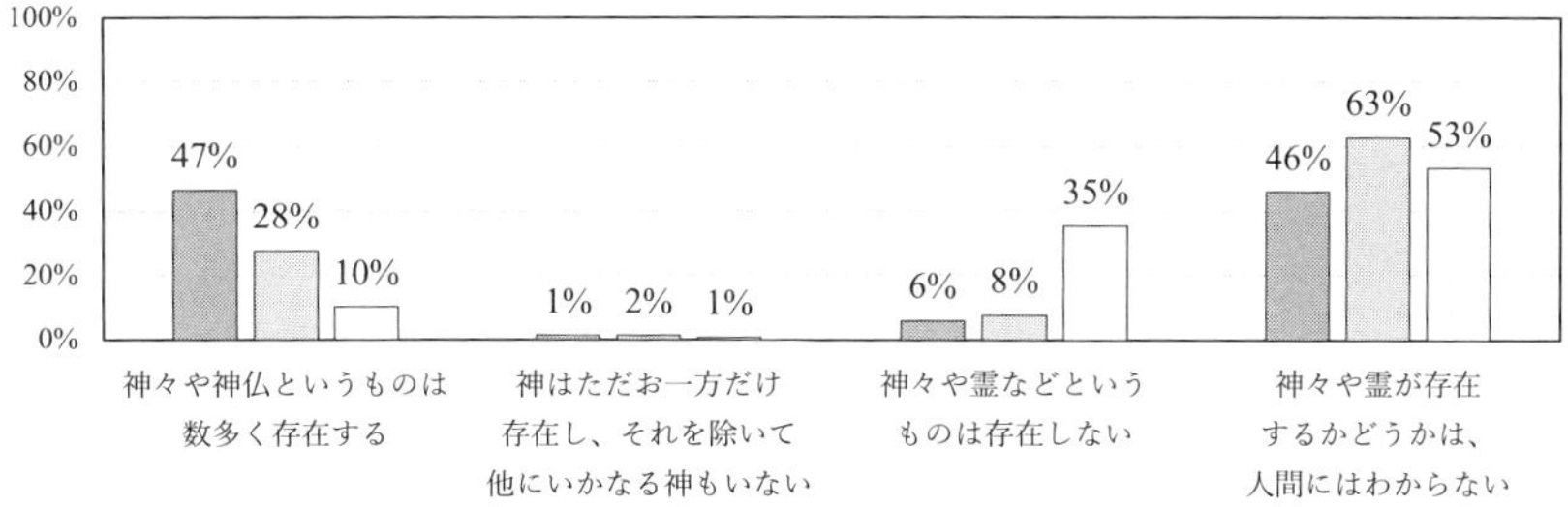

図 10-4　神、神仏、霊といったものに関する考え方[注)]

出所）図 10-3、4 とも Global East Survey of Religion and Spirituality、2024 年。
注）「以下の考えのうち、あなたのお考えに一番近いものはどれですか」と尋ね、単一選択式で回答を求めた質問に対する回答を集計したもの。

当然、檀家である方が、そうでない人よりも、仏教を自認する人の割合が多く、氏子である方が神道を自認する人の割合が高い。その逆もしかりで、仏教や神道を自認している人の方が、檀家や氏子というかたちでのメンバーシップを有している人が多い。

両者は正の相関関係にあるものの、しかしイコールではない。というのも、裏をかえせば、檀家の半数以上は自分を仏教だとは思っていないし、仏教を自認する人の四割は檀家ではない。こうした乖離は氏子でより顕著で、氏子の八割の人は自分を神道だとは思っておらず、神道を自認する人の六割は氏子ではない。

こうしたことからも、人々は、宗教的な信心や実践のあるなしというよりも、その人の宗教的世界観の一つの表現の型であったり、「宗教」という社会的なカテゴリに対する態度表明として、無宗教や無信仰と

表 10-2　檀家としての寺院所属状況と、仏教信仰の有無のクロス集計表

			自分をどれだとみなしているか：仏教		
			選択なし	選択あり	合計
加入状況･活動状況：檀家として所属している寺院	加わっており実際に活動している・加わっているがあまり活動していない	実数	211	178	389
		行の％	(54.2％)	(45.8％)	(100％)
		列の％	(30.6％)	(59.7％)	(39.4％)
	加わっていない	実数	478	120	598
		行の％	(79.9％)	(20.1％)	(100％)
		列の％	(69.4％)	(40.3％)	(60.6％)
	合計	実数	689	298	987
		行の％	(69.8％)	(30.2％)	(100％)
		列の％	(100％)	(100％)	(100％)

表 10-3　氏子としての神社所属状況と、神道信仰の有無のクロス集計表

			自分をどれだとみなしているか：神道		
			選択なし	選択あり	合計
加入状況･活動状況：氏子として所属している神社	加わっており実際に活動している・加わっているがあまり活動していない	実数	129	29	158
		行の％	(81.6％)	(18.4％)	(100％)
		列の％	(14.3％)	(35.4％)	(16.1％)
	加わっていない	実数	770	53	823
		行の％	(93.6％)	(6.4％)	(100％)
		列の％	(85.7％)	(64.6％)	(83.9％)
	合計	実数	899	82	981
		行の％	(91.6％)	(8.4％)	(100％)
		列の％	(100％)	(100％)	(100％)

出所）表 10-2、3 とも Global East Survey of Religion and Spirituality、2024 年。

いう選択肢を選んでいるように思えるのである。したがって、当人の宗教帰属意識を指標として、その人の宗教性が高いとか、低いといったことを測ろうとするのは適切さに欠く。日本人の宗教意識を記述しようとする際、一部の教団型の宗教の自覚的信者の動向に注視するだけでは不十分であり、無宗教を自認する人々を含め、どのような宗教的な考え方や行動様式を生活に取り入れ、日々を営んでいるかということが、調査データからリアリティへ迫る上での重要な視座となってくるのである。

2　宗教的な行動・信心の構造

ここから、本書のサードエイジャー調査のデータを用いた分析へと入っていこう。本調査では、宗教的な行動および信心について尋ねている。

行動に関する質問では「あなたは、次にあげるようなことをすることがありますか」と尋ね、初もうで／墓参り／地域のお祭りへの参加／神社での参拝／宗教団体の集まりへの参加／聖書や経典を読む／お守りやおふだをもらう／おみくじをひく／占いをしてもらう／神や仏に祈る／パワースポットに行く／セラピーやカウンセリング／宗教団体で積極的に活動、の一三項目に「しない」「たまにする」「よくする」の三段階で回答をしてもらった。

信心に関する質問では「次にあげるようなことがらを信じていますか」と尋ね、神／仏／聖書や経典などの教え／あの世、来世／宗教的奇跡／お守りやおふだなどの力／易／占い／輪廻転生／祖先の霊的な力／神や仏のご利益／水子祟りや地縛霊の祟り／天国、極楽、地獄の存在／姓名判断／家相や墓相、印鑑の吉相／リーディング／スピリチュアルなヒーリングの、一七項目に「信じていない」「どちらかといえば信じていない」「どちらかといえば信じている」「信じている」の四段階で回答をしてもらった。

各項目の単純集計結果は付録の調査票を参照してもらうこととして、本章では、上記の諸変数の相互関連に注目していこう。それぞれの行動間の相関係数を付表10-1、信心間の相関関係を付表10-2に示した。まず行動に関しては「宗教団体の集まりに参加する」「聖書や経典を読む」「宗教団体で積極的に活動している」といった教団宗教型の項目を除けば、ほとんどの項目間で有意な正の相関関係が認められた。ただし、相関の程度には濃淡があり、相関の高い項目同士でのグループ分けができそうである。信心に関しては、すべての項目間で相関係数〇・五一から〇・八八の範囲で、非常に高い相関関係が認められる結果となった。ある事柄を信じていると回答する人は、他の事柄も信じているという場合が多く、異なる事柄への信心同士の境界は曖昧である。

これらの行動・信心の背後にある潜在的要因を探るという関心から、探索的因子分析を実施したところ、行動の諸項目からは三個の因子が、信心からは二個の因子が抽出される結果となった（表10-4、表10-5）。抽出された因

表 10-4　行動に関する因子分析の結果(最尤法、バリマックス回転)

	因子 1 伝統民衆型	因子 2 新興民衆型	因子 3 教団型
問 30 d　神社で参拝をする	.827	.101	−.024
問 30 a　初もうでに行く	.712	.049	−.038
問 30 j　神や仏にお祈りをする	.676	.141	.176
問 30 g　お守りやおふだをもらう	.648	.232	.032
問 30 b　お盆やお彼岸に墓参りをする	.469	.054	.023
問 30 c　地域のお祭りに参加する	.420	.128	.139
問 30 h　おみくじをひく	.484	.306	−.008
問 30 k　パワースポットに行く	.350	.492	.053
問 30 i　占いをしてもらう	.146	.609	.144
問 30 l　セラピーや癒やしのカウンセリングを受ける	.054	.664	.276
問 30 m　宗教団体で積極的に活動している	−.074	.263	.736
問 30 f　聖書や経典を読む	.090	.148	.691
問 30 e　宗教団体の集まりに参加する	.084	.081	.887
因子負荷量平方和	2.891	1.396	1.992
寄与率	20.6%	10.0%	14.2%

表 10-5　信心に関する因子分析の結果(最尤法、バリマックス回転)

	因子 1 伝統・教団型	因子 2 新興民衆型
問 31 a　神	.832	.292
問 31 b　仏	.844	.312
問 31 c　聖書や経典などの教え	.697	.341
問 31 d　あの世、来世	.723	.410
問 31 k　神や仏のご利益(ごりやく)	.700	.516
問 31 i　輪廻転生(生まれ変わり)	.606	.500
問 31 j　祖先の霊的な力	.646	.525
問 31 e　宗教的奇跡	.572	.528
問 31 f　お守りやおふだなどの力	.594	.562
問 31 m　天国、極楽、地獄の存在	.602	.574
問 31 l　水子の祟りや地縛霊の祟り	.515	.662
問 31 g　易	.373	.768
問 31 n　姓名判断	.380	.775
問 31 o　家相や墓相、印鑑の吉相	.400	.787
問 31 q　スピリチュアルなヒーリング	.385	.789
問 31 h　占い	.342	.771
問 31 p　リーディング(未来の予言)	.370	.825
因子負荷量平方和	5.843	6.329
寄与率	34.4%	37.2%

子ごとの各項目への関連の程度（因子負荷量）を手掛かりとするならば、それぞれ次のような解釈ができそうである。まず、行動の第一因子は、神社参拝、初詣、神仏への祈り、墓参りといった項目に高い関連を有しており、これはいわば「伝統民衆型」の宗教行動を規定する因子であると言えよう。第二因子は、パワースポット訪問、占い、セラピーやカウンセリングといった「新興民衆型」(2)の因子である。第三因子は、宗教団体での活動や、聖書や経典を読むなどの「教団型」の因子である。これらの三因子の寄与率の合計は四四・八％である。言い換えると、この三因子で、宗教行動に関する一三個の質問項目の分散の四四・八％が説明されるということであり、まずまずの説明力といったところである。

また、信心の第一因子については、神や仏、聖書や経典の教えに加え、祖先の霊的な力など、民衆宗教と教団型宗教にまたがる諸項目に高い関連を示していることから、ここではひとまず「伝統・教団型」と名付けておくことしたい。第二因子はリーディング、占い、ヒーリングといった諸項目への関連が顕著であることから「新興民衆型」と解釈していいだろう。ただし、表10-5の中段あたりにある諸項目は、いずれも第一因子と第二因子の両方と高い関連を有している点に注意が必要である。このことから、サードエイジャーの信心は、ある特定の事柄への信心が、単一の因子によって規定されるような単純構造によってなるものではないことが見て取れる。他方、寄与率の合計は七一・六％となり、上記の二因子によって、かなりの程度、元の質問項目の分散が説明される結果となった。

二　宗教意識とウェルビーイングの関連

1　日本人の宗教意識がウェルビーイングを高める要因

前項で抽出した行動・信心の因子の得点を、サードエイジャーで宗教性の指標として用いて、ウェルビーイングとの関連を見ていこう。

宗教が個人のＳＷＢにポジティブに作用することは、特に欧米の研究においてたびたび指摘されてきた。その要因としてよく挙げられるものとして、主に次の四つがある（横井・川端 二〇一三）。①宗教的な生活習慣や規範が、飲酒や喫煙などの健康リスク行動を回避させる、②宗教信仰が個人の内面におけるいわば精神的支柱として作用する、③苦難や困難に宗教的な意味づけが与えられることで、物事をうまく噛み砕いて飲み込むことのできる対処（コーピング）の能力やレジリアンスが培われる、④宗教共同体への参与によって、ソーシャル・キャピタルが強化される（cf. Idler 1987; Ellison 1991; Lim & Putnam 2010）。

これらの論説は、いずれもキリスト教をモデルとした教団型宗教を前提に立てられたものであり、それをそっくりそのまま日本の状況にあてはめるのは適当ではないが、しかし日本の文脈に合わせて読み替えることは可能だろう。民衆宗教にも民衆宗教なりの世界観というべきものがあり、たとえば特定教団への自覚的信仰なしに素朴に信じられている死後の世界や輪廻転生も、キリスト教的終末とは別の意味での救済となりえる。社会心理学者の金児（一九九八）は、日本人の宗教性を特徴づけるものとして、オカゲとタタリという観念をあげており、これは宗教的意味づけのシステムに相当する。稲場（二〇一一）は「無自覚に漠然と抱く自己を超えたものとのつながりの感覚と、先祖、神仏、世間に対して持つおかげ様の念」を「無自覚の宗教性」と言葉で呼びあらわし、これが宗教的利他主義、ソーシャル・キャピタルの源泉となっていると述べている。また、年中行事や地域の祭礼は、家族関係や近隣関係を媒介する装置としての一面もあり、その意味でもソーシャル・キャピタルに寄与しうる。特に、子育てや仕事中心の生活から、人生の後半を見つめ舵を取り直すサードエイジ期においては、こうした宗教性がもたらす効用のなすところが大きいのではないかというのが筆者の想像するところであり、データから検討を行っていきたい。

2 ウェルビーイング諸指標との相関

まず、二変量の相関分析によって、宗教意識とウェルビーイングに関わる諸指標との相関を確認する。表10-6は、分析に使用する質問項目と、それぞれの項目のコーディングの仕方を示したものである。SWBの指標には、幸福感と生活満足度を使用する。健康に関する指標には、主観的健康度に加えて、健康リスク行動である喫煙習慣を用いる。ソーシャル・キャピタルについては、近所付き合いの程度と、その付き合いがうまくやれているかどうかの自己評価を用いる。また、高齢期の不安を捉える指標として、老後生活や死に対する不安をとりあげる。

また、表10-6の右側には、各指標とSWBの関連を示す相関係数を示した。宗教的行動については、「伝統民衆型」「教団型」の二因子が、SWBと弱い正の相関関係にあり、信心は「伝統・教団型」因子が中程度の相関関係にある。他方、「新興民衆型」の行動・信心の効用は認められない。また、健康、ソーシャル・キャピタル、老後の不安といったウェルビーイングの下位指標は、いずれもSWBと有意な相関があり、健康で、喫煙習慣がなく、よく近所付き合いを行い、老後生活の心配がない人ほど、幸福感と生活満足度が高い。

では、宗教意識と、上記諸指標との関連はどうだろうかということを扱ったのが、表10-7である。ここでは宗教的行動・信心の因子得点と、上記諸項目の相関を示している。この表を見ると、「伝統民衆型の行動」や、「伝統・教団型の信心」は、わずかながら主観的健康度と正の相関関係にあり、さらにソーシャル・キャピタルの諸指標ともポジティブに関連しているのが見て取れる。また、「教団型の行動」は、これも弱い関連であるが、老後や

表 10-6　使用する健康状況、ソーシャル・キャピタル、老いへの前向きな心の指標

カテゴリ	変数/質問項目	値/ラベル	SWB との相関	
			幸福感	生活満足度
主観的ウェルビーイング	幸福感	1＝とても不幸、10＝とても幸せ		
	生活満足度	1＝とても不満、10＝とても満足		
宗教的行動	伝統民衆型	因子得点	.077*	.071†
	新興民衆型	〃	—	—
	教団型	〃	—	.087*
宗教的信心	伝統・教団型	〃	.098**	.102**
	新興民衆型	〃	—	—
健康	主観的健康度	1＝よくない、4＝とてもよい	.358***	.367***
	自分はタバコをよく嗜む方である	1＝まったくあてはまらない、5＝とてもあてはまる	−.127***	−.123***
ソーシャル・キャピタル	近所付き合い	次の7項目のうち該当する項目の数：見かけたら挨拶をする/立ち話をする/家に招いて話をすることがある/食材や土産物などをお裾分けすることがある/除雪や草刈りなどを手伝う/買い物など家のことを手伝う/避難訓練や緊急事態で避難を手助けする方がいる	.167***	.202***
	向かいや両隣の家と仲良くやれていると思う	1＝そう思わない、5＝そう思う	.187***	.198***
老後の不安	老後の生活が不安である	〃	−.376***	−.456***
	老後や死の問題についても何の心配もない	〃	.355***	.409***

***$p<.001$、**$p<.01$、*$p<.05$、†$p<.1$（$N=735$）。

表 10-7　健康状況、ソーシャル・キャピタル、老いへの前向きな心と宗教意識の相関

		宗教的行動			宗教的信心	
		伝統民衆型	新興民衆型	教団型	伝統・教団型	新興民衆型
主観的ウェルビーイング	幸福感	.077*	—	—	.098**	—
	生活満足度	.071†	—	.087*	.102**	—
健康	主観的健康度	—	−.066†	—	.082*	—
	自分はタバコをよく嗜む方である	—	.119**	—	—	.075*
ソーシャル・キャピタル	近所付き合い	.175***	—	—	.071†	—
	向かいや両隣の家と仲良くやれている	.153***	.124***	—	.096**	—
老後の不安	老後の生活が不安である	—	.061†	—	—	—
	老後や死の問題についても何の心配もない	—	—	.088*	—	—

$^{***}p<.001$、$^{**}p<.01$、$^{*}p<.05$、$^{\dagger}p<.1$ ($N=735$)。

死の問題へ不安を和らげる方向へ作用しているようである。

他方で「新興民衆型の行動」について見ると、喫煙習慣と正の相関関係にあるとともに、健康度と負の相関にあることがわかる。向かいや両隣の家と仲良くやれているという自己評価と正の関連があるものの、実体的な近所付き合いの程度との関連はない。また、わずかだが老後生活の不安とも関連があり、ウェルビーイングを高める方向とは、一貫して反対の関連性が見られる結果となった。とはいえ、セラピーやカウンセリングを受けたり、占いをしてもらったり、パワースポットに足を運ぶことが、不健康や不安につながるというのも考え難い。この点に関しては、これらの活動がウェルビーイングの下降要因となっているというよりも、現在の生活に何かしらの問題を抱えている人たちが、そうしたスピリチュアルなアクティビティに惹かれていくという逆の因果関係を想定すべきだろう。

3　主観的なウェルビーイングへの寄与

宗教意識の所属面の中でも、特に「伝統民衆型の行動」「伝統・教団型の信心」といった側面がウェルビーイングの主観的な側面――幸福感や生活満足度――と相関関係にあるのは、前項で確認した通りである。ここで気になるのは、それが宗教因子の持つある種の固有の効果なのか、あるいは欧米の宗教研究で指摘されてきたような、健康やソーシャル・キャピタルの向上、老後不安の低減を介した間接的な効果なのかということである。

この点を検討するにあたり、表10-8では幸福感を従属変数とした重回帰分析を行った。まず、モデル1では、性別、年齢、婚姻状況、学歴、職の有無といった社会経済的属性を統制変数として用いた上で、宗教的行動の諸因子を独立変数として投入した。属性ごとの傾向については、女性で、年齢が高く、高学歴の人ほど幸福感は高く、これらの点はどのモデルでも概ね共通している。これらの変数で統制すると、宗教的行動の諸因子とＳＷＢには有意な関連が認められなくなることから、両者の関連はないか、あるいは極めて小さいということになる。モデル2は、先ほどのモデルに宗教的信心の諸因子を加えたモデルである。宗教意識因子の中では、唯一「伝統・教団型の信心」のみが、有意水準五％で有意な効果を示した。

モデル3からモデル5では、順にソーシャル・キャピタル、老後不安、健康度を追加することで、それぞれの要因が幸福感にどのように影響するかを検討した。モデル3では、ソーシャル・キャピタルの効果が幸福感と有意に関連しており、「伝統・教団型の信心」の影響も保持されている。続くモデル4で老後不安に関連する変数を加えたところ、これが幸福感に強い影響を及ぼし、R^2が大幅に向上した。これにより、老後不安が幸福感の重要な低下要因であることが示されることになったが、「伝統・教団型の信心」の影響はわずかに減少しつつも、依然として有意なままであった。

しかし、最終モデルであるモデル5で健康に関連する変数を追加すると、「伝統・教団型の信心」とソーシャル・キャピタルの効果は有意ではなくなり、最も強く幸福感に関連するのは老後不安と主観的健康度のみとなった。これらの結果は、宗教意識が幸福感に直接的な影響を持つのではなく、健康意識や安心感といった他の心理的およ

表 10-8　幸福感を従属変数とした重回帰分析

	モデル1		モデル2		モデル3		モデル4		モデル5	
	β	t値	β	t値	β	t値	β	t値	β	t値
性別	0.101	2.527*	0.092	2.290*	0.071	1.781†	0.130	3.513***	0.089	2.401*
年齢	0.165	4.249***	0.163	4.180***	0.142	3.668***	0.099	2.776**	0.102	2.916**
婚姻状況(ref. 未婚)										
既婚	0.140	2.573*	0.153	2.791**	0.145	2.678**	0.117	2.373*	0.114	2.371*
離死別	0.035	0.639	0.044	0.804	0.029	0.544	0.006	0.113	0.014	0.283
学歴	0.076	2.010*	0.072	1.891†	0.079	2.092*	0.053	1.539	0.058	1.745†
有職ダミー	−0.018	−0.451	−0.021	−0.513	−0.015	−0.371	0.018	0.486	0.004	0.107
行動因子：										
伝統民衆型	0.055	1.513	0.030	0.754	−0.003	−0.063	0.022	0.606	0.018	0.496
新興民衆型	0.001	0.014	0.000	0.000	−0.020	−0.517	−0.009	−0.255	0.015	0.427
教団型	0.054	1.483	0.042	1.147	0.034	0.934	0.027	0.816	0.037	1.128
信心因子：										
伝統・教団型			0.081	2.023*	0.079	2.003*	0.065	1.801†	0.047	1.337
新興民衆型			−0.022	−0.567	−0.010	−0.250	−0.027	−0.756	−0.020	−0.588
ソーシャル・キャピタル										
近所付き合い					0.077	1.874†	0.041	1.101	0.054	1.472
向かいや両隣の家と仲良くやれている					0.126	3.130**	0.072	1.934†	0.054	1.486
老後の不安										
老後の生活が不安である							−0.245	−6.706***	−0.176	−4.764***
老後や死の問題についても何の心配もない							0.231	6.203***	0.202	5.523***
健康状態										
主観的健康度									0.224	6.512***
自分はタバコをよく嗜む方である									−0.053	−1.583
F値	5.457***		4.898***		5.946***		15.673***		17.401***	
調整済み R^2	.052		.055		.081		.231		.275	

$^{***}p<.001$、$^{**}p<.01$、$^{*}p<.05$、$^{\dagger}p<.1$ ($N=735$)。

び生活関連要因を媒介して間接的に作用するものであることを示唆するものであるといえよう。

三　考察と課題

本章では、日本のサードエイジャーにおける宗教意識とウェルビーイングの関連性について、定量的データの分析を通じて検討を行ってきた。日本における宗教意識は、欧米での教団型宗教とは異なる局面を有しており、正月やお盆といった伝統的行事や、神仏、先祖といった宗教的存在への信心が生活に密接に関わる「伝統民衆型」の宗教性として取り出すことができる。このような宗教意識がサードエイジ期におけるウェルビーイングとどのように関連するかを、ウェルビーイング諸指標との相関および重回帰分析を通して確認した結果、日本のサードエイジャーに対する宗教的行動・信心の影響は、健康やソーシャル・キャピタル、老後不安といった他の要因と絡み合いながら多面的に作用するものであることが浮かび上がってくる。

相関分析の結果から、宗教的行動がサードエイジャーのソーシャル・キャピタルに一定の寄与を果たしていることが確認された。地域の祭礼や神社参拝といった行事は、近隣住民とのつながりを強化し、社会的ネットワークを得るための場を提供している。しかしながら、こうした行動がウェルビーイングの主観的側面、すなわち個人の幸福感のようなSWBに直接的に関与するわけではなく、あくまでソーシャル・キャピタルの側面に影響を与えるものに留まる。

SWBに関する興味深い知見の一つは、サードエイジャーにおいて宗教意識がSWBに影響を与える際、その中心的な役割を果たすのが宗教的行動ではなく信心だという点である。つまり、宗教的な儀礼や行事への参加といった実体をともなう行動以上に、神仏や死後の世界、先祖の霊的な力などへの信心が、サードエイジ期のウェルビーイングの内面的な部分にとっては重要だということである。とはいえ、幸福感を規定する要因としては、パートナーや周囲との恵まれた関係や、収入などの物質的生活条件や、健康状態に負うところの方がずっと大きく、それに比べれば宗教意識の効果というのはささやかなものである。しかし、サードエイジ期にあっても自身が健康であり、不安のない生活を送ることができるという内的安定の一助となっている、このささやかな文化的資源への注目が、高齢多死社会を迎えた日本において今後重要性を帯びてくるとも考えられないだろうか。

注

（1）ＩＳＳＰ宗教調査の時系列データをみると、イギリスの無宗教者の比率は、一九九一年調査で三四・一%、二〇一八年調査では五〇・六%である。アメリカでは、一九九一年調査で六・九%、二〇一八年調査では二二・四%である。Pew Research Center の推計によれば、アメリカにおける無宗教人口の比率は二〇二三年時点で二八%に増加しており、いずれの国々においても無宗教を自認する人の比率が増加傾向にある。

（2）日本人の宗教意識の構成要素については、筆者らが過去に実施した別の調査からも類似の結果が得られている（櫻井・清水 二〇一七）。従前の研究において、筆者はそれぞれの要素に「伝統・慣習的な意識」「スピリチュアルな意識」といった語をあててきた。しかし、「伝統・慣習的な意識」と「スピリチュアルな意識」を構成する項目間には相関があり、相互に重なりのあるものであることから、本章では前者を「民衆宗教の中でも伝統的なもの（＝伝統民衆型）」、後者を「どちらかといえば新しいもの（＝新興民衆型）」という仕方で呼び替えている。

文献

Ellison, Christopher G., 1991, "Religious Involvement and Subjective Well-Being," *Journal of Health and Social Behavior*, 32(1): 80–99.

藤原聖子編、二〇一三、『日本人無宗教説—その歴史から見えるもの』筑摩書房。

Idler, E. Ellen, 1987, "Religious Involvement and the Health of the Elderly: Some Hypotheses and an Initial Test," *Social Forces*, 66(1): 226-238.

稲葉圭信、二〇一一、「無自覚の宗教性とソーシャル・キャピタル」『宗教と社会貢献』一（一）、三—二六頁。

ISSP Research Group, 2024, International Social Survey Programme: Religion I-IV Cumulation. GESIS, Cologne. ZA8792 Data file Version 1.0.0, https://doi.org/10.4232/1.14277.

金児曉嗣、一九九七、『日本人の宗教性—オカゲとタタリの社会心理学』新曜社。

Lim, Chaeyoon & Robert D. Putnam, 2010, "Religion, Social Networks, and Life Satisfaction," *American Sociological Review*, 75(6): 915-933.

Pew Research Center, 2024, "Religious 'Nones' in America: Who They Are and What They Believe"（URL: https://www.pewresearch.org/religion/2024/01/24/religious-nones-in-america-who-they-are-and-what-they-believe/, 2024 年 10 月 27 日閲覧）.

櫻井義秀・清水香基、二〇一九、「日本の宗教とウェルビーイング」『宗教とウェルビーイング—しあわせの宗教社会学』北海道大学出版会、一七九—二三九頁。

横井桃子・川端亮、二〇一三、「宗教性の測定—国際比較研究を目指して」『宗教と社会』一九、七九—九五頁。

付表 10-1　宗教的行動の相関

		問30d	問30a	問30j	問30g	問30b	問30c	問30h	問30k	問30i	問30l	問30m	問30f	問30e
問30d	神社で参拝をする													
問30a	初もうでに行く	.626												
問30j	神や仏にお祈りをする	.581	.449											
問30g	お守りやおふだをもらう	.520	.462	.515										
問30b	お盆やお彼岸に墓参りをする	.396	.344	.329	.289									
問30c	地域のお祭りに参加する	.405	.299	.258	.241	.304								
問30h	おみくじをひく	.365	.350	.368	.570	.212	.204							
問30k	パワースポットに行く	.357	.262	.349	.313	.159	.185	.300						
問30i	占いをしてもらう	.170	.092	.202	.257	.110	.193	.313	.347					
問30l	セラピーや癒やしのカウンセリングを受ける	.135	.090	.143	.162	.085	.168	.167	.383	.446				
問30m	宗教団体で積極的に活動している	—	—	.149	—	—	.080	—	.124	.226	.423			
問30f	聖書や経典を読む	.065	—	.230	.117	—	.139	.088	.179	.175	.287	.521		
問30e	宗教団体の集まりに参加する	—	—	.207	.112	—	.183	.071	.110	.208	.287	.670	.637	

有意水準5%で有意な相関係数のみを記載(N=1000)。

付表 10-2　宗教的信心の相関

	問31 a	問31 b	問31 c	問31 d	問31 k	問31 i	問31 j	問31 e	問31 f	問31 m	問31 l	問31 g	問31 n	問31 o	問31 q	問31 h	問31 p
問31 a　神																	
問31 b　仏	.859																
問31 c　聖書や経典などの教え	.731	.695															
問31 d　あの世、来世	.676	.713	.645														
問31 k　神や仏のご利益(ごりやく)	.705	.754	.621	.701													
問31 i　輪廻転生(生まれ変わり)	.574	.637	.552	.783	.697												
問31 j　祖先の霊的な力	.661	.677	.575	.716	.783	.757											
問31 e　宗教的奇跡	.616	.600	.692	.692	.627	.638	.621										
問31 f　お守りやおふだなどの力	.662	.675	.581	.651	.760	.572	.676	.654									
問31 m　天国、極楽、地獄の存在	.630	.646	.599	.727	.746	.695	.703	.696	.673								
問31 l　水子の祟りや地縛霊の祟り	.595	.622	.555	.626	.745	.651	.716	.636	.704	.762							
問31 g　易	.564	.573	.531	.573	.639	.562	.615	.606	.702	.632	.668						
問31 n　姓名判断	.561	.588	.518	.580	.665	.577	.628	.597	.660	.667	.675	.752					
問31 o　家相や墓相、印鑑の吉相	.572	.601	.546	.588	.688	.595	.674	.615	.677	.692	.726	.739	.850				
問31 q　スピリチュアルなヒーリング	.555	.560	.563	.602	.658	.684	.664	.680	.634	.680	.710	.713	.732	.757			
問31 h　占い	.530	.550	.510	.558	.628	.557	.598	.576	.666	.613	.657	.880	.738	.723	.710		
問31 p　リーディング(未来の予言)	.553	.571	.553	.594	.671	.653	.669	.668	.660	.681	.761	.741	.755	.792	.865	.736	

いずれの相関係数も有意水準0.1%で有意(N=881)。

特論

コロナ禍とウェルビーイング

櫻井義秀

はじめに

日本のコロナ対応と課題を学術論文のかたちで書くのは難しい。二〇二一年半ば現在、なにより私はコロナ禍のまっただ中で生活しており、自分自身の生活や日本社会のあり方を客観的に振り返るにはあまりに短期間であり、事態も半年後に大きく変わっているだろう。新型コロナウイルスが変異を繰り返しているように、この感染症に対する私や社会の認識も政策的対応も時時刻刻変化している。また、感染リスクの感覚は職種、世代、地域によってかなり異なり、公衆衛生的対応や社会政策に至っては、同じ領域の研究者であっても見解が割れている。つまり、私が私の認識と感覚、及びこの一年間に学び経験したことを元に日本社会の現状を記述しても、大方の人がそうだと納得するようなものにはならない。

その意味でこの論文は私小説ならぬ「私論文」の趣向となる。もっとも、私小説は伝統的に日本文学の一ジャンルであったし、叙述内容と著者の生活を対応させることで評論の素材となってきた。「私論文」であっても、私的認識を形成する素材となった文献や情報を記載し、私の一年あまりの学術的ライフスタイルをも最初に述べておくことで、読者の知識社会学的な分析の素材となることを期待したい。

さて、私が住む北海道、札幌市は日本で最も早く新型コロナウイルスへの感染者と疾病者が多数出た地域である。

二〇二〇年一月から二月にかけて中国武漢で発生した新型コロナウイルスの感染拡大は、またたくまに湖北省から中国全土へ波及し、雪まつりなどで中国からの観光客が多い北海道で感染者が続発した。私の北海道大学社会学研究室の指導大学院生は、札幌市内のデパートで雪まつり期間中に武漢からの観光客に免税品の対応をしていた。

北海道の鈴木直道知事は、二〇二〇年二月二五日に北海道の小中校に対して一週間の一斉休校を要請し、二八日に北海道民に外出自粛を強く要請する自治体初の緊急事態宣言を発出した。安倍晋三元首相は二月二七日に全国の小中高に対して一斉休校を要請した。従前、インフルエンザなどの感染症によって学級閉鎖や学校の休校措置がなされていた。しかし、地域単位で一斉休校をなす決断は初めてであった。安倍元首相は四月七日に東京、神奈川、埼玉、千葉、大阪、兵庫、福岡の七都府県に緊急事態宣言を行い、四月一六日に対象を全国に拡大したのである。

北海道知事のリーダーシップは賞賛され、東京都の小池知事や大阪府の吉村知事他、全国の自治体の長たちは、連日記者会見で感染状況の報道と外出自粛を呼びかけ、マスメディアはそこでのぶら下がり取材をニュースの冒頭に置くようになった（二〇二〇年八月二〇日朝日新聞デジタル＝以下、朝デ）。しかしながら、法律的根拠に基づかない「要請」が私権の制限につながることや、休業補償を行わないお願いという民業への圧力がどの程度許されるのかについて憲法との関連において議論があった（二〇二〇年五月三日朝日）。また「不要不急」「社会的距離」「（強制される）自粛」という言葉に違和感を持つ人々も多かった。誰がいかなる権限で他者に対して今そのことをしなくていいと言えるのか。ソーシャル・ディスタンスを二メートル離れるのだから物理的距離と訳すべきところ、社会的距離と言うことで、社交や会合の制限と解された。そして、理由や背景を問わず行動変容しない人達への監視と非難が生まれるなど、ふた昔ほど前の「世間」による縛りによって行動変容が促されてきた（鴻上・佐藤 二〇二〇）。

実際、日本はこの一年間、マスク、手洗い、自粛だけでコロナ禍を乗り切ろうとし、第三波まで堪えてきた。私は当初コロナ禍という言い方に抵抗を覚えていた。ウイルスが生命の誕生や生物の進化と関わっており、ヒトは細菌叢（マイクロバイオーム）を介して生態系と有機的につながって生命を維持しているわけだから、災禍といった概念で感染症を捉えるのは、現象を科学的に捉え対処することに繋がらないと考えていた（武村 二〇一七、山本 二〇一七）。

しかし、今はこのパンデミックに対する社会的対応こそが災禍を生み出しているのではないかと思い直し、あえてコロナ禍という言葉を使っている。社会的対応としての政策については一節で述べ、後半において自粛の諸相について「社会的領域の縮小と課題」と題して二節で詳しく述べようと思う。

ともあれ、私はこの一年間国内外への調査や学会・会議出張をほとんど取りやめ、第一回目と第三回目の緊急事態宣言の期間中はそれぞれ三ヶ月間札幌市から出なかった。政治家や官僚のような会食もない。北海道庁と北海道大学の強い要請に従ったのである。山形県で一人暮らしをしている八五歳の老母にも一年間会わずじまいである。北海道地方では感染が疾病症以上にスティグマとして怖れられている。後ろ指を指されないように地方人は自粛している。大学の授業は二〇二〇年度前期全てオンライン授業で行い、後期に学部、卒論生、大学院生のゼミ三コマ分についてのみ授業前後に消毒作業を行い感染防止に努めて対面にし、他はオンラインで授業を行った。マスクのおかげか風邪ひとつひかなかったが、二〇二〇年の三月以来、身体も精神も緊張が解けないままである。

一　日本のコロナ対応

1　感染拡大の経緯

二〇二〇年二月から北海道他大都市や観光地で新型コロナウイルスの感染者が続発した。中国からヨーロッパや北米にも拡大し、日本が入国管理を強化した三月下旬にかけて海外からの帰国者が変異ウイルスをもたらし、日本では第二波の流行となった。

二〇二〇年三月一三日に成立した新型コロナウイルス対策の特別措置法に基づいて、安倍総理大臣は四月七日に緊急事態宣言を行い、四月一六日に対象を全国に拡大した。第一回目の宣言は、一度延長され、五月二五日に首都圏一都三県と北海道の緊急事態宣言を解除することで終了した。

緊急事態宣言中、政府は「接触機会の八割削減」の目標を掲げて国民に外出自粛を要請し、食料品店や薬局などを除く飲食店、デパート他の休業要請、テレワーク奨励、幼稚園から大学までの学校の休校措置（オンラインでの代替）、各種イベントの自粛要請を行った。この期間で第二波がようやく収まり、東アジア、西欧や北米と比べて日本の緩い措置でも感染を押さえ込めたことから、日本でパンデミックに対して抵抗力があるのはファクターXがあるからではないかと、ノーベル医学生理学賞を受賞した京都大山中伸弥教授が提起した。しかし、日本の特異性は遺伝的特異性（加えてBCG接種や肥満率：日本三・六％、米国三二％、欧州二四％）や生活習慣（マスク着用と指導者への従順性など）か、自粛によるのか結論は出なかった（宮坂 二〇二〇、一二〇―一四九、ゴードン 二〇二一、九六―一〇〇）。

八月二八日、コロナ禍の初期対応の最中に安倍首相は突然持病を理由に辞任を表明した。自民党総裁選に勝利し、内閣総理大臣となった菅義偉は、経済を回す種々の施策を急ぎ、七月二二日から観光庁が開始したGO TOキャンペーン（旅行と飲食にクーポン券を発行し、政府が補助一兆六七九四億円を予算計上）に力を入れた。四ヶ月後、北海道と東京で感染者が増加し、一一月になって全国的に増加が止まらず、一二月一四日にGO TOキャンペーンが中止となった。第三波襲来である。

第二回目の緊急事態宣言が二〇二一年一月七日に発出され、二月七日に東京、埼玉、千葉、神奈川の首都圏四都県、大阪、京都、兵庫の関西三府県、愛知、岐阜の東海二県と福岡県に対して一ヶ月延長され、首都圏四都県は三

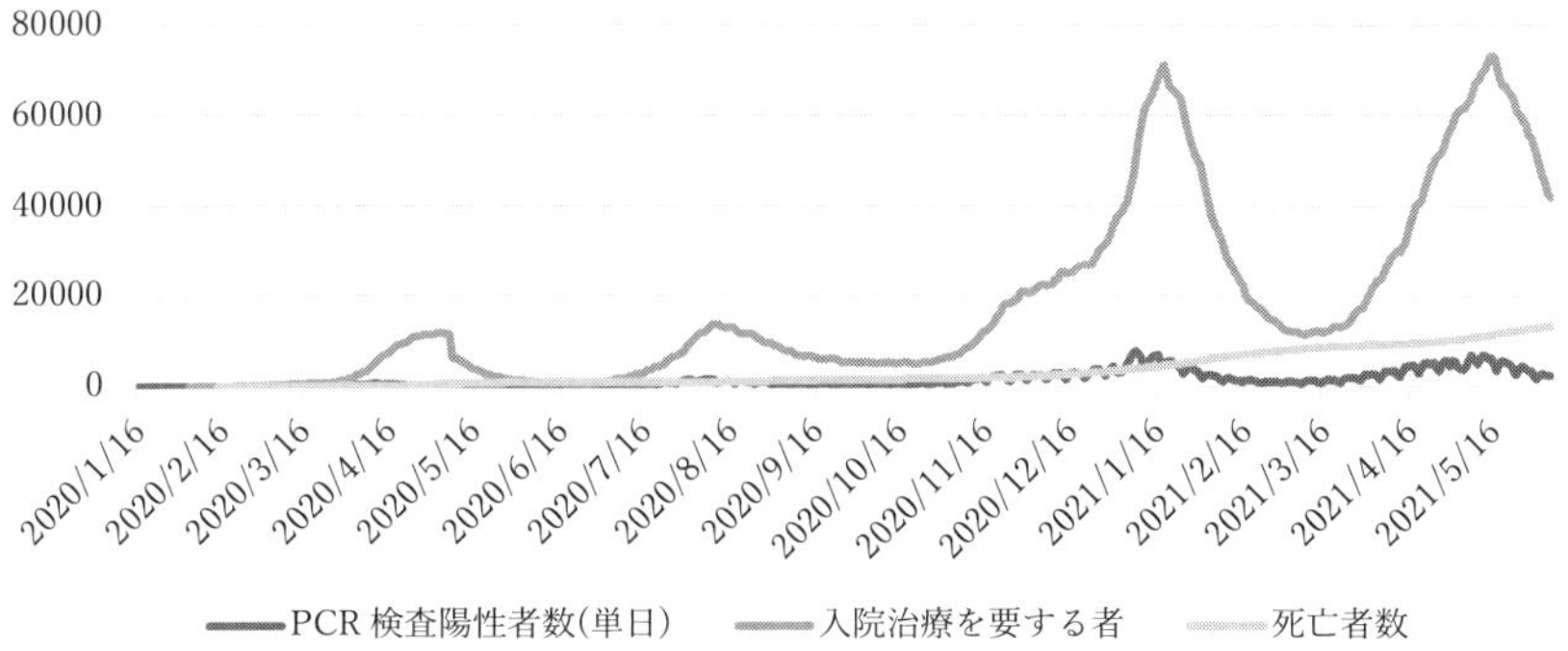

図特-1　日本における新型コロナウイルス感染拡大の状況

（出典　厚生労働省　新型コロナウイルス感染症オープンデータより作成
https://www.mhlw.go.jp/stf/covid-19/open-data.html）
一番高い山が入院治療を要するものの数であり、死亡者数は累計表示となっている。

月七日以降さらに二週間延長された。措置の中心は飲食店に対する二〇時までの時短営業要請であり、一日あたり休業補償として一店舗一律六万円の支給となった。対策の切り札である時短営業だが、夕方時間あたりの来店者が増える可能性すらある。むしろ、客席数を半分に減らして物理的距離を取り、個別シートを設置するなど抜本的対策にこそ支援すべきだが、いったん方針が決められるとそれを遵守することが自己目的化し、合理的判断をしない人たちが増えるのも日本の特徴である。

第三回目の緊急事態宣言は、四月二五日から五月一一日まで東京、大阪、兵庫、京都の四都府県に出され、五月二八日に福岡、愛知、北海道、岡山、広島、沖縄を加え、六月二〇日まで延長することを決定した。第三回目の緊急事態宣言明けから一ヶ月、年度末・年度初めにかけての人の移動と自粛慣れによる再燃である。

札幌ではゴールデンウィーク明けから感染者が急増し、市内で五〇〇人、北海道で七〇〇人を超えた。札幌の四八五床のコロナ専用病床は重症患者で満床、三〇〇〇人を超える自宅療養者がおり、調整中に四名の男性が死亡した（大阪は一八人、兵庫は二一人）。札幌市の秋元市長は、四月二八日に蔓延防止法の適用を道から国に要請することを鈴木知事に強く求めていたが、知事は五月五日の東京五輪マラソンテスト大会終了まで動かなかった（朝デ五月一四日）。このテスト大会には選手と関係者、橋本五輪相、一般市民のボランティアに混じって道庁職員、会場となった北海道大学職員もボランティアの扱いで動員された。

本稿の執筆（二〇二一年三月）と修正校時点の六月七日では感染者数が低落傾向にあるものの、高齢者の重症者と死者数が依然として高水準にあり、病院の逼迫が継続している状態である。

日本における新型コロナウイルス感染拡大の四つの波の要因をまとめてみよう。

① 第一波は、中国・ヨーロッパからのウイルス流入によるものである。

② 第二波は、GO TOトラベルの影響が示唆される（Anzai and Nishiura 2021）。

③ 第三波は、GO TOトラベルの影響に加えて季節性の要因、および無症状感染者を媒介としたコロナウイルスの蔓延や、後に述べる国民の行動の多様化が考えられる。ただし、第三波の要因に関しては現時点では推測に過ぎず、学術論文は未見である。

④ 第四波は、年度変わり目の人の移動に加えて、新型コロナウイルスが英国株・インド株など感染力の強い変異株に置き換わってきた影響が各種メディアで指摘された。

二〇二一年六月現在、七月に東京オリンピックを「人類が感染症に打ち勝った証しとして開催する」という菅首相の決意表明（元々は二〇二〇年三月二四日に安倍元首相が、国際オリンピック委員会（ＩＯＣ）のバッハ会長と電話で会談した際の発言であり、一〇月二三日の東京五輪・パラリンピック競技大会推進本部の会合にて菅首相がその言葉を継承し、一月一三日の第二〇四通常国会でも発言）に不安を覚える国民が多い。予定通り開催を望む国民は一—二割であり、無観客や観客減が約三割、再延期や中止を望む国民が半数である（二〇二一年二月一六日朝日、三月五日読売）。菅首相以下オリンピック関係者は、野党やメディア、国民からの問いかけに対して「安心安全」開催を心がけると精神論を繰り返すのみで、具体的な対応策は小出しに公表し、その都度欠点が指摘される状況が続く。政府対策分科会尾身会長が、五輪の意義の明確化、最小限規模の開催（無観客）、五輪開催のリスクの明確化を政府に提言したことに対して、田村厚生労働相は「自主研究」と軽くあしらい、内閣として開催形態の判断を専門家に委ねない意向を示した（六月六日朝日）。

新型コロナウイルスのワクチン接種に関して日本はOECD諸国のなかで出遅れており、六月四日時点で医療従事者（一回目接種率九九％、二回目接種率七〇％）・六五歳以上高齢者（一回目接種率二一％、二回目接種率一％）が接種しただけである。国産のワクチンの生産支援に一二〇〇億円の第三次補正予算が組まれているが、当面は政府が買い付けに成功したとするファイザー製（五月末日まで八五名が接種後死亡するも、厚生労働省は懸念なしとした）（第六〇回厚生科学審議会予防接種・ワクチン分科会副反応検討部会二〇二一年五月二六日）とモデルナ製（大規模接種会場用）、およびアストラゼネカ製（血栓の副反応が指摘され、国内では使用せず台湾他国際支援に利用）のワクチンに頼らざるを得ない。

2　政策的対応の五つの特徴

新型コロナウイルスの感染症は、変異株があるとしても共通の病原による疾病であり、医療者による治療法に国による違いはほとんどない。しかしながら、感染症対策としての公衆衛生や国民生活への規制には相当な違いがある。世界各国で共通に取られた施策は、PCR検査と感染者の隔離、およびロックダウン（都市封鎖・外出禁止）だが、明確に集団免疫を目指したスウェーデンとブリコラージュ的施策の日本だけがこの三つをどれも徹底しなかった。その背景と結果について簡単にまとめておきたい。

(1)　入国管理時の検疫や隔離対応が極めて緩いこと。

第一波において中国からの観光客やビジネス客に対して入国制限を課さなかったのは、習近平国家主席の来日日程（三月初旬に四月訪日の予定が中止となる）（二〇二〇年三月五日日本経済新聞）に対する政治的な配慮と、インバウンド観光の経済的な効果を重視したためである。武漢での新型コロナウイルス発生の報を受け、さらに国内での感染拡大が始まった時点においても北海道と札幌市は雪まつりを実行した。その後世界各国において出入国におけるＰＣＲ検査の実施と二週間の強制的な隔離（指定されたホテルでの隔離）が義務付けられるなか、日本では日本人及び外国人入国者に対して国内の移動に公共交通機関を使わないことと自己隔離（二週間自宅及びホテルに）を要請したにとどまり、厳格な水際対策がなされなかった。ちなみに中国やタイ、オーストラリアなどにおいては高級ホテルが隔離滞在用の宿泊施設として指定され、滞在費用も入国者の負担とされた。有効な旅行業支援である。

東京五輪には一万名を超えるアスリートと九万名を超える関係者が来日すると予測されており、「必要な防疫上の措置を講じた上で入国を認め、入国後一四日間の自宅待機期間中の活動を可能とする」特別措置が取られる。しかし、バブル方式の開催といっても、日本各地での大会に伴う関係者と観客の大規模な移動・接触は避けがたく、人流の後に感染爆発が予想される。

⑵　感染者のＰＣＲ検査を感染者と濃厚接触者に絞り、無症状感染者には対応しないこと。

世界の多くの国々では積極的なＰＣＲ検査を行って感染者と非感染者を区別し、感染者には施設や自宅にて隔離を命じた。新型コロナウイルスに感染しても症状の出る人と出ない人がおり、特に若い世代においては無症状のまま、あるいは軽い症状で回復することによって感染の自覚なく、従来通りの行動を行って多くの人に感染させるリスクが大であった。一般市民に対するＰＣＲ検査は、そのリスクを最小限に抑えるためになされるのである。実際、米国ＣＤＣ（疾病管理予防センター）研究者たちが中国の八つの研究をメタ解析し、六つのシナリオを設定して無症状感染者からの感染の比率を推計したところ、無症状者からの感染が全体の感染の半数以上を占める結果が出ている（Johansson, Quandelacy, Kada, et al. 2021）。

しかしながら、日本ではPCR検査に一般市民が殺到する混乱を想定(現実ではない)、保健所や特定感染症患者収容病院を制限する(検査に民間の試験会社を使わず、公費で検査・入院・治療の措置を行う)ことから、現在でも保健所が認めた症状のある人と濃厚接触者のみが検査対象である。そして、限られた検査対象者からクラスターを見つけ出して隔離するという、感染初期には有効だが、蔓延期には有効性に乏しい方針を維持している。このPCR検査の拡大に反対し、クラスター対策の有効性を譲らない厚生労働省や健康局結核感染症課　保健所・地域衛生研究所、国立感染症研究所の強固な体制に組織的権益と補助金・研究資金が関わっているとの指摘がある(上　二〇二〇、黒木　二〇二〇、一七四―一八六)。PCR検査の精度を問題視するならば、検査回数を増やすことで捕足率が高まること、クラスター潰しが第一波・第二波の時ですらも有効とは言えなかったという批判が出ている(濱岡　二〇二〇a、二〇二〇b)。二〇二一年一月一四日、日本のノーベル賞受賞者四氏がPCR検査能力の大幅な拡充と無症状感染者の隔離強化を提言したように、政府の専門家会議(二〇二一年現在の分科会)の認識と指針は新型コロナウイルスの科学的研究にアップトゥーデートしておらず、台湾・中国・韓国の成功例に学ぶところも少ない。

結果的に、日本では無症状感染者の行動範囲が広がり、感染を蔓延させたと考えられる。そのことに対して専門家会議(分科会)、厚生労働省の医系技官、内閣府の官僚と首相は、今後とも対応の拙さを認めることはないだろう。公衆衛生は政策科学的側面が強いことは当然としても、科学者コミュニティとしての独立性と批判性を保持しなければ、日本の原子力発電に正当性を与え続ける「原子力ムラ」同様、「感染症ムラ」として閉鎖性を指摘されることになるだろう(尾内・調麻　二〇二一)。

有効な感染者隔離の施策を欠いたまま、国民全体に要請した行動制限の中身が社会的距離一辺倒であり、その典型にテレワークがあった。しかし、テレワークできる職種は民間部門の約三割しかない。しかも、種々の対面での会合やイベントも中止されたためにパーソナルな情報の流通による説得や模倣の機会が失われ、行動変容は極めて不徹底なものとなった。ＳＮＳやマスメディア情報（首相や知事のメディア露出による呼びかけ含め）は、それぞれの指向性に基づいて参照されるだけで、集団単位で行動変容を促す力が弱いとされる（金子 二〇二一）。結果的に、保健所単位でクラスターの割り出しと感染源が特定できる情報を自治体が連日公表することで、（4）で述べるような感染者差別や自粛警察出現のような集団監視の土壌を生み出し、国民の自発的行動変容の不足を補ったのである。

（3）　世界で最も人口あたりの病床数が多いにもかかわらず、簡単に病床逼迫となったこと。

日本の病床数は、人口千人当たり英国や米国の約四・五倍、中国の約三倍、フランスの約二・二倍、ドイツの約一・七倍である。しかしながら、感染症の患者に当てられる病床数は少なかった。急性期病院の新型コロナ患者受け入れ実績として公立五八％、公的病院では七五％、民間では一七％だったことが二〇二〇年一一月のデータとして厚生労働省が報告している。

日本では感染症になった場合に入院できる病院は極めて少ない。その理由は、民間病院が感染者を受け入れる設備とスタッフを擁しておらず、厚生労働省や自治体も受け入れの強い要請ができないからである。ヨーロッパやアメリカと比較して圧倒的に患者数が少ないにもかかわらず病床逼迫となるのは、日本の医療体制が通常医療と民間病院を中心としており、病床をほぼ満床とすることで病院経営を行ってきた結果と言えよう。このような病床逼迫になる背景のもと、ＰＣＲ検査を拡大せずに無症状感染者を増やし、結果的に更に病床逼迫を招いたのである。

（4）　金銭的補償を伴う営業制限や行動制限を課さず、自粛要請・時短要請を行い、その結果国民間の相互監視、不信感、孤立感を招いたこと。

緩い制限は私権の制限に対して慎重であると言えるが、制限を課して補償することにも慎重であったことの裏返しである。金を使わず統制も行わずにどのようにして国民の行動をコントロールするのか。それが繰り返し呼び掛けられた強い自粛要請である。都道府県知事が連日記者会見を行い、マスメディアがそれを放映し、北海道知事においては地震警報などにおいて用いられる携帯電話の警報メールを用いてゴールデンウィーク中複数回「外出するな」と強く警告し、指示に従うことの規範を作り出してきたのである。そして、感染者の増大に対して「気の緩み」であると再三のお願いという叱咤激励を行ってきた。

国民の大多数は指示に従うものの、一定数の人々は生活のために仕事上の移動や営業を継続し、また菅首相をはじめとする一部の国会議員は情報収集、懇談の名目で外食を継続した。結果的に、ルール破りをする人に対して国民が強い批判の視線を浴びせることになり、感染者はルールを破った蓋然性が高いと批判されることになった。つまり自粛をしていれば感染しないのではないかというわけである。実際には東京都内では感染者の四二％が家庭内感染で、飲食店での感染は七％、残りは介護施設・職場、経路不明である(二〇二〇年一二月二四日朝日)。しかし、依然として感染者には社会的逸脱のラベルが貼られる状況が継続している。政府や自治体は医療者や感染者に対する差別はいけないと公的場面では述べながら、非公式的にあるいは潜在的に共同体規制の力を借りながら国民の行動を統制してきた。自治体の長は記者会見やホームページで感染状況、クラスターの発生場所を報告し、個人名と感染場所が情報漏洩する事故や小規模な自治体では個人が特定され非難されるような状況が発生した(二〇二〇年一二月一七日北海道新聞「コロナが奪った平穏な日々「いつまで偏見続くのか…」」)。

この一年あまりできわめて息苦しい社会ができあがっており、社会的孤立を深める人々が出ている。二〇二〇年の児童・生徒の自殺者は四七九名と最多であり(一八・二％増)、女子高生は一三八名と倍増した(二〇二一年二月一六日朝日)。全体の自殺者数が二万九一九人(三・七％増)であるのに対して女性の自殺者数は前年より一四・五％増加し、女性の被雇用者の不安定な状態や医療従事者の疲弊も指摘されている(二〇二一年一月二三日朝日)。

(5)　GO TOキャンペーンが感染拡大を招き、その対応にまた国費を費やし、日本は先進国のなかでコロナ対応に支出した補正予算が突出し、累積債務を極端に積み上げたこと。

経済産業省出身の今井尚哉首相補佐官は、学校への一斉休校やGO TOキャンペーンを進め、佐伯耕三首相秘書官は、日本の全世帯に二枚の小サイズ布マスク（「アベノマスク」）配布を提言するなどして、官邸官僚主導の政策は混乱を招いた（二〇二〇年九月六日朝デ）。菅政権は、第三波の感染拡大を招いた蓋然性が高いにもかかわらず、GO TOキャンペーンに参加した人々が感染者となり感染を拡大したという明確なエビデンスがないと非を認めないまま（一一月二五日の衆議院予算委員会での首相答弁）、一二月一四日突如GO TOキャンペーンを停止した。

GO TOキャンペーンには一兆六七九四億円の予算を使い、一時的には観光業他に好影響を与えたものの、感染が拡大したことによって二度目の緊急事態宣言を発出し、経済復興が半年程度遅れたことは否定しようがない。政府は当初年度の予算一〇二兆六五八〇億円に対してコロナ対応として第一次補正予算案に二五兆六九一四億円、第二次補正予算案に三一兆九一一四億円、第三次補正予算案に二一兆八三五三億円と歳出を倍増した。東日本大震災における復興予算が約三一・三兆円であり、財源は所得税と住民税、法人税の復興増税分で賄われたのに対して、今回の補正予算案は国債であり、公債依存度が七〇％を超す予算執行となる。ちなみに、地方自治体でも同様であり、特に約一年間にわたって感染が収まらなかった北海道では、二〇二〇年歳出予算約二兆八六〇九億円に対して、新型コロナウイルス対策の六次にわたる補正予算約九六〇〇億円を組み、対策規模の総額は一兆八九二三億円、主要財源は国庫支出金と道債である。

政府も地方自治体も二〇二〇年は完全な歳出超過であり、累積債務は国民総生産の約二・五倍に達する。ほとんどの先進国が一・五倍までに抑えられていることに比べれば異常な状態と言えよう。このような状態は太平洋戦争時の日本に酷似し、その後日本は敗戦後のハイパーインフレによって政府の借金を帳消しにしたことが思い出されてよいだろう。国民の預金は紙くず同然となり、高騰した物価水準でまったくものが買えなくなった国民は物物交換やヤミ経済を強いられ、塗炭の苦しみをなめたのである。

二　社会的領域の縮小と課題

1　生活構造への影響

(1)　倒産・失業・休職

東京商工リサーチの調べによると、二〇二〇年に倒産した企業七八〇九件中新型コロナウイルス関連では千件(飲食の一八二件、建設八三件、ホテル・旅館六二件他)を超えたが、金融機関による実質無利子・無担保の新型コロナ対応融資や給付額五・三兆円余の持続化給付金が多くの企業の資金繰りを支え、倒産の歯止めとなった(二〇二一年二月三日朝デ)。しかし、先行きが見込めないことから休廃業・解散をした企業は前年比一四・六％増の四万九六九八件に達し、約一二万人の労働者が失業や転職を余儀なくされた。二〇二〇年の年平均の完全失業率は二・八％で、前年より〇・四ポイント悪化し(二〇二一年一月二九日朝デ)、完全失業者数は一九七万人で前年同月に比べ三八万人の増加である(労働力調査二〇二一年一月分)。休業者数は、二〇二〇年の第一回目の緊急事態宣言時五月では五九七万人だったが、二〇二一年一月では二四四万人である(二〇二一年三月三日朝デ)。ただし、非正規雇用においては休業手当を受け取っていないものの、労働時間数の減少した人の割合は三割に達していると推測され、この人達を実質的な失業者とすれば、女性労働者では一〇〇万人を超えている(二〇二一年三月七日朝デ)。

(2)　一人親家庭と外国人労働者

二〇一九年における一人親家庭の年間収入は半数が三〇〇万円以下であり、女性の場合はさらに低い。特別定額給付金(一人一〇万円)とひとり親世帯臨時特別給付金(一世帯五万円で第二子以降一人につき三万円の加算)などの支援はあるが、直近一ヶ月の間に食料が買えないことがあったと答えるものが三五％に達する(独立行政法人労働政策研究・研修機構 二〇二〇b)。全国一斉休校時や学校でのクラスター発生、濃厚接触者として自宅待機をしなければいけない状況で、子どもを預けて働きに出られない母親は、労働時間を減らすことで対応せざるをえず、札幌市の母子寡婦福祉連合会は会員世帯に灯油代の現金給付を行った(二〇二〇年五月二日北海道新聞)。

また、外国人技能実習生は約四〇万人が在留しているとされるが、受け入れ先が倒産や休業し、再就職先が見つけられないために在留資格を失い帰国もできない人が増えているが、自治体は監理団体任せで実数の正確な把握はできていない(二〇二〇年一二月二日朝日)。

仕事が減って困窮する世帯には、NPOやボランティアによって運営されるフードバンクや子ども食堂、無料学習塾などの活動による支援があったが、コロナ禍で活動を縮小している。従前景気の調整弁として重宝された非正規労働者、とりわけ女性労働者や外国人労働者が日々の糧に事欠く有様であり、政府や自治体が推奨するテレワークの環境にないことは明白である。雇用調整給付金や持続化給付金など事業者向け支援が手厚いのに比べて、最も支援を必要としている人々に対して貸付金などの制度だけでは対応が不十分と言わざるを得ない。政府が全ての市区町村で住民登録している人に一律一〇万円の特別定額給付金を支給した事業は、外国人留学生も含み、公平性の高い支援事業だったが、一二兆八〇〇〇億円を住民に支給することでどれだけ自治体職員の仕事が増えたのか、再度の給付で選挙民の支持・票を得ようという政党政治家や評論家は考えるべきだろう(葉上 二〇二〇)。

(3) 医療介護従事者の労働環境

長時間の過密な労働が集中している領域が医療・介護である。新型コロナウイルス感染症患者受け入れにあたって専従スタッフを置けた病院は五三%に留まり、一六時間以上の長時間夜勤勤務を半数が続けていた(日本医療労働組合連合会 二〇二一)。人工心肺装置ECMO導入によって多くの命が助けられた一方で、看護師はレッドゾーンの陰圧室において最低でも四時間は防護服を着たまま患者を看護し、清掃などの業務も行っていた(二〇二〇年一一月一九日東京新聞デ）。これほどの重労働を行っても、患者受け入れ病院では入院患者や外来患者数の減少によって経営が悪化し、四割の病院で冬の賞与をカットした（二〇二一年二月一七日朝デ）。国や自治体は、二〇二〇年に患者受け入れの医療機関へ病院二〇〇万円＋五万円×病床数の補助を行い、さらなる病床確保のため重症者病床一床当たり一五〇〇万円、緊急事態宣言が発令された都道府県では一床当たり四五〇万円加算するなどの種々の措置を取っているが、病床数は増えない。「医療逼迫」の解消は難しいままである。

また、クラスター発生に神経を使う高齢者施設の介護従事者やデイケアを行う事業者も過酷な状況にある。高齢者が感染を恐れてデイケアに行かず、フレイル（健康な状態と要介護状態の中間に位置し、身体的機能や認知機能の低下が見られる）になる高齢者が増えており、事業者も厳しい経営を強いられている。青森県では訪問介護従事者が業務上で感染したとして労災申請し、認められた（二〇二一年一月三一日朝デ）。医療職・介護職では人一倍感染リスクが高い上に責任感も強く、一般の人がとりうる外食・スポーツ・旅行といったストレス解消法が使えないまま、心の不安を抱えた一年を過ごした（二〇二一年三月一七日朝日）。

2　教育への影響

（1）　小中高の教育

全国一斉休校の期間中およびその後に授業のＩＣＴ活用が目指されたが、オンライン指導は、小学校でわずか八％、中学校でも一〇％の実施、デジタル教材の活用も共に三割程度と進んでいない。高校では約五割でオンライン指導の実施とデジタル教材の使用が行われたことを考えても、小中学校のＩＣＴ化は低水準だといえる（文部科学省二〇二〇ａ）。その理由は、全国の小中学生に一人一台のパソコンやタブレット端末を配備（国の支援は一台につき四・五万円）する「ＧＩＧＡスクール構想」があるにもかかわらず、実際に二〇二〇年八月時点で配備を終えた自治体は二％に留まったからである（二〇二〇年九月一二日朝日）。ただし、三大都市圏と地方、私立／国立小中学校と公立学校では、学校および学校外でのオンライン教育利用率に差があり、家庭環境によってＩＣＴ機器の保持や使う意欲に差があることが指摘されている（多喜 二〇二一、一七三）。

二〇二〇年度小中高では基本的に対面授業であったので、感染予防のために教室や教材の消毒作業を教員と地域ボランティアが行っている。しかし、ＧＩＧＡスクールの将来像、すなわち文部科学省が企図する教師と児童・生徒、保護者、および教職員同士がオンラインでつながり、双方向でやりとりすることについては、一般社会のオンライン化と大学のオンライン授業が参考とされるべきだろう。懸念材料を列挙しておくと、①ネット環境が脆弱な家庭への技術的・経済的支援なしにつながれないこと、②テクニカルサポートに教職員が時間を取られ、コンテンツの準備や課題チェックに忙殺されること、③子どもたちのデジタル依存症と危険なサイトへのアクセス、傷害・詐欺などの事件対応などである。

（2）　大学教育

二〇二〇年五月時点では、約九割の大学で全面的に遠隔授業を行ったが、七月一日時点では、約六割が対面と遠隔授業を併用して実施した（文部科学省 二〇二〇ｂ）。小中高の教育同様ＩＣＴ化が進んでいなかった日本の大学教育において、テレビ会議システムを利用したオンライン授業と各大学のＬＭＳ（Learning Management System）を使うオンデマンド授業が一挙に進んだことは評価できる。しかし、次のような課題が出てきた。

①　ＩＣＴの機材とシステムを活用するノウハウが全くない中で試行錯誤的に進められたため、大学や教員によって課題の出し方やフィードバックの仕方、および試験や評価のやり方はさまざまであった。ＩＣＴ教育の標準化と質の保証が後手に回った。

②　遠隔授業を受ける学生側のインターネット環境もさまざまであり、Wi-Fi 機器やパソコンの無料貸し出しや

整備費用の一部を大学が補填することも行われた。仕送り額が減少し、アルバイトの場がコロナ禍で激減したこともあり、学生の困窮度合いは深刻である。

③　人文社会系の科目や理系基礎科目はＩＣＴ化が容易であったものの、演習や実験実習では学生間の対話・共同作業を行う上で限界があり、対面に戻すために感染予防対策をどうするのか、マスプロ授業に頼ってきた大規模校では施設面での限界を抱えている。

④　新入生は一年間キャンパスに通うことなく学生生活を送ったものが多いが、授業料に見合わないとして授業料の減免や返還を求める学生の運動が複数の大学で発生した。朝から晩まで画面を注視する授業形態に疲労し体調を崩したり、学習の動機づけを失ったりするものが少なくない。北海道大学では学生の部活動やサークル活動に対しても半年以上にわたって中止を要請した。GO TOキャンペーンがなされている時期に、なぜ大学生だけがハイリスクグループ扱いされ、大学に行けず、サークル活動もできないのかと不満が訴えられた。

⑤　大学教員もＩＣＴ教材の準備と課題のフィードバックのために相当な時間を費やし、複数校の非常勤授業で生活している教員は生理的な時間以外は四六時中パソコンに向かわざるを得ず、健康を損なったと訴えている。しかも、通信費用や機材は自分持ちとされた。

以上のような問題を改善するべく、二〇二〇年度後期には文部科学大臣の声明に従って国立大学（全八六校）の約四割が半分以上で対面授業を計画した（文部科学省 二〇二〇c）。また、学生の海外留学と新規留学生受け入れの取りやめ、二〇二一年度入試方式の変更や受験生の減少（地元志向の強まり）などの影響もあった。

授業以外の問題を述べれば、学生の経済的苦境とメンタルヘルスの問題がある。全国大学生活協同組合連合会が二〇二〇年一〇月に実施した調査によれば、奨学金受給者は三二・一％だが、その七三・四％が将来奨学金を返還することに不安を感じていると回答している（全国大学生活協同組合連合会 二〇二〇）。アルバイト時間は全学年で減少し、二〇一九年までサークル活動や旅行・レジャー支出が最も多かったのが二〇二〇年度は貯金にシフトしている。中には生活保護費受給者世帯や児童養護施設から進学してアルバイトと奨学金だけで自活する学生もおり、アルバイトの減少は死活問題である(二〇二〇年六月四日朝日)。

前記調査中、一週間の登校日数がゼロと回答した学生は各学年とも約三割に達し、首都圏一都三県では四五%である。「大学生活が充実している(合計)」と回答した比率は二〇一九年の八八・八%から二〇二〇年に七四・二%と減少、特に一年生は五六・五%で前年より三一・九%減少しているのである。大学の学生相談は来談できないためにオンラインやメールでの相談を始めているが、本人の心持ちだけで解決できないことが多く、大学が学生生活の環境整備に積極的な関与をしていくことが求められる。

3　社　交

(1)　マスクとオンライン

感染防止の最大の武器はマスクである。自宅以外の場所では一日中マスクをしていることになる。当初、オンライン授業で画面オフにした学生相手に語り続けることや、様々の場所で出会う人の表情が読みにくいことにもどかしさを感じていたが、これが習い性になるとコミュニケーションから感情や相手への配慮が抜け落ちていく感覚を持つようになった。

いわゆる三密(密集、密接、密閉)を避けるために、立ち話もしなければ、お茶や食事も気軽に行えなくなった。会って話をするよりオンラインというわけで、オンライン飲み会なども工夫されたようだが、テレビ会議システムではバラバラに話をすることができず、隣の人と話ができない。誰かが話していればそれを聞くしかない。話し始めるタイミングが難しい。スタイルとしてはコーヒーブレイクだが、公的会議の延長の気がする。

SNSやオンライン上で膨大な情報量が流通しているが、話せた実感があるのだろうか。もちろん、国内外の人たちと簡単に画面上でやり取りできる。学会活動はオンラインで代替可能である。機密情報やプライバシーを扱わない学内のすべての会議がオンライン化された。私はハラスメント相談室長をやっているが、ここだけがすべて対面と電話でやり取りする。他方で、同僚と雑談するいっときがなくなり、この一年は懇親の機会を全く持たなかった。同じ空間や時間を生きている感覚、誰かと共有している感覚が薄れていっている。

(2)　家族・地域・職場・サードプレイス

経験上、一軒の家で三人が三種類のテレワークを行うのはなかなかきついものがある。家族の絆が深まったとする家族もあれば、適切な距離と自分の時間がなければ良い関係でいられないことを確認した人たちもいるだろう。町内会の共同の行事が中止された。学生が横のつながりがないことで学びにくくなっているのと同様に、仕事上でも意思の伝達にためがなくなり、ストレートな言い方に傷つく人も少なくない。コミュニケーションがビジネスメールやネット上の書き込みのように正確かどうか、正しいか誤まりかといったデジタル信号化してしまうと極めて息苦しい日常になる。そこで従来は気の置けない仲間と時間を過ごすことやイベントに参加して場のエネルギーを吸収することで活力を回復できたのだが、「夜の街」とイベントはクラスターが最も発生しやすい場所として閉鎖か時短となり、カタルシスを味わえる場所は消えた。ところで、私たちのストレスも消えたのだろうか。

(3)　世間の発生と不寛容

誰もが我慢しているのだから「気の緩み」は許されない。感染者の行動把握とクラスター潰しという公衆衛生対応は、感染者がハイリスク集団であることを周囲に伝えるものだった。しかも、濃厚接触者には自宅待機を含む隔離要請がなされたために、感染者は迷惑をかけたことを職場や友人に詫びなければならなかった。感染症の患者は病者としてケアされる存在であるよりは隔離される存在であり、むしろ叩かれたのである。

社会心理学者の三浦麻子によれば、SNSやコミュニティでは「公正世界信念」という認知バイアスが生じがちであり、不幸に遭遇する人にはその人に原因があるのではないか、正しく生きていればそんな目には遇わないと思う人が少なくなく、被害者の落ち度が責められるという。実際、日米英中伊五ヶ国の調査で「感染した人は自業自得か」と問うたところ、欧米三ヶ国では一〜二・五%、中国四・八%に対して日本は一一・五%の人がそう思うと回答し、自業自得の発想が強いことがうかがわれ、追調査でも確認された(二〇二〇年一〇月九日朝日、三浦・平石・中西 二〇二〇)。

ハンセン病には業病という観念がどの社会でも古くからつきまとい、日本でも医学的根拠のない隔離政策と差別の制度化には十分な反省がなされたはずだが、新型コロナウイルスの感染においても原因の属人化が図られた。冷静に考えれば、日本のようにPCR検査を積極的に進めない国においては、感染しても症状がない人に接してしまう機会が多く、感染は運の問題でしかない。感染症に対する防疫対策やワクチン・特効薬の供給不足という根本的問題が改善されないまま、感染者に対して極めて不寛容な社会になってしまった。

(4) リスクの分断社会

自然災害には被災地に安全な被災地域外から支援に赴くボランティアが可能だった。コロナ禍においては、誰もが感染リスクをおい、健康被害を受ける可能性があるために、直接的な支援ができにくい状況がある。一部の医療者と行政が対応を一手に引き受けているが、一般市民は関わる余地がない。それもあって感染が被災とは認識されづらい。

しかも、新型コロナウイルス感染症の厄介なところは、リスクが誰にとっても同じではないことから、人々の一致団結したリスク認知と対応を難しくしているところにある。

感染リスクは対面状況や身体接触が避けられない職種においては高く、テレワークができる職種では低い。日本ではエッセンシャルワーカーとして、医療従事者、宅配業者、スーパーの従業員、介護や保育の仕事にかかわる人、公共交通機関で働く人、ゴミ収集業者が挙げられている(朝日新聞社「知恵蔵」)。だが、この範囲は狭すぎる。ほとんどの事業所で自宅待機になる状況でも出勤をしなければならない自治体職員や、高齢者や障害者の施設職員、こうした人々の子供を預かる保育士、小中高の教員、火葬場職員、僧侶もエッセンシャルワークを担っている。重要な仕事であるが、医療者ほど評価されない。

世間が強烈に存在する地方では「自粛」の行動規制が機能するが、匿名性が強い大都市では個人的な感覚や指向性が世間に優越する。地方出身者の都市家族は帰省に難渋する。若い世代では感染しても無症状や比較的症状が軽く済むものが多いために外出しがちであり、高齢者は自己防衛的に家に閉じこもりがちになる。若者が怖がられるゆえんである。

エッセンシャルワーカーなしに社会は機能しないし、地方と都市は食料生産や電力、及び労働力の供給と財政的再配分によって互恵的な関係にある。若者含めた稼得世代の納税や保険料納付なしに高齢世代の社会保障は維持できない。こうした認識に立ち返って互いを責めることなく、新型コロナウイルスが風邪の一種の扱いを受けるレベルまで忍耐強く待つことが必要である。

4　文化・宗教

(1)　文化・スポーツ活動

第一回目の緊急事態宣言時には、会場や運動場を利用する文化・スポーツ活動の大半が中止され、その後数ヶ月を経て無観客(公演のライブ配信・試合の中継)から人数を制限した興行が可能になった。しかし、配信や中継で収益を出せるイベントは限られており、文化芸能の諸団体やプロスポーツは経済的に苦境に陥っている。また、アマチュアの大会は全てが持ち出しとなるため開催自体が困難となったイベントが多い。市民のスポーツ大会は大半が中止となった。例外は、東京五輪の予選に関わるスポーツや協賛が見込めるテレビ中継がある大会である。

街のスポーツジムではクラスターが発生したために運動を行うものが減り、伝統芸能の稽古事でも休みが続いた。夏以降、こうした活動の場が徐々に再開したものの、一一月の第三波から「不要不急」の活動として自粛が要請された。しかしながら、文化・スポーツ活動を自ら行う人や観客・ファンにとって「わくわく感」こそ生活のエネルギーであるし、文化・スポーツに関連する産業に携わる人にとって人の集まりに対する制限は厳しい。

文化庁が新型コロナウイルス感染症対策として行った文化芸術収益力強化事業（委託事業）で採択された事業は、二億円から一〇億円規模のデジタル配信プロジェクトが多く（文化庁 二〇二〇）、小規模かつ地方の業者が利用できる利便性に欠ける（二〇二〇年九月九日朝日デ）。

(2)　宗教への影響

この一年間、日本の宗教団体では集会や諸行事の自粛を余儀なくされた。伝統宗教では仏教の葬儀法要、神道の地域祭礼行事の中止や縮小化、キリスト教会では礼拝や記念行事の自粛、新宗教でも大規模な集会や団体参拝、あるいは戸別訪問の布教活動が中止された。宗教活動の中止や縮小は、信者個人の信仰や行事中心の生活に大きな影響を与え、宗教施設や教団にとっても儀礼執行に対する布施や喜捨、献金の減少につながり、経営基盤を圧迫する。

二〇二〇年五月時点に行われた全日本仏教会の調査では、七七％の寺院が収入減少と回答しており、曹洞宗や浄土宗、真宗大谷派などの宗派別の調査でも同様の傾向が見られる（二〇二一年一月一日中外日報）。その理由は葬儀の簡略化（一般葬から家族葬・直葬―火葬のみ）と年忌法要の中止や延期であり、関東都市圏では通夜のない一日葬が一般化した。新型コロナウイルスに感染して亡くなった人は火葬後に遺骨が遺族に渡され、遺族は葬儀を密葬で行った。

病院において感染者の見舞いや看護ができないように看取りも行えない。iPad 越しに顔を覗き込むことはできるが、肌の温もりを伝えることは難しい。遺体を祭壇に安置して通夜や葬儀を行い、納棺後に火葬という順序を踏むことができないし、参列者を呼ぶことも憚られるので、通常の葬儀ができない。葬儀法要は伝統的なグリーフケアに相当する。家族の喪失を故人の親族や近隣の人々、友人や知人の訪問を受け、語り合うことで故人の多面的な人生を記憶し、悲しみを癒すことができるのである。悲しみきる、分かち合う時間を経ずに喪失感を抱えたままであると、なかなか前に進み出すことができない。災禍で家族を失った人たちはどのような形であれ、弔いを求めるものである。

日本では葬儀法要の商業化（アマゾンにＩＴ企業の「みんれび」が二〇一五年に出品した「お坊さん便」―三万五〇〇〇円の僧侶派遣事業）や簡略化が徐々に進行していたが、コロナ禍で一気に加速した。寺院仏教の檀家制度が揺らいでおり、個別寺院がコロナ禍とそれ以後の時代を生き延びることができるのか、深刻な状況に陥っている。その危機感が、日本宗教連盟による持続化給付金の要望に現れていた。

持続化給付金とは、政府が新型コロナウイルスの感染拡大に伴う経済支援策として、売上が前年同月比で五〇％以上減少している事業者を対象に、中小法人等の法人は二〇〇万円、フリーランスを含む個人事業者は一〇〇万円を上限に、現金を給付する制度である。日本宗教連盟（教派神道連合会、全日本仏教会、日本キリスト教連合会、神社本庁、新日本宗教団体連合会）は、二〇二〇年四月一七日、自民党組織本部、社会・宗教関係団体委員長宛てに宗教法人も支給対象とするよう要望書を提出した。しかし、政府担当者（中小企業庁）から「憲法第八九条違反―「公金その他の公の財産は、宗教上の組織若しくは団体の使用、便益若しくは維持のため、又は公の支配に属しない慈善、教育若しくは博愛の事業に対し、これを支出し、又はその利用に供してはならない」の疑いがある」との理由で宗教法人が対象外とされたと説明を受けたのである。

三　むすびにかえて

1　コロナ禍で顕在化してきた社会問題

本論では、新型コロナウイルス感染症に対応した日本社会の一年について二つの事柄について考察してきた。一つは、日本は他国と比べて感染症対応の公衆衛生的施策がユニークであり、第二波まではなんとか乗り切ったものの第三波以後対応の限界があらわになり、東アジアにおいて最も感染症の封じ込めに失敗した国となった。もう一つは、コロナ対応が医療と経済の両立という側面で考察されることが多く、その間にある社会・文化的領域で生じている諸問題が軽視されていたことである。仕事や家庭、職場や地域社会、学校や社会活動、社交を伴う全ての領域で三密を避けるべく対面的接触が自粛され、結果的に人々の孤立が顕在化してきた。ＩＣＴ技術による新たなコミュニケーションチャネルの可能性はあるものの、経済的格差や世代的分断などで誰しもが距離を縮めるツールにはなり得ていない。

これら二つの事柄はコロナ禍によって突然生じた問題ではなく、定常型経済に移行した日本社会がさらなる経済成長や社会的目標を模索する中で顕在化してきた事柄である。すでに述べたことだが、無症状感染者を隔離するべくＰＣＲ検査を拡充するという世界標準の対応が日本ではなされなかった。それは高齢社会のために増大し続ける医療費を削減するべく厚労省が病床数を削減し、病院側も高度化する医療の設備保持のために病床を常に埋めておく経営方針があって病床数はもとより逼迫していた。四半世紀前までは感染症対応の研究やワクチン生産において世界をリードしてきた製薬業界や大学が、より利益が追求できるガン治療などの創薬に力を入れ、ワクチン接種については輸入に頼る体制となっていた。結果的に、コロナ禍の二年目でも国民の大多数にワクチン接種が行き渡るには時間がかかり、マスクと手洗い、自粛による行動制限でしか対処できていない。

コロナ禍は人々の移動や集会に大きな制約を課したために、観光業、運輸業、飲食・サービス関連業、食材や資材を提供する農業や漁業、工業においても需要が急激に縮小した。これらの労働市場において非正規で働いている人々やアルバイト、フリーランスの人々が失業や休業、労働時間の短縮を余儀なくされ、家賃や食費も払えない人々が出てきている。労働市場の自由化は一九九〇年代から進められ、就職氷河期世代の若者や女性労働者、外国人技能実習生の労働力が活用されてきたが、雇用保険や社会保障の整備が追いついていなかった。

エッセンシャルワーカーとして賞賛される医療従事者や介護・保育に携わる人々の負荷の高い長時間労働に見合った報酬が払われないまま、現在はこれらの職種の人々の使命感に頼っている状況がある。教育においては積年の課題であったＩＣＴ化が加速化したものの、情報機器を活用するインフラとサポートが不十分なまま試行錯誤が続いている。新しいプロジェクトには予算がつくが、従前の人件費や施設維持費、教育研究活動の基盤的経費は削減され、これも教員のサービス労働によって水準をやっと維持しているレベルである。

不要不急とされる活動こそ生きる楽しみであり、人々との日常的な交歓こそ生の充足であった。これらの諸活動が自粛され、文化やスポーツ活動、宗教活動も縮小したことによって、生の実感（リア充）やソーシャルキャピタルも減少したのではないか。逆に言えば、このような時だからこそ、普段の活動を続けるという強い意志とレジリエンスがあった人々や領域と、なかったところでは、随分と生活の味わいに違いが出たものと思われる。

考えてみれば、コロナ禍は日本社会が今後数十年の間に直面する多くの課題の中の一つに過ぎない。直近で考えてみても、千島沖、首都直下、南海トラフなどの地震予想があり、毎年のように集中豪雨による河川の氾濫や猛暑が続く。こうした気候変動に加えてグローバル経済の変動があり、地政学的な政治的緊張も生じるだろう。これらにいちいち驚き、うろたえ、その都度専門家と政治家が対症療法を施し、日本社会の身の丈に合わない目標を掲げ、予算を使うやり方がいつまでも続くわけではない。気候変動同様に確実な日本の財政・経済的変動にも備えなければばいけないだろう（西條編 二〇一五）。

2　なぜ日本の危機対応が遅いのか

二〇二一年六月六日時点における新型コロナウイルス感染者累計総数（死者数）を東アジア各国で見ていくと、中国九・一二万人（四六三六人）、台湾一・一九万人（二六〇人）、韓国一四・四六万人（一九七四人）、日本七六・二五万人（一万三五八五人）となる。人口比率から考えても日本の感染者数と死者数の多さは際立っている。中国は新型コロナウイルス感染者が最も早く出現し感染拡大したにもかかわらず、武漢市、河北省の都市・地域封鎖、徹底したPCR検査とIT・AI技術を駆使した国民の行動監視によって感染者の隔離に成功した。台湾は二〇二〇年一月の段階で中国との国境を封鎖し、IT担当相を核に防疫体制とマスク消毒資材の効率的配布を行った。韓国も二月に新天地イエス教会などの宗教施設や行楽施設でクラスターが発生したが、大規模なPCR検査によって感染者の隔離に成功した。こうした成功例に見習うことなく、日本は緩やかな対応のまま感染の蔓延化に苦しんでいる。

結果的に、日本は新型コロナウイルスを抑えられないまま人々の移動や経済活動を促すことで繰り返しリバウンドを経験している。おそらく、東京オリンピックを開催した後、五度目の感染拡大を経験することになるのではないか。私の悲観的なシナリオがワクチン接種によってどれだけ変わるか、外れることを期待している。

二〇二〇年における中国の実質GDPの伸びは二・三％、台湾三・五四％、韓国マイナス一・〇％（以上、日本貿易振興機構 二〇二一）、日本はマイナス四・八％（内閣府 二〇二一）だった。二〇二一年においても日本だけがマイナス成長となるのではないか。この一人負けの状況がなぜ生まれたのか。本論は日本の分析に限定してきたために東アジアの諸国との比較をなす紙幅も尽きているが（玄・藤野編 二〇二〇、東京大学社会科学研究所現代中国研究拠点編 二〇二〇）、タイなどの東南アジアや中国・台湾・韓国をしばらく眺めてきた研究者として、最後に所感のみ記しておこう。

中国と台湾は台湾海峡を挟んで対峙し、北朝鮮と韓国は休戦状態のまま、それぞれ臨戦態勢が可能な国家であるため、国民の動員と統制について国民の合意を得ている。公衆衛生における行動制限にＡＩやＩＴ技術を駆使できたのは、制度的な枠組みと社会意識の醸成があったからである。タイでは権威主義的政権が、公衆衛生の名目で集会や行動制限を課し、学生や市民の民主化要求を押さえつけている。良くも悪くも日本には、地政学的な危機的状況も強い国家への志向性もなかった。そのために感染者の徹底した割り出し、監視と隔離ができず、世間の圧力と国民の自主性に任せた行動制限しか課すことができなかった。

台湾や中国、韓国から見れば、日本は「緩い」国である。それが自由や民主主義的価値を重んじた結果であれば、日本人はコロナ禍を必要なコストとして受け止めるしかないだろう。その反動から行政権限と補助金によって権威主義的国家作りを急ごうとする政治が目に付くが、日本には「強い」国に必要な理念とパッションが欠けている以上、無理だろう。それにしても、公衆衛生や医療、自然科学や社会科学の諸領域において東アジアにおける日本の相対的な位置をこれほど自覚させられる一年はなかった。

以上、ここまでが、櫻井義秀、二〇二一、「日本の新型コロナウイルス感染症への対応と顕在化した社会問題」『二一世紀東アジア社会学』一一、二二一―三九頁の内容である。日本のみならず、韓国・中国・台湾におけるコロナ禍対応の様子が報告された。

以下では、補論として二〇二四年までのコロナ禍と対応の収束、および帰結について簡単にまとめ、次いで、「サードエイジャーのセカンドライフに関する生活意識調査」のデータを用いてコロナ禍が日本の人々のウェルビーイングにどのような影響を与えたのかを述べることにする。

四　補論　コロナ禍とウェルビーイング

1　新型コロナウイルス感染症対応の収束

(1)　新型コロナウイルス感染の波

第三波までは従来株で、第五波がデルタ株、第六波がオミクロン株(BA.1/2)、第七波オミクロン株(BA.5)であった。デルタ株は重症化しやすく、オミクロン株は風邪の症状が大半である。新型コロナウイルスは弱毒化することで感染力を強めている。そのために、特定の年齢層や基礎疾患のある体の弱い人が症状を悪化させ、入院加療に至るのである。第六波以降は、六〇代以降の入院者割合が増加し、第七波では八〇代以上が半数を占める。二〇二四年七月の時点では、オミクロン株の一種であるKP.3と呼ばれる変異ウイルスが拡大している。国は二〇二三年五月八日に新型コロナウイルスを感染症法上の五類に移行し、緊急事態宣言による行動制限やコロナ治療薬への補助やワクチンの無料接種の支援策を廃止して、通常の医療体制で対応することとした。また、マスクの着用などの感染対策も基本的に個人の判断に委ねられた。

感染症の二類には、結核や鳥インフルエンザ、SARSやMERSなどの劇症型呼吸器症候群などが分類されている。新型コロナウイルスもその実態がわからず、ワクチンや特効薬がなかったために二類に入れられていたが、ほぼインフルエンザと同様の症状に収束してきたのであれば、同じ五類へ移行させても問題ないという声が上がっていた。外食や観光、交通移動に関わる業界は行動制限の廃止を求めていたし、医療機関においても隔離病棟や受付設置、専任スタッフを置く態勢から通常医療への移行を望む声もあがっていた。実際に、市民は発熱した場合、発熱外来が設けられたクリニックしか受診できず、他の症状などの診断と治療を求めにかかりつけの診療所に行くこともままならなかった。医療保険に加入していながら、医療機関を受診できないもどかしさを四年近く耐えてきたわけである。

五類に移行したことで、居酒屋他食堂への客が戻り、感染防止のためのアクリル板などは取り除かれた。しかしながら、電車・地下鉄・バス、屋外でも変わらずマスクを着用する人たちが半数はおり、医療機関や高齢者施設では必須である。ワクチンは、接種費用の自己負担額約七千円でできるが、高齢者でも自主的に受ける人は激減した。コロナ治療薬のゾコーバは三割負担で五日分約一万五千円となった。入院費への補助もなくなり、七日間の入院で最大六万円弱の入院費もかかるようになった。また、コロナ後遺症に悩む人たちの存在も注目されているが、受け入れる後遺症外来の医院が限られている。コロナ禍が収まったわけではないが、政府としては五類への移行でひとまずの新型コロナウイルス対応は収束させた形を取った（NHKデジタル二〇二三年五月八日）。

コロナ禍の五年を振り返ってみると（図特-2）、日本における新型コロナ感染症死者数は、二〇二〇年は三四六六人で、病原性が高いデルタ型が流行った二〇二一年は一万六七六六人に増加し、オミクロン型の流行で感染者が急増した二〇二二年は四万七六三八人に拡大し、二〇二三年で三万八〇八〇人だった。既に述べたことだが、日本は他の東アジア諸国と比べて感染者数・死亡者数ともに群を抜いて多い。その理由は、高齢者数の多さに帰されているが、既に述べたようにＰＣＲ検査の実施に消極的な感染症対策のために、無症状の感染者が感染を拡大させる構造が一貫して続いており、体力のない基礎疾患を持っている人や高齢者の死亡者があとをたたないということである。

次に、筆者の職場である大学におけるアフターコロナの状況を記載しておこう。

(2)　大学教育のオンライン化と対面への復帰

二〇二〇年度は、一般教室で行われる座学はテレビ会議システムを通じて行われるオンライン授業かストリーム型教材によるオンデマンド型授業が大半であり、実験実習は人数制限をして複数回行い、フィールド実習は野外実

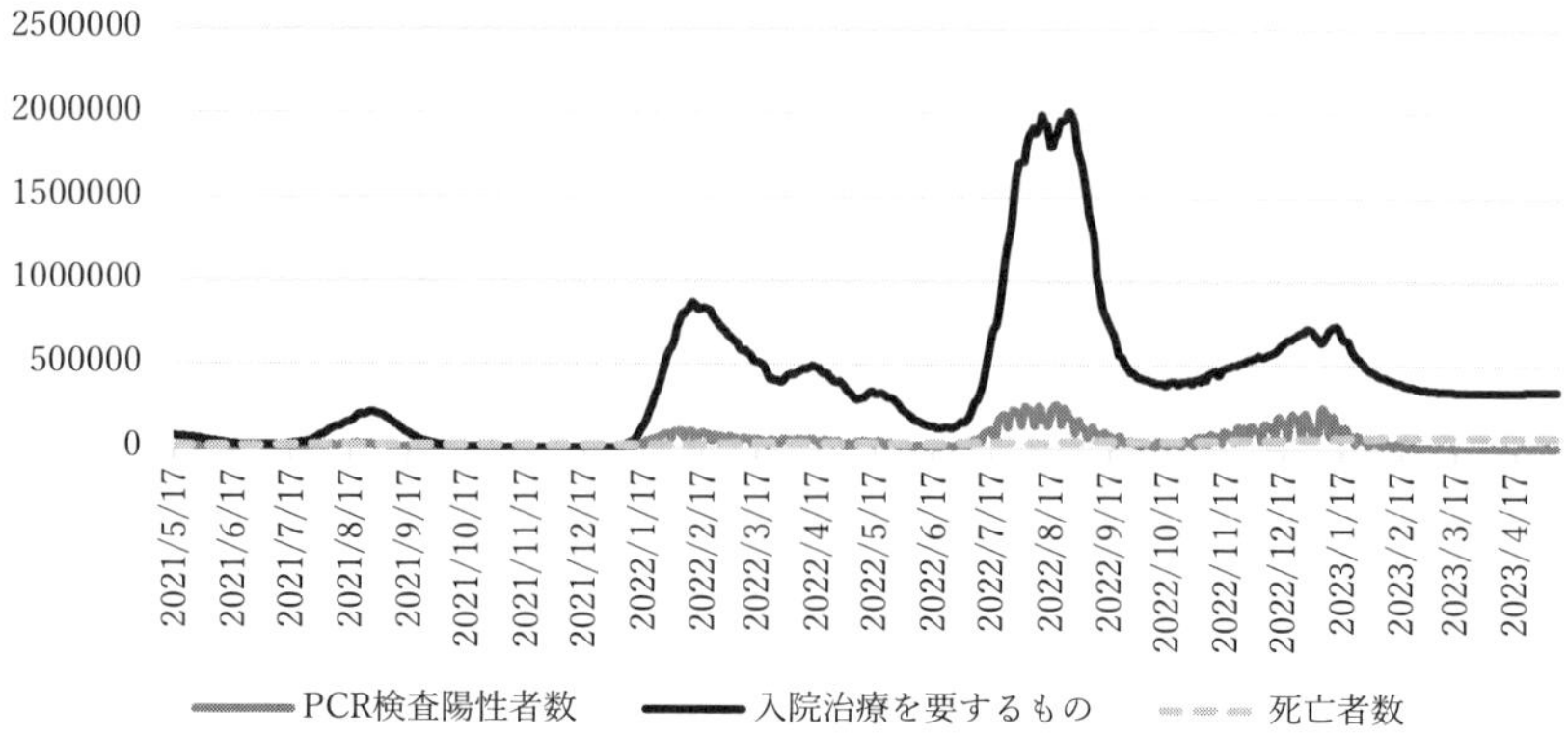

図特-2　2021年から23年までの日本における新型コロナウイルス感染拡大の状況

（出典　厚生労働省　新型コロナウイルス感染症オープンデータより作成
https://www.mhlw.go.jp/stf/covid-19/open-data.html）
一番高い山が入院治療を要するものの数であり、死亡者数は累計表示となっている。

習を継続するものの、乗船実習などはかなりの制限を受けた。ともあれ、ＩＣＴ機材に不慣れな教員は、教材準備とメール等での学生とのやりとりが数倍に増加したことで相当に疲弊し、視力を悪くしたり、腰痛を悪化させたり、ディスプレイを一日十時間以上注視するために睡眠障害に陥ったりと、ストレスを貯めた。また、大半の会議がオンライン会議となり、オンライン授業がデフォルトのためにテレワークも可能になったことを喜ぶ教員がいた一方で、教職員のコミュニケーションは双方向型にはいかずに一方的な情報伝達型に変化し、お互いをあまり知り合わず、そのわりにはストレートなものの言い合いをして人間関係がギクシャクすることも生じてきた。誤解を解消する対面での対話の機会もないのだから、組織の枠はあっても人間関係が極めて構築しづらい職場環境に変質したと言える。

　教職員以上にディスコミュニケーションやコミュニケーションの仕方に苦労したのが、二〇二〇年入学の新入生だった。二〇二一年度もほぼ同じ授業形態だったので、同じクラス仲間やサークル仲間といった友人関係が形成できず、また、外出に対する行動制限や自粛ムードが強い二年間の間は、学生が多数従事する飲食店のアルバイトも募集が激減した。代わって激増した通販や非対面型サポート業務のコールセンターでは、それこそ対面での会話や支援がなくなったことでストレスを貯めた顧客からこころが折れるような言葉を浴びせられ、やってられなくなったということばも聞き及ぶほどだった。

文部科学省は二〇二二年三月二二日に感染対策を十分に講じたうえで対面授業に適切に取り組むよう通知し、二〇二二年四月から大学は原則的に対面型授業に戻した。大学設置基準（文部科学省令）によれば、卒業要件として修得すべき単位数に充当できるオンライン授業は上限を六〇単位と定められている。二〇二〇年と二〇二一年の授業の大半がオンラインで行われ、一般の学生はそこで六〇単位以上修得しているので、文部科学省はこの期間のオンライン授業については、設置基準で定めたオンライン授業の上限単位数に含めないという措置を講じた。しかしながら、これ以上オンライン授業が継続されるようでは、通信制大学との境目がなくなるし、なにより学生の不満が増加していることに配慮して対面型に戻すことにしたのである。

明星大学経営学部に二〇二〇年に入学した学生が、大学の授業に失望して中退し、オンライン授業しか提供しない大学側に対して授業料などの損害賠償を求めて提訴した。判決では、「コロナが蔓延する中、授業を実施することを可能とする合理的な選択肢だった」として請求を棄却したが（朝デ二〇二二年一〇月一九日）、大学の施設を使わずに学生に自宅で授業を受講させ、それで同じ授業料を徴収するのは学生や学士支援者側にすれば不合理なものだったろう。実際、二〇二一年の授業で学部生から一年に数度しか大学キャンパスを訪れなかったとか、実家にずっと帰省していたという話を聞いた。

ともかくも、二〇二二年度からは対面授業に復帰したわけだが、学生にとってはようやくのキャンパス生活が始まり、とまどいながらも嬉しそうだった。しかし、コロナ禍の二年間を過ごした学生は、親しい学生以外とは同じ授業を取っていても同じゼミ生であっても話をしない傾向が強かった。そこで、小グループにして話し合う機会をなるべく持つような工夫を授業に入れたりしながら様子を見ていたが、この新三年生がコロナ明けの年度途中から就活を開始し、どういう学生生活の閉じ方をするのか、現在も注視しているところである。

他方で、教員側は大量に作成したオンデマンド教材が宝の持ち腐れとなってしまい、一五回の授業のうち三分の一まで使用可能とかの許可が大学で出ているものの、大半の教員はアーカイブに入れたまま、元の対面式授業に復帰している。ＤＸ化に長けた教員からあの努力は何だったのかという嘆息も漏れ聞かれたが、最小限にして最低限の教材作成しかできなかった筆者にしてみれば、お互いに顔を付き合わせて授業ができる方がありがたい。

コロナ禍が過ぎてキャンパス内でのウェルビーイングが高まった様子はこの程度の報告にとどめ、市民の間でコロナ禍を通じて趣味や近隣との関係、自身の健康やウェルビーイングを高められたかどうかについて次に記述していこう。

2　コロナ禍は市民のウェルビーイングを変えたか

(1)　健康と生きがい

老年学の文献を読んでいくと、健康と長寿を実現するには、身体への配慮と精神的安定や喜び、そして社会関係を維持することの重要性が説かれていることに気づく。細かな処方箋や手引き書は枚挙にいとまがない。高齢者にとって生きがいを感じる場所の確保が極めて重要であり、家族・親族よりも買い物や病院、役所関連で出会う人たち、同級生や近隣の同世代の人たちとの交流のように日常的に場を共有する他者と交流する時間の方が多いことが指摘されている(古谷野 二〇二四)。本書総論で述べたサードエイジャーのウェルビーイングを構成する〈働─居─遊〉論を場所で言えば、〈働けるところ─居場所─遊べるところ〉となろう。

本調査においてセカンドライフで重視するものを選択してもらったところ、健康の維持と生きがいが最も多かっ

表特-1　「セカンドライフで重視するもの」の男女差

	男性（N=345）%	女性（N=347）%	sig.
稼得	17.1%	9.8%	**
健康の維持	81.2%	84.7%	
夫婦の関係	46.4%	39.5%	†
子どもや孫との関係	25.2%	38.9%	***
交友関係	27.0%	31.4%	
娯楽	27.8%	23.6%	
学び	16.5%	24.5%	**
生きがい	58.3%	61.1%	
社会的貢献	23.5%	18.7%	
その他	1.4%	2.6%	
特にない	2.9%	1.7%	

***p<.001、**p<.01、*p<.05、†p<.1。

た。それ以外では、家族の関係や交友関係を維持すること、娯楽や学びであり、社会貢献も含まれる。働いて収入を得ることは、本調査の対象者において約一三%とあまり重きが置かれていなかった。対象者の属性でみたように、対象者の学歴や収入が相対的に高いために稼得の必要に迫られていないのであろう。

生きがいは極めて抽象的な概念であり、人生の意味や目的としても理解されるが、日常生活で感じられるさまざまな喜びにも用いられる。子供や孫の成長を見守ることも生きがいであろうし、学ぶことや社会貢献で味わう充実感も生きがいと重なっている。

セカンドライフで重視するものを男女別に見たところ（表特-1）、男性と女性の価値観の違いにも気付く。健康や生きがいが重要であるということは男女とも差がないが、夫婦関係については妻よりも男性の方が重視し、子と孫の関係については女性の方が重視している。仕事人生から家族中心の人生に切り替えようと男性はしているのであろうし、女性は急激な生活の変化をあまり感じずにこれまで通りの家族関係を維持しようとしているのかもしれない。稼得については女性の二倍、男性が重視している。これは収入というよりも、男性は社会的承認を得る場として、まだ実質的な人間関係を得る場として働く場所を求めている傾向が強い。女性の方が男性よりも学びについて関心が高いことも特記すべきである。女性は男性よりも学歴達成の点においてし残し感が強く、また、老後が長い分だけ人生を豊かにする学びに時間を割こうという意欲が強いのではないか。

こうした生きがいや人生の充実感を得られる場がこの中でどう変化したのか。

(2)　コロナ禍におけるウェルビーイングの減少

飲食店や娯楽施設での時間制限や感染防止のためのソーシャル・ディスタンスの考え方が、サードエイジャーや高齢者の生活に大きな影響を与えた。もっとも、青年層や壮年層のように遊ぶ機会や働き方そのもの(対面からオンラインへ)を変えたことでストレスを増加させ、幸せ感を減退させたことは想像に難くない。

高齢者の場合、コロナ禍では施設内や外出する過程で感染する不安が増えたために、外出機会が減少し、結果的に生きがいも減少していることが検証されている(鈴木 二〇二四)。サードエイジャーの場合、まだ全体が仕事をリタイアしているわけではなく、わずか半年余りでオンライン型の仕事に慣れるか、できない場合に退職を余儀なくされたこともあった。年金生活者であれば、その心配はいらないかもしれないが、盆正月などの帰省が当初は高齢者に感染のリスクを負わせるということで控えられ、交友機会も一挙に減少した。

筆者もまた、一人暮らしの老母を訪ねることが一年近くできなかったが、それは県外の人間が訪ねると後ろ指を指されるからということで親戚から強く自制を求められたのであり、この頃は感染者がどこで感染したのかと詮索され、飲食店で遊んだから自業自得ということで不道徳者の烙印すらおされる風潮があった。「自粛警察」の時代でもある。

表特-2では、主観的幸福感に寄与する社会経済的属性を統制した上でコロナ禍の影響を示している。図特-3に示されている通り、サードエイジャーにおいても経済生活が悪化し、ストレスが増加した。重回帰分析では、外出や対人交流機会の減少も主観的幸福感を減少させることに統計的に有意であった。これらの知見は、経験的にも先

表特-2　主観的幸福感に対するコロナ禍の影響

	非標準化係数 B	標準誤差	標準化係数 ベータ
(定数)	2.581	1.070	*
社会経済的属性			
性別(女性＝1)	0.732	0.137	0.193***
年齢(実数)	0.060	0.012	0.154***
婚姻状況(ref. 既婚)			
未婚	0.598	0.495	0.093
離婚・死別	0.829	0.482	0.152†
同居家族(ref. 単身)			
配偶者	1.318	0.462	0.301**
配偶者以外の親戚・友人	−0.028	0.126	−0.007
学歴(順序尺度)	−0.001	0.042	−0.001
職業(ref. 無職・専業主婦/夫)			
正規・専門職(会社員、公務員、教職員、医療関係者、会社経営)	0.425	0.201	0.071*
非正規(嘱託・契約社員、派遣社員、自営業、パート・アルバイト)	0.015	0.139	0.004
定年退職経験の有無	0.325	0.129	0.086*
居住都市規模(4点順序尺度)	0.035	0.073	0.014
居住年数	−0.008	0.007	−0.033
世帯収入(単位：100万円)	0.066	0.028	0.087*
預貯金(単位：100万円)	0.003	0.003	0.033
コロナ禍での影響			
経済生活の悪化	−0.386	0.058	−0.218***
外出や対人交流機会の減少	0.138	0.067	0.069*
ストレス増加	−0.284	0.062	−0.163***
ウィルス感染不安	−0.051	0.065	−0.027
調整済み R^2	0.195		
N	991		

***$p<.001$、**$p<.01$、*$p<.05$、†$p<.1$。

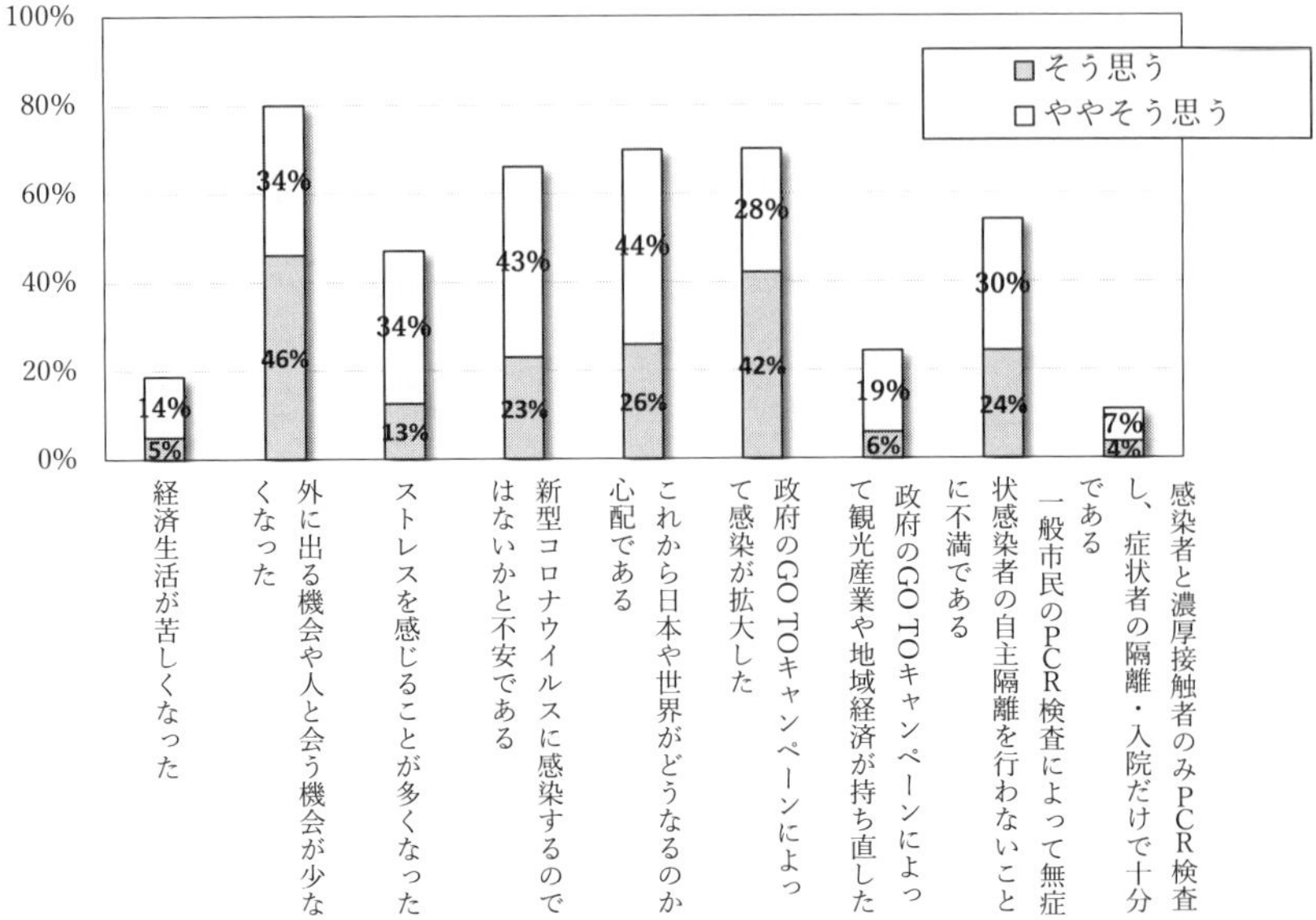

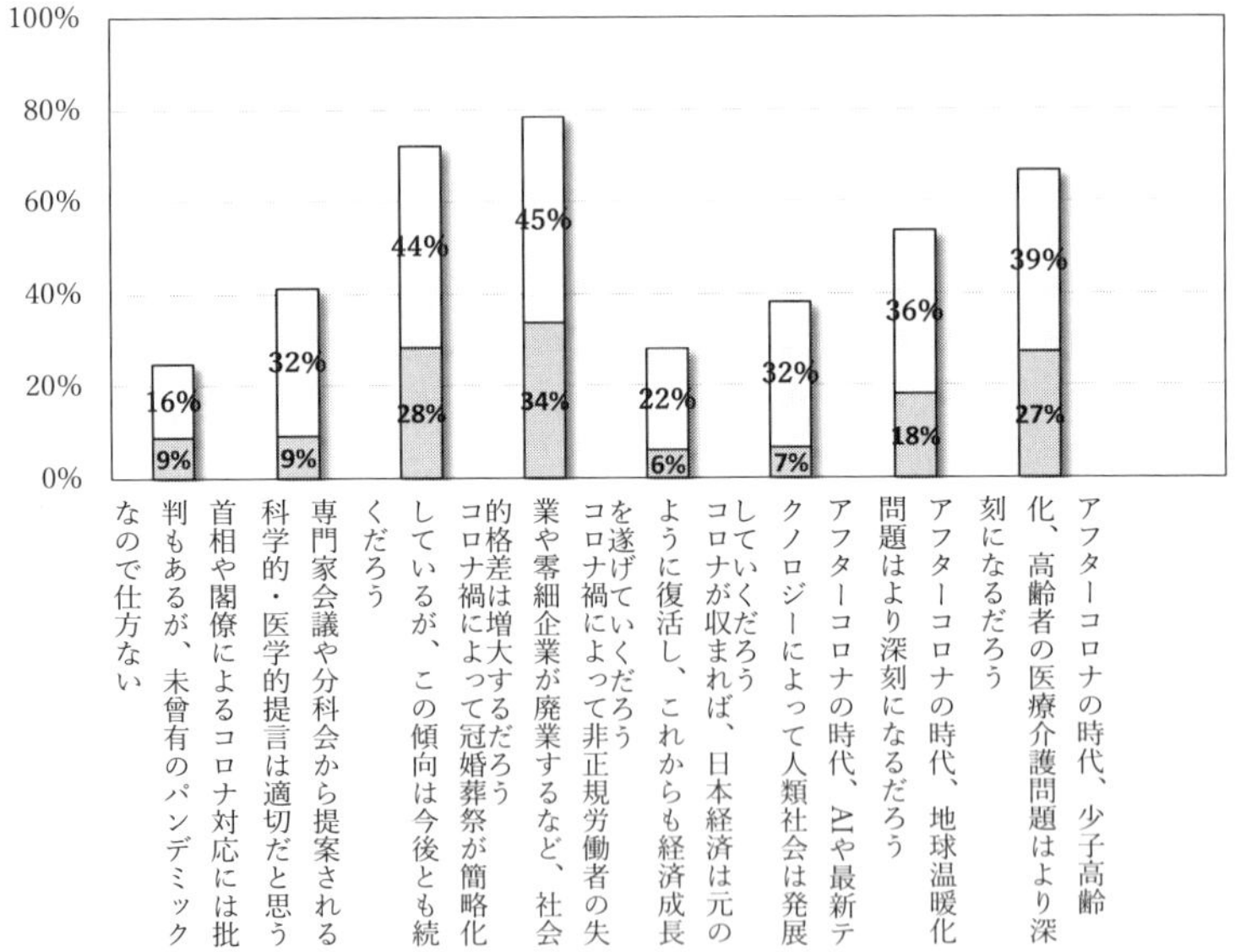

図特-3　コロナ禍における生活状況の変化

行研究からも裏付けられることであり、コロナ禍において行動変容を大きく促された結果、交流の機会、場の喪失がウェルビーイングの減退を招いたことが理解される。

おわりに

新型コロナウイルスの変種(KP.3株)が感染拡大し、第一一波の最中である二〇二四年夏現在、コロナ禍が日本社会にどのような影響を与えたのかについてまとめることは時期尚早かもしれない。また、リベンジ消費や観光といった形で人々の生活が元に戻り、経済も回復したことは事実であるが、コロナ前と後では違う点もあるのではないか。

コミュニケーションの質の変化である。これはオンライン多用のせいでもあるし、SNSを用いた情報ツールが主たるコミュニケーションの手段となったために、ネット社会で起きるような炎上が職場や日常生活においても時に生ずることになった。ネット上での殴り合いと称せられる極端な怒りや嘲り、名誉毀損や侮蔑に相当するような人権侵害・マナー違反相当のやりとりが対面でも見られるようになった。それは自粛警察の書き込みなどにも見られるように、自分たちの正しさの規範やルールを他の人たちが守っていないと認識した途端に、あるべきではない事象やそれを行う人々に対して徹底した攻撃や非難を繰り返す人たちが、ネットの住民のみならず公的な組織に属する人たちの間にも増殖していることを示す。

地方自治体の首長の横暴なふるまいがハラスメントとして報道されることが増えてきた。傷ついた議員や職員、なかには、自死に追いこまれた人もいる(兵庫県の斎藤元彦知事らに「違法行為」があったとする内部告発をした元西播磨県民局長＝停職三ヶ月の懲戒処分で停職中＝が自死した)(朝日新聞二〇二四年七月九日)。こうした被害をなくすためにハラスメントの予防や対応を強化することはもちろんなのだが、コミュニケーションの質について注意が払われていない。相手に対する敬意はマナーに含まれるべきものだが、対話の作法として自分と違う価値を有する人をも認め、相手方の主張にも耳を傾けるような余裕が失われているのである。そのために自分の正しさを述べて相手を言い負かし、優位に立とうとするので、良好な関係は築けない。

現在対面のコミュニケーションが復活しているものの、コロナ禍の数年間でオンラインのコミュニケーションに慣れて、コンテンツのみで情報交流し、相手に対する敬意や情緒を含めたコミュニケーションをしてこなかった世代とその習慣が、人間関係を損ねている状況がある。切れる人、カスタマーハラスメント、限度を超えた暴力など、この影響は、学校や職場、公的世界にも溢れる予感がある。

ＵＡゼンセン（全国繊維化学食品流通サービス一般労働組合同盟）は、二〇二四年に実施した二一〇組合の約三万人を対象としたカスタマーハラスメント調査の結果を公表した。鉄道会社や運送会社は対応マニュアルを整備し、東京都を初め複数の自治体がカスタマーハラスメント防止条例の整備に取りかかっているという。個別事例でいえば、対面で大声をあげる、長時間拘束したり、土下座を要求したり、返金のみならず謝罪のカネまで要求するなど度を超した客への要求が報道されている。宅配の事業所でチェーンソーを作動させて「さっさと荷物を出せや」などと大声を出して逮捕されたものすらいる。ＳＮＳや客の嫌がらせで閉店した店もある。

カスハラを行う客は、男性が七〇％であり、年代は五〇代二七％、六〇代二九％、七〇代一九％と中高年が七五％を占める。サードエイジャーは社会の一線から退きながら自分を考え、未来社会を考える移行期にある。自分の正しさや自分を守ることだけに汲々とするような心のあり方を終えて、生きがいとゆとりを持つべきだろう。人が素の人間として生活するとき、敬意を以て相手に接しなければ相手にされないし、会話も成立しない。そういうことに時々気づかせてくれる人間交際の場所が失われていることをカスハラ現象が暗示している。

〈働―居―遊〉論に戻れば、働く場につきものであった地位や役割から離れて「役割なき役割」といった高齢者の発達課題に向き合い、快適な居場所作りを自ら行い、一人でも遊べるし、皆と遊ぶこともできるといったこころのゆとりを持つべきではないだろうか。そのために、伝統文化や宗教文化を学ぶことの意義が出てくるのではないかと思うが、この議論はまた別の機会に展開したい。

文　献

Anzai, Asami, and Hiroshi Nishiura, 2021, ""Go To Travel" Campaign and Travel-Associated Coronavirus Disease 2019 Cases: A Descriptive Analysis, July–August 2020," *J. Clin. Med.*, 10(3), 398: https://doi.org/10.3390/jcm10030398
尾内隆之・調麻佐志、二〇二一、「科学を顧みない政治のための科学論に向けて―新型コロナウイルス感染症対策における科学と政治（3）」『科学』九一（二）、一四一―一四八頁。

金子勇、二〇二一、「コロナ感染防止のための行動変容」『JP総研 Research』五三、一四―二二頁。

上昌弘、二〇二〇、『日本のコロナ対策はなぜ迷走するのか』毎日新聞出版。

黒木登志夫、二〇二〇、『新型コロナの科学―パンデミック、そして共生の未来へ』中央公論新社。

玄武岩・藤野陽平編、二〇二〇、『ポストコロナ時代の東アジア―新しい世界の国家・宗教・日常』勉誠出版。

鴻上尚史・佐藤直樹、二〇二〇、『同調圧力―日本社会はなぜ息苦しいのか』講談社。

古谷野亘、二〇二四、「孤独・孤立と高齢期の社会関係」『生きがい研究』三〇、一九―三二頁。

第六〇回厚生科学審議会予防接種・ワクチン分科会副反応検討部会、二〇二一、「新型コロナワクチン接種後の死亡として報告された事例の概要」https://www.mhlw.go.jp/content/10906000/000784439.pdf
ゴードン、アンドルー、二〇二一、「新型コロナウイルス感染症に対する日本の緩やかな対策の歴史的文脈」『週刊医学のあゆみ』二七六―一。

西條辰義編著、二〇一五、『フューチャー・デザイン―七世代先を見据えた社会』勁草書房。

鈴木雄、二〇二四、「コロナ禍からストレスと生きがいについて考える」『生きがい研究』三〇、四七―七〇頁。

全国大学生活協同組合連合会、二〇二〇、「第五六回学生生活実態調査の概要報告」https://www.univcoop.or.jp/press/life/report.html（2021/3/29 閲覧）

多喜弘文、二〇二一、「ＩＣＴ導入で格差拡大―日本の学校がアメリカ化する日」『中央公論』二〇二一（一）、一七二―一八一頁。

武村政春、二〇一七、『生物はウイルスが進化させた』講談社。

東京大学社会科学研究所現代中国研究拠点編、二〇二〇、『コロナ以後の東アジア―変動の力学』東京大学出版会。

独立行政法人労働政策研究・研修機構、二〇二〇ａ「新型コロナウイルス感染症関連情報：新型コロナが雇用・就業・失業に与える影響　国内統計：総実労働時間、所定内労働時間、所定外労働時間」https://www.jil.go.jp/kokunai/statistics/covid-19/c11.html#c11-1（2021/3/29 閲覧）

独立行政法人労働政策研究・研修機構、二〇二〇ｂ、「新型コロナウイルス感染症のひとり親世帯への影響に関する緊急調査」https://www.mhlw.go.jp/content/11920000/000704576.pdf（2021/3/29 閲覧）

内閣府、二〇二一、「国民経済計算」https://www.esri.cao.go.jp/jp/sna/menu.html（2021/3/29 閲覧）

日本医療労働組合連合会、二〇二一、「二〇二〇年度夜勤実態調査結果」http://irouren.or.jp/research/324e9714869db7acc3f8b80e6c3206459a902144.pd（2021/3/29 閲覧）

日本貿易振興機構、二〇二一、「ビジネス短信　中国・韓国・台湾」https://www.jetro.go.jp/biznews/（2021/3/29 閲覧）

ＮＨＫ、ＮＨＫスペシャル「二〇三〇　未来への分岐点」（一月九日／二月七日／二月二八日）。

葉上太郎、二〇二〇、「市町村職員のホンネ、一〇万円給付の愚行、おめでたい知事…それでも現場を回す」『中央公論』二〇二〇（一〇）、七六―八三頁。

濱岡豊、二〇二〇ａ、「COVID-19 対策の諸問題（1）日本の特異性」『科学』九〇（一〇）、八七七―八八六頁。

濱岡豊、二〇二〇ｂ、「COVID-19 対策の諸問題（2）積極的疫学調査という名の消極的調査への批判的検討」『科学』九〇（一一）、九七八―九九八頁。

文化庁、二〇二〇、「文化芸術収益力強化事業（委託事業）採択結果・事業の進捗状況等について」https://www.bunka.go.jp/shinsei_boshu/kobo/pdf/92773901_01.pdf（2021/3/29 閲覧）
文部科学省、二〇二〇ａ、「新型コロナウイルス感染症の影響を踏まえた公立学校における学習指導等に関する状況について」https://www.mext.go.jp/content/20200717-mxt_kouhou01-000004520_1.pdf（2021/3/29 閲覧）
文部科学省、二〇二〇ｂ、「大学等における新型コロナウイルス感染症への対応状況について」https://www.mext.go.jp/content/20200917-mxt_koutou01-000009971_14.pdf（2021/3/29 閲覧）
文部科学省、二〇二〇ｃ、「コロナ対応の現状、課題、今後の方向性について」https://www.mext.go.jp/content/20200924-mxt_keikaku-000010097_3.pdf（2021/3/29 閲覧）
三浦麻子・平石界・中西大輔、二〇二〇、「感染は『自業自得』か―状況の力の解明に挑む」『科学』九〇（一〇）、九〇六―九〇八頁。
宮坂昌之、二〇二〇、『新型コロナ七つの謎―最新免疫学からわかった病原体の正体』講談社。
山本太郎、二〇一七、『抗生物質と人間―マイクロバイオームの危機』岩波書店。
Johansson, Michael A., PhD1, 2; Talia M. Quandelacy, PhD, MPH1; Sarah Kada, PhD1; et al., “SARS-CoV-2 Transmission From People Without COVID-19 Symptoms,” *JAMA Netw Open*, 2021; 4(1): e2035057. doi:10.1001/jamanetworkopen.2020.35057

あとがき

本書『東アジアのアクティブ・エイジング――サードエイジを生きる』では、アクティブ・エイジングとサードエイジという二つの概念を軸に、日本と東アジア諸国の高年齢者の価値意識や家族・社会生活を考察した。

編者は、日本を含めた東アジアにおいて六五歳以上を高齢者とする高齢者概念は、六五歳から七四歳まで就労を含めた社会活動と家族、近隣・友人・知人関係を再編成し直す人生の第三期、すなわちサードエイジ期と、それ以降の高齢期に分けるべきだと考えている。しかも、身体的にアクティブであるのみならず、人生を落ち着いてふりかえり、価値の探求を広げ、深めていく林住期としての意味合いが重要ではないかとも考える。

幸いなことに、日本を含めた東アジアの諸国では長寿に伴って、就労や家族・社会生活に責任を負った四〇年余の人生の後に、なお十数年のアクティブに動け、自分のために生きることができる時間を残されている。この時代をどう過ごすのかが、高齢社会に先立つ高年齢者社会論の課題である。この点を総論でまとめ、少なからず私たちの社会生活に影響を与えた二〇二〇年以降のコロナ禍を考察した特論も付してある。

こうした問題意識を踏まえて、本書は二つの調査研究をまとめたものである。

第1部「東アジアのアクティブ・エイジング」は、二〇二一年から二四年まで助成を受けた日本学術振興会科学研究費補助金挑戦的研究（萌芽）「アクティブな高齢者が活躍する東アジア諸国から日本社会のウェルビーイングを考える」（課題番号21K18447）を受け、日本・韓国・中国・香港・オーストラリアのアクティブエイジャーたちの活動を事例研究としてまとめた。当初は、編者が博士学位論文を指導し、母国のタイで教職に就いた二人の教え子たちにも共同研究を呼びかけたが、今回の書籍には間に合わなかった。その代わり、モンゴル出身の教え子がオーストラリアの大学で教鞭を取っているので、今回のテーマで研究成果を公表してもらうことができた。現在日本でも認知され、世界各地に実践が広まっているメンズシェッド「男の小屋」運動を紹介でき、時機にかなったテーマである。

第2部「日本のサードエイジャーにおける生きがいと生活」は、第1部に先立って行われた調査研究であり、二〇一九年から二二年まで日本学術振興会科学研究費基盤研究B「高齢多死社会日本におけるウェルビーイングとウェルダイングの臨床社会学的研究」（課題番号 19H01554）の助成を受けた。この研究では、拙編著『ウェルビーイングの社会学』（北海道大学出版会、二〇二二年）を刊行したが、科研費で実施したサードエイジャー対象のセカンドライフ調査をまとめるのに時間を要した。高年齢者の仕事・家族・近隣関係や社会参加・価値意識を、定年という就労上の役割喪失から役割なき役割にどう生活を組み直していくのかというセカンドライフの観点から調査したものであり、付録とした調査データ「サードエイジャーのセカンドライフに関する生活意識調査　調査票と単純集計」と共に報告を活用してもらえるものと考えている。

二〇二五年三月をもって編者は定年退職となる。六五歳まで特任教員として再雇用の二年が残されているが、サードエイジ・林住期に向けて自己の価値観や社会生活を再編する助走段階に入っている。正直に言えば、還暦を過ぎてすでにこの心境になっている。

本書の執筆者は、編者が北海道大学大学院文学研究院社会学研究室において博士課程時代に指導した若手中堅の研究者であり、年齢的には、サードエイジを生きる実感を得るのはまだまだ先のことと思われる。しかし、人生の三分の一が高年齢期と高齢期であることを知るとき、高年齢者や高齢者がケアの対象というよりは、同時代における自分たちの同伴者といった社会学的想像力を膨らませてくれたのではないかと思う。

本書は、北海道大学出版会相談役の竹中英俊氏に編集業務を担当いただき、非常にまとまりのよい構成となった。出版会事務局の皆さんにもお世話になった。出版経費は、編者二人がカウンターパートを務め、東アジアにおける宗教文化と社会意識の研究を行うパデュー大学のプロジェクトからも支出していることを記しておきたい。

諸物価高騰の折、学術出版を継続することは、北海道大学出版会理事長の私としても簡単なことではない。多くの人の支援なしに学問の継続はない。重ねて感謝申し上げたい。

二〇二五年二月三日

櫻井　義秀

ウェルビーイングの社会学　櫻井義秀 編著　A5・三二〇頁 定価二六〇〇円

宗教とウェルビーイング
―しあわせの宗教社会学―　櫻井義秀 編著　A5・四三八頁 定価五八〇〇円

現代中国の宗教変動とアジアのキリスト教　櫻井義秀 編著　A5・四九〇頁 定価七五〇〇円

アジアの公共宗教
―ポスト社会主義国家の政教関係―　櫻井義秀 編著　A5・三五二頁 定価六二〇〇円

日本のアクティブエイジング
―「少子化する高齢社会」の新しい生き方―　金子 勇 著　A5・三二四頁 定価五八〇〇円

日中の少子高齢化と福祉レジーム
―育児支援と高齢者扶養・介護―　郭 莉莉 著　A5・二九〇頁 定価五八〇〇円

〈定価は消費税含まず〉

北海道大学出版会

東アジアのアクティブ・エイジング
サードエイジを生きる

2025年4月25日　第1刷発行

編著者　櫻 井 義 秀・清 水 香 基
発行者　櫻 井 義 秀

発行所　北海道大学出版会
札幌市北区北9条西8丁目 北海道大学構内(〒060-0809)
Tel. 011(747)2308・Fax. 011(736)8605・https://www.hup.gr.jp/

㈱アイワード

ISBN978-4-8329-6905-6

編者・執筆者紹介

櫻井義秀（さくらい　ぎしゅう）　編者　はしがき、総論、第6章、特論、あとがき
1961年山形県生れ。北海道大学大学院文学研究院教授。最近の単著　『統一教会—性・カネ・恨（ハン）から実像に迫る』中央公論新社、2023年；『信仰か マインドコントロールか—カルト論の構図』法藏館、2023年；『死者の結婚—追悼のフォークロア』法藏館、2024年；『宗教と政治の戦後史—統一教会・日本会議・創価学会』朝日新聞出版、2024年。

清水香基（しみず　こうき）　編者　第6章、第10章
1990年生れ。同志社大学社会学部社会学科助教。主著　「宗教団体への所属が幸福感に及ぼす影響—『宗教と主観的ウェルビーイング』に関する調査のデータ分析から」『現代社会学研究』第33巻、1-21頁、2020年；"Changes in Religiosity in the World's and Japanese Modernizing Societies: Convergence and Divergence of Religiosity in (Un)consciousness)," in Satoshi Abe and Tai Wei Lim, eds., *Modernization in Asia*, World Scientific, 177-199, 2021.

三田絵里加（さんだ　えりか）　第1章
1990年生れ。北海道大学大学院文学院博士後期課程。

金昌震（キム　チャンジン）　第2章
1974年生れ。札幌大谷大学准教授。主著　「東アジアの福祉と家族」櫻井義秀編『現代中国の宗教変動とアジアのキリスト教』第2章、北海道大学出版会、2017年；「韓国における少子化と子育て支援—ソウル市の子育て中の親に対するインタビュー調査を通じて」『札幌大学総合論叢』50、41-57頁、2020年；『アンビシャス韓国語』北海道大学出版会、2021年（編著）；「東アジアの高齢者扶養と社会保障—福祉レジーム、家族支援型福祉の限界」櫻井義秀編『ウェルビーイングの社会学』第14章、北海道大学出版会、2022年。

郭莉莉（カク　リリ）　第3章
1987年生れ。河北経貿大学外国語学院講師。主著　『日中の少子高齢化と福祉レジーム—育児支援と高齢者扶養・介護』北海道大学出版会、2017年；「日本人口変化、社会保障制度改革与経済発展研究」『東北亜経済研究』第4巻第2期、97-106頁、2020年。

伍嘉誠（ゴ　カセイ）　第4章
1984年生れ。北海道大学大学院文学研究院准教授。主著　"Biopolitics, Stigma, and Religion in Hong Kong: The Government's Zero-COVID Measures and Responses of

Christian Communities," in Satoshi Abe and Tai Wei Lim, eds., *Social Stigma and the Pandemic: Key Challenges and Responses Across Greater Asia,* World Scientific, 93-110, 2024；「新型コロナウイルスとナショナリズムへの試論—香港を事例に」『21 世紀東アジア社会学』第 11 号、57-73 頁、2021 年。

Byambajav Dalaibuyan（ダライブヤン ビャムバジャワ） 第 5 章
1979 年生れ。クイーンズランド大学リサーチフェロー。主著 "Unrequited Compassion across the Border: Mongolians' Support for the Russian-Buryat Exodus after Mobilization," in Erich Kasten, Igor Krupnik, and Gail Fondahl, eds., *A Fractured North: Facing Dilemmas,* Fürstenberg/Havel, Germany: Verlag der Kulturstiftung Sibirien, 175-190, 2024；"Negotiating the Coexistence of Mining and Pastoralism in Mongolia," *Journal of Contemporary East Asia Studies,* 11(1): 46-63, 2022.

工藤遥（くどう はるか） 第 7 章
1989 年生れ。札幌学院大学人文学部人間科学科准教授。主著 「北海道の都市部における少子化・子育て問題と地域子育て支援の取り組み—札幌市と千歳市の事例にみる現状と課題」北海道ジェンダー研究会編『ジェンダーで読み解く北海道社会—大地から未来を切り拓く女性たち』146-176 頁、明石書店、2022 年；「結婚—多様化するライフコース・家族と幸せのかたち」櫻井義秀編著『ウェルビーイングの社会学—ライフコースと「幸せ」の課題』127-144 頁、北海道大学出版会、2022 年。

遠山景広（とおやま かげひろ） 第 8 章
1985 年生れ。札幌大谷大学短期大学部保育科専任講師。主著 「子育てサロンの利用状況にみる母親の子育て意識の相違」『現代社会学研究』第 33 巻、23-42 頁、2020 年；「子どもの貧困」櫻井義秀編『ウェルビーイングの社会学』第 3 章、37-54 頁、北海道大学出版会、2022 年。

坂無淳（さかなし じゅん） 第 9 章
1980 年生れ。福岡県立大学人間社会学部准教授。主著 「大学院生の悩みとメンタルヘルス—ジェンダーの観点からの統計分析と支援策の検討」『福岡県立大学人間社会学部紀要』第 30 巻 2 号、1-18 頁、2022 年；「キャリアとワーク・ライフ・バランス—家事・育児とジェンダー」櫻井義秀編著『ウェルビーイングの社会学』145-162 頁、北海道大学出版会、2022 年。

索　　引

ア　行

愛国教育　89
アイデンティティ　iv, 94-96, 102, 110
アクティブ・エイジング　i, iv, v, 5-7, 35, 37, 74, 119, 120
旭川市　1章
　――の除雪政策　26, 27
旭川市社会福祉協議会　27, 28, 30, 31, 34
アソシエーション団体　150, 159, 162
雨傘運動　81-83, 89, 92
生きがい　11, 12, 62, 74, 105, 138, 146, 268-270, 274
一国二制度　80, 83, 91, 96
稲場圭信　226
いのちの見守り　iii, 8
ウェルビーイング　i-v, 2, 3, 37, 167, 190, 232
　感情的――　93
　宗教と――研究　ii, 4, 10章
　主観的――　134-144, 217
　ソーシャル――　93
　ユーダイモニック――　79, 86, 93
　――研究　i, 1-3, 7, 144
　――の4類型　36
氏子　150, 220-222
エイジズム　81
エイジレス社会　16
オーストラリア時間利用調査　104
オーストラリア社会調査　104
オーストラリア男の小屋協会　107, 108
お稽古事・習い事の集まり　149-162
お助けはっしん隊　31-35
小田利勝　6, 9, 35
落合恵美子　7
男の小屋　5章
お盆　219, 220, 232
親役割　211
オンライン授業　239, 251, 252, 265, 267

カ　行

介護予防　43, 146
家族生活　147
肩で話す　108
稼得人口　15-17
金子勇　6, 39, 191
川端亮　226
韓国の高齢者福祉支援策　43
気　64
喫煙習慣　227-229
共感者　88
緊急事態宣言　238, 240, 241, 248, 249, 251, 257, 264
近所付き合い　140, 143, 144, 174, 176, 227-229
近代家族　iii
クィア　110
クオリティ・オブ・ライフ(QOL)　36, 167
敬老堂(韓国)　43, 53, 54, 57, 58
血縁・地縁・職縁　8章
健康寿命　16, 95, 145, 147
健康増進　43, 57, 63, 71, 105, 107, 108
健康リスク行動　226-228
後期第二次社会化　209, 212, 213
公正世界信念　256
構造的隙間論　41
高年齢者　ii-iv, 4-8, 16-18, 279, 280
高年齢者雇用安定法　ii, 16
幸福度指標試案　1
高齢化率
　旭川市の――　26
　オーストラリアの――　103
　韓国の――　39
　中国の――　61
　北京市の――　66
高齢者　15
　後期――　ii, 101, 119
　前期――　ii, 120, 145
高齢多死社会　2, 233
コーホート　111, 169
「国民全体が運動」ブーム　63
互酬性の規範　42, 49
五助(公助・共助・自助・互助・商助)　7, 8, 10, 44, 51, 52
国家戦略「健康中国」　64, 65
「こっそり健康」　107
孤独感　52, 101-103, 108, 111
孤独死の不安　141-143

コミュニケーション 51, 56, 254, 255, 266, 273, 274
コミュニティ
学縁—— 150, 161
職縁—— 150
地域—— 7, 10, 162
地域社会型—— 12
地縁—— 94
都市型—— 12, 58
農村型—— 57, 58
——スペース 102, 110
孤立死 167
孤立リスク 170, 188, 189
コロナ禍 特論

サ 行

サードエイジ ii, iii, 5-12, 20, 137, 141, 144, 165-167, 189-191, 213, 232, 233, 274
サードエイジャー iii, 6-9, 19, 127, 135, 144, 165
サードプレイス(第三の空間) 11, 255
罪悪感 83, 88, 91, 93, 94
差序格局(序列構造) 69, 70, 74
サポート(支援)
感情的—— 74
公的—— 53
技術的・経済的—— 252
社会的(ソーシャル)—— 36, 103
情報的な—— 35
心理的—— 35, 36, 104
三位一体の人口変化 39
三密(密集・密接・密閉) 254, 260
寺院 149, 150, 258, 259
ジェンダー 101, 104, 109-111, 146, 170, 7 章, 9 章
ジェンダー規範 109
ジェンダー役割 109
自己啓発的な学習 141, 151-155, 158-161
自己実現 i, 5-9, 11, 146
自己有用感 146
四住期 iii, 5
死生観 4, 120, 217
死の不安 227-229
社会化 169, 197-200, 209-213
社会関係 52, 135, 146-148, 160, 161, 166, 190, 268
社会関係資本(ソーシャル・キャピタル) v, 2, 10, 40-42, 49, 50, 56, 140, 226-232, 261
結束型—— 40, 41, 51
橋渡し型—— 40, 41, 51
社会参加 49, 52-57, 62, 74, 94, 95, 146, 147, 160, 7 章
社会的距離(ソーシャル・ディスタンス) vi, 238, 245, 270
社会的孤立 53, 101-105, 110, 112, 146, 148, 162, 168, 247
社会的包摂 58, 102, 110
社会の質(QOS) 6
社会保障 i, 1, 2, 7, 8, 13, 14, 16, 17, 20, 61, 75, 210, 257, 261
社会運動 4 章
——研究 79
——の高齢化 95
社区(中国) 62-64, 72-76, 95
社区居民委員会(中国) 72, 73
終活 vi, 4, 120
宗教意識 120, 10 章
宗教団体 i, 7, 150, 223-225, 258, 259
宗教文化 iii-v, 4, 7, 10, 275
集合的アイデンティティ 96
充実した生 2
主観的関連性(perceived relevance) 82
主観的健康感 133, 146, 147, 173, 181-185, 227-232
主観的幸福感 i, 2, 93, 127, 134-136, 138-144, 147, 156-160, 217, 232, 270, 271
——尺度(SHS) 147
——と基本属性 157
——と社会関係資本 140, 143
——とスポーツ・習い事・趣味・自己啓発学習 141, 143, 157, 158
——と第二の人生で重視したいこと 137-139
——と団体参加 157-162
——と定年後の人間関係 135-137
——と定年後の働き方 134
——と老後の不安 141-143
——に対するコロナ禍の影響 270, 271
——に対する宗教意識の影響 226-233
守護孩子(子どもを守ろう)(香港) 86, 87, 90, 91, 93, 94
出生率 7, 13-16, 103, 104

趣味　62, 141, 144, 150-162
趣味縁　12
准高齢者・超高齢者　15
生涯学習　iv, 9, 18, 62, 147
正月　219, 220
小康社会(中国)　64
少子高齢化　13, 39, 42, 95, 168
職業と家庭生活に関する全国調査　51
職業役割　210
贖罪者　94
除雪支援　1 章
所属団体　140, 150, 151, 154-158, 160, 161
シリアス・レジャー　12
私論文　237
新型コロナウイルスの感染拡大状況　241, 266
人口減少　2, 12, 13, 37, 39, 40
人口戦略会議　13, 14, 16
人口ビジョン 2100　13, 15
神社　150, 222, 232
人生 90 年時代　146
人生会議(アドバンス・ケア・プランニング)　vi, 4
人生 100 年時代　18
信頼　7, 29, 40-42, 49, 50, 53, 54, 56, 57, 74
スティグマ　239
スポーツ　62-65, 68, 72, 94, 120, 141, 144, 151-156, 158-162, 257, 258, 261
スポーツ・レクリエーション団体　149, 150, 153-162
成為大媽(中国)　69
生活満足度　2, 104, 127, 134, 217, 227-229
生活歴　170, 191
星火同盟　90
精神的健康(メンタルヘルス)　35, 37, 72, 74, 104, 106, 108, 109, 112, 146, 253
性別役割分業　166, 197, 211
世界価値観調査　82, 83, 218, 219
セクシュアル・マイノリティ　95
世代
　愛国——　95
　サンドイッチ——　8, 9
　団塊の——　8, 19, 162
　ベビーブーム——　104
　未来——　19
　ロスジェネ—　9
先住民　103, 110-112
相談相手　206-208, 212
尊厳死・平穏死　3, 4

タ　行

太極拳　64
対処(コーピング)能力　226
第二の人生(セカンドライフ)　120, 137, 166, 171, 188, 191
第二の人生(セカンドライフ)で重視すること　138, 139, 268, 269
多世代交流　167, 169, 189, 190
単位制度(中国)　65
檀家　149, 157, 160, 220, 221, 259
男性性　109, 197
男性的規範　102
男性的役割　112
団体格局(団体構造)　69
団体への所属・参加　149-151, 156-162
地域活動　12, 146, 148, 171, 181
地域行事　146, 147
地域社会　iii, 8, 15, 56, 72, 74, 95, 107, 110, 167, 184, 186, 191, 199, 260
地域包括支援センター　31
地縁団体　150, 159, 161, 162
地方消滅　13
仲介者(broker)　41
中間集団　165, 8 章
中国の養老理念　62
紐帯
　強い——　42
　弱い——　41, 42
長時間労働　190, 250, 261
長寿化　iii, 5, 8, 17
調停役　88, 90, 93, 94
町内会・自治会　25, 30, 31, 95, 140, 146, 149, 153-161, 174, 175, 177, 178, 255
定年後の就労状況　129-133
定年後の人間関係　134, 135
定年退職　6, 102, 104, 105, 108, 127-129, 197, 199, 210
大邱市(韓国)　2 章
伝統的宗教　150, 232
伝統的役割の喪失　108
同居家族　147, 173, 174
同窓会　149, 150, 153, 156, 157, 160, 161

逃亡犯条例 79, 80, 83
都市化 42, 147, 166, 168
都市高齢化 39
銅鑼湾書店員失踪事件 80

ナ 行
習い事・稽古事 14, 141, 146, 149, 150, 152-156, 158-162
『二〇一九香港風暴』 82
日本宗教連盟 259
日本人の宗教意識 217, 218, 222, 226, 232
日本版総合社会調査(JGSS) 219
認知症 4, 18, 141, 142
ネットワーク
　結束型—— 51
　社会(的)—— 12, 40-42, 51-53, 103, 104, 106, 146, 162, 232, 8 章
　橋渡し型—— 51, 57
　——の重層性 185, 188
年金 6-8, 16-19, 53, 61, 131, 210

ハ 行
白紙運動 95
剥奪 210, 211
働—居—遊 10-12, 268, 275
東アジア 7-15, 95, 262, 263
費孝通 69
非婚化・未婚化 14, 145
非制度的政治参加行動 82
人づくり革命基本構想 18
広場舞 63, 3 章
福祉除雪サービス事業 27-29, 34, 35
福祉レジーム 7
婦人公論 195, 196
夫婦関係 138, 139, 269
フリーライダー 19
フレイル 4, 168, 251
プレゼント 174, 175
文化活動 12, 147
　トップダン型—— 68
　ボトムアップ型—— 68
文化的資源 233
北京市(中国) 3 章
ボランタリーな団体参加 140, 143, 144
香港 4 章
香港中文大学 81, 83
香港理工大学 81

マ 行
前田信彦 6
祭り 174, 176-178, 186-189
満足度
　近隣関係の—— 203-206
　人間関係の—— 200-203
未富先老・未備先老(中国) 61
無自覚の宗教性 226
無宗教 218-222
無目的感 108
無力感 91
望月嵩 211
森岡清美 211

ヤ 行
役割 94, 95, 146, 210
役割なき役割 iv
余暇活動 94, 141, 144, 148, 189, 7 章
余暇活動の個人化 147
よき生とよき死 3
余生 iii, 6, 145
四つの仔 91
予防的な健康活動 102
拠り所 iii, 8

ラ 行
ライフコース ii, 17, 127, 147, 191
ライフスタイル 51, 126, 130, 162
林住期 ii, 5, 279
レギュラー・ワーク・ライフ・ケア・バランス 191
レジリエンス 226
老後 2, 74, 162, 167
老後の不安 141-144, 227-229, 232, 270
老人イルザリ事業(韓国) 46, 48, 52-55, 59
老人福祉館(韓国) 43, 53, 54, 56, 58
労働市場 190, 261
労働力率 ii, 10, 145
老年学 i, v, 7, 10, 18, 268
老有所楽(中国) 62, 74, 75
六有原則(中国) 62

ワ 行
和理非(香港) 92

アルファベット順

Berger, Peter　198
Better Life Index　1
Better Life Initiative　i
Bourdieu, Pierre　56
Burt, Ronald　41
Byock, Ira　3
CALD（Culturally and Linguistically Diverse）　110, 112
Diener, Ed　93
Ellison, Christopher　226
Erikson, Erik　81
Giddens, Anthony　213
GIGA スクール構想　251, 252
Global East Survey of Religion and Spirituality　218-222
GNH（Gross National Happiness）　1
GO TO キャンペーン　240, 247, 248, 253
GO TO トラベル　242
Granovetter, Mark　41, 42
Gratton, Lynda　18
ICT 活用　27, 251-253, 261, 266
ISSP 国際比較調査　218, 219
Laslett, Peter　5
LGBTQ＋　95, 110
Lim, Chaeyoon　226
Luckmann, Thomas　198
PCR 検査　243-246, 260, 262, 265
PRESIDENT　195-197
Putnam, Robert　40, 41, 49, 226
Religion and Spirituality in East Asia Societies　219
Scott, Andrew　18
Veenhoven, Ruut　3, 35, 36
WHO（世界保健機関）　i, 7, 35

付　録
サードエイジャーのセカンドライフに関する生活意識調査
調査票と単純集計

セカンドライフに関する生活意識調査　ご協力のお願い

研究の概要：このアンケートは、国立大学法人北海道大学が、日本に住む中高齢期の方々の生活の在り方や考え方を調べるために、実施します。結果は、今後の少子高齢化関連研究に活用可能な資料として個人情報を一切含まない形で、集計した結果を公表します。

アンケートについて：アンケートでは、ご自身の信仰や支持政党などについてもお尋ねします。万一お答えにくい質問がありましたら、お答えいただかなくても結構ですが、ご協力いただけましたらありがたく思います。

同意の拒否について：本アンケートへのご協力を拒否されても一切の不利益はございません。

個人情報保護の仕組み：ご回答は個人を特定する情報などをすべて消去し、研究用IDに変換します。あなた様のお名前や個人的な情報が出ることは絶対にございません。

実施協力機関：アンケートの実施は、(株)日本リサーチセンターに委託しています。

謝礼：ご協力いただいた方には、ポイント謝礼を差し上げます。

お忙しいところを誠に恐れ入りますが、ご協力のほど何卒よろしくお願い申し上げます。

【調査実施主体】　国立大学法人北海道大学
【調査実施機関】　株式会社日本リサーチセンター

【必須】

調査に同意される場合は　以下の「同意します」を選択してください。

※　調査に同意される場合は　次ページへお進みください。

1. 私は、本研究に関して内容をよく理解した上で、本研究へ参加することに同意します

2. 同意できないので、参加しません

【必須】

F1　あなたの性別をお教えください。(1つだけ)

1. 男性 (47.6%)
2. 女性 (52.4%)

【必須】

F2　あなたの年齢をお教えください。(数字を記入)

(　　　　)歳

60～64歳 (28.1%)
65～69歳 (21.9%)
70～74歳 (41.8%)　平均値＝68.26
75～79歳 (8.2%)　標準偏差＝4.89

【必須】

F3　あなたの婚姻状況を教えてください。(1つだけ)

1. 既婚 (76.6%)
2. 未婚 (9.4%)
3. 離婚・死別 (14.0%)

【必須】

F4　あなたのお住まいの都道府県を教えてください。(1つだけ)

選択してください▽
(プルダウンメニューから都道府県を選択)

1. 北海道 (6.5%)	13. 東京 (12.2%)	25. 滋賀 (0.7%)	37. 香川 (0.4%)
2. 青森 (0.8%)	14. 神奈川 (8.5%)	26. 京都 (1.7%)	38. 愛媛 (1.5%)
3. 岩手 (0.5%)	15. 新潟 (1.5%)	27. 大阪 (7.1%)	39. 高知 (0.5%)
4. 宮城 (1.9%)	16. 富山 (0.4%)	28. 兵庫 (4.8%)	40. 福岡 (5.7%)
5. 秋田 (0.7%)	17. 石川 (0.3%)	29. 奈良 (1.1%)	41. 佐賀 (0.5%)
6. 山形 (1.1%)	18. 福井 (0.7%)	30. 和歌山 (0.6%)	42. 長崎 (1.1%)

7. 福島	(0.9%)	19. 山梨	(0.1%)	31. 鳥取	(0.7%)	43. 熊本	(1.7%)
8. 茨城	(1.3%)	20. 長野	(0.8%)	32. 島根	(0.2%)	44. 大分	(1.0%)
9. 栃木	(0.5%)	21. 岐阜	(1.8%)	33. 岡山	(2.2%)	45. 宮崎	(0.6%)
10. 群馬	(0.8%)	22. 静岡	(2.6%)	34. 広島	(2.6%)	46. 鹿児島	(0.5%)
11. 埼玉	(5.8%)	23. 愛知	(7.1%)	35. 山口	(1.3%)	47. 沖縄	(0.3%)
12. 千葉	(4.2%)	24. 三重	(1.6%)	36. 徳島	(0.6%)		

【必須】

F5　あなたの職業教えてください。(1つだけ)

1. 学生	(0.0%)
2. 専業主婦・主夫	(31.0%)
3. 会社員	(7.1%)
4. 嘱託・契約社員	(5.1%)
5. 派遣社員	(0.6%)
6. 公務員(教職員を除く)	(1.1%)
7. 教職員	(0.7%)
8. 医療関係者(病院経営・開業医含む)	(0.8%)
9. 会社経営	(1.4%)
10. 自営業	(8.5%)
11. パート・アルバイト	(10.6%)
12. 無職	(31.4%)
13. その他	(1.7%)

【必須】

問1　あなたは「定年」により、退職、転職、雇用延長などをされた経験をお持ちですか？(1つだけ)

1. はい　(46.3%)
2. いいえ　(34.0%)
3. 定年というものがないため、あてはまらない　(19.7%)

【回答者条件】問1で「1. はい」を選択した方のみ(N＝463)

問2. あなたの、定年退職時のご年齢をお教えください。

(　　　　)歳			
30歳　(0.2%)	55歳　(4.1%)	62歳　(2.6%)	69歳　(0.6%)
48歳　(0.2%)	56歳　(1.5%)	63歳　(3.9%)	70歳　(1.5%)
50歳　(0.4%)	57歳　(2.4%)	64歳　(2.2%)	75歳　(0.2%)
51歳　(0.2%)	58歳　(1.7%)	65歳　(14.0%)	77歳　(0.2%)
52歳　(0.6%)	59歳　(0.9%)	66歳　(0.6%)	
53歳　(0.4%)	60歳　(56.4%)	67歳　(0.4%)	平均値＝60.75
54歳　(0.6%)	61歳　(3.0%)	68歳　(0.9%)	標準偏差＝4.64

問3.　あなたは現在、どのような働き方・生活の仕方をされていますか？(1つだけ)

1.　無職	(59.2%)
2.　定年前とは別の職場や職種に変更して仕事を継続	(22.9%)
3.　定年前と同じ立場で元の仕事を継続	(8.9%)
4.　定年前と別の立場で元の仕事を継続	(9.1%)

問4.　定年以後、次のような働き方・生活の仕方をされた経験はありますか？(いくつでも)

1.　再雇用・再任用	(33.0%)
2.　他職に転職	(24.2%)
3.　嘱託	(12.1%)
4.　アルバイト	(16.2%)
5.　自営業に転職	(5.8%)
6.　主婦(主夫)	(12.7%)
7.　無職	(26.3%)

【回答者条件】問3で「1.　無職」を選択した方のみ(N＝274)

問5.　あなたが、収入のある仕事から最後に離れることになった時の年齢をお教えください。

(　　　　)歳			
31歳　(0.4%)	58歳　(0.7%)	66歳　(4.4%)	74歳　(0.4%)

48歳　(0.4%)	59歳　(1.1%)	67歳　(5.1%)	75歳　(0.7%)
50歳　(0.4%)	60歳　(21.9%)	68歳　(2.6%)	76歳　(0.7%)
52歳　(0.4%)	61歳　(5.1%)	69歳　(2.9%)	77歳　(0.7%)
54歳　(0.4%)	62歳　(5.8%)	70歳　(3.6%)	
55歳　(3.6%)	63歳　(4.7%)	71歳　(2.2%)	
56歳　(1.1%)	64歳　(5.8%)	72歳　(0.7%)	平均値＝63.41
57歳　(1.1%)	65歳　(22.3%)	73歳　(0.7%)	標準偏差＝4.92

問6. 定年を迎え、元の仕事を離れることで人間関係や社会関係は広がったと思いますか、あるいは狭くなったと思いますか。(1つだけ)

1. 狭くなった　(30.7%)
2. どちらかと言えば狭くなった　(27.7%)
3. どちらとも言えない　(27.7%)
4. どちらかと言えば広がった　(12.0%)
5. 広がった　(1.8%)

【必須】

問7.「第二の人生(セカンドライフ)」という言葉があります。あなたにとってこれから第二の人生を始めるという意識は、いつごろから生まれてきましたか。(1つだけ)

1. 20代　(0.7%)
2. 30代　(0.7%)
3. 40代　(2.0%)
4. 50代　(18.3%)
5. 60代　(42.4%)
6. 70代　(5.1%)
7. そういった意識を持ったことはない　(30.8%)

【回答者条件】問7で「1. 20代」から「6. 70代」までのいずれかを選択した人のみ(N＝692)

問8　ご自身の第二の人生(セカンドライフ)というものについて考えた場合、あなたはどういった点を重視されていますか？(いくつでも)

1. 稼得　(13.4%)	5. 交友関係　(29.2%)	9. 社会的貢献　(21.1%)
2. 健康の維持　(82.9%)	6. 娯楽　(25.7%)	10. その他　(2.0%)
3. 夫婦の関係　(42.9%)	7. 学び　(20.5%)	11. 特にない　(2.3%)
4. 子どもや孫との関係(32.1%)	8. 生きがい　(59.7%)	

問9　ご自身の第二の人生(セカンドライフ)の準備をするきっかけとなったものに、どのようなものがありますか。(いくつでも)

1. 職場でのアナウンス　(6.9%)	6. 仕事上の転機　(18.5%)
2. 友人達の動向　(14.7%)	7. 人生の先輩からのアドバイス　(9.2%)
3. 書籍やニュースなどの情報　(24.4%)	8. 若い時から考えていた　(16.2%)
4. 自身の事故や病気　(14.3%)	9. その他　(4.3%)
5. 家族や友人の死　(15.3%)	10. 特にない　(24.0%)

【必須】

問10　あなたが人生の最後を迎えるとすれば、どこで迎えたいですか。(1つだけ)

1. 自宅　(57.5%)	5. 特別養護老人ホーム(1.1%)	9. どこでもよい　(20.0%)
2. 病院　(11.6%)	6. サービス付き高齢者住宅(2.5%)	10. その他　(0.9%)
3. ホスピス　(3.1%)	7. グループホーム　(0.3%)	
4. 有料老人ホーム　(2.3%)	8. 旅先で　(0.7%)	

【必須】

問11　今後、ご自身の葬儀を行ってもらうとしたら、どのようなかたちの葬儀や墓が望ましいと思いますか。(1つだけ)

1. 一般葬で家族墓(○○家の墓、先祖代々の墓)	(15.2%)
2. 一般葬で永代供養(合祀墓・霊廟)	(2.3%)
3. 一般葬で自然葬(散骨や樹木葬など)	(2.7%)
4. 家族葬で家族墓(○○家の墓、先祖代々の墓)	(25.4%)
5. 家族葬で永代供養(合祀墓・霊廟)	(8.1%)
6. 家族葬で自然葬(散骨や樹木葬など)	(9.8%)

7. 直葬(葬儀なしで火葬のみを行う)で永代供養(合祀墓・霊廟) (3.7%)
8. 直葬(葬儀なしで火葬のみを行う)で自然葬(散骨や樹木葬など) (7.5%)
9. 直葬(葬儀なしで火葬のみを行う)で手元供養(埋葬・納骨しない) (4.5%)
10. 遺族やなりゆきにまかせる (20.8%)

【必須】

問 12 今後、ご自身の法要を行ってもらうとしたら、何回忌まで行ってもらいたいと思いますか。(1 つだけ)

1. 1周忌まで (8.3%)
2. 3回忌まで (14.6%)
3. 7回忌まで (19.7%)
4. 33回忌まで (4.0%)
5. 慣例に則った法要を行う必要はない (53.4%)

【必須】

問 13 あなたはつぎのような意見についてどう思いますか。(それぞれ 1 つずつ) ※ セル内の数字はパーセント

	1 そう思わない	2 あまりそう思わない	3 どちらともいえない	4 ややそう思う	5 そう思う	平均値	標準偏差
a. 本人が病気や障がいで耐えがたい苦痛を負っている場合、自死を選ぶ権利が認められるべきだ	4.1	5.5	26.3	32.9	31.2	**3.82**	**1.06**
b. 人が生きるか死ぬかは、その人の自由な選択であるべきだ	5.7	8.5	32.6	30.1	23.1	**3.56**	**1.11**
c. 安楽死や尊厳死といった法律が認められると、周囲の苦労を考えて自死を選択する人が増えるだろう	3.8	6.9	33.1	38.5	17.7	**3.59**	**0.98**
d. もし自分が脳死になったら、自分の臓器を他人に提供してもよい	8.3	7.8	33.2	25.6	25.1	**3.51**	**1.19**
e. もし子どもが脳死になったとしたら、その臓器を誰かに提供することで、子どもの生命が別の人の中で生き続けてくれるような気がする	10.9	11.2	40.7	24.5	12.7	**3.17**	**1.13**

f．死後においても、霊魂は残りつづける	23.7	16.4	37.3	13.4	9.2	**2.68**	**1.23**
g．人は死んだら来世に生まれ変わる	28.5	21.5	35.7	7.9	6.4	**2.42**	**1.16**
h．人は死んだら灰になって土に還るのみである	7.3	8.4	29.0	24.2	31.1	**3.63**	**1.21**
i．「宗教的な心」というものは大切だと思う	6.4	9.2	45.2	27.0	12.2	**3.29**	**1.01**
j．現在の私があるのは先祖のおかげである	3.2	4.4	24.5	38.0	29.9	**3.87**	**1.00**

【必須】

問 14　全体的にいって、あなたの現在の健康状態はいかがですか。(1 つだけ)

1. よくない　(4.0%)
2. あまりよくない　(22.0%)
3. まあよい　(65.5%)
4. とてもよい　(8.5%)

【必須】

問 15　現在、あなたはどの程度幸せですか。「とても幸せ」を 10 点、「とても不幸」を 1 点とすると、何点くらいになると思いますか。(1 つだけ)

← とても不幸	1	2	3	4	5	6	7	8	9	10	→ とても幸せ
	●	●	●	●	●	●	●	●	●	●	
	(0.7)	(1.9)	(3.7)	(3.7)	(10.5)	(9.2)	(20.2)	(29.6)	(14.7)	(5.8)	

平均値＝7.07　標準偏差＝1.89

【必須】

問 16　全体的にいって、あなたは現在の生活にどの程度満足していますか。「とても満足」から、「とても不満」の中で、 あてはまる数字をお選びください。(1 つだけ)

← とても不満	1	2	3	4	5	6	7	8	9	10	→ とても満足
	●	●	●	●	●	●	●	●	●	●	
	(0.9)	(1.4)	(3.9)	(5.3)	(10.9)	(10.7)	(19.6)	(28.1)	(12.8)	(6.4)	

平均値＝6.97　標準偏差＝1.92

【必須】

問 17　あなたは、次にあげるような事柄に満足していますか、それとも不満ですか。「とても満足」を 10 点、「とても不満」を 1 点とすると、何点くらいになると思いますか。（それぞれ 1 つずつ） ※　セル内の数字はパーセント

	とても不満 1	2	3	4	5	6	7	8	9	とても満足 10	平均値	標準偏差
a．家庭生活	0.8	1.1	3.2	4.0	11.0	11.6	18.1	27.6	13.5	9.1	7.13	1.90
b．家計状態	3.8	2.1	5.8	7.1	11.3	12.9	18.9	23.5	8.7	5.9	6.45	2.21
c．健康状態	1.9	2.4	4.6	9.0	12.3	13.7	20.7	22.0	9.7	3.7	6.45	2.03
d．いまの仕事生活（無職の場合も含めて）	1.4	0.6	2.9	4.4	19.4	14.3	16.5	21.8	12.0	6.7	6.77	1.92
e．いまの生活水準	2.0	1.3	4.2	7.1	12.9	14.0	20.3	24.0	9.4	4.8	6.61	1.98
f．いま住んでいる住宅	2.2	1.7	4.4	4.1	11.0	10.4	19.0	24.1	14.4	8.7	6.95	2.11
g．人間関係	1.2	0.8	2.2	3.3	14.6	14.2	20.3	25.4	12.1	5.9	6.94	1.81
h．学歴	1.0	0.7	2.1	2.4	17.9	14.1	18.7	21.8	13.6	7.7	6.97	1.84
i．受けてきた教育の内容	0.9	0.5	2.0	2.7	15.8	14.8	20.0	23.2	12.1	8.0	7.01	1.80
j．余暇の過ごし方	1.2	0.7	2.8	2.9	13.2	12.3	19.8	26.2	13.3	7.6	7.06	1.86

【必須】

問 18　あなたは現在、町内会・自治会に参加していますか。している方は、どの程度参加しているかをお教えください。（1 つだけ）

1. 役職について活発に活動に参加している　(9.0%)
2. 役職にはついてないが活発に活動に参加している　(12.1%)
3. メンバーではあるが、あまり活動には参加していない　(50.5%)
4. 町内会・自治会には所属していない　(28.4%)

【必須】

問 19　あなたは近所の人と、どのようなお付き合いがありますか。（いくつでも）

1. 見かけたら挨拶をする　(92.9%)
2. 立ち話をする　(51.0%)
3. 家に招いて話をすることがある　(6.6%)
4. 食材や土産物などをお裾分けすることがある　(30.2%)

5. 除雪や草刈りなどを手伝う（手伝ってもらう）　(9.8%)
6. 買い物など家のことを手伝う（手伝ってもらう）(1.6%)
7. 避難訓練や緊急事態で避難を手助けする方がいる（助けてもらう人がいる）(8.3%)
8. 一切の付き合いがない (3.6%)

【必須】

問 20　次にあげる自発的な団体や組織について、あなたの加入状況・活動状況をお答えください。（それぞれ 1 つずつ）

※　セル内の数字はパーセント

	1 加わっており実際に活動している	2 加わっているがあまり活動していない	3 加わっていない	4 この項目には回答したくない
a．檀家として所属している寺院	5.3	33.6	59.8	1.3
b．氏子として所属している神社	2.8	13.0	82.3	1.9
c．その他の宗教団体	2.4	3.8	92.0	1.8
d．お稽古事・習い事の集まり	14.4	4.8	79.1	1.7
e．学校やクラブなどの同窓会	10.0	19.8	68.8	1.4
f．スポーツ・レクリエーション団体	13.0	5.2	80.4	1.4
g．芸術、音楽、教育団体	3.4	3.6	91.1	1.9
h．労働組合	0.4	1.5	95.9	2.2
i．政党	0.9	1.1	95.8	2.2
j．環境保護団体	0.5	1.6	95.9	2.0
k．同業者団体・職業団体	1.6	2.4	93.9	2.1
l．慈善団体	0.9	1.8	95.2	2.1
m．消費者団体	0.5	0.5	97.0	2.0
n．自助グループ・相互援助グループ	0.9	1.7	95.3	2.1
o．その他の団体	4.0	3.4	90.1	2.5

【必須】

問21　あなたのこれまでの経験や、現在の生活の状況についてお伺いします。あてはまらない場合は「いいえ」とお答えください。(それぞれ1つずつ)　※　セル内の数字はパーセント

	1 はい	2 いいえ
a．ご自身(あるいは配偶者)の親御さんを介護した経験はありますか？	44.6	55.4
b．ご自身の配偶者を介護した経験はありますか？	8.5	91.5
c．介護のためにお勤めのお仕事から離れたことはありますか？	7.7	92.3
d．介護のために実家に戻って生活したことはありますか？	9.5	90.5
e．ご自身の親御さんの看取り(臨終の立ち会い)を行った経験がありますか？	50.2	49.8
f．ご自身の配偶者の看取り(臨終の立ち会い)を行った経験がありますか？	10.1	89.9
g．ご自身の葬儀のやり方に関して家族と話し合ったことはありますか？	37.6	62.4
h．ご家族とお墓のことについて話し合いをしたことはありますか？	54.8	45.2
i．ご自身の親や配偶者の親に対して葬儀を行ったことがありますか？	80.8	19.2
j．ご自身の配偶者に対して葬儀を行ったことがありますか？	8.8	91.2
k．ご自身のお子さんに対して葬儀を行ったことがありますか？	2.9	97.1
l．葬儀を頼むことのできる寺院、神社、教会はありますか？	52.3	47.7
m．重病や慢性病を患った経験をお持ちですか？	25.0	75.0
n．行きつけの場所で友人や知人、その場で会った人と会話を交わすような場所はありますか？(居酒屋やスナック、銭湯、スポーツクラブ、囲碁将棋会館、高齢者サロンなど)	35.4	64.6
o．慈善団体やNPOなどへの寄付を行っていますか？	23.2	76.8

【必須】

問22　あなたには、今やっているスポーツはありますか？(いくつでも)

1. ゴルフ　(8.6%)
2. テニス・卓球　(4.8%)
3. ジョギング・マラソン　(3.3%)
4. 水泳　(3.5%)
5. 登山・ハイキング　(6.1%)
6. ダンス教室　(2.2%)
7. ジム通いやフィットネス　(11.5%)
8. 散歩・ウォーキング　(44.9%)
9. 空手、剣道、太極拳などの武道　(1.3%)
10. その他　(6.4%)
11. 特にない　(39.9%)

【必須】

問 23　あなたには、今やっている習い事がありますか？（いくつでも）

1. 茶道 (1.3%)	5. 合唱 (1.7%)	9. PC 講座 (1.5%)
2. 生け花 (0.8%)	6. 俳句・短歌 (1.1%)	10. その他 (5.4%)
3. 日本舞踊 (0.1%)	7. 楽器演奏 (4.0%)	11. 特にない (82.3%)
4. 書道 (1.7%)	8. 外国語 (4.2%)	

【必須】

問 24　あなたは、伝統芸能やスポーツ他で段位や資格をお持ちですか？（段位を持っている、資格を有している、指導を行っている、師匠である、など）（1 つだけ）

1. はい (12.9%)
2. いいえ (87.1%)

【必須】

問 25　あなたは、自分だけで楽しめる趣味をお持ちですか？（いくつでも）

1. 読書 (44.2%)	7. 古美術鑑賞・骨董収集 (4.3%)
2. 音楽・映画鑑賞 (47.9%)	8. 刺繍・編み物 (12.4%)
3. 舞台芸術鑑賞 (9.7%)	9. 料理・お菓子作り・パン作り (17.6%)
4. TV・ドラマ鑑賞 (45.0%)	10. その他 (17.5%)
5. 伝統芸能（茶道・華道など） (4.9%)	11. 特にない (13.6%)
6. クラフト工芸（模型作り、日曜大工など） (8.0%)	

【必須】

問 26　あなたは、自己啓発的な学習を行っていますか？（いくつでも）

1. 市民講座に通う (5.9%)	7. 宗教の集会に参加する (1.8%)
2. カルチャースクールに通う (2.9%)	8. 書籍を購入したり、図書館で借りて読む (24.1%)
3. 大学の学部・大学院で学ぶ (0.5%)	9. テレビの教養番組やインターネットで情報収集 (26.4%)
4. 放送大学で学ぶ (0.2%)	10. その他 (2.1%)
5. 講演会などに参加する (8.7%)	11. 特にない (61.0%)
6. 市民集会に参加する (1.6%)	

【必須】

問 27　以下にあげるようなそれぞれの機会は、どれくらいありますか？(「コロナ禍以前」と書かれているものについては、コロナ禍で自粛する以前の生活についてお答えください)。ご自身が質問の対象にあてはまらない項目については、「あてはまらない」をお選びください。(それぞれ 1 つずつ)　※　セル内の数字はパーセント

	1 週に2、3回程度	2 週に1回程度	3 月に1回程度	4 数ヶ月に1回程度	5 年に1回程度	6 年に1回以下	7 人生の節目の行事のみ	8 まったくない	9 あてはまらない	平均値	標準偏差
a. ご家庭を離れたお子さんと会って話す機会	4.4	9.6	17.7	22.2	6.9	6.6	1.4	4.7	26.5	6.13	2.27
b. お孫さんに贈り物やお小遣いを渡す機会	0.6	1.7	9.1	28.8	7.4	2.8	2.8	3.4	43.4	6.53	2.41
c. 図書館、美術館、博物館などに足を運ぶ機会	1.9	7.2	12.9	16.9	10.1	14.6	0.6	23.9	11.9	4.44	2.60
d. スポーツジム、水泳、ジョギングなどの運動をする機会	16.0	8.6	2.6	2.7	1.1	2.7	0.6	41.0	24.7	4.94	3.54
e. (コロナ禍以前)学校時代や職場仲間、趣味の仲間などで懇親の機会(お茶・お酒)を持つ機会	0.6	4.3	16.2	18.5	9.5	10.0	2.2	22.2	16.5	4.68	2.68
f. (コロナ禍以前)家族や親族で集まったり、一緒に旅行したりする機会	0.4	1.3	7.3	28.3	16.6	11.5	6.7	16.6	11.3	4.30	2.32
g. (コロナ禍以前)近所の方とお茶を飲んだり、日帰り旅行したりする機会	0.6	2.1	6.3	11.2	5.6	7.1	1.1	46.0	20.0	3.85	3.15
h. (コロナ禍以前)市民集会に参加したり、社会活動をしたりする機会	0.7	0.8	4.4	8.7	5.0	7.1	1.8	48.2	23.3	3.84	3.28

※　直感的な大小比較を容易にする目的から、平均値の算出においては「あてはまらない」を計算から除外し、「まったくない」を 1、「週に 2、3 回程度」を 8 として計算した。

【必須】

問 28　あなたは次のような意見についてどう思いますか。ご自身が質問の対象にあてはまらない項目については、「あてはまらない」をお選びください。(それぞれ 1 つずつ)　※　セル内の数字はパーセント

	1 そう思わない	2 あまりそう思わない	3 どちらともいえない	4 ややそう思う	5 そう思う	6 あてはまらない	平均値	標準偏差
a．年金の金額だけで生活を十分にまかなうことができる	30.5	23.5	14.2	14.5	7.8	9.5	2.40	1.32
b．同世代や周囲の人と比べて、自分は第二の人生(セカンドライフ期)を楽しめていると思う	8.1	10.7	32.8	24.5	18.2	5.7	3.36	1.17
c．身体的な老いや健康の衰えを感じる	2.3	9.3	15.0	40.8	31.1	1.5	3.90	1.02
d．サラリーマンにとって定年というのは人生の区切りとしてよい節目である	1.9	5.0	24.4	32.6	28.3	7.8	3.87	0.98
e．子育てが一区切りついたところで、第二の人生(セカンドライフ)についてよく考えるようになった	5.6	12.4	29.2	21.5	12.6	18.7	3.28	1.11
f．老後の生活が不安である	6.2	17.6	26.1	23.8	24.1	2.2	3.43	1.22
g．自分と子どもの関係は良好だと思う	2.5	2.5	16.2	24.7	37.6	16.5	4.11	1.01
h．定年後、夫(男性の場合は自分)は以前よりも食事・掃除を多く分担するようになった	8.6	8.5	19.5	19.0	16.8	27.6	3.37	1.28
i．配偶者との関係は良好だと思う	3.6	3.4	18.2	23.5	29.5	21.8	3.92	1.09
j．親の介護をするにあたって、配偶者はよく理解し協力してくれたと思う	3.2	3.5	18.3	12.8	18.2	44.0	3.70	1.15
k．親の介護をしたことによって、自分自身よく成長することができたと思う	2.1	5.2	29.2	17.4	11.3	34.8	3.47	0.98
l．私は将来、子どもによって介護してもらいたいと思う	21.8	22.9	27.8	6.2	2.0	19.3	2.30	1.03
m．向かいや両隣の家と仲良くやれていると思う	4.9	6.8	32.4	28.7	17.8	9.4	3.53	1.06

n．老後の生活について、ソーシャルワーカーやケアマネージャーによる支援が欲しい	6.3	12.1	38.4	23.3	13.7	6.2	**3.28**	**1.08**
o．悩み事などを聞いてくれる傾聴ボランティアによる支援が欲しい	17.8	25.0	36.6	7.9	3.5	9.2	**2.50**	**1.02**
p．死の不安や死んだらどうなるかなどを相談できる宗教者の支援が欲しい	39.6	23.3	20.7	3.7	3.2	9.5	**1.98**	**1.07**
q．自分や家族の医療・介護などの際、息子や娘を頼りにできる	9.4	13.1	34.8	19.2	7.7	15.8	**3.03**	**1.09**
r．自分は老後や死の問題についても何の心配もない	16.8	22.2	38.9	11.3	7.5	3.3	**2.69**	**1.12**
s．65歳以上を高齢者とする社会通念や制度は妥当だと思う	8.9	24.3	37.8	17.4	9.1	2.5	**2.93**	**1.08**
t．75歳以上の一定の所得のある高齢者に対して、医療費に2割負担を求めるのは妥当だと思う	7.4	9.3	25.2	23.8	32.3	2.0	**3.66**	**1.24**

※　平均値の算出においては「6. あてはまらない」を計算から除外している。

【必須】

問29　次にあげるa〜pまでの事柄について、ご自身の状況にどの程度当てはまるかをお答えください。ご自身が質問の対象にあてはまらない項目については、「該当しない」をお選びください。(それぞれ1つずつ)

※　セル内の数字はパーセント

	1 まったくあてはまらない	2 あてはまらない	3 どちらともいえない	4 あてはまる	5 とてもあてはまる	6 該当しない	平均値	標準偏差
a．看取りを行ったことで、自身の死を意識するようになった	4.0	14.0	29.5	25.1	8.1	19.3	**3.24**	**1.01**
b．自分の人生の最終段階における医療について考えたことがある	4.2	15.8	28.4	37.9	9.8	3.9	**3.35**	**1.01**
c．家族と人生の最終段階における医療について相談したことがある	12.2	27.7	23.5	22.5	5.8	8.3	**2.80**	**1.14**
d．将来、自分一人で生活することになったとしたら、孤独死の不安を感じる	5.6	19.0	33.3	27.0	11.8	3.3	**3.21**	**1.07**

e．将来、自分が認知症になることに不安を感じる	3.7	10.5	32.6	34.9	16.4	1.9	**3.51**	**1.01**
f．自分自身が高齢者であるという自覚がある	5.4	22.8	31.9	29.1	7.8	3.0	**3.11**	**1.03**
g．長く続けている自分なりの健康法や養生法がある	9.4	22.8	32.7	25.7	6.0	3.4	**2.96**	**1.07**
h．サプリメントや健康補助食品をとるようにしている	27.6	20.4	14.4	24.2	9.5	3.9	**2.66**	**1.38**
i．定期的な健康診断や人間ドックなどを受診し、健康に関する指導を受けている	6.6	12.4	17.2	41.3	20.0	2.5	**3.57**	**1.15**
j．日常生活の中で、何かと相談できる友人や親戚がいる	7.1	16.0	27.2	37.1	10.2	2.4	**3.28**	**1.08**
k．病気のことで相談できる医師の友人・知人がいる	17.1	25.3	23.5	23.5	6.6	4.0	**2.76**	**1.20**
l．諸々の病気でかかりつけの医者、病院がある	7.9	11.8	18.9	42.0	16.2	3.2	**3.48**	**1.15**
m．家族のことや自分のことで話し合える「家族の会」に参加している	44.3	24.3	12.0	2.8	1.2	15.4	**1.73**	**0.92**
n．法律上の手続きのことで相談できる弁護士や司法書士の友人・知人がいる	41.7	26.2	11.8	8.5	2.9	8.9	**1.95**	**1.12**
o．自分はお酒をよく嗜む方である	36.9	16.9	15.7	15.7	10.0	4.8	**2.42**	**1.41**
p．自分はタバコをよく嗜む方である	64.3	8.3	6.4	7.4	5.0	8.6	**1.69**	**1.22**

※　平均値の算出においては「6. 該当しない」を計算から除外している。

【必須】

問 30　あなたは、次にあげるようなことをすることがありますか。（それぞれ 1 つずつ）

	1 しない	2 たまにする	3 よくする	**平均値**	**標準偏差**
a．初もうでに行く	27.2	33.0	39.8	**2.13**	**0.81**
b．お盆やお彼岸に墓参りをする	19.4	32.3	48.3	**2.29**	**0.77**
c．地域のお祭りに参加する	53.1	35.2	11.7	**1.59**	**0.69**
d．神社で参拝をする	27.2	50.3	22.5	**1.95**	**0.70**
e．宗教団体の集まりに参加する	91.4	4.4	4.2	**1.13**	**0.44**

f．聖書や経典を読む	89.2	7.5	3.3	**1.14**	**0.43**
g．お守りやおふだをもらう	47.0	42.6	10.4	**1.63**	**0.66**
h．おみくじをひく	52.6	41.1	6.3	**1.54**	**0.61**
i．占いをしてもらう	90.5	8.8	0.7	**1.10**	**0.33**
j．神や仏にお祈りをする	33.9	46.2	19.9	**1.86**	**0.72**
k．パワースポットに行く	78.5	20.2	1.3	**1.23**	**0.45**
l．セラピーや癒やしのカウンセリングを受ける	96.5	3.0	0.5	**1.04**	**0.22**
m．宗教団体で積極的に活動している	95.0	3.0	2.0	**1.07**	**0.32**
n．慈善団体、NPOなどに寄附をする	73.5	23.0	3.5	**1.30**	**0.53**

【必須】

問31　次にあげるようなことがらを信じていますか。あなたのお気持ちに一番近い答えをお答えください。（それぞれ1つずつ）　※　セル内の数字はパーセント

	1 信じていない	2 どちらかといえば信じていない	3 どちらかと言えば信じている	4 信じている	5 この項目には回答したくない	**平均値**	**標準偏差**
a．神	22.6	26.4	31.4	14.2	5.4	**2.39**	**1.01**
b．仏	22.7	25.8	32.3	13.8	5.4	**2.39**	**1.01**
c．聖書や経典などの教え	27.7	30.1	27.8	7.0	7.4	**2.15**	**0.94**
d．あの世、来世	29.4	31.1	25.1	9.0	5.4	**2.14**	**0.97**
e．宗教的奇跡	41.4	32.0	14.0	6.8	5.8	**1.85**	**0.93**
f．お守りやおふだなどの力	35.6	31.7	23.8	4.6	4.3	**1.97**	**0.90**
g．易	44.7	34.9	14.3	2.3	3.8	**1.73**	**0.80**
h．占い	44.9	34.8	15.1	1.7	3.5	**1.73**	**0.79**
i．輪廻転生（生まれ変わり）	36.2	29.1	21.8	8.2	4.7	**2.02**	**0.98**
j．祖先の霊的な力	34.9	27.7	24.6	7.7	5.1	**2.05**	**0.97**
k．神や仏のご利益（ごりやく）	32.0	29.5	26.7	7.0	4.8	**2.09**	**0.95**
l．水子の祟りや地縛霊の祟り	40.1	35.1	15.4	3.4	6.0	**1.81**	**0.84**
m．天国、極楽、地獄の存在	37.3	34.0	17.0	5.8	5.9	**1.91**	**0.90**
n．姓名判断	42.1	33.5	17.4	2.8	4.2	**1.80**	**0.84**
o．家相や墓相、印鑑の吉相	41.2	35.7	15.2	3.3	4.6	**1.80**	**0.83**

p．リーディング（未来の予言）	46.2	35.9	10.9	2.1	4.9	**1.67**	**0.76**
q．スピリチュアルなヒーリング	44.5	34.0	13.9	2.5	5.1	**1.73**	**0.81**

※　平均値の算出においては「5. この項目には回答したくない」を計算から除外している。

【必須】

問 32　あなたは次のような意見についてどう思いますか。（それぞれ 1 つずつ）

※　セル内の数字はパーセント

	1 そう思わない	2 あまりそう思わない	3 どちらともいえない	4 ややそう思う	5 そう思う	**平均値**	**標準偏差**
a．日本の仏教は葬式仏教であり、生きている人の悩みや苦しみに応えていない	5.0	15.0	44.1	22.6	13.3	**3.24**	**1.03**
b．お寺は法事や葬儀において、高額なお布施や戒名料を要求している	2.0	7.0	28.2	37.4	25.4	**3.77**	**0.97**
c．僧侶には庶民より贅沢な暮らしをしている人が多い	2.0	8.4	40.0	32.0	17.6	**3.55**	**0.94**
d．僧侶には一般人より遊び好きな人が少なくない	3.4	10.1	52.1	23.5	10.9	**3.28**	**0.91**
e．僧侶は宗教者というよりも一つの稼業（職業）である	2.0	6.2	28.1	37.5	26.2	**3.80**	**0.97**
f．高僧・名僧でなくとも市井に尊敬すべき僧侶は多い	5.1	8.2	57.7	22.3	6.7	**3.17**	**0.87**
g．僧侶には、葬儀や墓のことを相談してみたい	21.9	23.6	39.3	12.4	2.8	**2.51**	**1.05**
h．僧侶には、生老病死にかかる人生の諸問題を相談してみたい。	27.8	30.1	36.8	4.0	1.3	**2.21**	**0.94**
i．お金を自分で好きに使うよりも、この方に有益に使ってもらいたいと布施したくなる立派な僧侶がいる	39.4	25.6	30.9	3.2	0.9	**2.01**	**0.96**
j．仏様に布施をすることでいずれ御利益をもらえることになる	34.4	25.9	34.2	4.4	1.1	**2.12**	**0.97**
k．僧の法力や祈祷によって病気が治ったり願いがかなうことがある	47.0	24.9	24.1	3.0	1.0	**1.86**	**0.95**
l．戒名・法名などを授かることで成仏し極楽に行くことができる	43.8	25.9	25.6	3.7	1.0	**1.92**	**0.96**
m．非道徳的なことを行えば、その報いを罰（バチ）として受けることがある	21.3	15.7	37.4	21.3	4.3	**2.72**	**1.15**

n．仏教系中高や大学では、一般の学校よりしっかりした道徳教育がなされている	16.6	17.4	51.3	12.9	1.8	**2.66**	**0.96**
o．ビハーラ(仏教系ホスピス)に関心があり、死期が迫った時に入所することも考えてみたい	45.0	20.4	31.8	1.9	0.9	**1.93**	**0.96**
p．不治の病におかされたときや人生の最期に枕元に僧侶に来て話をしてもらったり、聞いてもらったりしたい	42.4	23.4	29.7	3.6	0.9	**1.97**	**0.97**
q．仏教の教えは今後の高齢多死社会の日本に役立つことが多い	19.8	18.0	47.6	12.3	2.3	**2.59**	**1.01**
r．お寺の本堂や会館をコミュニティ・スペースとして地域に開放すれば、大勢の人が集まると思う	16.9	15.2	42.1	22.2	3.6	**2.80**	**1.08**
s．お寺の本堂や境内は、自然災害発生時に緊急的な避難場所として逃げ込める場所だと思う。	12.8	12.0	38.0	28.7	8.5	**3.08**	**1.12**
t．日本の政治において、公明党—創価学会の果たす役割は重要である	45.6	21.6	27.7	3.5	1.6	**1.94**	**1.01**

【必須】

問 33　あなた自身は、宗教を信仰していますか。複数お選びいただいて構いません。(いくつでも)

1. 仏教　(30.2%)	5. ユダヤ教　(0%)	9. 宗教を信仰していない　(58.2%)
2. 神道　(8.3%)	6. 正教会　(0%)	10. わからない・回答したくない (7.3%)
3. プロテスタント (1.8%)	7. イスラム教 (0%)	
4. カトリック (1.0%)	8. その他の宗教 (1.0%)	

【必須】

問 34　コロナ禍でのあなたの生活状況や社会状況に対してお伺いします。以下の事柄について、あなたはどう思いますか。(それぞれ 1 つずつ)

※　セル内の数字はパーセント

	1 そう思わない	2 あまりそう思わない	3 どちらともいえない	4 ややそう思う	5 そう思う	平均値	標準偏差
a．経済生活が苦しくなった	16.4	26.9	38.0	13.7	5.0	**2.64**	**1.07**
b．外に出る機会や人と会う機会が少なくなった	2.0	4.2	13.8	34.0	46.0	**4.18**	**0.96**
c．ストレスを感じることが多くなった	7.0	14.0	31.9	34.4	12.7	**3.32**	**1.08**
d．新型コロナウイルスに感染するのではないかと不安である	3.0	7.9	23.0	43.1	23.0	**3.75**	**0.99**
e．これから日本や世界がどうなるのか心配である	1.9	6.1	22.1	44.0	25.9	**3.86**	**0.94**
f．政府の GO TO キャンペーンによって感染が拡大した	3.5	5.2	21.3	27.9	42.1	**4.00**	**1.08**
g．政府の GO TO キャンペーンによって観光産業や地域経済が持ち直した	12.1	21.7	41.8	18.6	5.8	**2.84**	**1.05**
h．一般市民の PCR 検査によって無症状感染者の自主隔離を行わないことに不満である	3.0	6.6	36.4	29.6	24.4	**3.66**	**1.01**
i．感染者と濃厚接触者のみ PCR 検査し、症状者の隔離・入院だけで十分である	25.9	28.5	34.5	7.4	3.7	**2.34**	**1.06**
j．首相や閣僚によるコロナ対応には批判もあるが、未曾有のパンデミックなので仕方ない	22.9	20.8	31.5	16.0	8.8	**2.67**	**1.24**
k．専門家会議や分科会から提案される科学的・医学的提言は適切だと思う	5.5	12.6	40.7	32.1	9.1	**3.27**	**0.98**
l．コロナ禍によって冠婚葬祭が簡略化しているが、この傾向は今後とも続くだろう	0.5	3.2	24.2	43.7	28.4	**3.96**	**0.84**
m．コロナ禍によって非正規労働者の失業や零細企業が廃業するなど、社会的格差は増大するだろう	0.6	1.6	19.5	44.6	33.7	**4.09**	**0.80**
n．コロナが収まれば、日本経済は元のように復活し、これからも経済成長を遂げていくだろう	7.5	18.9	45.6	22.0	6.0	**3.00**	**0.98**
o．アフターコロナの時代、AI や最新テクノロジーによって人類社会は発展していくだろう	3.0	8.2	50.6	31.6	6.6	**3.31**	**0.83**
p．アフターコロナの時代、地球温暖化問題はより深刻になるだろう	1.6	4.7	40.0	35.5	18.2	**3.64**	**0.89**

q．アフターコロナの時代、少子高齢化、高齢者の医療介護問題はより深刻になるだろう	1.1	3.4	28.9	39.3	27.3	**3.88**	**0.89**

最後に、あなたご自身のことについてお聞かせください。

【必須】

問 35　あなたの現在のお住まいは、この中のどれにあたりますか。（1 つだけ）

1. 一戸建て（持ち家、親などが持ち主の場合も含みます）　(66.6%)
2. 一戸建て（賃貸）　(1.4%)
3. マンション・アパートなどの集合住宅（分譲）　(21.6%)
4. マンション・アパートなどの集合住宅（賃貸）　(6.7%)
5. 社宅・公務員住宅等の給与住宅　(0.1%)
6. 公社・公団等の公営の賃貸住宅　(3.5%)
7. 有料老人ホーム　(0.1%)
8. サービス付き高齢者住宅　(0%)
9. その他　(0%)

【必須】

問 36　現在、あなたと一緒にお住いの方はいますか。（いくつでも）

1. 配偶者　(75.1%)
2. 子ども（息子）　(16.3%)
3. 子ども（娘）　(13.3%)
4. 子どもの配偶者　(1.5%)
5. 孫　(3.1%)
6. その他の親戚　(6.8%)
7. 友人・知人　(0.5%)
8. 単身で暮らしており、同居している人はいない (15.7%)

【必須】

問 37　あなたの最終学歴をお教えください。（1 つだけ）

1. 小学校・中学校　(1.3%)
2. 高等学校　(33.4%)
3. 各種専門学校　(7.0%)
4. 短大　(12.1%)
5. 大学　(42.9%)
6. 大学院　(3.3%)

【必須】

問 38　あなたの支持政党をお教えください。(1 つだけ)

1.	自民党	(17.6%)	7.	社民党	(0.4%)
2.	立憲民主党	(8.5%)	8.	れいわ新選組	(1.2%)
3.	公明党	(1.7%)	9.	NHK 受信料を支払わない方法を教える党	(0.8%)
4.	日本維新の会	(4.4%)	10.	特に支持している政党はない	(60.1%)
5.	共産党	(2.8%)	11.	回答したくない	(2.0%)
6.	国民民主党	(0.5%)			

【必須】

問 39　昨年 1 年間のあなたの家の世帯収入は、この中のどれにあたりますか。税金を差し引く前の収入でお答えください。仕事からの収入だけでなく、株式配当、年金、不動産収入などすべての収入を合わせてください。(1 つだけ)

1.	0～50 万円	(1.5%)	6.	400～499 万円	(13.7%)	11.	900～999 万円	(3.1%)
2.	51～99 万円	(2.0%)	7.	500～599 万円	(9.6%)	12.	1000 万円以上	(7.5%)
3.	100～199 万円	(7.5%)	8.	600～699 万円	(5.4%)	13.	回答したくない	(11.3%)
4.	200～299 万円	(13.7%)	9.	700～799 万円	(5.8%)			
5.	300～399 万円	(16.1%)	10.	800～899 万円	(2.8%)			

【必須】

問 40　そのうち、あなたご自身の年収はどのくらいですか。仕事以外からの収入も含めてください。(1 つだけ)

1.	0～50 万円	(11.3%)	6.	400～499 万円	(5.7%)	11.	900～999 万円	(0.9%)
2.	51～99 万円	(15.5%)	7.	500～599 万円	(3.6%)	12.	1000 万円以上	(2.2%)
3.	100～199 万円	(20.3%)	8.	600～699 万円	(2.7%)	13.	回答したくない	(8.8%)
4.	200～299 万円	(16.2%)	9.	700～799 万円	(1.5%)			
5.	300～399 万円	(10%)	10.	800～899 万円	(1.3%)			

【必須】

問 41　退職金や預貯金などを合わせて、いくらぐらいの蓄えがありますか。（1 つだけ）

1. 0～50 万円　(7.3%)	7. 1000～1999 万円 (11.7%)	13. 7000～7999 万円 (1.5%)
2. 51～200 万円 (5.7%)	8. 2000～2999 万円 (7.8%)	14. 8000～8999 万円 (0.9%)
3. 201～399 万円 (4.1%)	9. 3000～3999 万円 (6.4%)	15. 9000～9999 万円 (1.3%)
4. 400～599 万円 (5.1%)	10. 4000～4999 万円 (4.4%)	16. 1 億円以上 (3.3%)
5. 600～799 万円 (3.0%)	11. 5000～5999 万円 (3.0%)	17. 回答したくない (28%)
6. 800～999 万円 (4.7%)	12. 6000～6999 万円 (1.8%)	

【必須】

問 42　あなたがお住まいの地域の都市規模をお教えください。（1 つだけ）

1. 東京都区部 (8.2%)	4. 郡部・町村 (8.5%)
2. 政令指定都市（区のある市）(29.6%)	5. わからない (0.9%)
3. 地方都市 (52.8%)	

【必須】

問 43　あなたは、現在の地域にどれくらい住んでいますか。（1 つだけ）

1. 1 年未満 (0.7%)	5. 10 年～20 年未満 (11.8%)
2. 1 年～3 年未満 (1.3%)	6. 20 年～30 年未満 (16.4%)
3. 3 年～5 年未満 (1.1%)	7. 30 年以上 (64.0%)
4. 5 年～10 年未満 (4.7%)	

調査は以上です。ご協力、ありがとうございました。